# 조선의 무관과
# 양반사회

# 조선의 무관과 양반사회

초판 1쇄 발행    2020년  9월 10일
초판 2쇄 발행    2021년 12월 15일

지 은 이 정해은
발 행 인 박종서
발 행 처 역사산책
출 판 등 록 2018년 4월 2일 제2018-60호
주      소 (10477) 경기도 고양시 덕양구 은빛로 39, 401호(화정동, 세은빌딩)
전      화 031-969-2004
팩      스 031-969-2070
이 메 일 historywalk2018@daum.net
페 이 스 북 https://www.facebook.com/historywalkpub/

*잘못된 책은 바꾸어 드립니다.
*이 책의 무단 복제와 전재를 금합니다.

ISBN 979-11-90429-05-4 93910

값 20,000원

이 도서의 국립중앙도서관 출판예정도서목록(CIP)은 서지정보유통지원시스템 홈페이지
(http://seoji.nl.go.kr)와 국가자료종합목록 구축시스템(http://kolis-net.nl.go.kr)에서 이용하실
수 있습니다. (CIP제어번호 : CIP2020033853)

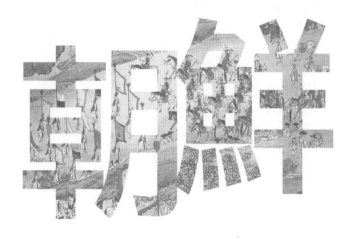

무과급제자 16,643명의 분석 보고서

# 조선의 무관과 양반사회

| 정해은 지음 |

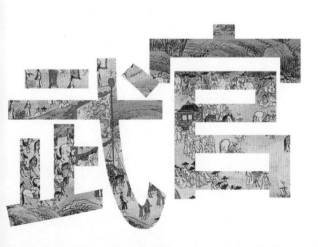

역사산책

# 책을 내며

## 1

이 책은 2002년의 박사학위논문을 새롭게 다듬은 것이다. 학위논문의 분량을 조금 덜어내면서 읽기 쉽게 구성을 바꾸고 통계 수치도 새로 손보았다. 그리고 박사학위 취득 뒤에 발표한 논문 한 편을 추가해서 논지를 보완했다.

1990년에 한국학대학원 석사과정을 입학하고 나서 그 해 가을 2차 학기에 지도교수인 고故 이성무 선생님과 석사학위의 논문 주제로 면담을 했다. 필자의 생각과 고민을 다 들으신 선생님께서 무과를 한번 연구해보면 어떠냐고 하시면서 무과는 방목이 별로 없어서 힘들 수도 있다고 말씀해 주셨다.

선생님 말씀을 듣고 나서 알아보니 최진옥 선생님을 비롯하여 역사학과 선배들이 이미 문과·생원진사시·잡과의 방목을 이용해 연구를 진행하고 있었다. 또 학과 프로젝트로 오래전부터 생원진사시와 잡과방목의 입력 작업도 진행 중이었으며, 방목자료를 이용한 연구 방법도 상당히 진척된 상태였다.

이렇게 하여 무과와 인연을 맺은 필자가 첫 번째로 한 작업이 무과 방목을 조사하는 일이었다. 고서목록들을 샅샅이 훑어나가면서 무과 방목 현황을 파악했고, 장서각·규장각·국립중앙도서관을 중심으로 전국에 있는 방목들을 힘닿는 대로 수집했다. 당시만 해도 자료를 보려면 해당 기관을 방문해야 했다. 또 복사를 허용하지 않은 도서관의 경우에는 방목을 필사하여 베껴왔다. 이렇게 하여 석사학위논문에서는 무과방목 64회분을 수집, 분석할 수 있었다.

박사학위논문은 석사논문을 더 확장해서 102회분의 방목을 수집, 분석했다. 또 이성무 선생님께서 국사편찬위원회 위원장으로 가시면서 최진옥 선생님이 기꺼이 지도교수를 맡아주셨다. 이미 생원진사시 연구를 진행하신 최진옥 선생님께 방목자료 분석과 해석에 대해 세심한 지도를 받을 수 있었다.

한편, 석사 수료 직후에 정구복 선생님의 추천으로 조선왕실도서관인 장서각의 자료를 연구하는 프로젝트에 참여할 수 있는 행운이 찾아왔다. 이 인연으로 군영등록과 무관 관련 자료들을 수시로 접할 수 있었으며 그때의 경험이 지금까지도 연구의 큰 자양분이 되고 있다. 지금 생각해도 매우 감사한 일이다.

# 2

무과급제자 연구를 처음 시작할 무렵 무과방목의 존재는 학계에 잘 알려지지 않았다. 어쩌면 관심이 없었다고 표현하는 편이 맞을 수도 있다. 여기에는 여러 원인이 있지만 양반의 한 축인 무관에 대한 관심이 저조한 분위기가 가장 큰 이유라 생각한다.

조선 왕조에서 무관은 문관에 비해 아웃사이더였다. 그래서 무관은 양반 관료체제 속에서 '양반'의 범주에 속하나 상대적으로 주변부 존재라는 인식이 자리하고 있다. 이런 배경으로 무관에 대한 연구는 문관에 비해 미진한 편이며 아직까지도 활발하지 않다. 그래서 무과방목을 분석하면서 어려웠던 점은 무관직이나 군사 직종 중 생소한 용어가 많은 점이었다. 또 무관직의 구조나 무과 운영 시스템을 이해하는 데에도 오랜 시간이 걸렸다.

또한 석사논문 때와 달리 박사논문을 쓸 때는 다행히 엑셀 프로그램을 이용해 자료를 입력하고 분석했으나, 1만 6천여 명의 수치는 혼자 힘으로 분석하기에는 벅찬 데이터였다. 결국 무과급제자의 아버지에 대해서는 치밀한 분석을 하지 못했고, 이 책에서도 크게 보완하지 못해서 아쉬움으로 남는다.

그럼에도 무과급제자를 연구하기를 잘했다는 생각이 든다. 무관에 대한 관심은 내부자의 시선이 아닌 외부자의 시선으로 당대 사회를 들여다보는 작업이다. 무과급제자를 통해서 그동안 수면 위로 드러나지 않던 사람들을 역사 안으로 끌어들이는 작업은 힘든 만큼 보람이 있었으며, 역사 인식의 확장에도 도움을 주었다. 또 연구 영역을 군사사로 넓힐 수 있게 된 것도 무과급제자를 연구한 덕분이라 생각한다.

# 3

1990년에 한국학대학원 석사과정에 입학했으니 이 책을 내기까지 30년이 걸렸다. 그 사이에 이 책만 붙들고 있지 않았지만 박사학위논문을 책으로 낸다는 것은 연구자에게 시작의 마침표를 찍는 특별한 의미가 있다.

이 책은 많은 분들의 도움이 없었다면 가능하지 않았다. 고 이성무 선생님께서는 이미 1989년부터 제자들의 박사학위논문을 지도하기 위해서 해마다 두 차례씩 1박 2일로 세미나를 개최하셨다. 이 자리에 최진옥 선생님도 빠지지 않고 참석하셨다.

이 책은 이 세미나에서 수없이 많은 발표를 거친 결과물이다. 이 지면을 통해 고 이성무 선생님과 최진옥 선생님께 깊이 감사드린다. 그리고 세미나 때마다 아낌없는 비평과 조언으로 이 책의 내용을 풍부하게 만들어준 선배·동학들에게도 감사한 마음뿐이다. 또 석사과정 때부터 정구복 선생님과 정만조 선생님께 큰 학은을 입었다. 진심으로 감사드린다.

끝으로 어려운 출판 시장의 여건 속에서 이 책의 출간을 맡아주신 역사산책의 박종서 대표님께 감사드린다. 지금까지 늘 변함없이 응원해주시는 어머니와 시부모님께도 이 지면을 빌어 감사하다는 말씀을 드리고 싶다. 또 첫 번째 독자로서 힘이 되어주는 남편 김증섭과 딸 현민에게도 고마운 마음을 전한다.

삼가 아버지의 영전에 이 책을 올린다.


2020년 8월 여름
정해은

## 2부
## 누가 무과에 급제했을까?

3부
무과급제자 진로

# 무과를 둘러싼 문제

## 무과에 대한 편견

|

이 책은 양반 관료의 한 축인 무관을 역사에 포함하지 않고서는 조선 왕조에 대한 완전한 이해가 가능하지 않다는 관점에서 시작한다. 그리고 무관의 역사에 접근하기 위해서는 먼저 무관 임용 고시인 무과를 통과한 무과급제자에 대한 탐색부터 이뤄져야 한다는 전제에서 첫발을 내딛었다.

조선 왕조는 문관을 중심으로 한 양반 관료의 나라였다. 조선시대에 국가의 모든 일을 실제로 담당한 사람은 문관과 무관으로 구성된 '양반兩班'이었다. 그런데 문치주의文治主義 사회를 지향한 조선에서는 활과 칼을 든 무관보다 붓을 든 문관이 우위를 차지했다.

문치주의는 신라가 7세기 후반에 삼국을 통일한 이후 당唐의 중앙 집권체제를 받아들인 것이 단초였다. 신라는 삼국 통일의 과정에서 군사력으로 당을 상대할 수 없다고 판단하고 생존을 위해 문치와 외교의 길을 선택했다. 이후 유교 소양으로 무장한 문관이 정치 주체로 자리 잡은 문치주의는 고려 왕조를 거쳐 조선 초에 제도적으로 확립되었다.[1]

문치주의 안에서 무관은 문관의 하위 동료이자 아웃사이더였다. 무관은 양반 안에서도 부차적인 지위에 머물렀고 사회 위상도 문관에 비해 낮았다. 그래서 무관 임용 고시인 무과도 1402년(태종 2)에 처음 시행한 이후로 문과와 짝을 이뤄 실시했으나 상대적으로 소홀히 취급되었다. 양반이라 해도 문관과 무관의 위상이 다르듯 과거도 문과와 무과의 위상에 현격한 차이가 있었다. 그 증표의 하나로 무과 급제자의 양산을 꼽을 수 있다.

조선시대에 무관이 되는 길은 크게 두 가지였다. 무과에 급제하든지 선조의 공적으로 문음門蔭을 받는 길이었다. 그런데 문음을 통해 관료가 된 사람은 요직이나 고급 관직에 진출하기 쉽지 않았으므로 문음으로 들어온 뒤 과거를 다시 치르는 경향이 많았다. 양반이 가장 영예로운 관직 진출 수단으로 여긴 것은 과거를 통한 성취였고 무과도 예외가 아니었다.

그런데 현재 조선시대(태조~고종)에 선발한 문과급제자는 총 14,682명으로 보고 있다. 이에 비해 무과급제자는 조선 후기(광해군~고종)에만 120,053명으로 문과보다 약 8배가 더 많다. 이 인원은 아직까지 선발 인원을 알 수 없는 조선 후기의 무과 60회의 급제자를 뺀 수치 이므로 사실은 이보다 훨씬 더 많을 것이다. 따라서 이 두 수치만 단순 비교해도 무과급제자의 양산을 짐작하고도 남음이 있다.

조정에서 무과의 선발 인원을 대폭 늘리는 방향으로 선회한 계기 는 임진왜란이었다. 전쟁 와중에서 부족한 병력을 무과급제자의 선 발로 해결하려는 정책은 자연스럽게 까다로운 과거 시험의 잣대를 포기해야 했다. 그래서 정예병을 선발하려는 목적으로 무과를 시행 하면서 시험 방식과 자격 요건을 대폭 완화했고, 결과적으로 양인이 나 천인이 무과에 응시할 수 있는 길을 터주게 되었다.

임진왜란을 전후한 시기에 쏟아져 나온 무과급제자의 규모는 광해 군 대에 정점을 찍었다. 후금의 성장과 명의 파병 요청으로 국제 정 세가 불안한 상태에서 몇 차례 무과를 실시하여 정원을 훨씬 초과해 선발했기 때문이다. 이 여파로 광해군 대에 '만과萬科'라는 용어가 생 겨났고, 이후로도 무과에서 몇 백 명씩 뽑는 일이 다반사가 되면서 무과를 아예 만과라 부르기도 했다.

하지만 조정에서는 이 추세를 멈추지 않았다. 이미 일본과 청의 군사 위협이 사라지고 대외 환경도 안정세로 돌아섰지만 여전히 무 과에서 다수의 급제자를 선발했다. 그것은 무과 합격증의 발급이 민 심을 붙드는 데에 대단히 유용한 수단이어서 쉽게 포기하기 어려워 서였다. 그리하여 조정에서는 이중 정책을 구사했다. 문과는 까다로 운 선발 요건을 그대로 유지한 반면에 무과는 진입 장벽을 대폭 낮춘 것이다. 그 결과 18세기 중반에 무과는 과거도 아니라는 말까지 듣게 되었다.

이런 점 때문에 지금까지 조선 후기의 무과에 대한 연구는 폐단이 주로 부각되었고, 신분제의 변동 속에서 새롭게 성장하는 계층을 수용하는 시험으로 파악해왔다. 곧 임진왜란과 병자호란 이후로 무과에 하층민의 응시가 많아지면서 무과는 이들의 신분 상승의 열망을 충족시키는 사다리 역할을 했다는 이해가 형성되었다.[2] 무과가 관료 선발의 기능보다는 군사 모집이나 군공 보상 또는 민심 안정책으로 실시한 시험이라는 변칙의 인상이 굳어진 것이다.

하지만 이 책에서 지적하고 싶은 점은 무과가 밑으로부터 올라오는 하층민을 위로하기 위한 용도로 활용된 것은 사실이나, 이 관점으로만 조선 후기 무과를 설명할 수 없다는 점이다. 여기에는 무과에 대한 오해와 편견이 깔려있기 때문이다.

이 책의 핵심은 간단명료하다. 조선 후기 무과는 관직 진출 통로로서 순기능을 수행했으며, 무과의 본질은 무관 임용 고시였다는 점이다. 국가에서 무과를 민심 위무용으로 활용할 수 있던 원동력도 이 본질 때문이며, 무과 합격증으로 관직 진출을 할 수 있었는지 여부와 상관없이 무과에 급제하기 위해 수많은 사람이 몰린 이유도 여기에 있었다. 이것이 이 책에서 견지하고 있는 관점이다.

조선 왕조에서 편찬한 각종 연대기자료에서 조선 후기의 무과에 대한 내용을 검토해보면 폐단에 초점을 맞춘 경향이 많은 편이며, 오늘날 연구자 역시 이 시각을 그대로 수용하는 측면이 있다. 연대기자료의 대부분이 문신 관료의 손으로 기록되었다는 사실을 알면서도 그 기록에 담긴 의도에 대해서는 소홀한 것이다.

그런데 연대기자료와 달리 현전하는 조선 후기의 무과방목을 분석해보면 양인 이하로 추정되는 사람도 많지만 관직이나 품계를 소유한 사람도 상당수 존재한다. 이들 중에는 지체 높은 집안의 후손도 다수 포함되어 있다. 연대기자료와 다른 결과를 보여주는 무과방목에서 여전히 무과에 응시하여 급제하는 양반을 확인할 수 있는 것이다.

이런 측면에서 무과를 근거로 한 신분변동론은 무과급제자의 출신 성분이 제대로 검토되지 않은 상태에서 통설이 이뤄졌다는 점, 무과 급제자가 급제 뒤에 어떤 방법과 경로를 통해 신분 변동이 가능했는가에 대한 구체적 검토 없이 적지 않은 추정을 바탕하고 있는 점, '폐단'과 '문란'이라는 현상을 위주로 하여 조선 후기 무과를 파악하는 문제점을 안고 있다.

## 무과와 무과급제자에 대한 견해들

|

현재 양반 관료에 대한 연구는 아직도 지배 엘리트인 문관에 대한 관심이 과도하게 집중되어 있는 상황이다. 이에 비해 무관에 대한 관심은 그다지 높지 않아서 무과나 무과급제자에 대한 연구 성과도 문과나 생원진사시에 비해 빈약한 편이다.

조선 전기 무과에 대한 연구는 제도사부터 시작되었다.[3] 문과에 비해 제대로 알려지지 않던 고려 말부터 조선 초기까지 이뤄진 무과 설치 논의와 설치 배경, 무과의 종류·시관試官·과목·절차 등 실제적인 운영이 주요 검토 대상이었다.

이어서 15~16세기 무과급제자에 대한 분석도 시도되었다.[4] 15세기 무과급제자 336명 및 1583년(선조 16)·1584년의 무과급제자 803명을 분석한 결과, 상당수가 양반 또는 사족 집안 출신으로 밝혀졌다.

또 임진왜란 중인 1594년의 무과급제자 418명을 분석한 결과에서도 공사천을 비롯한 천인이 급제한 사례는 보이지 않았다. 그 대신에 소수의 향리와 양인을 제외하고 대다수가 양반 내지 사족의 자제로 밝혀졌다.

이러한 연구 성과들에 힘입어 조선 전기 무과제도와 운영에 대한 기초적인 이해가 가능하게 되었다. 또 조선 전기 및 임진왜란 중에 실시한 무과급제자의 상당수가 넓은 의미의 양반인 반족班族으로 밝혀짐에 따라 조선 전기 무과의 성격이 양반이 응시한 과거였다는 점을 실증적으로 구축해냈다.

조선 전기의 무과 연구가 제도사에서 시작했다면 조선 후기의 무과 연구는 운영의 문제로부터 출발했다. 연구 성과도 조선 전기에 비해 조금 더 풍부한 편이어서 연구 경향을 크게 세 가지로 나눠볼 수 있다.

첫째, '만과'로 대표되는 무과 운영에 관한 연구로 초창기 연구가 여기에 해당한다. 만과의 발생 원인과 성행에 초점을 맞춰 무과가 16세기 중반 이후로 유방병留防兵의 보충과 군량 조달을 위한 만과로 변모하는 과정을 다뤘다.[5] 유방병은 수자리를 서는 군사를 말한다. 또 정약용이 무과에 응시하는 사람이 점점 줄어드는 배경으로 제시한 다섯 가지 이유를 중심으로 무과의 운영상도 검토했다.[6]

이 두 연구를 통해 불모지나 다름없던 조선 후기의 무과 운영상이 밝혀졌으며, 무과의 문제를 사회사로 확대하면서 학계의 관심을 이끌어냈다. 한편으론 조선 후기의 무과가 폐단으로 점철된 과거였다는 시각을 형성하는 데에 결정적인 역할도 했다. 이러한 시각과 달리 만과를 무과 운영의 폐단이 아닌 정국 운영과 연결하여 이해하려는

시도도 있어 주목된다.[7]

한편, 최근에 조선 후기 무과의 성격과 지배 엘리트인 양반의 문제를 논의한 저서가 나왔다.[8] 저자는 조선 후기 무과의 이중성에 주목하여 무과가 관료 선발 시험이라는 근본 기능을 유지하면서도 피지배층에게는 지위 상승의 수단이 되었다고 보았다. 조선 후기의 양반을 중앙문관, 중앙무관, 관직을 갖지 않은 향촌 지배층으로 파악한 저자는 정치적으로 소외된 한양 양반이 무과로 눈을 돌려 중앙무관을 형성한 반면, 지방 지배층의 경우 무과로 전환했으나 무관으로는 성공하지 못했다고 파악했다.

이 연구는 조선 후기의 무과를 둘러싼 문제 곧 왜 그렇게 자주 무과를 시행해서 수많은 급제자를 양산했는가 하는 문제를 정면으로 다루었다는 점에서 의의가 크다. 다만 피지배층의 무과 급제의 가치로 저자가 거론한 군포軍布나 국역의 면제 그리고 무과급제자에 대한 평민들의 존경심은 고려의 여지가 있다고 생각한다. 신분에 따라 무과의 가치가 다른 것이 아니어서 피지배층 역시 관직 진출의 꿈을 안고 무과에 급제했기 때문이다.

둘째, 무과방목을 분석하여 무과급제자가 실제로 누구였는지를 밝힌 연구다. 무과방목은 무과급제자에 대한 기초 사료로 다른 자료에서는 찾아보기 힘든 무과급제자의 전력前歷을 비롯하여 출신배경에 대한 다양한 정보를 수록하고 있다.

이 점에 주목하여 1977년에 1800년대의 무과방목 12개를 수집해 무과급제자 2,088명을 분석한 연구가 나왔다. 이 연구는 학계 최초로 무과방목의 존재를 알리고, 누가 무과에 급제했는지를 구체화했다는 점에서 의의가 있다.[9]

이어서 조선 후기의 무과방목 64회분에 실린 10,365명을 분석한 연구도 이뤄져 무과급제자의 72%가 무武를 업으로 삼은 한량과 군사직 소유자라는 사실을 밝혀냈다.[10] 여기에는 서울 군영을 중심으로 운용한 직부전시直赴殿試의 힘이 컸다는 점도 지적되었다.[11] 이 연구들은 그 동안 간과해온 무과방목에 관심을 갖고 국내외에 흩어져 있는 무과방목을 수집, 분석했다는 점에서 의미 있는 시도였다.

이와 함께 무과방목의 분석 결과를 토대로 무과를 이용한 신분 변동론에 대한 검토도 진행되었다. 병자호란이 끝난 해인 1637년에 실시한 '산성무과山城武科' 방목에 수록된 '면천免賤' 564명을 분석하여 소종래所從來로서의 천인의 무과 급제를 실증적으로 제시했다.[12] 이 연구는 앞서 임진왜란 중 무과급제자 가운데 천인이 없다는 결과와 달라 주목된다.

또한 '디지털 인문학'이라는 새로운 연구 경향을 바탕으로 방목 자료에 접근한 연구도 인상적이다. 데이터베이스로 구축한 방목과 족보의 데이터를 이용해 '온톨로지(ontology) 설계'를 제안하고, 조선시대 엘리트의 인적 관계망 구현을 제시한 연구인데, 여기에 무과방목과 무과급제자도 포함되어 있다.[13]

셋째, 무과급제자의 진로에 대한 연구다. 먼저 『무보武譜』라는 자료를 학계에 소개하고, 이를 분석해 19세기 무과급제자의 진로를 다룬 연구가 있다.[14] 『무보』는 무과급제자를 성관별로 나눠 기록한 팔세보八世譜 형식의 종합보로 대부분 19세기 후반 이후에 만들어졌다.

17세기 일기를 이용해 출신군관出身軍官의 부방赴防 생활을 다룬 연구도 주목된다. 박계숙·박취문 부자가 무과 출신으로서 함경도에서 1년간 군관으로 근무한 내용을 밝힌 이 연구는 무과급제자의 임무와

처우를 세밀히 살필 수 있어서 흥미롭다.[15]

한편, 무과급제자의 초임初任 선발 기능을 한 선천宣薦에 대한 연구는 지배층이 폐쇄적으로 관료 집단을 유지한 시스템을 규명했다는 면에서 중요하다. 선천은 선전관의 모집단을 미리 선발해두는 천거인데, 힘있는 양반 집안의 자제를 대상으로 했으며 서북인과 서얼은 참여조차 할 수 없었다. 18세기 평안도 무과 출신의 진로를 군관과 무반 관인으로 나눠서 검토한 연구도 이 시스템으로 인해 좌절을 겪은 평안도 무과 출신의 현실을 잘 보여준다.[16]

이상의 연구 성과를 통해 조선 전기와 조선 후기의 무과 특징이 어느 정도 구체화되었고 무과방목의 분석도 꾸준히 이뤄졌다. 하지만 아직까지 여전히 연구자가 적고 연구 분야도 다양하지 못한 것이 현실이다.


## 무과방목의 전력에 대한 이해

이 책에서 가장 중심을 차지하는 자료는 무과방목이다. 방목은 과거의 합격자 명부이자 급제자를 파악할 수 있는 1차 자료다. 무과급제자에 대한 이해를 높이고 누가 무과에 급제했는지를 알아보기 위해서는 방목의 분석 작업이 필수라 할 수 있다.

1402년(태종 2)부터 1894년 갑오개혁으로 과거가 역사의 뒤안길로 사라질 때까지 무과는 800회가 실시되었다. 방목은 합격자 명부이므로 문과·무과·생원진사시·잡과 모두 작성되었다. 이 중 문과와 생원진사시는 급제자 전원을 집성한 종합방목이 있어서 조선시대 전체 급제자를 손쉽게 파악할 수 있다.

이에 비해 무과방목은 1회분의 무과급제자만 실어놓은 단회방목單回榜目만 있을 뿐이다. 단회방목은 앞쪽에 문과방목을 배치하고 뒤쪽에 무과방목을 수록한 '문무과방목'의 합본 형태다. 현전하는 무과방목은 800회 가운데 현재 167회분(21%)에 불과하다.

급제자 명부로서 방목의 중요성은 이미 일제강점기에 일본인 학자가 주목하여 사마방목에 대한 연구를 진행했다. 본격적인 연구는 1960년대 후반부터 시작되어 현재까지 문과방목과 사마방목을 중심으로 한 연구 성과가 상당히 축적되었으며, 무과방목도 연구가 진행 중이다.

그런데 학계에서 방목 연구에 대한 비판이 종종 제기되어 왔다. 방목에 나타난 급제자의 전력에 대해 심도 있는 분석이 요구되며, 방목의 기재 내용도 검증이 필요하다는 의견이다.[17] 또 방목의 전력이 급제자의 실제 직역과 일치하지 않는다는 의문도 제기되었다. 하나의 사례로 1515년(중종 10) 별시의 문과급제자인 진사進士 한승정은 충의위忠義衛에서 근무한 적이 있으나 방목에는 '진사'로 표기했다. 이를 근거로 하여 급제자 전력을 통계 처리한 기존 논고들이 실제와 동떨어진 결과를 초래했다고 보았다.[18]

이러한 문제 제기는 방목을 이용한 연구에서 전력에 대한 정확한 이해가 선결 과제임을 환기하고 있어서 귀담아 들을 필요가 있다. 하지만 무과방목을 분석한 필자 입장에서는 이런 문제 제기는 방목에 대한 이해의 부족에서 나왔다고 보인다. '전력'이란 과거급제자가 합격 이전에 띤 이력을 말하는데, 전력에 대한 이해는 두 가지 사항을 고려할 필요가 있다.

첫째, 방목의 전력은 호적이나 족보와 달리 위조나 변조가 불가능했다. 방목은 같은 시험에 급제한 동기생[동년同年]끼리 과거 급제라는 공통분모를 매개로 공유하는 기록물이다. 이런 연유로 급제자가 본인 정보를 속이거나 변조하기가 쉽지 않았다.

더구나 합격자 발표는 양반의 최대 관심사였다. 양반들은 합격자 발표에 촉각을 곤두세웠고, 그 결과 누가 급제했는지 금방 퍼져나가면서 해당 급제자의 출신 지역과 선조에 대한 정보를 공유했다. 현재 발굴된 여러 양반 일기에서 과거시험에 대한 내용이 자주 등장하는 것도 이러한 맥락에서 이해할 수 있다. 여기에 상대방의 성명만 듣고도 그 사람의 집안 내력을 단박에 알 수 있는 사회 분위기상 방목의 변조나 위조는 거의 불가능했다고 여겨진다.

둘째, 방목에 기재된 급제자의 전력이 급제자가 이전에 띤 직역과 일치하지 않는다고 하여 방목 기록의 부실은 아니었다. 급제자가 본인의 여러 이력 중 하나를 선택해서 전력으로 올렸기 때문이다. 보통 급제하기 직전의 이력을 올린 것 같다.

인조는 병자호란이 끝나고 나서 남한산성에서 본인과 생사고락을 함께 한 사람들을 대상으로 '산성무과'를 실시했다. 비변사에서는 응시자 7천여 명 중 상당수가 훈련도감 포수, 어영군, 경기 속오군이라고 보고했다.[19] 그런데 산성무과 급제자 5,536명의 전력을 실제로 조사하면 훈련도감 포수가 1명, 어영군이 34명에 불과하다. 이들의 낙방을 고려해도 응시자의 대부분을 차지했다는 전력치고 비중이 너무 낮다.

그러면 무과방목과 연대기자료의 기록에 왜 이런 차이가 생겼을까? 그것은 무과급제자가 남한산성에 들어갈 때의 직역이 아닌 다른 직역을 사용하면서 발생한 차이로 이해할 수 있다. 이 추정은 산성무과 급제자의 사례에서 사실로 확인된다.

조일남은 병자호란 당시 어영군으로서 인조를 호종했으며, 그 공로로 겸사복첩兼司僕帖을 받아 산성무과에 급제했다. 그는 무과방목에 '겸사복'으로 올라있다.[20] 오의현과 오경선 형제도 마찬가지다. 두 형제는 본래 내수사 하인으로서 남한산성을 지킨 공로로 면천되어 무과에 급제했는데, 무과방목에 적힌 전력은 모두 '면천免賤'이다.[21]

위 사례들은 무과방목에 군공으로 받은 새 직함을 적었다는 공통점이 있다. 어영군 조일남이 군공으로 받은 겸사복은 국왕 호위군인 금군禁軍이다. 그러므로 산성무과를 응시할 때에 본인 전력을 어영군보다 더 나은 '겸사복'으로 적었다. 내수사 하인 오의현·오극선도 면천첩을 받았으므로 무과방목에 '면천'으로 기록한 것이다.

또 다른 사례도 있다. 1809년(순조 9) 증광 무과에 급제한 전임 선전관 이완식은 1805년에 생원시에 합격한 경력이 있다. 이후 그는 왕명에 따라 진로를 '무武'로 바꾼 뒤 직부전시를 받아 무과에 급제했다.[22] 무과방목에 그의 전력은 생원이 아닌 무과를 치르기 직전에 지낸 '선전관'으로 되어 있다.

이처럼 무과방목에 올라있는 전력은 급제자가 본인의 여러 이력 가운데 하나를 사용했으며 주로 응시하기 직전의 직역이나 직함이 올라갔다. 그러므로 급제자가 본인의 여러 이력에서 하나만 기록했다고 하여 방목의 부실이나 오류로 볼 수 없다.

또 급제자가 여러 이력에서 어느 것을 방목에 올리느냐는 사회적 약속이나 관행에 따라 본인을 잘 드러낼 수 있는 직역을 사용했다고 판단된다. 그래서 방목에 급제자의 전력으로 현직만 기록하지 않고 '전前'자가 붙은 전력도 있는 것이다.

# 새로운 관점

이 책은 양반의 한 축을 형성한 무관의 예비후보자인 무과급제자에 대한 탐구를 중심으로 구성했다.[23] 무과급제자에 대한 지식의 공백을 채우기 위해 102회분의 무과방목에 실린 무과급제자 16,643명의 인적 사항을 분석하여 통계 수치의 의미를 역사적으로 해석하고자 노력했다.

'역사적'으로 해석한다는 것은 개인 정보를 개인의 영역으로 남겨두지 않고 역사의 단면으로 이해하기 위한 방식으로, 무과방목을 분석해서 얻은 통계 수치의 행간을 읽는 데에 주력하는 것이다. 이러한 접근은 무과방목만으로 가능하지 않으며, 방대한 자료를 활용해서 무과방목에 나오지 않은 내용을 채울 때에 가능하다. 그러므로 이 연구는 무과방목을 주요 자료로 표방하면서도 사실은 연대기자료를 포함해 각종 자료를 함께 활용해서 양반 사회를 탐구하는 방식이라 할 수 있다.

조선 후기에 무과의 제도나 운용 방식은 이전과 어떻게 달라졌을까? '만과'라는 지적대로 선발 인원이 기하급수적으로 늘어난 것이 사실일까? 조선 후기에는 어떤 사람이 무과에 급제했을까? 무과에 양인 이하가 얼마나 유입되었을까? 그렇다면 이 수많은 무과급제자 모두 관직에 진출할 수 있었는가? 이 책에서 답하고자 하는 사안은 바로 이러한 질문들이다.

연구 대상 시기는 임진왜란 이후인 1600년부터 1894년의 갑오개혁까지로 잡았으며, 이를 조선 후기라 지칭했다. 현재 16세기에서 17세기 중반까지를 조선 중기로 부르기도 한다. 하지만 전면적인 사회 변화를 초래한 임진왜란 이후를 조선 후기로 보는 시각에 동의하며, 무과의 제도나 운용도 이때를 전후로 하여 바뀌므로 임진왜란을 기점으로 잡았다.

필자는 조선 후기의 무과와 무과급제자를 양반 사회 안에서 바라보고자 했다. 그래서 무과급제자와 양반 사회의 연관성을 구조적으로 찾아내기 위해 두 가지 사항에 주목했다. 하나는 양반 관료 사회의 시스템이며, 다른 하나는 앞서 강조한 무과의 본질인 관직 진출의 문제다.

조선시대에 양반이란 관제상 동반과 서반이라는 협소한 의미와 함께 지배 신분을 지칭하는 광범위한 개념으로 사용되었다. 양반 이하의 신분으로는 중인中人 · 중서인中庶人 · 서인庶人 · 양인良人 · 천인賤人 등이 있었다. 16세기 이후에는 양반 대신에 '사족士族'이라는 용어도 사용되었다.

조선 후기의 자료에는 상층에 속하는 사람을 반족班族 · 양반 · 사족 · 사대부 · 품관 · 진신縉紳 등으로 지칭했다. 여기에 상반되는 용어로는 상한常漢 · 상천常賤 · 잡류雜類 등이 있다. 이처럼 조선시대에 신분과 계층 관련 용어들이 여러 형태로 사용된 점으로 미뤄볼 때 양반 및 양반 이하에 세분화된 계층이 현실적으로 존재한 것이 분명하다.

이 책에서 사용하는 '양반'은 양반 · 사족 · 반족 · 사대부 · 품관 · 진신 등을 포괄한 용어로서 실질적인 사회 지배층을 통칭했다. 양반 안에서도 문반 · 무반 그리고 다양한 층위와 우열이 존재하고 상호 대립 관계를 형성했지만, 정치 · 경제 · 문화 측면에서 기득권이라는 공동의 이해를 가진 사회 집단으로 파악했다.[24]

먼저 양반 관료 시스템에 대한 생각이다. 과거란 오늘날로 치면 고시와도 같아서 개인의 실력에 기반을 둔 시험이다. 하지만 조선 후기에 과거 급제 여부는 반드시 개인의 실력으로만 좌지우지되지 않았다. 예컨대, 서울을 제외하고 팔도 가운데 가장 많은 문과급제자를 배출한 경상도에서 18세기에 충청도·평안도 다음으로 순서가 밀린 현상을 어떻게 이해해야 할까?[25] 이 문제를 해당 지역의 공부 수준이나 개인 실력 여부로만 접근한다면 양반 관료 사회의 특징을 놓치게 될 것이다.

조선시대에 과거 급제는 개인의 실력 이외에 혈연, 집안, 지역, 정치 세력의 판도와 같은 요소가 영향을 미쳤다. 그래서 개인 능력 못지않게 다른 사람보다 용이하게 급제할 수 있는 시스템이 존재했는데, 이를 다른 말로 표현하면 '특혜'가 된다.

그러므로 이 시스템에 주목해야만 무과급제자의 양산이 어떤 방식으로 이뤄졌으며, 왜 서울을 비롯한 특정 지역에서 무과급제자가 많이 배출되었는지, 위정자가 본인이 원하는 사람을 어떤 방식으로 급제시켰는지를 구조적으로 파악할 수 있다.

다음으로 무과급제자의 관직 진출 문제에 대한 생각이다. 조선왕조실록을 비롯한 각종 연대기자료에서 무과의 폐단으로 가장 많이 지적된 사항이 급제자의 양산이다. 이 때문에 무과가 관직 획득이라는 과거의 기능을 과연 수행했을까하는 의문이 생긴다. 그런데 무과급제자의 양산 문제를 논의하면서 왜 항상 무과급제자의 적체가 중요 사안으로 거론했는지를 질문할 필요가 있다.

무과는 과거시험이므로 급제자 전원을 관직에 임용하는 것이 원칙이었다. 무과급제자 사이에서도 본인이 이미 관료 명부인 '사적仕籍'에 기재되었거나 서반직의 말단에 들었다고 인식했다.[26] 곧 무과에 급제한다는 것은 관료 후보군으로서 관직 진출의 길이 열렸다는 것을 의미했다. 따라서 무과와 무과급제자를 이야기하면서 무과의 본질인 관직 진출의 문제를 도외시하는 것은 핵심을 벗어난 논의라 할 수 있다.

그런데 여기서 상기할 사항은 실제 조선 후기 무과급제자 모두 관직에 나가지 못한 것은 사실이라는 점이다. 그 이유는 급제자의 인원에 비해 서반 관직의 수가 부족한 것이 가장 큰 요인이었으며, 이 과정에서 무과급제자를 선별하는 작업을 '제도'라는 이름으로 진행했기 때문이다.

국왕의 입장에서는 왕과 왕실을 호위할 사람을 이미 충성이 입증된 양반 중에서 선발하고자 했다. 즉 다양한 신분과 계층에서 선발한 무과급제자를 그대로 수용하는 것이 아니라 혈통과 충성심이 보장된 집안의 자제를 등용하고자 했다. 여기에 당파와 지역이라는 요소까지 가미되면서 실제 관료 집단은 여러 이해와 맞물려 폐쇄적으로 형성되었던 것이다.

따라서 무과와 무과급제자를 검토하는 작업은 단순히 무관의 역사를 밝히는 일로만 끝나지 않는다. 무관이라는 렌즈를 통해 양반 사회의 구조와 작동 시스템을 천착하는 작업이라 할 수 있다.

## 책의 구성과 내용

|

이 책은 총 3부 14장으로 이뤄졌다. 1부는 조선 후기 무과 운용의 특징을 탐색했으며, 2부는 무과방목을 분석해 누가 무과에 급제했는

지를 검토했고, 3부는 무과급제자의 진로를 다뤘다.

1부는 총 4장으로 구성했다. 1장은 이 책의 중요 자료인 무과방목의 특성과 가치를 소개했다. 2장부터 4장까지는 조선 후기 무과 운영의 특징을 만과·천인·직부전시라는 세 가지 키워드로 접근했다.

2장에서는 『무과총요武科總要』와 『국조방목國朝榜目』, 무과방목, 연대기자료 등을 이용해서 조선시대 무과의 시행 횟수와 선발 인원을 제시했다. 3장에서는 무과의 응시 자격이 천인의 응시 금지로 귀결된 배경을 알아보고, 병자호란 때 군공을 세운 '면천免賤'의 급제자를 분석해 양인 이하가 무과에 급제한 사례를 제시했다. 4장에서는 18세기 이후로 무과 한 회당 최고 94.9%의 급제자가 직부전시로 급제한 현상에 주목하여 이런 현상이 나타난 원인에 대해 접근했다.

2부는 이 책의 중심부로 총 6장으로 구성했다. 현전하는 조선 후기의 무과방목 102회분에 실린 무과급제자 16,643명을 통계 처리하여 분석했다. 5장에서는 한량으로 무과에 급제한 사람을 다뤘으며, 한량이 언제부터 무과급제자의 대명사가 되었는지 알아보았다. 6장에서는 군사직을 소유한 무과급제자, 7장에서는 관직 또는 관품을 소유한 무과급제자, 8장에서는 업무·교생·무학·생원 또는 진사 등 기타 이력을 띠고 무과에 급제한 사람들을 검토했다. 9장은 무과급제자의 거주지를 분석하고 왜 특정 지역에서 무과급제자가 쏟아졌는지를 알아보았다. 10장은 무과급제자의 성관과 아버지의 직역을 통해 무과급제자의 집안을 검토했다.

지금까지 방목의 기재 사항 가운데 각광을 받아온 것이 급제자의 전력이다. 전력은 급제자가 급제 이전에 어떤 일에 종사했는지를 알 수 있으므로 급제자 신분을 판가름하는 척도로 활용해왔다. 그런데 이 전력을 어떤 기준에 따라 어떤 신분으로 구분할 것인가 하는 문제는 결코 단순하지 않다.

예컨대 어떤 무과에 동시에 급제한 형제의 전력이 한 명은 별무사이고, 다른 한 명은 통덕랑일 때 이들의 신분을 어떻게 규정할 것인가는 고민이 아닐 수 없다.[27] 통덕랑은 동반 정5품의 관품이며 별무사는 지방의 기병부대 소속인데, 사회 통념상 양자 사이에 계층 차이가 분명히 존재하기 때문이다.

이것은 방목의 전력만이 아니라 그동안 호적대장의 직역 분석에서도 맞닥뜨린 문제였다.[28] 그래서 이 책에서는 무과급제자의 신분을 전력으로 구분하는 작업을 하지 않았다. 그 대신에 어떤 사람이 무과에 급제했는지를 집중적으로 탐구하기 위해 무과급제자를 한량, 군사직소유자, 관직 또는 관품소유자, 기타 직역의 소유자로 구분해서 살펴보았다.

이 책에서 신분을 거론할 때에는 혈통에 기반을 둔 지배층인 넓은 의미의 양반[반족班族]과 양인·천인을 구분하기 위한 의도임을 밝혀둔다. 또 양반인지 양인인지 구분이 모호할 때 사용하는 '중인' 같은 중간 신분의 설정은 피했다.

3부는 총 4장으로 구성했다. 이 책에서 무과방목의 분석 못지않게 심혈을 기울인 부분이다. 무과급제자에게 열린 관직 진출의 현실과 제도적 장치, 관직 진출에 영향을 미친 요소인 신분과 가세家勢에 따른 차이가 주요 논의 대상이 될 것이다. 이 과정에서 신분과 지역, 집안의 고하 여부가 관직 진출에 어떻게 영향을 미쳤는지를 확인할 수 있다.

11장은 장원 급제자가 동반의 6품 관직에 임용되는 특전을 받은 뒤에 어떤 진로를 걸어갔는지를 검토했다. 12장은 무과급제자 중 양반 자제만을 대상으로 한 선천宣薦의 운영 방식을 설명했다. 13장은 무과 급제 뒤에 군영에 소속한 급제자의 진로를 다뤘다. 14장은 3부의 결론에 해당하는 장으로 2012년에 발표한 논문을 수정한 글이다. 여기서는 1784년 '책봉경과' 무과급제자의 진로를 검토해 관직 진출의 특혜와 차별의 문제를 구조적으로 설명하고자 했다.

'양반'이라는 화두는 단순히 과거의 문제가 아니라 오늘날에도 의미 있는 주제다. 조선시대 양반에 대한 지식이 현대에도 살아있으며, 그 집안이 어떤 집안이었는지가 오늘날에도 의미가 있고, 의미가 있다고 생각하는 사람이 존재하는 한 양반이라는 화두는 여전히 매력을 갖는다. 하지만 오늘날 양반에 대한 인식에는 문관만 존재하고 무관은 빠져있다. 이 책이 무과와 무과급제자에 대한 이해를 통해 양반의 한 축으로 존재한 무관에 대한 관심을 높이는 밑알이 되기를 바란다.

## 1부

# 조선 후기 무과 운영의 특징

조선 후기 무과 운영은 세 가지 특징으로 요약할 수 있다. 첫째, 선발 인원이 과도하게 많아지면서 만과로 변모한 점, 둘째, 천인의 무과 응시를 제한한 점, 셋째, 직부전시의 확대다. 이 중에서 직부전시는 무과에 용이하게 급제할 수 있는 시스템이자 특권이었다. 이 세 가지 특징으로 조선 후기의 무과는 조선 전기와 다른 양상을 띠면서 양반 관료 사회에 큰 변화를 가져왔다.

# 1장

# 무과방목에 대하여

## 방목이란 무엇인가?

방목이란 과거급제자의 명부다. 문과·무과를 비롯하여 생원진사시와 잡과雜科 모두 방목을 작성했다. 고려시대에도 과거급제자 명단을 수록한 『등과록登科錄』이 전해오고 있다.[29]

조선시대에 과거 급제란 공적公的으로 기록이 명확하고 국가에서 발행하는 합격증도 있어야 하므로 쉽사리 위조하거나 침범할 수 없는 개인의 이력이었다. 집안 내력과 개인 이력이 위조되기도 한 조선

사회에서 과거 급제와 같은 정확한 이력은 개인의 출신 배경을 잘 드러내는 지표였다. 그래서 과거급제자 명단을 수록한 방목은 개인의 사회적 위상을 측정할 때 높은 공신력을 담보했다.

조선시대 문과는 1393년(태조 2)부터 시행했고 무과는 1402년(태종 2)부터 시행했다. 1402년에 무과를 시행한 이후부터 문과와 무과는 '대거對擧'라 하여 짝이 되어서 한쪽을 실시하면 다른 쪽도 반드시 함께 실시했다. 그래서 임진왜란기 군사 확보를 위해 무과만 따로 시행한 사례를 제외하고 1402년 무과를 실시한 이후부터 1894년(고종 31) 과거제도를 폐지할 때까지 문과와 무과의 실시 횟수는 같다.

하지만 방목의 간행은 문과와 무과가 달랐다.[30] 문과는 『국조방목國朝榜目』(1393~1894)[31]처럼 국가에서 조선시대 문과급제자 전체를 국왕 및 과명科名별로 집성한 종합방목을 만들었다. 이뿐만이 아니다. 문과는 여러 형태로 급제자를 파악할 수 있는 자료도 다양한 편이다.[32]

이에 비해 문과의 대거로 실시한 무과는 상대적으로 급제자의 기록이 열악한 편이다. 무과방목은 문과처럼 급제자 전체를 집성한 종합방목이 없다. 다만 1회분의 무과급제자만 실어놓은 단회방목單回榜目이 있을 뿐이다. 단회방목은 앞쪽에 문과방목을 배치하고 뒤쪽에 무과방목을 수록한 '문무과방목'의 합본 형태다. 이 문무과방목을 '용호방龍虎榜'이라 하는데, 용방은 문과방목을 지칭하며 호방은 무과방목을 의미한다.

용호방의 어원은 792년에 중국 당唐의 육지陸贄가 진사시의 시관試官이 되어서 구양첨歐陽詹·한유韓愈·이강李絳 등 뛰어난 인재를 선발하자 사람들이 이를 영예롭게 여겨 해당 방목을 '용호방'이라 부른 데서 연유한다. 곧 용이나 호랑이처럼 뛰어난 인재가 들어있는 방목이라는 뜻이다. 처음에는 진사시(조선의 문과에 해당)의 방목만을 의미하다가 청淸 대에 이르러 문과진사방을 '용방', 무과진사방을 '호방'이라 불렀다.

한국에서도 고려 말에 진사시의 의미로 '용호'라는 단어를 쓰다가, 조선시대에 용방과 호방을 구분해 문과방목과 무과방목을 각각 지칭하는 용어로 사용하게 되었다.

단회방목의 경우 표제表題에 '○○문과방목'이라 되어있어도 대부분 뒷부분에 무과방목이 들어 있다. 예컨대 『경자식년문무과방목庚子式年文武科榜目』(1660년)도 표지 제목이 '경자식년문과방목'이며, 표지의 오른쪽 상단에 '부호방附武榜'이라 되어있다. 문무과방목을 문과방목이라 한 이유는 숭문崇文 의식의 반영으로 보인다.

예외적으로 『만력이십이년갑오별시무과방목萬曆二十二年甲午別試武科榜目』(1594년)은 임진왜란 중 실시한 무과의 방목으로 희귀 가치가 있다. 『을유알성용호방乙酉謁聖龍虎榜』(1825년)은 서명이 '용호방'이지만 내용은 무과방목만 있다. 이 방목은 류억(柳億, 1796~1852)의 무과 급제를 기념하기 위해 집안에서 만든 것으로 보인다.

참고로 무과방목은 아니지만 무과급제자를 파악할 수 있는 자료가 있다. 『해동방목海東榜目』에는 조선 전기 무과 장원 39명의 성명과 가족 사항 및 관직 이력이 수록되었다. 『용문록龍門錄』에도 1880년(고종 17)부터 1893년까지 무과 장원의 성명이 실려 있다.

# 무과 초시방목의 존재

방목은 합격자 명부이므로 과거를 실시할 때마다 만들었다. 조선시대 무과는 초시初試·복시覆試·전시殿試의 세 단계가 있었다. 식년시·증광시는 세 단계를 모두 거쳤으며, 각종별시는 복시를 생략하고 초시와 전시만 치렀다. 무과방목 역시 단계별로 초시방목·복시방목·전시방목을 각각 제작했다.

초시방목은 시험을 실시한 뒤에 합격자를 보고하는 행정문서용으로 만들었다. 1553년(명종 8)의 〈과거사목科擧事目〉에 따르면, 각 지방에서는 문과와 생원진사시의 초시를 실시한 뒤에 방목 4부를 작성해 1부는 관찰사가 있는 감영으로 보내고, 3부는 예조·사헌부·사관四館에 나눠 보냈다.[33] 복시나 전시에 나갈 사람을 확인하기 위해서였다. 이 〈과거사목〉에 무과가 빠져 있지만 무과의 초시방목도 복시나 전시를 위해 해당 지역의 감영과 서울로 보냈다고 판단된다.

오늘날 현전하는 초시방목의 수는 과거 시행에 비해 매우 적은 편이다. 문과·무과·생원진사시(사마시) 모두 초시방목이 일부 남아있는데,[34] 무과의 초시방목도 7종이 전한다. 국내 5종, 해외 2종이 있는데, 아래 내역 중 ①~④는 서울대학교 규장각한국학연구원, ⑤는 국립중앙도서관, ⑥은 미국 하버드대학교 옌칭도서관, ⑦은 일본 교토대학교의 소장본이다.

7종의 내역은 ①『하동도회합이경증광무과별시초시입격인방목성책河東都會合二慶增廣武科別試初試入格人榜目成冊』 및 『시수장성책矢數長成冊』(1783년) ②『평안도청남평양도회경과정시초시입격인방목성책平安道淸南平壤都會慶科庭試初試入格人榜目成冊』(1848년) ③『충청우도공주목도회알성무과

초시입격거자방목성책忠清右道公州牧都會謁聖武科初試入格擧子榜目成冊』(1851년)
④『(함경)남도북청부정도회경과정시무과초시시취입격인등사조성책
咸鏡南道北靑府定都會慶科庭試武科初試試取入格人等四祖成冊』(1852년) ⑤ 『함경도본
경과정시무과초시시취사咸鏡道本慶科庭試武科初試試取事』(1881년) ⑥ 『함경
남도홍원현도회증광별시무과동당시취입격인방목시수병록성책咸鏡南
道洪原縣都會增廣別試武科東堂試取入格人榜目矢數幷錄成冊』(1805년) ⑦『강원도원주
목도회병과정시무과초시입격인방목성책江原道原州牧都會丙科庭試武科初試入
格人榜目成冊』(1866년)이다.

무과 초시방목의 기재 사항은 합격자의 전력·성명·나이·본
관·거주지이며, 아버지의 직역과 이름도 들어있다. 무과 초시방목
의 특징은 첫째, 방목의 명칭으로 '입격入格'이라는 용어를 사용한 점
이다. 조선시대에 문과·무과 급제자를 지칭한 용어는 똑같이 '급제
출신及第出身'이었다. 그런데 문과·무과의 초시 합격자는 '급제'가 아
니라 '입격'이라 했다. 그래서 초시방목의 명칭에 입격이라는 용어를
사용했다.[35]

둘째, 합격자의 시험 성적을 따로 책자로 만들거나 방목에 함께
수록했다. 시험 성적은 목전木箭·철전鐵箭·편전片箭·조총鳥銃·기추
騎芻 등 과목별로 시수矢數나 보수步數를 밝히거나 중中·하중下中 등으
로도 표기했다.

셋째, 초시방목 중에는 사조(四祖:부·조·증조·외조)까지 자세히 기록한
방목도 있다. 이는 전시방목殿試榜目에는 없는 중요한 기재사항이다.
이밖에 특기 사항으로 나이를 숫자로 기재하기도 했다.

한편, 참고로 무과의 복시방목覆試榜目은 남아 있는 방목이 없다. 다
만, "식년 무과의 복시 일소一所와 이소二所에서 방목을 올렸다. 일소에

서는 한량 윤정식, 이소에서는 한량 이윤권이 으뜸을 차지했다"[36]라고 하거나, "무과의 복시 일소와 이소에서 방목을 올렸다"[37]라고 하듯이 제작한 것이 확실하다. 복시방목도 최종 단계인 전시에 나갈 사람을 확인하기 위해 만들었다. 식년시·증광시에서 복시를 시행했으므로 앞으로의 발굴을 기대해본다.

## 현재 남아있는 무과방목 현황

보통 '방목'이라 하면 과거의 최종 급제자 명부인 전시방목殿試榜目을 말한다. 현전하는 무과방목은 1회분의 급제자만 실은 단회방목 총 167회분이 남아있다.[38] 지금까지 무과방목이 꾸준히 발굴되었듯이 향후에도 더 발굴이 이뤄져서 이 수치가 고쳐지기를 고대한다.

조선시대 무과는 1402년(태종 2)에 처음 시행한 이후로 1894년(고종 31) 폐지할 때까지 총 800회를 시행했다. 따라서 현재 무과방목은 전체의 약 21% 정도 남아있는 셈이어서 다른 과거에 비해 가장 적은 분량이다.

문과방목은 1393년(태조 2)부터 1894년까지 전체 문과급제자를 집성한 『국조방목』이 있으므로 100% 현전하는 셈이다. 사마방목은 총 230회의 시험 가운데 186회분(약 80%)이 현전한다. 잡과는 총 233회의 시험 중 177회분(76.4%)이 현전한다.[39]

현전하는 무과방목 중에는 방목의 형태가 아니라 각종 문헌에 실린 것도 있다. 안정복安鼎福의 『잡동산이雜同散異』에 수록된 1519년(중종 14)의 별시 방목과 『원행을묘정리의궤園行乙卯整理儀軌』에 수록된 1795년

<표1-1> 현전하는 조선시대 무과방목 현황 (2020년 8월 현재)

| 국왕 | 무과 시행 | 현전방목수 | 국왕 | 무과 시행 | 현전방목수 |
|---|---|---|---|---|---|
| 태종 | 11회 | · | 인조 | 52회 | 18 (34.6%) |
| 세종 | 21회 | · | 효종 | 15회 | 6 (40.0%) |
| 문종 | 2회 | · | 현종 | 24회 | 9 (37.5%) |
| 단종 | 3회 | 1 (33.3%) | 숙종 | 78회 | 42 (53.8%) |
| 세조 | 23회 | · | 경종 | 9회 | 2 (22.2%) |
| 예종 | 1회 | · | 영조 | 126회 | 20 (15.9%) |
| 성종 | 29회 | 2 (6.9%) | 정조 | 41회 | 12 (29.3%) |
| 연산 | 13회 | · | 순조 | 51회 | 8 (15.7%) |
| 중종 | 57회 | 9 (12.3%) | 헌종 | 23회 | 3 (13.0%) |
| 명종 | 26회 | 5 (19.2%) | 철종 | 26회 | 1 (3.8%) |
| 선조 | 61회 | 22 (36.0%) | 고종 | 80회 | 3 (3.8%) |
| 광해 | 28회 | 4 (14.3%) | 합계 | 800회 | 167 (20.9%) |

(정조 19)의 정시 방목이 대표적이다.[40]

또 1519년(중종 14)의 별시 방목은 현량과賢良科의 방목이라는 점에서 소중하다. 문과는 1519년 12월에 파방罷榜되었다가 1545년(인종 1) 6월에 복과復科되고, 1545년 10월에 다시 파방되었다가 1568년(선조 1)에 복과되는 수난을 겪었다. 하지만 무과는 파방된 적이 없다.

〈표1-1〉에서 현전하는 무과방목의 수를 왕대별로 정리했으며, 목록은 이 책의 목록 중〈부표1〉에서 상세히 밝혀놓았다. 오늘날 현전하는 무과방목 중 가장 오래된 방목은 1453년(단종 1) 식년시 급제자를 수록한 『경태사년십일월초일일무과방목景泰四年十一月初一日武科榜目』이다. 이 방목은 경상남도 거창의 초계 정씨草溪鄭氏 집안에 전해오는 『선광정사진사방宣光丁巳進士榜』(1377년)의 이면에 필사된 것이다.[41] 이 방목은 단독으로 엮은 무과방목은 아니지만 조선시대 무과급제자 중 가장 이른 시기의 명단이라는 점에서 의미가 있다.

현전하는 무과방목의 현황을 보면 임진왜란 이전의 무과방목은 드문 편이며 대부분 17~18세기에 집중되어 있다. 단종을 제외하고 태종~연산 대까지의 무과방목은 전무하다고 해도 과언이 아니다. 숙종 대가 가장 많이 남아 있어서 53.8%나 되며, 단종 · 선조 · 인조 · 효종 · 현종 대의 무과방목도 30% 이상 남아있다. 경종 · 정조 대의 무과방목도 20% 이상 남아있다. 하지만 순조 대 이후로 남아 있는 방목은 매우 적은 편이다.

이상으로 오늘날 무과방목은 800회의 무과 중 167회분(20.9%)만 전하고 있다. 다른 과거에 비해 남아있는 분량이 적을 뿐만 아니라 그 분량마저 전체 시행 횟수의 21% 정도에 불과하여 지속적인 관심이 필요한 실정이다.

## 국가 간행 방목

무과방목의 간기刊記나 연대기자료를 검토해보면 무과방목의 간행 주체는 크게 국가와 개인으로 나눌 수 있다.

오늘날 현전하는 무과방목에서 간기나 서문 · 발문을 통해 간행자나 간행처를 확인할 수 있는 방목이 34개다. 이 가운데 23개 방목의 간기가 '운각활인芸閣活印' 또는 '교서관활인校書館活印'으로 되어 있어서 중앙 정부에서 방목을 간행할 경우 교서관에서 담당했음을 알 수 있다. 생원진사시 명부인 사마방목司馬榜目도 17세기 말부터 권말에 간행 사항이 나타나는데 대부분 교서관에서 간행했다.[42]

교서관은 서적의 인쇄 및 반포를 관장한 부서인데 방목도 간행한 것이다. 그 대신에 방목을 간행하는 데에 걸린 기간은 천차만별이었다. 5년 이내로 간행한 방목도 있고 10년 또는 20년이 지나 간행한 방목도 있다.

교서관에서 간행한 방목은 관련 부서에서 보관했다. 문과방목은 1466년(세조 12)부터 의정부·예조·성균관에 각각 1부씩 보관했다.[43] 그러면 무과방목은 어느 부서에서 보관했을까? 이 물음에 대한 대답을 기대할 수 있는 기록이 『갑신별과방목甲申別科榜目』(1764년)의 서문이다. 조금 장황하지만 중요한 자료이므로 내용 중 일부를 소개하고자 한다.

자료1

급제자를 발표할 당시에 단자를 거두지 못했으며 어느덧 7년 사이에 이미 세상을 떠난 사람도 서너 명이나 되었다. 그러니 이로부터 멀어지면 멀어질수록 더욱 아득해지니, 이름은 비록 동방同榜이나 장차 나이와 자字를 상세하게 기록하지 않으면 도타운 정도 더 줄어들 것이다. 근래 내가 병조 낭관으로 있으면서 병조에 있는 갑신년 무과방목을 베껴내어 먼저 그 생년과 성관·거주지를 알아냈다. 지금 『강도지江都誌』를 간행할 때에 목재를 얻고 노는 일손을 빌려 방목을 찍어내고자 했다. 이에 이웃에 사는 동년 정택서와 윤임현 두 사람에게 부탁해 통문을 내어 두루 알려 단자를 거두고 약간의 비용도 모았다. 다른 한편으론 방목을 정해서 직접 잘 베낀 다음 전교와 사목을 갖추어 실었으며, 대신과 중신의 계사 및 문과·무과 차비관들이 시험장에서 수창酬唱한 글까지 모두 덧붙여 기록했다. 이는 다른 방목에서는 찾아보기 드문 것이다.[44]

이 『갑신별과방목』은 1764년(영조 40)에 강화부江華府에서 실시한 별시의 급제자 명부다. 서문을 1770년에 썼으므로 과거를 치른 지 7년 만에 간행한 방목이다. 서문은 이 과거의 문과 장원 류택하柳宅夏가 썼다.

위의 서문은 방목의 간행에 대해서 여러 가지 사실들을 알려주어서 흥미로운데 자세한 분석은 아래에서 진행할 예정이다. 여기서는 무과방목의 보관처와 관련하여 류택하가 병조의 낭관을 지내면서 병조에 보관된 갑신년 무과방목을 베꼈다는 사실을 강조하고 싶다.

무과방목을 병조에 보관한 사실은 1727년 증광시의 방목에서도 확인할 수 있다. 이 방목은 1751년에 간행했고, 발문은 이 시험의 문과 급제자 엄경하嚴慶遐의 아들 엄우嚴瑀가 썼다.[45] 엄우는 부친의 방목을 간행할 때에 초방草榜이 유실된 데다가 무과는 자료 조사가 더 힘들었다고 한다. 마침 아버지와 함께 문과에 급제한 허채許采 선생이 병조에 소장된 무적武籍을 베껴주어 간행할 수 있었다고 적었다. 여기서 '무적'이란 무과방목으로 추정된다.

무과방목을 병조에 보관한 사실은 조선왕조실록에서 다시 한번 확인할 수 있다. 1597년(선조 30) 12월 정유재란 당시 조·명 연합군을 편성하기 위한 군병을 징발할 때 색리의 농간으로 정예군과 무과 출신들이 대거 빠져나가자 선조는 사간원을 시켜서 병조에 있는 평안도·함경도의 방목을 조사하게 했다[46] 1621년(광해 13) 북쪽 지역의 방수防戍를 위해 무과 출신을 조사할 때에도 병조에 보관한 방목을 토대로 했다.[47]

끝으로 교서관에서 간행한 방목에 대해 한 가지 더 짚어볼 사항이 있다. 그것은 교서관에서 방목을 급제자에게 반포하는 일이 매우 특별한 조치였다는 점이다. 1765년 교서관에서는 이 해의 식년시 방목을 간행하여 급제자들에게 반포했다.[48] 영조가 지은 서문에 따르면, 영조는 지난 을유년(1705년)에 선왕(숙종)이 식년시를 실시하는 것을 보았는데 지금 다시 식년시를 실시했으므로 생전에 을유년을 두 번

맞이하는 것을 경축하기 위해 방목을 나눠주었다.[49]

1784년(정조 8)에도 정조는 문효세자文孝世子 책봉을 축하하는 과거를 실시하면서 영조의 사례를 본받아 방목을 간행하여 반포했다. 반포 대상은 문과·무과의 시관과 문과·무과의 급제자 전원, 예조·병조·성균관 및 팔도·양도(兩都:개성·강화)였다.[50] 단, 무과급제자는 2,692명이나 되어서 을과乙科 급제자 이상은 교서관에서, 병과 급제자 중 서울 거주자는 훈련도감·금위영·어영청과 병조에서, 지방 거주자는 각도와 개성부·강화부에서 간행하여 나눠주었다.[51]

이 때 정조는 "지난 선조 을유년에 교서관에 명해 문무과방목을 인출하여 서울과 지방에 반포한 것은 참으로 대대로 이을만한 일이다"라고 했다. 더구나 정조는 "무과방목은 문과방목과 차이가 있어 방목을 애당초 베껴서 반포한 전례가 없다"[52]라고 지적했다. 곧 교서관에서 방목을 급제자 전원에게 나눠주는 일이 매우 뜻 깊은 조치이며, 무과방목의 반포는 더 특별한 조치였다.

## 개인 간행 방목

|

무과방목은 개인이 간행하기도 했다. 1546년(명종 1) 식년 문과의 장원 심수경沈守慶은 1546년의 문과·무과·중시문과重試文科·중시무과·역과譯科·음양과陰陽科·율과律科의 합격자 총 147명을 수록한 방목을 간행해 각자 간직했다고 술회했다.[53] 이미 16세기에 개인이 방목을 간행해 소장했음을 알 수 있다.

개인이 방목을 간행하는 경우는 두 가지였다.[54] 과거급제자가 직접

간행하거나, 후손이 선조의 방목을 간행하거나 중간重刊하는 경우였
다. 현재 필자가 수집한 무과방목 중 서문이나 발문이 있는 방목은
11개 정도다. 임금이 지은 어제御製 서문 두 개를 제외하고 모두 개인
이 지은 것으로 방목을 간행한 동기나 과정이 소상히 담겨있다. 이 가
운데 앞서 제시한 〈자료1〉과 『병술정시문무과방목丙戌庭試文武科榜目』
(1706년)에 실린 서문이 큰 도움이 된다. 1706년(숙종 32)의 방목에
실린 서문의 일부를 소개해본다.

**자료2**

　　내가 변변치 않은 무예의 재주로 다행히 병술년 정시의 무과방목에
들게 되었다. 급제자 중 여러 사람이 이미 두루 청화직을 차지하고 재상
직에 오르니 이 방목의 영광스러움이란 실로 온 세상의 선망이 되었다.
그러나 방목을 만드는 일을 지금까지 하지 못했으니, 이것은 대체로 낡
은 습관에서 벗어나지 못하고 안일하여 마침내 이루지 못한 것이다.
나와 동방인同榜人 민사연 령令이 방목이 없는 탄식을 하면서 만들 만한
형편이 되면 힘을 합쳐 완성하자고 약속했다. 불행히도 민사연이 선천
수령으로 있다가 부모의 상을 당해 벼슬을 그만두고 고향으로 돌아갔
다. 나홀로 외람되이 나라의 은혜를 받아 이 통제사영에 부임하여 형세
를 살펴보니 혼자서도 이 일을 맡아 이룰 수가 있었다. 이에 장인에게
명하여 작업을 시작해 얼마 되지 않아 공을 들여 마치게 되었다.[55]

　　〈자료1〉과 〈자료2〉를 통해 개인이 방목을 간행하는 상황에 대해
몇 가지 점을 알 수 있다. 첫째, 과거급제자들은 본인 방목을 소장하
지 못하는 것을 매우 안타까워했다. 과거 급제는 출세의 발판이므로
본인과 집안의 영예였으며, '동년同年'[56]이라 하여 같은 시험에 함께

급제한 동기생에게 도타운 감정을 가졌다. 따라서 방목이란 과거 급제의 영광을 드러내는 동시에 동년을 기억할 수 있는 징표였다.

둘째, 문무과방목의 간행은 해당 시험의 문과급제자나 무과급제자가 주도했다. 〈자료1〉의 서문은 문과 장원 류택하가 지은 것으로 보아 문과급제자의 주도로 만들었음을 알 수 있다. 이에 비해 〈자료2〉의 서문은 1726년(영조 2) 3월에 삼도수군통제사 이재항(李載恒, 1672~1725)이 썼다.

이재항은 1706년(숙종 32)의 해당 정시 무과에 병과 177등으로 급제했으며, 1725년에 통제사로 부임했다. 그리고 부임지에서 방목을 간행할 수 있는 여력이 생기자 이듬해인 1726년에 방목을 간행한 것이다. 무과에 급제한 지 20년 만의 일이었다.

셋째, 방목 간행을 위해 자료 수집을 매우 치밀하게 수행했다. 방목을 간행하기 위한 가장 기초 자료는 녹명단자였다. 녹명단자는 국가에서 방목을 간행할 때에도 참조한 기본 자료였다.

개인이 자료를 수집하는 과정을 재구성해보면, 문과·무과의 급제자들은 방방식 및 사은례·알성례 등에서 공식적으로 자리를 함께하면서 연대의식을 형성하고, 이즈음에 단자를 거뒀다. 방중색장榜中色掌이 단자를 거뒀고 이를 토대로 초방草榜을 만들어 두었다.[57] 이 때 단자를 거두지 못하면 방목을 간행할 즈음에 단자를 수합했다. 단자를 거두면서 필요한 경비나 물품을 추렴하기도 했다.

만약 단자 수합이 여의치 않으면 다른 경로를 통해 급제자의 인적사항을 확인했다. 그것은 정부 부서에 비치되어 있는 방목을 베끼는 일이었다. 〈자료1〉에서도 류택하가 직접 무과급제자들의 인적사항을 베껴왔다. 사마방목의 사례로 『임오식년사마방목壬午式年司馬榜目』

(1522년)은 이필무가 성균관 전적으로 있을 때에 성균관에 소장된 증조부 이준경李浚慶의 방목을 베꼈다.

다음으로 과거급제자의 후손이 방목을 간행하는 경우다. 이때는 방목을 새로 만들기보다는 기왕의 방목을 다시 찍어내는 경우가 더 많았다. 1583년(선조 16) 별시의 방목에 실린 짧은 발문은 이 같은 사실을 잘 알려준다. 발문의 전체 내용이다.

> 1583년은 돌아가신 부친께서 과거에 급제하신 가을 해다. 65년 동안 여러 차례 전란을 당해 남아있는 방목이 거의 없게 되었다. 마침내 방목이 다 없어질까 염려하여 방목 안의 자손들과 함께 의논하여 간행했다. 바라건대 널리 유포되고 오래 전했으면 한다.[58]

이 방목은 과거가 있은 지 65년만인 1647년(인조 25)에 다시 간행한 것으로 급제자의 후손들이 힘을 합쳐 만들었다. 후손 입장에서 선조의 방목을 소실했거나 더 간행할 필요가 있을 때 만든 것이다.

끝으로 개인이 간행한 방목과 관련하여 방목 말미에 있는 간행처에 대해 언급하고자 한다. 〈자료2〉의 방목에는 '숭정삼경인윤오월강도개간崇禎三庚寅閏五月江都開刊'이라는 간기가 있다. 1770년 윤5월에 강화부에서 간행했다는 뜻이다. 하지만 이 방목은 강화부가 주체가 된 것이 아니라 『강도지』를 간행할 때에 문과 장원 류택하 등이 관아로부터 목판을 얻고 공장工匠을 빌려서 간행한 것이다.

1677년 알성시의 방목에도 '세신유호남아사권군경간우전주歲辛酉湖南亞使權君敬刊于全州'라는 간기가 있다.[59] 이 역시 1681년에 전주부에서 간행했다고 볼 수 있으나 전주부가 간행 주체가 아니었다. 간기에 등장하는 권군경은 이 알성시의 문과급제자 권지權持의 자字다. 그는 1680년(숙종 6) 윤8월에 전라 도사全羅都事로 부임했는데,[60] 간기의 '아사亞使'는 도사를 말한다. 그가 전라 감영이 있는 전주에 도사로 부임한 뒤에 이 방목을 간행한 것이다.

따라서 간기가 지방이나 감영·병영으로 되어있다고 하여 지방 관아가 주체가 되어 방목을 펴낸 것은 아니었다. 감영은 관찰사영이며, 병영은 병마절도사영이다. 그보다는 해당 지역에서 방목을 찍어냈다고 보는 것이 타당하다. 방목 간행에 드는 경비나 인력을 마련할 수 있는 사람이 간행을 주도하면서 해당 지역으로 출사한 급제자의 관아 명칭이 간기로 남게 된 경우라 할 수 있다.[61]

## 무과방목의 내용

오늘날 남아있는 무과방목은 1회분씩 문과방목과 함께 묶어서 간행한 단회방목이 대다수다. 그런데 무과방목을 문과방목과 함께 간행했다고 하여 체재나 내용도 같은 것은 아니었다. 그래서 무과방목의 체재나 내용을 살필 때에는 유의할 사항이 있다.

첫째, 문무과방목은 문과 위주로 만들어졌다는 점이다. 시험 실시에 관한 전교나 계사, 전시殿試 시행 날짜, 방방일放榜日 등은 문과·무과의 공통 사항이지만 문과방목 쪽에 배치했다. 따라서 문과방목에 실렸지만 문과·무과에 공통으로 해당하는 사항은 무과방목의 수록 내용이라고도 할 수 있다.

둘째, 무과방목은 누가 간행했느냐에 따라 부록의 내용이 크게 다르다는 점이다. 보통 '방목'이라 부르는 전시방목殿試榜目의 기재 사항은 크게 급제자 정보와 시험 정보로 나눌 수 있다. 이 가운데 교서관에서 간행한 방목은 시험 정보의 내용이 풍부하지만, 개인이 간행한 방목은 자료 수집 여건이 좋지 못하므로 소략한 편이다. 이러한 사항에 유의하면서 무과방목의 수록 내용을 정리했다.

① 급제자 정보

무과방목의 핵심 사항으로 어떤 사람이 무과에 급제했는지 자세히 알 수 있는 중요한 정보다.

• 인적사항: 급제자 본인에 대한 기재 사항으로 응시할 당시의 직위나 신분을 나타낸 전력前歷, 성명, 자字, 생년(간지干支로 표기), 본관, 거주지가 있다. 현전하는 15세기 방목에는 급제자 본인의 전력과 성명만 있으나, 16세기 중반이후로 생년이나 본관·거주지가 본격적으로 등장하고 있다. 나이를 간지가 아닌 아라비아 숫자로 표기한 방목도 있는데 대부분 18세기 후반 이후에 나타난다.[62]

• 직부전시直赴殿試: 급제자 정보 중 주목할 사항이다. 직부전시는 시험 절차인 초시나 복시覆試를 면제하고 바로 전시에 응시할 수 있는 특전을 부여한 제도다. 전시는 초시나 복시에서 올라온 급제자의 순위만 결정하는 시험으로 당락과 무관했다. 따라서 직부전시를 받는다는 것은 무과 급제를 의미했다.

직부전시의 표시는 보통 무과급제자 성명 위에 두주頭註 형식으로 '직부直赴' 또는 '직直'을 써서 나타냈다. 이와 반대로 초시나 복시를 순차적으로 거쳐서 급제한 사람을 '원元', '원일소元一所' '원이소元二所'로 표시하여, 이 표시가 없는 급제자들이 직부전시로 급제한 사람임을 나타냈다.[63] '원'이란 '직부'와 상대되는 '원방元榜 또는 原榜'을 뜻하며, 1소와 2소는 시험 장소를 말한다. 따라서 '원일소'는 '1소에서 급제한 원방자'라는 의미다.

또 방목의 서두나 권말卷末에 '원방 33인, 직부 79인'의 형식으로 원방과 직부전시의 인원만 기재한 방목도 있다.[64] 이 밖에 두주에 '직부'나 '원방' 같은 표시를 하지 않고. '갑오남한시재甲午南漢試才', '계사중순시재癸巳中旬試才'의 방식으로 기록하여 무과급제자가 언제 어떻게 직부를 받았는지 기재한 방목도 있다.[65]

• 기타사항: 인적사항이나 직부전시 이외에 과거급제자에 관한 다양한 사항을 기록했다. 예컨대, 1792년(정조 16) 식년시의 방목에는 끝부분에 "이하 9인은 사망한 사람으로 방목 끝에 붙인다"[66]라고 쓰고 급제자의 전력과 이름만 기재했다. 이 조치는 전시에 응시할 자가 시험 전에 사망하면 방목의 끝에 기록하고 홍패를 지급한다는 규정에 따른 조치다.[67]

또 매우 드문 사례로 "추가사항〈이하 16인은 방목을 수정할 때에 빠졌으므로 임금에게 아뢰어 보태어 기록한다〉[68]"(1784년 정시)도 있다. 이밖에 두주에 '해과海科'(1603년 식년시), '참급斬級'(1603년 식년시), '선(仙:사망)'(1615년 식년시) 등을 표시하거나, 생년 아래에 '복시장원覆試壯元'(1675년 증광시)을 기록한 방목도 있다.

## ② 가족 정보

• 아버지: 직역과 이름이 기본이며, 급제자가 양자이면 생부生父의 직역과 이름을 추가했다. 부모의 생존 여부도 기록했다. 생존

여부는 구경하(具慶下:부모 생존), 엄시하(嚴侍下:아버지만 생존), 자시하(慈侍下:어머니만 생존), 영감하(永感下:부모 모두 사망), 중시하(重侍下) 또는 중경하(重慶下:조부모·부모 모두 생존)로 구분했다.

- 형제: '안항雁行' 난을 두어 형제 이름을 적었다. 16세기 이후부터 부모의 생존 여부나 안항이 기록되었으며, 17세기부터는 적서嫡庶 형제의 이름도 보인다.

③ 시험 정보

시험 정보는 방목의 앞뒤에 '권수卷首', '부록附錄', '부편附篇' 등의 제목을 달거나 아무 제목 없이 수록했다.

- 전교·계사: 과거 실시의 건의, 시험일자·선발인원·시험과목 등 시험 운영 방식 및 절차에 대해 보고한 대신이나 예조·병조의 계문과 전교가 실려 있다. 이를 통해 과거의 실시 배경이나 규정 등을 소상히 파악할 수 있다. 보통 방목의 가장 앞쪽에 실린다. 17세기 중반 이후로 드문드문 나타나다가 18세기 방목에는 비교적 빠지지 않고 실려 있다. 교서관에서 찍어낸 방목에는 대부분 들어있다.
- 서문·발문: 주로 개인이 편찬한 방목에 들어있으며, 방목을 간행한 배경이나 경위를 밝히고 있어서 귀중한 정보를 제공한다. 서문이 있는 방목은 1513년(중종 8) 식년시, 1637년(인조 15) 정시(산성무과), 1706년(숙종 32) 정시, 1764년(영조 40) 강도 별시江都別試, 1765년 식년시, 1774년 등준시登俊試, 1784년 정시 등이다. 발문이 있는 방목은 1471년(성종 2) 별시, 1583년(선조 16) 별시, 1637년 정시(산성무과), 1727년 증광시 등이다.

- 시험관: 방목 앞부분에 문과 및 무과 시관을 나란히 기록하거나, 문과방목과 무과방목에 각각 나누어 실었다. '은문恩門'이라 쓰고 그 아래에 시험관의 직위와 성명을 기록하거나, 참시관參試官 · 참고관參考官 등으로 세분하여 기재했다.

  15세기 방목에는 관련 기록이 전혀 없다가 1507년(중종 2)의 『정덕이년정묘문무과방목正德二年丁卯文武科榜目』에 처음 보인다. 이후 17세기까지 드문드문 나오다가 18세기 이후부터 빠짐없이 등장한다. 은문 이외에 감독관監督官[69]이나 시수집고관矢數執鼓官 · 집책관執册官[70]을 수록한 방목도 있다.

- 방중색장榜中色掌: 유사有司의 일종으로 해당 시험의 급제자가 맡았다. 규모는 통상 3~6명 정도며, 방회榜會나 방목 간행 등 동년(同年: 급제 동기)과 관련한 각종 업무를 맡았다. 문과의 경우 조선 전기에는 학문이 뛰어난 사람을 뽑았으나 점차 실질적으로 일을 담당할 수 있는 사람이 맡았다. 조선 후기에는 방목을 간행할 수 있는 비용을 지원할 수 있는 사람이 담당하기도 했다.[71] 17세기 중반부터 대부분 빠짐없이 기록했으며 성명만 기재했다.

- 전시일殿試日 · 출방일出榜日 · 방방일放榜日 · 사은일謝恩日 · 알성일謁聖日: 출방은 급제자 발표, 방방은 국왕이 합격증인 홍패紅牌를 수여하는 의식, 사은은 방방식 다음날 문과 · 무과 급제자 전원이 임금의 은혜에 사례하는 의식, 알성은 문과 · 무과 급제자 전원이 성균관 문묘文廟에 배알하는 의식이다. 이 가운데 사은일과 알성일의 기록은 흔한 편은 아니다.[72]

- 시험과목: 보통 '규구規矩'로 표시하며, 전시의 시험과목을 기재했다. 17세기 중반 무렵부터 기재하기 시작하며, 각종 행사 일자와

함께 방목에 흔히 기재한 사항 중 하나다.

• 전체 선발 인원 및 경외입격수京外入格數: 보통 방목 말미에 들어있다. 전체 선발 인원은 문과·무과를 함께 나란히 기록한 방목도 있으나 대부분 문과급제자와 무과급제자를 따로 기재했다. 기재 방식은 원방과 직부인으로 나누어 각각 총원을 기록했다.[73] 경외입격수는 무과급제자의 선발 인원을 서울 및 도별로 나누어 기록한 것이다. 주로 18세기 방목에 나타난다. 경외입격수를 기록하면서 지방별로 원방과 직부인을 분류해 기록한 방목도 있다.[74]

• 초시·복시 사항: 17세기 중반부터 자주 나오며 19세기에는 빠짐없이 기록했다. 주로 시험일[개장일開場日]·출방일·시험장소가 실리며 시험관과 시험 과목도 기재했다. 이외에 초시 장원(1763년 증광시, 1784년 정시), 복시 장원(1763년 증광시), 초시 경외입격수(1763년 증광시), 초시·회시 입격수(1790년 증광시), 초시 단자수初試單子數(1784년 정시), 각도 경시관各道京試官(1835년·1848년의 증광시) 등도 실려 있다.

• 기타 사항: 형제가 같은 시험에 동시에 급제하면 방목 말미에 연벽聯璧·연중聯中·쌍련雙聯 등으로 표시하고 형제 성명을 나란히 적었다. 이밖에 전시 단자수殿試單子數나 창고지기도 적었다.

## 무과방목의 가치

조선시대에 과거 급제는 관직을 보장받는 길이므로 개인의 영예일

뿐 아니라 집안의 영광이었다. 그리고 고급 관리가 되려면 반드시 문과에 급제해야 했다. 이 때문에 일생을 과거 준비에 소비한 사람들도 비일비재했고, 그만큼 과거 급제는 국왕을 비롯한 여러 사람들의 관심거리가 아닐 수 없었다.

이 점은 과거급제자의 나이에서 뚜렷이 나타난다. 생원진사시에 합격한 34,874명 가운데 50세 이상이 3,432명(9.8%)이며, 70세 이상도 2.7%(952명)나 된다. 문과도 정조~철종 연간에 급제한 2,755명 중 50세 이상이 406명(14.7%)이다.[75] 무과도 조선 후기 무과방목에서 나이를 알 수 있는 15,676명을 대상으로 통계를 직접 내본 결과 50세 이상이 1,434명(9.1%)이었다.

문과·무과의 급제자 및 생원진사시 합격자 중 50세 이상이 10~15%의 비중을 차지했다는 것은 10명 중 최소 1명은 평균 50세 이상이라는 의미이자 과거 응시가 장기간 지속되었음을 뜻한다. 무엇보다도 과거의 꽃이라 할 수 있는 문과에서 50세 이상의 급제자가 15%에 육박하는 현실은 문과를 향한 사람들의 열망이 얼마나 컸는지를 잘 보여준다.

과거가 사람들의 관심과 시선을 집중적으로 받다보니 급제자가 본인의 정보를 임의로 바꾸는 일은 쉽지 않았다. 이 점은 1회분의 급제자 명단인 단회방목의 간행 과정을 보면 더 확연하다.

앞서 검토했듯이 방목은 중앙 정부와 개인이 간행했다. 중앙 정부에서는 교서관에서 필요한 부수를 간행해 문과방목은 의정부·예조·성균관에, 무과방목은 병조에 보관했다. 중앙 정부에서 방목을 인쇄해 급제자에게 나눠준 경우는 특별한 은전이었다. 그래서 급제자들은 동년끼리 급제의 영예를 기념하고 공유하기 위해 방목을 간행했다. 또 후손이 선조의 영예를 기리거나 유실된 기록을 복원하기 위해 간행하기도 했다.

또한 동년끼리는 깊은 유대감을 형성하면서 친밀감이 남달랐다. "옛사람들은 동년을 마치 형제처럼 여겨 만나면 친밀하게 대하고 보지 못하면 그리워했다. 그 자제들도 길에 나가서 아버지나 형의 동년을 만나면 먼저 말에서 내려 존경을 나타낸 것도 진실로 부형이 형제처럼 여겨 항상 친밀해하고 늘 사모했기 때문이다"[76]라고 하듯이 서로 특별한 관계를 유지했다.

무과급제자도 예외가 아니었다. 앞서 〈자료2〉의 서문을 쓴 삼도수군통제사 이재항은 이 서문에서 동년 사이의 돈독한 관계를 아래와 같이 과시했다.

"동방인은 비록 사소한 친분이나 안면이 없더라도 서로 친애하는 마음이 말[馬]을 세우고 해후할 때에 저절로 자연스럽게 일어나니 곧 인정인 것이다. 어찌 억지로 될 일인가!"[77]

이처럼 방목이란 동년 사이에서 과거 급제라는 공통분모를 매개로 공유하는 기록물이었다. 이런 연유로 급제자가 본인의 정보를 속이거나 변조하기가 쉽지 않았다. 더구나 상대방 이름만 듣고도 그 사람의 집안 내력을 단박에 알 수 있을 만큼 익명성이 보장되지 않은 사회에서 방목의 변조나 위조는 거의 불가능했다고 여겨진다.

무과방목에는 급제자의 전력·본관·거주지 및 아버지의 이름과 직역, 형제 이름, 부모의 생존여부 등을 수록했다. 전력은 급제자가 어떤 분야에 있다가 무과에 투신했는지를 알 수 있다. 본관이나 거주지를 통해서는 급제자의 혈연관계나 지역 연고를 파악할 수 있다. 아버지의 직역이나 형제 기록은 급제자 집안의 위상은 물론 급제자가 적자인지 서얼인지를 판별할 수 있다. 또 시험 관련 정보도 빼곡히 들어 있다.

무과방목에 실린 이러한 내용들은 호적이나 족보에 비해 위조나 변조가 불가능했다. 과거에 대한 사람들의 관심과 동년 사이의 남다른 친밀감이 지대했기 때문이다. 따라서 무과방목은 위조나 변조가 불가능한 1차 사료로서 무과급제자뿐만 아니라 무과 운영의 큰 틀을 파악할 수 있는 기초 자료로서 대단히 귀중한 가치를 갖는다.

# 2장

# '만과'의 탄생

## 무과의 종류와 시행 횟수

조선시대에 무과를 처음 시행한 해는 1402년(태종 2)이다.[78] 조선왕조실록에 1402년 1월에 "처음으로 무과법을 시행했다"라는 기록이 나오며, 1402년 4월에는 무과급제자 28인을 선발했다는 기록도 나온다.[79] 이때 제1등은 성달생成達生이었다.[80] 이어서 1405년에도 무과를 실시했다.[81]

그런데 이와 다른 기록도 존재한다. 『국조문과방목國朝文科榜目』에는

1408년(태종 8)에 "무과의 장원은 마희성馬希聲이다. 무과가 이때부터 시작했다"[82]라는 내용이 나온다. 곧 1408년부터 무과를 시행했다고 보았다. 『국조방목』도 『국조문과방목』과 마찬가지로 1408년에야 무과 장원으로 마희성을 처음 실었다. 하지만 그 주註에 "『필원잡기』에 무과는 태종 대부터 시작했다고 하지만 어느 해부터 시행했는지 알 수 없다. 무과 장원이 이때부터 시작하므로 지금부터 반드시 무과 장원을 기록한다"[83]라고 되어있다.

이처럼 무과 장원이 1408년부터 기록되었으나 무과를 최초로 시행한 해는 언제인지 불분명한 것이 사실이다. 조선 후기 전고서典故書의 하나로 꼽히는 『임하필기林下筆記』(1871년)에도 "옛날에는 무과가 없었다. 태종 연간에 비로소 문과와 무과를 시행했다"[84]라고 했을 뿐 최초 시행 연도가 없다. 이는 무과에 대한 초기 기록이 부실했을 가능성을 알려준다. 그러므로 이런 점까지 고려하면 무과를 처음 시행한 해는 조선왕조실록의 기록을 채택해 1402년으로 보는 것이 타당하다고 생각한다.

이 점을 감안하면서 조선 후기 무과 운영의 특징을 파악하기 위해서는 몇 가지 기초 작업에 눈을 돌려야 한다. 가장 시급한 작업이 1402년 이후로 실시한 무과의 횟수를 정리하는 일이다. 과거의 근간인 식년시는 3년마다 시행했으므로 굳이 횟수를 정리하지 않아도 대략적인 규모를 알 수 있다. 그런데 과거는 식년시 외에도 국가의 필요에 따라 각종별시도 실시했다. 그러므로 무과의 시행 횟수는 무과에 대한 국가 정책을 읽어낼 수 있는 가장 기초 정보라 할 수 있다.

조선시대 문과와 무과는 "문과 무는 마치 수레의 두 바퀴와 같아서 어느 한쪽도 없앨 수 없다"[85]라는 말처럼 한쪽을 행하면 다른 시험도 함께 실시했다. 그래서 짝을 이뤄 실시하는 과거라 하여 '대거對擧'라고 표현했다. 하지만 문과는 1393년(태조 2)부터 먼저 시행했으므로 문과와 무과의 시행 횟수는 9년의 공백 기간만큼 차이가 난다.

이미 조선시대 문과의 시행 횟수는 여러 연구자가 제시한 결과가 있다. 김영모는 789회(식년시 162회/증광시 56회/각종별시 571회), 송준호와 에드워드 와그너(Edward W. Wagner)는 744회(식년시 163회/증광시 68회/각종별시 513회), 차장섭은 745회(식년시 163회/증광시 59회/각종별시 523회), 원창애는 804회(식년시 162회/증광시 68회/각종별시 574회)로 파악했다.[86]

이처럼 연구자마다 전체 시행 횟수나 식년시 · 증광시 · 각종별시의 수치가 서로 다른 이유는 연구자마다 시험 횟수의 산출 기준이 다르고 시험 명칭을 파악하는 기준도 같지 않기 때문이다. 그래서 이 책에서는 몇 가지 조사 기준을 정하여 무과의 시행 횟수를 파악했다.

첫째, 조사에 이용한 자료는 『국조방목』(국회도서관 편)이다. 조선시대에는 무과급제자를 집성한 종합방목이 없어서 전체 시행 횟수를 파악하기 어렵지만, 문과급제자를 집성한 종합방목에 무과 장원의 성명이 기록되었으므로 이를 통해 전체 시행 횟수를 알 수 있다. 『국조방목』은 사료의 완결성이 높은 규장각한국학연구원 소장본(규11655)을 영인한 자료집으로 1393년부터 1894년(고종 31)까지 문과급제자 전체가 들어있다.[87]

둘째, 무과를 크게 식년시 · 증광시 · 각종별시로 구분하여 정리했다. 과거는 정기적으로 시행한 식년시와 부정기로 시행한 '각종별시'로 나눌 수 있다. 그런데 부정기 시험에 속하는 증광시는 "무과는 식년시와 증광시의 선발 규정이 크게 차이가 없습니다"[88]라는 지적이 있듯이 몇 가지 점에서 식년시와 유사하다.

① 증광시는 선발 정원이 식년시와 같고, 대증광시만 식년시의 두 배를 뽑게 했다. ② 증광시는 식년시와 마찬가지로 초시·복시覆試·전시殿試의 세 단계로 치러졌다. ③ 선조 대 이후로 증광시를 실시한 이유가 다양해지나 국왕 즉위 등 식년시처럼 시행 시기를 일부 예측할 수 있는 시험이었다. ④ 증광시는 식년시처럼 문과·무과·생원진사시·잡과 모두 공통으로 시행한 시험이었다. 반면에 각종별시는 문과와 무과만 있었다. 이런 특징들을 종합하면 증광시를 부정기 시험으로만 간주할 수 없어서 식년시처럼 따로 분류했다.

각종별시는 부정기로 실시한 과거를 묶었다. 시험 명칭으로서의 '별시'와 구별하기 위해 필자가 만든 용어로 식년시와 증광시를 제외한 별시別試·정시庭試·알성시謁聖試·춘당대시春塘臺試·중시重試·외방별시外方別試·외방정시外方庭試·도과道科 및 기타가 해당한다. 기타는 일회성으로 실시한 시험 11개로 등준시登俊試·탁영시擢英試·진현시進賢試·현량과賢良科·발영시拔英試·개시改試·구현과求賢科·등준과登俊科·충량과忠良科·신구제추시新舊製追試·기로응제시耆老應製試다. 이 가운데 기로응제시만 3회를 실시했다.

셋째, 시험 명칭은 세 가지 기준을 정했다. ① 각종별시의 명칭이 자료마다 달라 일관성을 유지하기 위해 『국조방목』을 따랐다. 예컨대, 1637년(인조 15)의 산성무과山城武科의 경우에 무과방목과 조선왕조실록에는 정시로 되어 있으나 『국조방목』에는 별시로 올라있어서 '별시'로 처리했다. 또 연구자 사이에 논란이 되는 1456년(세조 2)의 과거는 증광시가 아니라 식년시로 파악했다. 조선왕조실록의 기사가 증광시로 보기에 애매하며, 이때가 '병자'년으로 식년이기 때문이다.

『국조방목』에도 식년시로 되어 있다.

② 1775년(영조 51)의 '친림근정전 경과정시 문과별시방親臨勤政殿科庭試文科別試榜', 1779년(정조 3)의 '남한정시별시방南漢庭試別試榜', 1754년의 '도과정시道科庭試'처럼 시험 명칭 두 개가 동시 열거된 경우에는 앞쪽에 있는 명칭으로 파악했다. '정시별시'의 별시는 시험 명칭으로서의 별시가 아니라 특별시험의 의미로 보이기 때문이다. 예컨대『국조방목』에 1783년의 증광시도 '증광문과별시'로 나와 있다. 도과정시의 경우에도 경기 도과로 실시한 시험이다.[89]

③ 1778년의 '문묘 작헌례 후 친림춘당대 문과방文廟酌獻禮後親臨春塘臺文科榜', 1782년의 '문묘 작헌례 후 친림비천당 문과방文廟酌獻禮後親臨丕闡堂文科榜'처럼 시험 명칭이 없어서 모호한 경우가 있다. 문과 연구에서는 이를 각각 '춘당대시', '비천당시'로 파악했다.[90] 그런데『무과총요』에는 이 경우 모두 알성시로 기록했다. 『일성록』에서도 "알성 문과에서 3명을 뽑으라고 명관命官에게 전하라"(1778년), "금번 알성시에서는 4명을 뽑아라"(1782년)라고 하여 알성시로 기록했다. 따라서『국조방목』에 알성시라 밝히지 않았지만 '문묘 작헌례 후'에 실시한 시험은 알성시로 파악했다.[91]

이상으로 밝힌 기준을 토대로 조선시대 무과의 시행 횟수를 정리한 내용이 〈표2-1〉이다. 무과는 1402년(태종 2)부터 1894년(고종 31)에 과거를 폐지할 때까지 총 800회를 실시했다.[92] 800회를 시험별로 나눠보면 식년시가 159회(19.9%), 증광시가 67회(8.4%), 각종별시가 574회(71.8%)를 차지하여 전체적으로 각종별시의 비중이 상당히 높다.[93]

또 무과의 시행 횟수를 조선 전기(태종~선조)와 조선 후기(광해군~고종)로

### 〈표2-1〉 조선시대 무과 시행 횟수

| 시대 | 시험<br>국왕<br>(재위년) | 식년<br>(%) | 증광<br>(%) | 각종별시(%) | | | | | | | | | 합계 |
|---|---|---|---|---|---|---|---|---|---|---|---|---|---|
| | | | | 별시 | 정시 | 알성 | 춘당<br>대시 | 중시 | 외방<br>별시 | 외방<br>정시 | 도과 | 기타 | |
| 조선<br>전기 | 태종(18) | 6 | · | 1 | · | 1 | · | 2 | · | · | · | · | 10 |
| | 세종(32) | 10 | 1 | 5 | · | 2 | · | 3 | · | · | · | · | 21 |
| | 문종 (2) | 1 | 1 | · | · | · | · | · | · | · | · | · | 2 |
| | 단종 (3) | 1 | 1 | · | · | 1 | · | · | · | · | · | · | 3 |
| | 세조(13) | 4 | 1 | 4 | · | 4 | 1 | 3 | 4 | · | · | 등준시1<br>탁영시1 | 23 |
| | 예종 (1) | · | 1 | · | · | · | · | · | · | · | · | · | 1 |
| | 성종(25) | 8 | · | 11 | · | 6 | · | 3 | · | · | · | 진현시1 | 29 |
| | 연산(12) | 4 | 1 | 7 | · | · | · | 1 | · | · | · | · | 13 |
| | 중종(38) | 13 | 1 | 33 | 1 | 2 | · | 4 | 1 | · | · | 현량과1<br>발영시1 | 57 |
| | 명종(22) | 7 | 1 | 10 | 1 | 4 | · | 3 | · | · | · | · | 26 |
| | 선조(41) | 12 | 5 | 23 | 7 | 9 | · | 3 | 2 | · | · | · | 61 |
| | 소계 | 66 | 13 | 94 | 9 | 29 | 1 | 22 | 7 | · | · | 5 | 246 |
| 조선<br>후기 | 광해(15) | 3 | 5 | 5 | 4 | 7 | · | 2 | 2 | · | · | · | 28 |
| | 인조(27) | 8 | 3 | 14 | 13 | 6 | · | 3 | 1 | 3 | · | 개시1 | 52 |
| | 효종(10) | 3 | 2 | 3 | 1 | 3 | 2 | 1 | · | · | · | · | 15 |
| | 현종(15) | 5 | 2 | 5 | 5 | · | 2 | 1 | 3 | 1 | · | · | 24 |
| | 숙종(46) | 15 | 12 | 7 | 14 | 9 | 9 | 5 | 5 | 2 | · | · | 78 |
| | 경종 (4) | 2 | 2 | 1 | 3 | 1 | · | · | · | · | · | · | 9 |
| | 영조(52) | 17 | 8 | 3 | 56 | 13 | 7 | 6 | 11 | · | 1 | 구현과1<br>등준과1<br>충량과1<br>신구제추시1 | 126 |
| | 정조(24) | 8 | 3 | 3 | 12 | 7 | · | 3 | 2 | 3 | · | · | 41 |
| | 순조(34) | 12 | 6 | 2 | 21 | 3 | · | 3 | 4 | · | · | · | 51 |
| | 헌종(15) | 5 | 3 | 1 | 10 | 1 | · | 2 | · | · | 1 | · | 23 |
| | 철종(14) | 4 | 2 | 1 | 15 | 1 | · | 1 | 2 | · | · | · | 26 |
| | 고종(31) | 11 | 6 | 9 | 32 | 7 | · | 3 | 3 | 1 | 6 | 기로<br>응제시3 | 81 |
| | 소계 | 93 | 54 | 54 | 186 | 58 | 20 | 30 | 33 | 10 | 8 | 8 | 554 |
| 합계(%) | | 159<br>(19.9) | 67<br>(8.4) | 148 | 195 | 87 | 21 | 52 | 40 | 10 | 8 | 13 | 800<br>(100.1) |
| | | | | 574(71.8) | | | | | | | | | |

(근거: 『국조방목』, 단위:회)

나눠보면 조선 전기는 246회를 실시했다. 식년시가 66회(26.8%), 증광시가 13회(5.3%)로 총 79회(32.1%)이며, 각종별시는 167회(67.9%) 이어서 식년시·증광시와 각종별시의 비율이 1:2.1로 나타났다. 즉 각종별시를 식년시·증광시보다 두 배정도 더 실시했다.

조선 후기인 광해군~고종 연간의 시행 횟수는 총 554회다. 식년시는 93회를 실시해 16.8%를 차지하며, 증광시는 54회를 실시해 9.8%, 각종별시는 407회를 실시해 73.5%를 차지했다. 곧 각종별시를 식년시·증광시보다 2.8배나 더 자주 시행했다. 곧 조선시대 내내 부정기 시험의 비중이 높았으며, 조선 후기에 각종별시를 더 자주 시행했다.

또 〈표2-1〉에서 조선 후기의 운영 양상을 파악할 수 있다. 하나는 선조 대부터 증광시가 증가한 점이며, 다른 하나는 각종별시 중 정시와 외방 과거가 비약적으로 증가한 점이다.

증광시는 태종~명종 대까지 국왕 즉위를 기념하기 위해 실시했으므로 각 왕대에 1회씩 나타난다. 하지만 1589년(선조 22)에 종계변무宗系辨誣를 기념하는 증광시를 실시한 뒤로 왕실과 국가에 경사가 있을 때도 실시했다. 숙종은 12번이나 시행했으며 영조도 8번이나 실시했다.

증광시를 실시한 경사를 보면 종계변무(1회), 추숭고명追崇誥命(1회), 반역 신하 토벌(1회), 창덕궁 완성(1회), 즉위 30년 이상의 경축(4회), 환후 회복(10회), 국왕 신주를 종묘에 안치하는 부묘祔廟(5회), 묘호 봉정(1회), 존호 및 휘호 봉상(10회), 왕·왕대비·대왕대비의 장수 경축(4회), 국왕의 기영사耆英社 입참(1회), 세자·세손의 탄생(6회)·입학(3회)·관례(1회)·가례(3회), 왕비·세자·세손의 책봉례(7회), 세자가 면복冕服을 받은 경축(1회)이었다.[94]

이처럼 증광시를 시행한 이유를 보면 국가 경사보다는 왕실의 경사나 평안에 관한 내용이 주를 이룬다. 그러므로 증광시는 왕실의 경사를 널리 알려 왕실의 권위를 높이기 위해 시행했다고 볼 수 있다.

다음으로 정시의 증가 경향이다. 조선 전기에 8회(1%)에서 조선 후기에 186회(23.3%)로 증가했다. 조선 후기 각종별시 407회를 종류별로 나눠보면 별시 54회, 정시 186회(기로정시 6회, 탕평정시 1회 포함), 알성시 58회, 춘당대시 20회, 중시 30회이며, 외방별시 33회, 외방정시 10회, 도과 8회, 기타 8회였다. 시행 빈도가 높은 시험이 정시 → 알성시 → 별시 → 외방별시 → 중시 → 춘당대시 → 외방정시 → 도과 → 기타의 순서로 나타났다.

정시는 1489년(성종 20)에 처음 실시했으며, 봄·가을에 성균관 유생을 대궐 뜰에 모아서 치른 뒤에 성적 우수자에게 직부전시를 내리는 시험으로 운영했다. 그러다가 1583년에 정식으로 과거로 승격되고,[95] 성격도 바뀌어 증광시나 대증광시를 시행할 만한 큰 경사는 아니지만 국가나 왕실에 경축할 일이 있으면 실시하는 과거가 되었다.[96] 무과 정시는 언제부터 시행했는지 자세하지 않지만 『국조방목』에 중종 대부터 등장하고 있다. 이런 정시가 조선 후기에 가장 자주 시행한 과거로 변모한 것이다.

이와 함께 외방 과거의 증가 양상도 주목할 만하다. 조선 전기에 지방에서 실시한 외방별시는 총 7회로 온양 2회, 고성·여주·의주·전주·평양 각 1회에 불과했다. 이에 비해 조선 후기에는 외방별시·외방정시·도과로 세분화하여 실시했고 횟수도 늘었다.

외방별시가 33회로 함경도 11회, 평안도 10회, 강화·개성 각 3회, 온양·제주 각 2회, 전주 1회이며, 수원과 개성 동시 실시도 1회였다. 외방정시는 총 10회로 개성·수원·온양 각 2회, 강도·공주·남한산성·전주 각 1회였다. 도과는 총 8회로 함경도 4회, 평안도 3회, 경기 1회였다. 종합하면 함경도(총 15회)와 평안도(총 13회)의 지역민을 대상으로 집중적으로 실시했다.

# 무과 선발 인원의 규정

조선 후기(광해군~고종)에 무과와 문과의 시행은 점점 늘어나는 추세였다. 조선 전기에 246회를 실시했으며, 조선 후기에는 554회를 실시했다. 전기와 후기의 기간을 고려해도 두 배 이상 늘어났다고 할 수 있다. 그렇다면 이런 분위기에서 무과급제자를 얼마나 선발했을까?

먼저 선발인원에 대한 규정을 살펴볼 필요가 있다. 식년 무과는 『경국대전』에서 초시에서 190명을 선발하고 복시覆試에서 28명을 선발했으며, 전시에서는 복시 합격자 28명의 등수를 정했다.[97] 따라서 초시 합격자가 최종 급제하기까지 6.8:1이라는 경쟁률을 뚫어야 했다.

여기에 무과 초시의 정원은 지역 할당제를 실시했다. 무과 초시는 서울에서 실시하는 '훈련원시訓鍊院試'와 지방에서 실시하는 '향시鄕試'로 구분된다. 190명을 지역별로 쪼개서 서울의 훈련원시에서 70명을 선발했다. 지방의 향시에서는 경상도 30명, 충청도 · 전라도 각 25명, 강원도 · 황해도 · 함경도 · 평안도 각 10명씩 선발했다. 지역 할당이라 하지만 서울에 편중되었고 삼남과 북쪽지역 사이에도 불균형이 존재했다.[98]

조선 후기에도 『경국대전』에서 규정한 식년시의 선발 정원은 변함없이 유지되었다. 다만, 1402년(태종 2)에 무과에서 선발하는 경기 향시 인원이 40명이었으나,[99] 『경국대전』에 경기가 빠져있다. 그 이유는 1426년(세종 8) 문과의 경기 향시가 서울과 가까워 폐단이 많아지자 이를 폐지하면서 무과도 폐지한 것이었다. 이후 1443년에 문과는 경기 향시를 복구했으나 무과는 끝내 부활하지 않은 채 그 인원을 서울의 훈련원시에 포함시키고 말았다.[100]

<표2-2> 조선 후기 무과의 선발 인원 규정

| 시험단계<br>과거 | 초시 | 복시 | 전시 | 비고 |
|---|---|---|---|---|
| 식 년 시 | 190명 | 28명 | 28명 | 『경국대전』 동일 |
| 증 광 시 | 190명 | 28명 | 28명 | |
| 대증광시 | 380명 | 56명 | 56명 | 초시 504명<br>(『무과총요』) |
| 별시 · 정시 | 국왕 결정 | × | 초시 합격 인원에 따라 선발 | |
| 알성시 · 중시 | 100명 | × | 규정 없음 | |

(근거: 『속대전』, 『대전통편』, 『무과총요』)

증광 무과는 선발 인원 규정이 『속대전』에 처음 보이는데 식년시 와 마찬가지로 28명이다. 여러 경사를 합하여 실시하는 대증광시는 초시 · 복시의 인원을 식년시의 두 배로 뽑으므로 초시에서 360명, 복시에서 56명을 선발하고 전시에서는 56명의 등수만 정했다.[101]

다만, 대증광시의 초시 인원에 대해서는 순조 대의 병조 서리 임인 묵林仁黙의 의견도 들어볼 필요가 있다. 임인묵은 1590년(선조 23) 이 후로 대증광시에서 문과의 사례대로 28명에 7명을 보태어 35인을 선 발하다가 1662년(현종 3)부터 특교로 복시에서 56인을 뽑게 되었다고 한다. 그런데 문과가 복시에서 초시의 9분의 1을 선발하므로, 무과도 초시 선발 인원이 복시의 9배인 504명(56×9=504)이라는 것이다.

그 결과 서울의 1소所 시험장에서 95명, 2소 시험장에서 95명을 뽑고, 경상좌도 · 우도 각 40명, 충청좌도 33명, 충청우도 32명, 전라 좌도 · 우도 각 30명, 제주 5명, 강원도 · 황해도 각 26명, 함경남도 · 함경북도 · 평안도 청남 · 평안도 청북 각 13명씩을 뽑는다고 한다.[102]

별시나 정시의 초시 인원은 왕에게 아뢰어 재가를 받고, 전시는 초시 합격자의 다소에 따라 뽑게 했으므로 구체적인 정원이 없었 다.[103] 초시 합격자가 많으면 많이 뽑고 적으면 적게 뽑았다.

알성시나 중시重試는 초시의 경우 두 곳 시험장에서 50명씩 총 100명씩 뽑았으나, 전시에 대한 규정은 없다. 그런데 남구만(南九萬, 1629~1711)이 "문과의 정시·알성시도 무과처럼 초시에서 600~700명을 뽑아 호명해 사람마다 점검해서 들여보내면 예전 같은 혼잡스런 폐단은 없을 것입니다"[104]라고 건의한 내용이 있다. 이 내용대로라면 정시 및 알성 무과의 초시에서 600~700명까지 뽑은 적도 있었던 것 같다.

한편, 별시·정시·알성시·중시의 초시는 합격자가 정원에 미달해도 정원을 채우지 말고 본래 합격자 인원대로 발표하게 했다.[105]

# 선발 인원을 알 수 있는 자료

조선 후기에 규정대로라면 무과의 선발 인원은 결코 많다고 할 수 없다. 그렇다면 실제로 선발한 인원은 얼마나 되었을까? 조선시대에 무과에 관한 기록이 불충분하므로 조선 후기의 선발 인원을 온전히 파악하기란 쉽지 않다. 그래서 여러 자료를 활용해야 한다.

먼저 무과급제자의 선발 인원을 가장 정확히 알 수 있는 자료는 순조 대의 병조 서리 임인묵林仁黙이 편찬한 『무과총요』를 꼽을 수 있다.[106] 여기에는 1591년(선조 24)부터 1820년(순조 20)까지 시험별로 무과 장원의 성명, 전체 무과급제자 인원 및 갑과·을과·병과의 등급별 무과급제자 인원이 들어있다. 이 덕분에 해당 시험의 무과급제자 인원을 파악할 수 있다.

또 이 자료의 가장 큰 장점이자 다른 자료에는 없는 기록이 바로 직부전시로 급제한 인원도 밝혀놓은 것이다. "급제자는 별무사別武士 김해서 등 224인이며, 직부는 168인이다"[107]라는 방식으로 전체 급제자 가운데 직부로 급제한 인원을 기록해 놓았다. 다만 이 자료를 펴낸 1821년 이후로 기록이 없는 점이 못내 아쉽다.[108]

『무과총요』와 함께 무과급제자의 인원을 파악하는데 도움을 주는 자료가 무과방목이다. 무과방목은 급제자 명부이므로 방목이야말로 무과급제자의 인원을 알려주는 자료라 할 수 있다. 그럼에도 무과방목을 이용할 때에는 조심할 사항이 있다. 무과방목 중에는 원방인原榜人 위주로 작성하여 전체 급제자를 수록하지 않은 방목도 있으므로 주의를 요한다. 원방인이란 해당 시험의 초시나 복시를 순차적으로 밟아서 급제한 사람을 말한다.

18세기 이후에 나온 방목들이 이런 경향을 보인다. 1789년(정조 13)에 실시한 식년시는 무과급제자가 총 437명이다. 『무과총요』에 직부전시 409명, 원방인 28명으로 기록되었는데, 해당 무과방목에는 원방인 급제자 28명만 수록했다. 1844년(헌종 10)에 실시한 증광시의 무과방목에는 53명만 수록되었다. 이 방목의 앞쪽에 '원방 28인, 직부 272인'이라 적혀있으므로 무과급제자 총 300명 중에 일부만 수록했음을 알 수 있다.

다음으로 조선왕조실록에서도 무과급제자의 인원을 찾을 수 있다. "해마다 과거급제자에 대해 등급과 해당 인원을 기록한다"[109]라는 규정을 반영한 결과다. 등급이란 급제 순위인 갑과·을과·병과를 말한다. 또한 『국조방목』(국회도서관 편)에도 무과급제자 총원을 기록한 시험이 가끔 있다. 무과에 관한 기록이 많지 않은 상황에서 이 기록역시 소중하다.

다만 조선왕조실록이나 『국조방목』 모두 원방인 급제자만 기록한 경우가 있어서 다른 자료와 함께 이용할 필요가 있다. 조선왕조실록에 1662년(현종 3)의 증광시 무과급제자가 56명으로 올라있다.[110] 하지만 『무과총요』와 무과방목 모두 71명으로 되어 있다. 『무과총요』에 따르면 15명이 직부전시로 급제했으므로 조선왕조실록은 원방인만 기록한 수치다.

1652년(효종 3)의 증광시의 무과급제자는 『무과총요』에 따르면 원방인 28명, 직부전시 4명이다. 무과방목도 32명으로 서로 일치한다. 반면에 『국조방목』에는 28명이어서 직부전시 인원만큼 차이를 보인다. 1805년(순조 5)의 정시 무과급제자는 『국조방목』에 8명으로 올라 있다.[111] 하지만 『무과총요』와 조선왕조실록에는 309명으로 나와 있다.[112] 이 차이는 『국조방목』이 원방인만 수록하고 직부전시 급제자 301명을 누락시켜서 발생한 것이다. 그러므로 『무과총요』와 조선왕조실록의 기록이 맞다.

이외에 『교남과방록嶠南科榜錄』 「호방虎榜」 조도 참고자료가 된다. 『교남과방록』은 1392년(태조 1)부터 1906년까지 경상도의 문과·무과·생원진사시 합격자 및 음서로 관직에 진출한 사람의 명단록이다. 호방은 1408(태종 8)년부터 1894년(고종 31)까지 무과급제자 명단을 수록했다.[113] 경상도 급제자에 대한 정보가 중심이지만 군데군데 해당 시험의 무과급제자 총원이 있어서 참고할 수 있다.

이처럼 무과급제자 인원을 파악할 수 있는 자료 중 가장 정확한 자료는 『무과총요』이며, 이어서 조선왕조실록, 무과방목, 『국조방목』(국회도서관)의 순서로 정확성이 높다. 자료마다 몇 십 명에서 몇 백 명까지 차이가 나는 원인은 직부전시 급제자의 기록 유무이므로 서로 참조하면서 이용해야 한다.


# 무과급제자는 총 몇 명인가?

〈표2-3〉은 위에서 언급한 문제에 유의하면서 현전 자료들을 조사, 집계한 조선 후기 무과급제자 선발 인원이다.

자료의 정확성을 고려해 『무과총요』(총) → 조선왕조실록(실) → 무과방목(방) → 『국조방목』(국) → 『교남과방목』(교)의 순서로 이용했다. 단, 조선왕조실록과 무과방목의 기록이 다를 경우 조선왕조실록을 우선했으나, 무과방목의 인원이 실록보다 더 많으면 무과방목의 기록을 채택했다.

광해군~고종연간까지 시행된 무과 554회 가운데 선발 인원을 알 수 있는 시험은 494회이며 60회는 미상이다. 494회는 조선 후기 무과 시행 횟수의 89.2%에 해당하는데, 앞으로 자료가 더 발굴되어 나머지 60회도 채울 수 있기를 희망한다.

표를 작성한 방식은 광해군~고종연간까지 무과급제자 인원을 시험 연도 순서로 정리했으며 인원을 알 수 없는 시험은 검은색으로 표시했다. 향후 표의 수정과 보완을 위해 근거자료도 일일이 제시했다.[114] 표의 분량이 많으나 각종 자료를 조사한 연구성과이어서 그대로 수록했다.

오늘날 현전 자료를 통해서 확인할 수 있는 조선 후기 무과급제자의 총원은 120,053명이었다.[115] 이 인원은 조선 후기에 실시한 무과의 89.2%에 해당하므로 전체 급제자 인원은 이보다 더 많을 것이다.

<표2-3> 조선 후기 무과급제자 인원 (단위: 명)

| 횟수 | 왕대 | 연도 | 과명 | 인원 | 근거 |
|---|---|---|---|---|---|
| 1 | 광해즉 | 1608 | 중시 | | |
| 2 | 즉 | 1608 | 별시 | | |
| 3 | 1 | 1609 | 증광시 | | |
| 4 | 2 | 1610 | 식년시 | | |
| 5 | 2 | 1610 | 알성시 | 27 | 총 |
| 6 | 2 | 1610 | 별시 | 46 | 실 |
| 7 | 3 | 1611 | 별시 | 216 | 총 |
| 8 | 4 | 1612 | 식년시 | 29 | 방 |
| 9 | 4 | 1612 | 증광시 | 28 | 방 |
| 10 | 5 | 1613 | 알성시 | 28 | 교 |
| 11 | 5 | 1613 | 증광시 | 39 | 방 |
| 12 | 6 | 1614 | 전주별시 | 36 | 총 |
| 13 | 7 | 1615 | 식년시 | 33 | 방 |
| 14 | 7 | 1615 | 알성시 | 33 | 실 |
| 15 | 8 | 1616 | 증광시 | 37 | 총 |
| 16 | 8 | 1616 | 알성시 | 34 | 총 |
| 17 | 8 | 1616 | 별시 | | |
| 18 | 8 | 1616 | 중시 | 15 | 총 |
| 19 | 9 | 1617 | 알성시 | 12 | 총 |
| 20 | 10 | 1618 | 정시 | 2,200 | 교 |
| 21 | 10 | 1618 | 증광시 | | |
| 22 | 11 | 1619 | 수원개성별시 | 440 | 총 |
| 23 | 11 | 1619 | 알성시 | 59 | 총 |
| 24 | 11 | 1619 | 정시 | 100 | 총 |
| 25 | 12 | 1620 | 정시 | 3,000 | 교 |
| 26 | 13 | 1621 | 정시 | 4,031 | 교 |
| 27 | 13 | 1621 | 알성시 | | |
| 28 | 13 | 1621 | 별시 | | |
| 29 | 인조 1 | 1623 | 알성시 | 4 | 국 |
| 30 | 1 | 1623 | 정시 | | |
| 31 | 1 | 1623 | 개시 | | |
| 32 | 2 | 1624 | 공주정시 | 24 | 총 |
| 33 | 2 | 1624 | 정시 | 4 | 실 |
| 34 | 2 | 1624 | 증광시 | 50 | 방 |
| 35 | 2 | 1624 | 알성시 | 6 | 실 |
| 36 | 2 | 1624 | 식년시 | | |
| 37 | 3 | 1625 | 별시 | | |
| 38 | 4 | 1626 | 별시 | | |
| 39 | 4 | 1626 | 정시 | | |
| 40 | 4 | 1626 | 중시 | | |
| 41 | 5 | 1627 | 전주정시 | 600 | 국 |
| 42 | 5 | 1627 | 강도정시 | 332 | 실 |
| 43 | 5 | 1627 | 정시 | 9 | 방 |
| 44 | 5 | 1627 | 식년시 | 28 | 총 |
| 45 | 6 | 1628 | 별시 | | |
| 46 | 6 | 1628 | 알성시 | 11 | 실 |
| 47 | 6 | 1628 | 별시 | 9 | 총 |
| 48 | 7 | 1629 | 별시 | 162 | 방 |
| 49 | 7 | 1629 | 정시 | | |
| 50 | 8 | 1630 | 식년시 | 28 | 방 |
| 51 | 8 | 1630 | 별시 | | |
| 52 | 9 | 1631 | 별시 | 34 | 총 |
| 53 | 10 | 1632 | 알성시 | 6 | 총 |
| 54 | 11 | 1633 | 증광시 | 36 | 방 |
| 55 | 11 | 1633 | 식년시 | 29 | 방 |
| 56 | 12 | 1634 | 별시 | | |
| 57 | 13 | 1635 | 알성시 | 4 | 방 |
| 58 | 13 | 1635 | 증광시 | 35 | 총 |
| 59 | 14 | 1636 | 별시 | 504 | 총 |
| 60 | 14 | 1636 | 중시 | 6 | 총 |
| 61 | 15 | 1637 | 정시 | 10 | 총 |
| 62 | 15 | 1637 | 별시 | 5,536 | 총 |
| 63 | 16 | 1638 | 정시 | 80 | 총 |
| 64 | 17 | 1639 | 알성시 | 11 | 총 |
| 65 | 17 | 1639 | 별시 | 21 | 총 |
| 66 | 17 | 1639 | 식년시 | 38 | 총 |
| 67 | 19 | 1641 | 정시 | 12 | 국 |
| 68 | 20 | 1642 | 식년시 | | |
| 69 | 20 | 1642 | 정시 | 11 | 실 |
| 70 | 21 | 1643 | 관서별시 | 60 | 국 |
| 71 | 22 | 1644 | 정시 | 100 | 총 |
| 72 | 22 | 1644 | 별시 | 201 | 총 |
| 73 | 23 | 1645 | 별시 | 100 | 총 |
| 74 | 24 | 1646 | 식년시 | 25 | 총 |
| 75 | 24 | 1646 | 중시 | 6 | 총 |
| 76 | 24 | 1646 | 정시 | 162 | 총 |
| 77 | 26 | 1648 | 정시 | 94 | 총 |
| 78 | 26 | 1648 | 식년시 | 28 | 총 |
| 79 | 27 | 1649 | 별시 | 150 | 총 |
| 80 | 27 | 1649 | 정시 | 15 | 총 |
| 81 | 효종 1 | 1650 | 증광시 | 28 | 총 |
| 82 | 2 | 1651 | 정시 | 56 | 총 |
| 83 | 2 | 1651 | 식년시 | 28 | 총 |
| 84 | 2 | 1651 | 알성시 | 12 | 총 |
| 85 | 2 | 1651 | 별시 | 1236 | 총 |
| 86 | 3 | 1652 | 증광시 | 32 | 총 |
| 87 | 4 | 1653 | 알성시 | 5 | 총 |
| 88 | 4 | 1653 | 별시 | 134 | 총 |
| 89 | 5 | 1654 | 춘당대시 | | |
| 90 | 5 | 1654 | 식년시 | 28 | 총 |
| 91 | 6 | 1655 | 춘당대시 | 8 | 총 |
| 92 | 7 | 1656 | 별시 | 44 | 총 |

| 횟수 | 왕대 | 연도 | 과명 | 인원 | 근거 |
|---|---|---|---|---|---|
| 93 | 7 | 1656 | 중시 | 20 | 총 |
| 94 | 8 | 1657 | 식년시 | 44 | 총 |
| 95 | 8 | 1657 | 알성시 | 12 | 총 |
| 96 | 현종 1 | 1660 | 식년시 | 42 | 총 |
| 97 | 1 | 1660 | 증광시 | 30 | 총 |
| 98 | 3 | 1662 | 증광시 | 71 | 총 |
| 99 | 3 | 1662 | 정시 | 43 | 총 |
| 100 | 4 | 1663 | 식년시 | 44 | 총 |
| 101 | 5 | 1664 | 춘당대시 | 28 | 총 |
| 102 | 5 | 1664 | 함경도별시 | 300 | 총 |
| 103 | 6 | 1665 | 정시 | 426 | 총 |
| 104 | 6 | 1665 | 온양정시 | 165 | 총 |
| 105 | 6 | 1665 | 별시 | 30 | 총 |
| 106 | 7 | 1666 | 식년시 | 61 | 총 |
| 107 | 7 | 1666 | 온양별시 | 112 | 총 |
| 108 | 7 | 1666 | 별시 | 87 | 총 |
| 109 | 7 | 1666 | 중시 | 7 | 총 |
| 110 | 9 | 1668 | 별시 | 32 | 총 |
| 111 | 9 | 1668 | 정시 | | |
| 112 | 10 | 1669 | 평안도별시 | 398 | 총 |
| 113 | 10 | 1669 | 식년시 | 48 | 총 |
| 114 | 10 | 1669 | 정시 | 141 | 총 |
| 115 | 11 | 1670 | 별시 | 365 | 총 |
| 116 | 12 | 1671 | 정시 | 174 | 총 |
| 117 | 13 | 1672 | 별시 | 554 | 총 |
| 118 | 14 | 1673 | 춘당대시 | 30 | 총 |
| 119 | 14 | 1673 | 식년시 | 41 | 총 |
| 120 | 숙종 1 | 1675 | 식년시 | 68 | 총 |
| 121 | 1 | 1675 | 증광시 | 47 | 총 |
| 122 | 2 | 1676 | 정시 | 17,652 | 총 |
| 123 | 3 | 1677 | 알성시 | 12 | 총 |
| 124 | 4 | 1678 | 증광시 | 305 | 총 |
| 125 | 4 | 1678 | 정시 | 56 | 총 |
| 126 | 5 | 1679 | 정시 | 23 | 총 |
| 127 | 5 | 1679 | 중시 | 8 | 총 |
| 128 | 5 | 1679 | 식년시 | 58 | 총 |
| 129 | 6 | 1680 | 춘당대시 | 9 | 총 |
| 130 | 6 | 1680 | 정시 | 143 | 총 |
| 131 | 6 | 1680 | 별시 | 214 | 총 |
| 132 | 7 | 1681 | 알성시 | 8 | 총 |
| 133 | 7 | 1681 | 식년시 | 65 | 총 |
| 134 | 8 | 1682 | 춘당대시 | 14 | 총 |
| 135 | 8 | 1682 | 증광시 | 84 | 총 |
| 136 | 9 | 1683 | 증광시 | 49 | 총 |
| 137 | 10 | 1684 | 정시 | 109 | 총 |
| 138 | 10 | 1684 | 식년시 | 44 | 총 |
| 139 | 12 | 1686 | 춘당대시 | 16 | 총 |

| 횟수 | 왕대 | 연도 | 과명 | 인원 | 근거 |
|---|---|---|---|---|---|
| 140 | 12 | 1686 | 별시 | 111 | 총 |
| 141 | 12 | 1686 | 중시 | 24 | 총 |
| 142 | 12 | 1686 | 함경도별시 | 100 | 총 |
| 143 | 12 | 1686 | 정시 | 8 | 총 |
| 144 | 13 | 1687 | 알성시 | 17 | 총 |
| 145 | 13 | 1687 | 식년시 | 108 | 총 |
| 146 | 15 | 1689 | 증광시 | 57 | 총 |
| 147 | 16 | 1690 | 식년시 | 139 | 총 |
| 148 | 16 | 1690 | 정시 | 12 | 총 |
| 149 | 17 | 1691 | 증광시 | 83 | 총 |
| 150 | 17 | 1691 | 알성시 | 9 | 총 |
| 151 | 18 | 1692 | 춘당대시 | 22 | 총 |
| 152 | 19 | 1693 | 식년시 | 119 | 총 |
| 153 | 19 | 1693 | 알성시 | 29 | 총 |
| 154 | 19 | 1693 | 개성정시 | 23 | 총 |
| 155 | 20 | 1694 | 알성시 | 10 | 총 |
| 156 | 20 | 1694 | 별시 | 170 | 총 |
| 157 | 21 | 1695 | 평안도별시 | 100 | 총 |
| 158 | 21 | 1695 | 별시 | 115 | 총 |
| 159 | 22 | 1696 | 정시 | 53 | 총 |
| 160 | 22 | 1696 | 식년시 | 46 | 총 |
| 161 | 23 | 1697 | 정시 | 160 | 총 |
| 162 | 23 | 1697 | 중시 | 17 | 총 |
| 163 | 24 | 1698 | 춘당대시 | 14 | 총 |
| 164 | 25 | 1699 | 정시 | 201 | 총 |
| 165 | 25 | 1699 | 식년시 | 76 | 총 |
| 166 | 25 | 1699 | 증광시 | 43 | 총 |
| 167 | 26 | 1700 | 춘당대시 | 36 | 총 |
| 168 | 28 | 1702 | 알성시 | 14 | 총 |
| 169 | 28 | 1702 | 함경도별시 | 300 | 총 |
| 170 | 28 | 1702 | 식년시 | 88 | 총 |
| 171 | 28 | 1702 | 별시 | 90 | 총 |
| 172 | 30 | 1704 | 춘당대시 | 21 | 총 |
| 173 | 31 | 1705 | 식년시 | 146 | 총 |
| 174 | 31 | 1705 | 알성시 | 17 | 총 |
| 175 | 31 | 1705 | 증광시 | 48 | 총 |
| 176 | 32 | 1706 | 정시 | 198 | 총 |
| 177 | 33 | 1707 | 별시 | 219 | 총 |
| 178 | 33 | 1707 | 중시 | 30 | 총 |
| 179 | 34 | 1708 | 식년시 | 116 | 총 |
| 180 | 35 | 1709 | 알성시 | 15 | 총 |
| 181 | 36 | 1710 | 증광시 | 133 | 총 |
| 182 | 36 | 1710 | 춘당대시 | 55 | 총 |
| 183 | 37 | 1711 | 식년시 | 100 | 총 |
| 184 | 38 | 1712 | 정시 | 271 | 총 |
| 185 | 39 | 1713 | 증광시 | 168 | 총 |
| 186 | 40 | 1714 | 증광시 | 51 | 총 |

| 횟수 | 왕대 | 연도 | 과명 | 인원 | 근거 | 횟수 | 왕대 | 연도 | 과명 | 인원 | 근거 |
|---|---|---|---|---|---|---|---|---|---|---|---|
| 187 | 숙종41 | 1715 | 식년시 | 42 | 총 | 234 | 12 | 1736 | 알성시 | 25 | 총 |
| 188 | 43 | 1717 | 함경도별시 | 276 | 총 | 235 | 13 | 1737 | 별시 | 145 | 총 |
| 189 | 43 | 1717 | 평안도별시 | 150 | 총 | 236 | 13 | 1737 | 중시 | 35 | 총 |
| 190 | 43 | 1717 | 온양정시 | 442 | 총 | 237 | 14 | 1738 | 식년시 | 175 | 총 |
| 191 | 43 | 1717 | 정시 | 68 | 총 | 238 | 15 | 1739 | 알성시 | 27 | 총 |
| 192 | 43 | 1717 | 중시 | 10 | 총 | 239 | 15 | 1739 | 정시 | 440 | 총 |
| 193 | 43 | 1717 | 식년시 | 193 | 총 | 240 | 16 | 1740 | 정시 | 192 | 총 |
| 194 | 44 | 1718 | 정시 | 213 | 총 | 241 | 16 | 1740 | 알성시 | 20 | 총 |
| 195 | 45 | 1719 | 별시 | 103 | 총 | 242 | 16 | 1740 | 개성별시 | 65 | 총 |
| 196 | 45 | 1719 | 증광시 | 69 | 총 | 243 | 16 | 1740 | 증광시 | 158 | 총 |
| 197 | 45 | 1719 | 춘당대시 | 88 | 총 | 244 | 17 | 1741 | 식년시 | 128 | 총 |
| 198 | 경종 1 | 1721 | 정시 | 148 | 총 | 245 | 18 | 1742 | 정시 | 121 | 총 |
| 199 | 1 | 1721 | 식년시 | 86 | 총 | 246 | 19 | 1743 | 알성시 | 60 | 총 |
| 200 | 1 | 1721 | 증광시 | 80 | 총 | 247 | 19 | 1743 | 정시 | 143 | 총 |
| 201 | 2 | 1722 | 정시 | 301 | 총 | 248 | 20 | 1744 | 춘당대시 | 295 | 총 |
| 202 | 2 | 1722 | 알성시 | 19 | 총 | 249 | 20 | 1744 | 식년시 | 54 | 총 |
| 203 | 3 | 1723 | 증광시 | 136 | 총 | 250 | 20 | 1744 | 정시 | 67 | 총 |
| 204 | 3 | 1723 | 별시 | 478 | 총 | 251 | 21 | 1745 | 정시 | 166 | 총 |
| 205 | 3 | 1723 | 정시 | 122 | 총 | 252 | 22 | 1746 | 알성시 | 23 | 총 |
| 206 | 3 | 1723 | 식년시 | 138 | 총 | 253 | 22 | 1746 | 정시 | 109 | 총 |
| 207 | 영조 1 | 1725 | 정시 | 130 | 총 | 254 | 22 | 1746 | 중시 | 41 | 총 |
| 208 | 1 | 1725 | 증광시 | 309 | 총 | 255 | 22 | 1746 | 평안도별시 | 150 | 총 |
| 209 | 1 | 1725 | 정시 | 432 | 총 | 256 | 22 | 1746 | 춘당대시 | 94 | 총 |
| 210 | 2 | 1726 | 강화별시 | 183 | 총 | 257 | 22 | 1746 | 함경도별시 | 300 | 총 |
| 211 | 2 | 1726 | 식년시 | 198 | 총 | 258 | 23 | 1747 | 식년시 | 129 | 총 |
| 212 | 2 | 1726 | 알성시 | 10 | 총 | 259 | 23 | 1747 | 정시 | 130 | 총 |
| 213 | 3 | 1727 | 증광시 | 112 | 총 | 260 | 24 | 1748 | 춘당대시 | 131 | 총 |
| 214 | 3 | 1727 | 정시 | 81 | 총 | 261 | 25 | 1749 | 춘당대시 | 29 | 총 |
| 215 | 3 | 1727 | 중시 | 39 | 총 | 262 | 26 | 1750 | 식년시 | 431 | 총 |
| 216 | 4 | 1728 | 춘당대시 | 350 | 총 | 263 | 26 | 1750 | 알성시 | 16 | 총 |
| 217 | 4 | 1728 | 평안도별시 | 170 | 총 | 264 | 26 | 1750 | 온양별시 | 119 | 총 |
| 218 | 4 | 1728 | 별시 | 633 | 총 | 265 | 27 | 1751 | 춘당대시 | 160 | 총 |
| 219 | 4 | 1728 | 정시 | 165 | 총 | 266 | 27 | 1751 | 정시 | 651 | 총 |
| 220 | 5 | 1729 | 식년시 | 316 | 총 | 267 | 28 | 1752 | 정시 | 215 | 총 |
| 221 | 6 | 1730 | 정시 | 365 | 총 | 268 | 29 | 1753 | 알성시 | 96 | 총 |
| 222 | 7 | 1731 | 정시 | 268 | 총 | 269 | 29 | 1753 | 정시 | 119 | 총 |
| 223 | 7 | 1731 | 함경도별시 | 300 | 총 | 270 | 29 | 1753 | 정시 | 178 | 총 |
| 224 | 8 | 1732 | 정시 | 318 | 총 | 271 | 29 | 1753 | 식년시 | 54 | 총 |
| 225 | 9 | 1733 | 알성시 | 8 | 총 | 272 | 30 | 1754 | (경기)도과 | 38 | 총 |
| 226 | 9 | 1733 | 식년시 | 176 | 총 | 273 | 30 | 1754 | 증광시 | 118 | 총 |
| 227 | 10 | 1734 | 정시 | 87 | 총 | 274 | 31 | 1755 | 함경도별시 | 400 | 총 |
| 228 | 10 | 1734 | 춘당대시 | 63 | 총 | 275 | 31 | 1755 | 정시 | 437 | 총 |
| 229 | 11 | 1735 | 증광시 | 151 | 총 | 276 | 31 | 1755 | 정시 | 150 | 총 |
| 230 | 11 | 1735 | 식년시 | 55 | 총 | 277 | 32 | 1756 | 정시 | 304 | 총 |
| 231 | 11 | 1735 | 정시 | 97 | 총 | 278 | 32 | 1756 | 기로정시 | 42 | 총 |
| 232 | 12 | 1736 | 정시 | 325 | 총 | 279 | 32 | 1756 | 식년시 | 85 | 총 |
| 233 | 12 | 1736 | 정시 | 395 | 총 | 280 | 32 | 1756 | 정시 | 55 | 총 |

| 횟수 | 왕대 | 연도 | 과명 | 인원 | 근거 | 횟수 | 왕대 | 연도 | 과명 | 인원 | 근거 |
|---|---|---|---|---|---|---|---|---|---|---|---|
| 281 | 영조33 | 1757 | 정시 | 368 | 총 | 328 | 51 | 1775 | 정시 | 53 | 총 |
| 282 | 33 | 1757 | 정시 | 25 | 총 | 329 | 51 | 1775 | 신구제추시 | 25 | 총 |
| 283 | 33 | 1757 | 중시 | 22 | 총 | 330 | 51 | 1775 | 구현과 | 47 | 총 |
| 284 | 35 | 1759 | 식년시 | 321 | 총 | 331 | 51 | 1775 | 정시 | 169 | 총 |
| 285 | 35 | 1759 | 별시 | 173 | 총 | 332 | 52 | 1776 | 기로정시 | 46 | 총 |
| 286 | 35 | 1759 | 알성시 | 470 | 총 | 333 | 정조즉 | 1776 | 정시 | 64 | 총 |
| 287 | 35 | 1759 | 정시 | 142 | 총 | 334 | 즉 | 1776 | 중시 | 7 | 총 |
| 288 | 37 | 1761 | 정시 | 638 | 총 | 335 | 1 | 1777 | 증광시 | 123 | 총 |
| 289 | 38 | 1762 | 알성시 | 108 | 총 | 336 | 1 | 1777 | 식년시 | 58 | 총 |
| 290 | 38 | 1762 | 식년시 | 69 | 총 | 337 | 1 | 1777 | 정시 | 13 | 총 |
| 291 | 38 | 1762 | 정시 | 203 | 총 | 338 | 2 | 1778 | 알성시 | 16 | 총 |
| 292 | 39 | 1763 | 기로정시 | 86 | 총 | 339 | 2 | 1778 | 정시 | 90 | 총 |
| 293 | 39 | 1763 | 증광시 | 318 | 총 | 340 | 3 | 1779 | 남한정시 | 15 | 총 |
| 294 | 40 | 1764 | 충량과 | 14 | 총 | 341 | 4 | 1780 | 식년시 | 225 | 총 |
| 295 | 40 | 1764 | 강화별시 | 75 | 총 | 342 | 6 | 1782 | 알성시 | 23 | 총 |
| 296 | 40 | 1764 | 정시 | 194 | 총 | 343 | 6 | 1782 | 평안도별시 | 438 | 총 |
| 297 | 41 | 1765 | 식년시 | 228 | 총 | 344 | 6 | 1782 | 함경도별시 | 444 | 총 |
| 298 | 41 | 1765 | 알성시 | 33 | 총 | 345 | 6 | 1782 | 별시 | 421 | 총 |
| 299 | 42 | 1766 | 정시 | 186 | 총 | 346 | 7 | 1783 | 증광시 | 146 | 총 |
| 300 | 42 | 1766 | 중시 | 37 | 총 | 347 | 7 | 1783 | 정시 | 118 | 총 |
| 301 | 42 | 1766 | 정시 | 44 | 총 | 348 | 7 | 1783 | 식년시 | 47 | 총 |
| 302 | 42 | 1766 | 정시 | 95 | 총 | 349 | 8 | 1784 | 정시 | 2,692 | 총 |
| 303 | 42 | 1766 | 정시 | 618 | 총 | 350 | 8 | 1784 | 정시 | 173 | 총 |
| 304 | 43 | 1767 | 정시 | 264 | 총 | 351 | 9 | 1785 | 알성시 | 33 | 총 |
| 305 | 43 | 1767 | 알성시 | 301 | 총 | 352 | 9 | 1785 | 정시 | 242 | 총 |
| 306 | 43 | 1767 | 중시 | 32 | 총 | 353 | 10 | 1786 | 별시 | 62 | 총 |
| 307 | 44 | 1768 | 식년시 | 131 | 총 | 354 | 10 | 1786 | 중시 | 77 | 총 |
| 308 | 44 | 1768 | 정시 | 223 | 총 | 355 | 10 | 1786 | 식년시 | 44 | 총 |
| 309 | 45 | 1769 | 정시 | 72 | 총 | 356 | 11 | 1787 | 정시 | 148 | 총 |
| 310 | 45 | 1769 | 기로정시 | 47 | 총 | 357 | 13 | 1789 | 알성시 | 18 | 총 |
| 311 | 45 | 1769 | 정시 | 410 | 총 | 358 | 13 | 1789 | 식년시 | 437 | 총 |
| 312 | 46 | 1770 | 정시 | 453 | 총 | 359 | 13 | 1789 | 정시 | 93 | 총 |
| 313 | 47 | 1771 | 정시 | 162 | 총 | 360 | 14 | 1790 | 수원정시 | 174 | 총 |
| 314 | 47 | 1771 | 식년시 | 39 | 총 | 361 | 14 | 1790 | 알성시 | 15 | 총 |
| 315 | 47 | 1771 | 정시 | 352 | 총 | 362 | 14 | 1790 | 증광시 | 311 | 총 |
| 316 | 48 | 1772 | 기로정시 | 626 | 총 | 363 | 16 | 1792 | 식년시 | 374 | 총 |
| 317 | 48 | 1772 | 탕평정시 | 40 | 총 | 364 | 18 | 1794 | 알성시 | 31 | 총 |
| 318 | 48 | 1772 | 정시 | 183 | 총 | 365 | 18 | 1794 | 정시 | 821 | 총 |
| 319 | 49 | 1773 | 증광시 | 224 | 총 | 366 | 19 | 1795 | (수원)정시 | 56 | 총 |
| 320 | 49 | 1773 | 정시 | 248 | 총 | 367 | 19 | 1795 | 식년시 | 202 | 총 |
| 321 | 50 | 1774 | 등준시 | 18 | 총 | 368 | 19 | 1795 | 정시 | 501 | 총 |
| 322 | 50 | 1774 | 식년시 | 86 | 총 | 369 | 20 | 1796 | 별시 | 125 | 총 |
| 323 | 50 | 1774 | 정시 | 194 | 총 | 370 | 20 | 1796 | 중시 | 61 | 총 |
| 324 | 50 | 1774 | 함경도별시 | 400 | 총 | 371 | 22 | 1798 | 식년시 | 429 | 총 |
| 325 | 50 | 1774 | 평안도별시 | 400 | 총 | 372 | 23 | 1799 | 알성시 | 13 | 총 |
| 326 | 50 | 1774 | 증광시 | 97 | 총 | 373 | 24 | 1800 | 정시 | 924 | 총 |
| 327 | 51 | 1775 | 정시 | 229 | 총 | 374 | 순조 1 | 1801 | 정시 | 127 | 총 |

| 횟수 | 왕대 | 연도 | 과명 | 인원 | 근거 | 횟수 | 왕대 | 연도 | 과명 | 인원 | 근거 |
|---|---|---|---|---|---|---|---|---|---|---|---|
| 375 | 순조 1 | 1801 | 증광시 | 30 | 총 | 422 | 30 | 1830 | 정시 | 231 | 실 |
| 376 | 1 | 1801 | 식년시 | 126 | 총 | 423 | 31 | 1831 | 식년시 | 166 | 실 |
| 377 | 2 | 1802 | 정시 | 117 | 총 | 424 | 34 | 1834 | 식년시 | 651 | 실 |
| 378 | 2 | 1802 | 정시 | 125 | 총 | 425 | 헌종 1 | 1835 | 별시 | 218 | 실 |
| 379 | 2 | 1802 | 정시 | 11 | 총 | 426 | 1 | 1835 | 증광시 | 410 | 실 |
| 380 | 3 | 1803 | 알성시 | 27 | 총 | 427 | 2 | 1836 | 정시 | 293 | 실 |
| 381 | 3 | 1803 | 증광시 | 114 | 총 | 428 | 2 | 1836 | 중시 | 195 | 실 |
| 382 | 4 | 1804 | 정시 | 182 | 총 | 429 | 3 | 1837 | 식년시 | 163 | 실 |
| 383 | 4 | 1804 | 식년시 | 42 | 총 | 430 | 3 | 1837 | 정시 | 217 | 실 |
| 384 | 5 | 1805 | 정시 | 309 | 총 | 431 | 4 | 1838 | 정시 | 282 | 실 |
| 385 | 5 | 1805 | 증광시 | 48 | 총 | 432 | 4 | 1838 | 알성시 | 71 | 실 |
| 386 | 6 | 1806 | 중시 | 73 | 총 | 433 | 4 | 1838 | 함경도도과 | 207 | 실 |
| 387 | 6 | 1806 | 별시 | 207 | 총 | 434 | 5 | 1839 | 정시 | 151 | 실 |
| 388 | 7 | 1807 | 식년시 | 195 | 총 | 435 | 6 | 1840 | 식년시 | 339 | 실 |
| 389 | 7 | 1807 | 정시 | 128 | 총 | 436 | 7 | 1841 | 정시 | 218 | 실 |
| 390 | 7 | 1807 | 알성시 | 9 | 총 | 437 | 9 | 1843 | 식년시 | 402 | 실 |
| 391 | 7 | 1807 | 정시 | 75 | 총 | 438 | 10 | 1844 | 증광시 | 300 | 방 |
| 392 | 9 | 1809 | 증광시 | 400 | 총 | 439 | 11 | 1845 | 정시 | 400 | 실 |
| 393 | 10 | 1810 | 식년시 | 221 | 총 | 440 | 12 | 1846 | 정시 | 223 | 실 |
| 394 | 11 | 1811 | 정시 | 216 | 총 | 441 | 12 | 1846 | 중시 | 24 | 실 |
| 395 | 12 | 1812 | 정시 | 246 | 총 | 442 | 12 | 1846 | 식년시 | 143 | 실 |
| 396 | 13 | 1813 | 증광시 | 255 | 총 | 443 | 13 | 1847 | 정시 | 145 | 실 |
| 397 | 14 | 1814 | 정시 | 173 | 총 | 444 | 14 | 1848 | 증광시 | 480 | 실 |
| 398 | 14 | 1814 | 식년시 | 45 | 총 | 445 | 14 | 1848 | 정시 | 218 | 실 |
| 399 | 15 | 1815 | 정시 | 370 | 총 | 446 | 15 | 1849 | 식년시 | 76 | 실 |
| 400 | 15 | 1815 | 평안도별시 | 347 | 총 | 447 | 15 | 1849 | 정시 | 50 | 실 |
| 401 | 15 | 1815 | 함경도별시 | 375 | 총 | 448 | 철종 1 | 1850 | 증광시 | | |
| 402 | 16 | 1816 | 정시 | 214 | 총 | 449 | 2 | 1851 | 정시 | 330 | 실 |
| 403 | 16 | 1816 | 중시 | 56 | 총 | 450 | 2 | 1851 | 정시 | 266 | 실 |
| 404 | 16 | 1816 | 식년시 | 67 | 총 | 451 | 2 | 1851 | 알성시 | 58 | 실 |
| 405 | 17 | 1817 | 정시 | 344 | 총 | 452 | 3 | 1852 | 식년시 | 166 | 실 |
| 406 | 19 | 1819 | 식년시 | 235 | 총 | 453 | 3 | 1852 | 정시 | 704 | 실 |
| 408 | 21 | 1821 | 정시 | 112 | 실 | 454 | 4 | 1853 | 정시 | 286 | 실 |
| 407 | 20 | 1820 | 정시 | 339 | 총 | 455 | 5 | 1854 | 정시 | 235 | 실 |
| 409 | 22 | 1822 | 식년시 | 46 | 실 | 456 | 5 | 1854 | 기로정시 | 844 | 실 |
| 410 | 23 | 1823 | 정시 | 62 | 실 | 457 | 5 | 1854 | 제주별시 | | |
| 411 | 23 | 1823 | 정시 | 62 | 실 | 458 | 6 | 1855 | 정시 | 679 | 실 |
| 412 | 25 | 1825 | 식년시 | 503 | 실 | 459 | 6 | 1855 | 식년시 | 48 | 실 |
| 413 | 25 | 1825 | 알성시 | 71 | 실 | 460 | 7 | 1856 | 별시 | 21 | 실 |
| 414 | 26 | 1826 | 별시 | 52 | 실 | 461 | 7 | 1856 | 중시 | 84 | 실 |
| 415 | 26 | 1826 | 중시 | | | 462 | 8 | 1857 | 정시 | 691 | 실 |
| 416 | 26 | 1826 | 평안도별시 | 99 | 실 | 463 | 9 | 1858 | 정시 | 875 | 실 |
| 417 | 26 | 1826 | 함경도별시 | 241 | 실 | 464 | 9 | 1858 | 정시 | 267 | 실 |
| 418 | 27 | 1827 | 정시 | 8 | 실 | 465 | 9 | 1858 | 식년시 | | |
| 419 | 27 | 1827 | 증광시 | 106 | 방 | 466 | 10 | 1859 | 증광시 | 170 | 방 |
| 420 | 28 | 1828 | 식년시 | 225 | 실 | 467 | 11 | 1860 | 정시 | 150 | 실 |
| 421 | 29 | 1829 | 정시 | 637 | 방 | 468 | 12 | 1861 | 정시 | | |

| 횟수 | 왕대 | 연도 | 과명 | 인원 | 근거 |
|---|---|---|---|---|---|
| 469 | 철종12 | 1861 | 식년시 | | |
| 470 | 13 | 1862 | 정시 | 422 | 실 |
| 471 | 13 | 1862 | 정시 | 238 | 실 |
| 472 | 14 | 1863 | 제주별시 | | |
| 473 | 14 | 1863 | 정시 | 748 | 실 |
| 474 | 고종 1 | 1864 | 정시 | | |
| 475 | 1 | 1864 | 증광시 | 28 | 실 |
| 476 | 2 | 1865 | 식년시 | 28 | 실 |
| 477 | 3 | 1866 | 정시 | 109 | 실 |
| 478 | 3 | 1866 | 중시 | 8 | 실 |
| 479 | 3 | 1866 | 정시 | | |
| 480 | 3 | 1866 | 알성시 | 257 | 실 |
| 481 | 3 | 1866 | 평안도도과 | | |
| 482 | 3 | 1866 | 강화별시 | | |
| 483 | 3 | 1866 | 개성정시 | | |
| 484 | 4 | 1867 | 함경도도과 | | |
| 485 | 4 | 1867 | 식년시 | 813 | 실 |
| 486 | 4 | 1867 | 정시 | | |
| 487 | 5 | 1868 | 정시 | | |
| 488 | 5 | 1868 | 정시 | | |
| 489 | 6 | 1869 | 정시 | | |
| 490 | 7 | 1870 | 정시 | 378 | 실 |
| 491 | 7 | 1870 | 식년시 | 28 | |
| 492 | 8 | 1871 | 알성시 | 137 | 日 |
| 493 | 8 | 1871 | 정시 | 165 | 실 |
| 494 | 9 | 1872 | 알성시 | 163 | 실 |
| 495 | 9 | 1872 | 개성별시 | 26 | 실 |
| 496 | 9 | 1872 | 정시 | 433 | 실 |
| 497 | 10 | 1873 | 식년시 | 28 | 실 |
| 498 | 10 | 1873 | 정시 | 199 | 실 |
| 499 | 11 | 1874 | 증광시 | 28 | 실 |
| 500 | 11 | 1874 | 정시 | | |
| 501 | 12 | 1875 | 별시 | 72 | 실 |
| 502 | 13 | 1876 | 정시 | 445 | 실 |
| 503 | 13 | 1876 | 중시 | 23 | 실 |
| 504 | 13 | 1876 | 식년시 | 28 | 실 |
| 505 | 13 | 1876 | 함경도도과 | | |
| 506 | 14 | 1877 | 정시 | 616 | 실 |
| 507 | 14 | 1877 | 기로응제시 | | |
| 508 | 15 | 1878 | 정시 | 708 | 실 |
| 509 | 16 | 1879 | 정시 | 310 | 실 |
| 510 | 16 | 1879 | 정시 | 170 | 실 |
| 511 | 16 | 1879 | 식년시 | 28 | 실 |

| 횟수 | 왕대 | 연도 | 과명 | 인원 | 근거 |
|---|---|---|---|---|---|
| 512 | 17 | 1880 | 정시 | 658 | 실 |
| 513 | 17 | 1880 | 증광시 | 414 | 실 |
| 514 | 17 | 1880 | 알성시 | 295 | 실 |
| 515 | 17 | 1880 | 정시 | 471 | 실 |
| 516 | 18 | 1881 | 정시 | | |
| 517 | 19 | 1882 | 별시 | | |
| 518 | 19 | 1882 | 정시 | | |
| 519 | 19 | 1882 | 증광시 | 384 | 실 |
| 520 | 19 | 1882 | 별시 | 58 | 실 |
| 521 | 20 | 1883 | 식년시 | | |
| 522 | 20 | 1883 | 별시 | 219 | 실 |
| 523 | 22 | 1885 | 정시 | | |
| 524 | 22 | 1885 | 식년시 | | |
| 525 | 22 | 1885 | 증광시 | 28 | 실 |
| 526 | 23 | 1886 | 정시 | 222 | 실 |
| 527 | 23 | 1886 | 중시 | | |
| 528 | 23 | 1886 | 평안도도과 | | |
| 529 | 24 | 1887 | 함경도도과 | | |
| 530 | 24 | 1887 | 정시 | 29 | 실 |
| 531 | 24 | 1887 | 개성별시 | | |
| 532 | 24 | 1887 | 정시 | 100 | 실 |
| 533 | 25 | 1888 | 기로응제시 | | |
| 534 | 25 | 1888 | 정시 | | |
| 535 | 25 | 1888 | 식년시 | 28 | 실 |
| 536 | 25 | 1888 | 별시 | 282 | 실 |
| 537 | 26 | 1889 | 알성시 | 2513 | 실 |
| 538 | 27 | 1890 | 기로응제시 | | |
| 539 | 27 | 1890 | 별시 | | |
| 540 | 28 | 1891 | 정시 | 669 | 실 |
| 541 | 28 | 1891 | 정시 | 506 | 실 |
| 542 | 28 | 1891 | 증광시 | 28 | 실 |
| 543 | 28 | 1891 | 정시 | 335 | 실 |
| 544 | 28 | 1891 | 식년시 | 349 | 실 |
| 545 | 29 | 1892 | 별시 | 216 | 실 |
| 546 | 29 | 1892 | 정시 | 31 | 실 |
| 547 | 29 | 1892 | 별시 | 100 | 실 |
| 548 | 29 | 1892 | 알성시 | 286 | 실 |
| 549 | 29 | 1892 | 별시 | 564 | 실 |
| 550 | 30 | 1893 | 정시 | | |
| 551 | 30 | 1893 | 알성시 | | |
| 552 | 30 | 1893 | 정시 | | |
| 553 | 30 | 1893 | 평안도영의과 | | |
| 554 | 31 | 1894 | 식년시 | 1147 | 실 |

# 각종별시에서 쏟아져 나온 무과급제자

조선 후기에 무과의 폐단으로 자주 지적된 사항이 '만과萬科'였다. 한 기록에는 "1619년(광해 11)에 변경이 날로 급박하므로 승지를 여러 도에 파견하여 무과를 실시하고 널리 무사를 뽑았다. 모두 합하여 1만여 명을 뽑으니 당시 이를 만과萬科라 했다"[116]라고 되어 있다.

이처럼 만과라는 용어는 광해군 대에 처음 보이는데, 한 번의 시험에서 1만 명 이상의 급제자를 뽑는 무과를 뜻한다. 실제로 1만 명 이상을 뽑았다기보다는 그만큼 많이 뽑았다는 의미를 담고 있다. 광해군 대의 만과에 대해서는 이 책의 3장에서 더 설명할 예정이다.

현재 조선시대에 선발한 문과급제자는 총 14,682명으로 추산된다. 이에 비해 무과급제자는 조선 후기에만 120,053명으로 약 8배가 더 많다. 이 수치만 단순 비교해도 무과급제자를 대단히 많이 배출한 상황을 짐작할 수 있다. 18세기 중반에 전라도 함평의 양반 이명룡 (李命龍, 1708~1789)은 1760년(영조 36) 무과에서 300명 넘게 뽑자 "무과는 과거도 아니다"[117]라고 지적할 정도였다.

만과의 시초는 1583년 1월에 여진족 니탕개 등이 대규모 군사를 이끌고 조선을 침략한 사건으로 거슬러 올라간다. '니탕개의 난'으로 잘 알려진 이 사건은 7개월이나 전투가 지속된 큰 외침이었다. 당시 병력 확보가 시급한 상황에서 북쪽지역의 유방군留防軍을 보충하기 위해 무과를 실시한 것이 단초였다.[118]

조선 전기에 여진은 한마디로 골칫거리였다. 여진은 생활필수품을 확보하는 한편 군사 보복을 목적으로 조선의 변경을 자주 침입했고 그때마다 사람과 물자를 약탈해갔다. 그러자 조정에서는 여진에게 회유 정책을 구사하면서도 성곽을 쌓거나 군사력을 증강해 토벌도 병행했다.

이와 함께 변경의 방어와 수비를 위해 평안도와 함경도에 일정 규모의 군대를 주둔시켰다. 이 군사를 유방군이라 하는데, 해당 지역민과 남쪽지방 사람들이 돌아가면서 당번군이 되었다. 당번군이 되면 근무 비용이 많이 들고 고달프기도 한데다가 각종 핍박이 끊이지 않았다. 그래서 도망자가 속출했고 군사 수도 자꾸 줄었다. 이런 상황에서 여진이 대규모로 함경북도 변경을 침략해 온 사건이 니탕개의 침입이었다.

만과에 대해 정약용丁若鏞은 "수백 명을 뽑는 것을 천과千科라 하고, 수천 명을 뽑는 것을 만과라 한다"[119]라고 했다. 또 "나라에 큰 경사가 있으면 과거로 기쁨을 장식하니, 화살 1대 맞힌 자도 모두 무과 급제를 허락해 그 수가 1천 명을 넘기도 하고 수천 명이 되기도 하니 이를 만과라 한다"[120]라고 했다. 이런 탓에 만과에는 수많은 사람을 선발한다는 의미를 지닌 '광취廣取'라는 수식어가 따라붙었다.

〈표2-3〉은 이 광취의 현상을 잘 보여준다. 선발 인원을 주의 깊게 보면 만과와 관련하여 몇 가지 중요한 특징을 짚어볼 수 있다. 첫째, 선발 인원을 알 수 있는 494회의 무과 중 1천명 이상을 뽑은 시험이 9회, 500~999명을 뽑은 시험이 27회, 100~499명을 뽑은 시험이 225회, 10~99명을 뽑은 시험이 211회, 10명 미만이 22회였다.

100명 이상을 뽑은 시험이 전체의 52.8%(261회)를 차지하여 두 번시험 중 한 번은 100명 이상을 뽑았다는 의미가 된다. 이 수치는 조선후기 무과의 운영에서 정원 초과가 다반사였음을 잘 보여준다. 참고

〈표2-4〉 조선 후기 1천명 이상 뽑은 무과

| 시험연도 | 과거 | 선발인원 | | 전 거 | 방목 유무 |
|---|---|---|---|---|---|
| | | 문과 | 무과 | | |
| 1618년 (광해 10) | 정시 | 6 | 2,200 | 교남과방목 | × |
| 1620년 (광해 12) | 정시 | 15 | 약 3,000 | 교남과방록 | × |
| 1621년 (광해 13) | 정시 | 11 | 4,031 | 교남과방록 | × |
| 1637년 (인조 15) | 정시 | 9 | 5,536 | 무과방목 | ○ |
| 1651년 (효종 2) | 별시 | 17 | 1,236 | 무과방목 | ○ |
| 1676년 (숙종 2) | 정시 | 9 | 17,652 | 무과총요 | × |
| 1784년 (정조 8) | 정시 | 18 | 2,692 | 무과방목 | ○ |
| 1889년 (고종 26) | 알성시 | 53 | 2,513 | 고종실록 | × |
| 1894년 (고종 31) | 식년시 | 59 | 1,147 | 고종실록 | × |

로 1천명 이상을 뽑은 무과를 소개하면 〈표2-4〉와 같다.

둘째, 식년 무과의 정원인 28명을 준수한 해는 식년시 93회 중 1627년(인조 5), 1630년, 1648년, 1651년(효종 2), 1654년, 1865년(고종 2), 1870년, 1873년, 1876년, 1879년, 1888년으로 11회에 불과했다. 나머지 식년 무과는 정원을 초과해 선발했다.

광해군 대부터 효종 대까지는 대체로 식년시의 정원을 유지하는 분위기였으나 현종 이후로 서서히 40~60명으로 늘어나다가 숙종 대부터는 1백 명 이상을 뽑는 해가 증가했다. 오히려 28명을 뽑는 것이 예외일 정도로 500명 또는 800명 이상을 뽑는 식년시까지 등장했다.

셋째, 정원이 있는 증광시도 28명의 규정을 지킨 시험이 드물었다. 1612년(광해 4), 1650년, 1864년, 1874년, 1885년, 1891년으로 6회에 불과했다. 1618년에 증광시에서 정원을 초과해서 뽑는 것이 관례가 되었다는 지적도 있지만,[121] 이때만 하더라도 정원을 크게 벗어나지 않았다.

그러다가 식년시와 마찬가지로 증광시도 1661년(현종 2)에 71명을 기점으로 숙종 대 이후로 100명 이상을 넘어선 시험이 등장했다. 숙종 대에 "증광 무과는 오로지 식년시와 같아서 그 수가 비록 많지 않으나, 기예는 다른 시험에 비해 최고로 낮다"[122]라는 지적이 무색할 정도다. 영조 대 이후에도 이런 현상이 가속화되어 500명을 육박한 시험도 나왔다.

넷째, 각종별시 중 선발 인원이 비교적 적은 시험이 알성시였다. 최저 3명에서 최고 2,513명까지 뽑았지만 1759년(영조 35), 1762년, 1767년을 제외하고 1백 명을 넘은 시험이 드물었다. 알성시는 국왕이 성균관의 문묘文廟에서 석전釋奠을 지낸 뒤에 두 곳의 초시 시험장에서 50명씩을 뽑아 국왕이 참관한 상태에서 전시를 치렀으므로 선발 인원이 많지 않았다고 보인다.

다섯째, 선발 인원이 가장 크게 격증한 시험이 정시였다. 정시는 시행 빈도가 잦을 뿐만 아니라 선발 인원도 최저 8명에서 최고 17,652명까지 격차가 심했다. 연평균 선발 인원이 대략 250여 명으로 다른 과거에 비해 많았으며, 보통 200명에서 700명의 분포를 보였다. 앞서 〈표2-4〉에서 1천 명 이상을 뽑은 무과 9회 중 6회가 정시였다.

정약용도 정시에 대해서 "식년시 · 증광시의 규례는 무예 열 가지와 여러 기예를 널리 시험하므로 정시와 만과처럼 구차스럽게 한 가지 기예로 뽑은 것과는 같지 않다"[123]라고 하면서 만과처럼 간주했다.

그러면 조선 후기 무과의 선발 양상에서 이 다섯 가지 특징이 갖는 의미는 무엇일까? 이 문제를 더 알아보기 위해서 〈표2-5〉에서 시험 종류별로 무과급제자 총원을 한눈에 파악할 수 있게 재정리했다.

조선 후기 무과급제자는 식년시에서 13,033명, 증광시에서 7,029명, 별시에서 14,529명, 정시에서 68,411명, 알성시에서 5,647명, 춘당대시에서 1,463명, 중시에서 957명, 외방별시에서 6,804명, 외방정시에

〈표2-5〉 조선 후기 시험 종류별 무과급제자 총원

| 시험 종류 | 구분 | 실시 횟수 | 총 선발 인원 | 인원 미상 |
|---|---|---|---|---|
| 식년시 | | 93회 (16.8%) | 13,033명 (10.9%) | 7회 |
| 증광시 | | 54회 (9.7%) | 7,029명 (5.9%) | 3회 |
| 각종 별시 | 별시 | 54회 (9.7%) | 14,529명 (12.1%) | 10회 |
| | 정시 | 186회 (33.6%) | 68,411명 (57.0%) | 18회 |
| | 알성시 | 58회 (10.5%) | 5,647명 (4.7%) | 2회 |
| | 춘당대시 | 20회 (3.6%) | 1,463명 (1.2%) | 1회 |
| | 중시 | 30회 (5.4%) | 957명 (0.8%) | 4회 |
| | 외방별시 | 33회 (6.0%) | 6,804명 (5.7%) | 4회 |
| | 외방정시 | 10회 (1.8%) | 1,831명 (1.5%) | 1회 |
| | 도과 | 8회 (1.5%) | 245명 (0.2%) | 6회 |
| | 기타 | 8회 (1.5%) | 104명 (0.1%) | 4회 |
| 합계 | | 554회 (100.1%) | 120,053명 (100.1%) | 60회 |

(근거: 〈표2-3〉)

서 1,831명, 도과에서 245명, 기타에서 104명을 선발했다. 시험 종류별로 점유율을 보면, 정시(57%) → 별시(12.1%) → 식년시(10.9%) → 증광시(5.9%) → 외방별시(5.7%) → 알성시(4.7%) → 외방정시(1.5%) → 춘당대시(1.2%) → 중시(0.8%) → 도과(0.2%) → 기타(0.1%)의 순서다.

이 수치에서 확인한 대로 무과급제자 중 정시 배출자가 57%라는 놀라운 비중을 차지했다. 10명 중 최소 5명은 정시에서 급제한 것이다. 따라서 정시에 대한 정약용의 지적은 당대 현실을 꽤 정확히 반영했다고 여겨지며, 만과의 유발은 정시를 통해 이뤄졌음을 알 수 있다.

한편, 무과급제자 중 식년시와 증광시의 비중은 각각 10.9%와 5.9%로서 각종별시의 비율인 83.3%에 비해 현저히 낮은 편이다. 식년시와 증광시를 합친 비율인 16.8%에 대한 각종별시의 비중 역시 5배나 높다. 이 결과는 17~19세기 문과에서 식년시·증광시와 각종별시의 선발 비율이 1.4:1로서 오히려 식년시·증광시의 비중이 더 높은 현상과 대조적이어서 주목된다.[124]

요컨대, 조선 후기에 문과나 무과 모두 각종별시의 시행횟수가 같으며, 식년시와 증광시에 비해 두 배 정도 더 잦았다. 시행 횟수에 비례하여 무과는 각종별시의 선발 인원이 식년시와 증광시를 앞질렀으나, 문과는 각종별시의 인원이 더 적었다. 이 점은 무과의 만과화가 각종별시를 통해 이뤄졌음을 분명히 보여준다.

## 무과급제자를 가장 많이 양산한 국왕은?

만과와 관련하여 조선 후기에 어느 국왕이 가장 많은 무과급제자를 양산했는지 궁금하다. 이를 알아보기 위해 먼저 무과의 시행 빈도를 검토했다. 식년시는 3년마다 실시했으므로 증광시와 각종별시를 대상으로 했다.

광해군~고종 연간까지 286년 동안 무과를 554회 실시했으므로 평균 6개월(0.5년)마다 1번씩 시행한 셈이다. 국왕별로 보면 광해군 대는 재위 15년간 28회를 시행하여 0.5년마다 실시했으며, 인조 대는 0.5년, 효종 대는 0.7년, 현종 대는 0.6년, 경종 대와 영조 대는 0.4년, 정조 대는 0.6년, 순조 대와 헌종 대는 0.7년, 철종 대와 고종 대는 각각 0.5년이었다. 곧 광해군~고종연간까지 0.4년~0.7년의 분포를 보이므로 조선 후기 내내 짧으면 5개월, 길면 8~9개월마다 무과를 실시한 셈이다.

증광시는 평균 5.3년마다 실시했다. 광해군·숙종·경종 대에는 2~3년마다 실시했으므로 다른 왕대에 비해 잦은 편에 속한다. 각종별시는 평균 0.7년 곧 8~9개월마다 한 번씩 실시한 셈이어서 국왕마다

〈표2-6〉 조선 후기 무과의 평균 시행 기간

| 과거 \ 국왕 | 광해 | 인조 | 효종 | 현종 | 숙종 | 경종 | 영조 | 정조 | 순조 | 헌종 | 철종 | 고종 | 평균 |
|---|---|---|---|---|---|---|---|---|---|---|---|---|---|
| 증광시 | 3 | 9 | 5 | 7.5 | 3.8 | 2 | 6.5 | 8 | 5.7 | 5 | 7 | 5.2 | 5.3 |
| 각종별시 | 0.8 | 0.7 | 1 | 0.9 | 0.9 | 0.8 | 0.5 | 0.8 | 1 | 1 | 0.7 | 0.5 | 0.7 |
| 평균 | 0.5 | 0.5 | 0.7 | 0.6 | 0.6 | 0.4 | 0.4 | 0.6 | 0.7 | 0.7 | 0.5 | 0.5 | 0.5 |

(근거: 무과방목 102회분, 단위: 년)

최소 1년에 한 번은 치렀다고 할 수 있다. 영조와 고종은 0.5년으로 6개월마다 한 번씩 치렀다. 따라서 각종별시의 잦은 실시는 하나의 관행으로 자리 잡은 것 같다.

조선 후기에 어느 국왕이 무과급제자를 가장 많이 뽑았는지 알아보기 위해 왕대별로 연평균 선발 인원을 정리해보았다. 〈표2-7〉에서 조선 후기 무과의 연평균 선발 인원은 대략 415명이어서 무과의 만과화를 실감할 수 있다. 식년시가 연평균 약 46명, 증광시가 연평균 23명, 각종별시가 연평균 약 346명으로 각종별시의 연평균 선발 인원이 단연 많다.

왕대별로 연평균 선발 인원을 보면, 광해군 대에 763명, 인조 대에 302명, 효종 대에 167명, 현종 대에 208명, 숙종 대에 535명, 경종 대에 362명, 영조 대에 432명, 정조 대에 429명, 순조 대에 268명, 헌종 대에 317명, 철종 대에 501명, 고종 대에 482명이었다. 광해군 대가 연평균 선발 인원이 가장 많고, 이어서 숙종(535명) → 철종 → 고종 → 정조 → 영조(432명) 대의 순서로 나타났다.

만과라는 용어가 처음 등장한 광해군 대에 연평균 선발이 가장 많은 이유는 명明의 파병 요청 및 북쪽 지역의 부방군을 확보하기 위해 대량으로 무과급제자를 선발했기 때문이다.[125] 광해군 대에 무과급제자 수는 1610년(광해 2)에서 1611년 사이에 2만 명 안팎, 1619~1620년

〈표2-7〉 조선 후기 왕대별 무과의 연평균 선발 인원

| 과명\국왕 | 광해 | 인조 | 효종 | 현종 | 숙종 | 경종 | 영조 | 정조 | 순조 | 헌종 | 철종 | 고종 | 합계 |
|---|---|---|---|---|---|---|---|---|---|---|---|---|---|
| 식년시 | 4.1 | 6.5 | 10.0 | 15.7 | 30.6 | 56.0 | 51.4 | 74.5 | 74.2 | 78.9 | 15.3 | 79.9 | 45.5 |
| 증광시 | 6.9 | 4.5 | 6.0 | 6.7 | 24.7 | 38.5 | 28.6 | 24.4 | 28.1 | 79.3 | 12.1 | 16.9 | 23.0 |
| 각종별시 | 751.8 | 291.1 | 151.3 | 186.1 | 479.4 | 267.0 | 352.1 | 329.7 | 165.7 | 159.2 | 473.1 | 385.2 | 346.2 |
| 합계 | 762.9 | 302.1 | 167.3 | 208.6 | 534.8 | 361.5 | 432.1 | 428.5 | 268.0 | 317.4 | 500.6 | 482.0 | 414.7 |

(근거: 무과방목 102회분, 단위: 명)

사이에 몇 만 명 또는 4~5만 명으로 집계될 정도로 크게 늘어났다.[126] 조선왕조실록에서 "이때 북쪽 지역의 부방군을 위해 별도로 과거를 설행하여 무사를 널리 선발했다"[127]라는 사관의 평가도 이 점을 뒷받침해준다.

숙종 대도 1676년(숙종 2)에 '병진년 만과丙辰年萬科'를 실시해 17,652명을 선발하면서 연평균 급제자 수가 증가했다. '병진년 만과'는 북벌을 추진할 군병을 확보하기 위해 실시했다. 1673년(현종 14) 청에서 오삼계吳三桂 · 정금鄭錦 등이 명의 부흥을 기치로 반란을 일으키자, 조선에서도 이 틈을 타 북벌의 논의가 다시 대두했던 것이다.[128]

또 뚜렷한 사안이 없음에도 불구하고 철종 및 고종 대에 무과급제자가 늘어난 것은 위로의 성격이 강해 보인다. 무엇보다도 고종 연간에 전국적으로 민란이 확산되고 갑오농민전쟁 등으로 사회 불안이 가중된 점을 상기하면 이러한 해석이 가능하다.[129]

이상으로 조선 후기 무과의 가장 중요한 특징은 만과의 탄생으로 요약할 수 있다. 조선 후기에 시행한 무과 554회 중 현재 선발 인원을 알 수 있는 시험은 494회다. 494회 중에 100명 이상을 뽑은 무과가 261회(52.8%)나 되어서 두 번의 무과 중 한 번은 100명 이상을 선발했고, 각종별시에서 전체 무과급제자의 83.5%나 배출되었다.

3장

# 천인의 응시 제한

## 언제부터 천인 응시를 금지했을까?

조선 후기에 무과 선발 인원의 급격한 증가는 분명히 정상적인 증가로 보기 어렵다. 그렇다면 조선 후기에 법제적으로 무과에 응시할 수 있는 사람은 누구였을까? 『속대전』에서 이에 대한 적절한 답을 찾을 수 있다.

모든 천인은 응시할 수 없다〈나장羅將·조졸漕卒·일수日守·공천·사천으로서 법을 무릅쓰고 과거에 응시한 자는 모두 수군에 채워 넣고 사면령이 내려도 사면 받지 못한다. ○공천·사천으로서 대가를 바치고 양인이 된 자가 이미 역役을 배정 받았어도, 보충대補充隊의 공문公文이 없으면 양인으로서 응시하는 것을 허락하지 않는다.).[130]

위에서 확인한 대로 조선 후기에는 법제상 천인을 제외한 모든 사람이 무과에 응시할 수 있었다. 나장·조졸·일수의 경우 신분은 양인이나 대대로 천역에 종사하는 신량역천身良役賤이어서 천인과 마찬가지였다. 또 천인에서 벗어난 사람은 보충대에서 일정 기간을 근무한 뒤에야 양인으로 인정받았으므로, 보충대 공문이 없는 자는 무과 응시를 금지했다. 이러한 규정은 당하관 이하는 무과에 응시할 수 있다는 조선 전기의 규정에 비하면 매우 구체적인 편이다.[131]

조선 전기의 경우 무과도 문과처럼 당하관 이하만 응시가 가능하다는 조항은 관료의 응시 자격을 제한했을 뿐 응시자 전체를 대상으로 한 것은 아니어서 응시 자격이 모호했다.[132] 그래서 조선 전기 무과의 응시 자격을 놓고 견해가 갈리고 있다.

먼저 문과와 달리 제한이 없어서 천인이 아니면 응시할 수 있다고 보는 견해가 대표적이다.[133] 이와 달리 말과 하인을 거느리고 무예를 익힐 수 있는 사족을 주요 응시층으로 보는 견해가 있다.[134] 최근 태종~성종 대의 무과급제자 336명을 분석한 결과 상당수가 관직이나 품계를 소유했으며, 아버지도 문관이나 학자가 대다수라는 연구 결과[135]가 있어서 후자의 견해에 힘을 실어주고 있다.

이처럼 조선 전기의 무과 응시 자격을 둘러싼 논란과는 대조적으로 조선 후기에는 천인은 응시할 수 없다는 분명한 규정이 생긴 것이다. 그런데 양인 이상은 응시할 수 있다고 하지 않고 천인은 응시할 수 없다고 규정했는지 의문이 든다. 다시 말하면 왜 천인의 응시 금지를 강조하는 방향으로 법규를 만들었을까 하는 점이다.

이 문제는 사소해 보일 수 있지만 조선 후기 무과의 특성을 이해하는 중요한 단초라 여겨진다. 『속대전』의 규정에서 천인이 무과에 응시하는 행위를 금지한 것은 그만큼 천인의 무과 응시가 활발했으며 응시층도 하향화되었음이 분명하다. 이는 곧 사회 변화의 반영인 것이다.

법제적으로 공천·사천의 무과 응시 금지가 처음 등장한 해는 1628년(인조 6)이다. 『수교집록』에 "조례皁隸·나장·조졸·일수·공천·사천과 서얼로서 아직 허통되지 않았음에도 불구하고 법을 무릅쓰고 응시한 자들은 모두 전가사변全家徙邊하고, 사면령이 내려도 사면 받지 못한다"[136]라는 규정이 그것이다.

이 가운데 공천·사천을 특별히 더 강조하여 무과에 함부로 응시하면 당사자를 수군에 채워 넣고, 함경도 사람은 도내에 수군이 없으므로 함경도에서 가장 먼 변방에 충군하라는 전교가 더해졌다.[137] 또 천인이었다가 양인이 된 사람 중에 보충대에서 근무하지 않고 바로 양역良役을 지는 사례가 많아지자 1665년(현종 6)부터 보충대의 공문이 없는 속량자는 무과 응시를 금지했다.[138]

이 『수교집록』의 조문은 『속대전』의 규정과 거의 유사하므로 천인의 무과 응시는 사실상 1628년에 성립했다고 할 수 있다. 또한 나장·조졸·일수까지 무과 응시를 금지한 것은 전쟁 이후 인구가 감소하자 천역에 종사할 인적 자원을 확보하려는 측면이 강하게 작용했다고 여겨진다.[139]

이들 중 조졸은 무과 응시가 금지되자 수군은 허락하면서 본인들만 금지하는 것은 부당하다는 소원을 끊임없이 제기하여 1672년에 허락을 받았다.[140] 하지만 『속대전』에서 다시 무과에 응시할 수 없게 되었다.

## 무과 응시 기회의 획득

|

그렇다면 천인이 무과에 응시하게 된 계기나 배경은 무엇이었을까? 결론부터 말하면 임진왜란을 계기로 합법적인 경로가 넓어진 점을 꼽고 싶다.

조선 전기에 이미 천인을 포함한 다양한 계층이 무과에 급제한 사례들이 있지만 임진왜란은 이를 본격화하는 계기가 되었다. 천인을 무과에 수용한 계기는 앞서 2장에서 소개한 1583년(선조 16)의 '니탕개의 난'이었다. 여기에 더해 임진왜란기에는 공천·사천 무과나 참급 무과斬級武科까지 시행했다.

이수광李睟光이 임진왜란 이후로 무과에 응시하는 천류賤類가 많다고 한 지적이나,[141] 1634년 비변사에서 임진왜란 이후에 무과 선발 인원이 크게 늘면서 용잡한 무리도 급제하는 바람에 사족 자제들이 무예를 부끄럽게 여긴다는 지적 등이 당시 정황을 잘 대변하고 있다.[142]

여기서 더 나아가 종전 뒤인 1604년에 설치한 속오군束伍軍은 천인에게 다양한 진로를 열어준 기폭제로 작용했다. 천인도 공식으로 군역을 지게 되면서 천인에서 벗어날 기회와 무과에 접근할 수 있는 합법적인 기회를 얻게 된 것이다.

속오군은 임진왜란의 여파로 창설한 지방군이다. 설치 당시에는 양인도 속했으나, 숙종 대에 신포身布를 부담할 능력 있는 양인은 대부분 빠져나갔다. 영조 대부터는 천인 중에서도 주로 개인 소유의 남자종인 사노가 편제되었다.[143]

사노는 속오군 외에도 서울과 지방의 여러 군종에 소속되었고, 속오보·아병보를 비롯한 각종 보인이 되어서 경제 부담도 졌다.[144] 대표적으로 1630년부터 설치하기 시작한 아병牙兵은 양인과 천인을 함께 채워 넣다가 영조 대에 양정良丁 부족이 심화되자 점차 사노로 채워졌다.

조선 후기에 군역이나 보인에 소속한 사노의 수는 기왕의 연구 성과를 통해 부분이나마 확인할 수 있다.[145] 1660년(현종 1) 수원부의 사노 속오는 988명, 전라도 남원현은 속오 마병 100명, 아병 마군 50명이었다. 1734년(영조 10)에는 군역을 진 사노가 총융청에 9,327명, 수어청에 11,673명이나 있었다. 1783년(정조 7) 장용영 26초 중 23%(6초)가 사노로 구성되었고, 장용외영 군사 22,022명 중 30%(6,463명)가 사노였다. 1779년 충청도 목천현의 경우 양인군 1,850명, 노군奴軍 409명이어서 양인과 사노의 비율이 4.5:1 정도였다.

이렇게 지방의 감영·병영이나 군영에 소속해 있던 공천·사천은 각종 시예試藝나 시재試才, 도시都試에 응시하여 천인에서 벗어나는 면천의 기회를 얻을 수 있었다. 1689년(숙종 15)에 함경도 어사 이만원 李萬元은 예전의 규정대로 관찰사나 병마절도사가 봄·가을에 관할 지역을 돌면서 순시할 때에 무예 시험을 치러서 수석을 차지한 공천·사천의 경우 천인에서 벗어나 양인이 되는 면천의 상을 내릴 것을

건의했다.[146]

실제로 1681년에 강화부의 시사에서 성적이 뛰어난 공천·사천은 면천의 상을 받았다.[147] 1710년에 설치한 함경도의 친기위親騎衛도 용력이 있고 말 타기와 활쏘기에 능한 공사천이 들어갈 수 있었다.[148] 만약 이들이 도시都試에서 수석을 차지하면 본인 의사에 따라 면천 또는 적당한 자리의 임용 중 선택할 수 있었다.[149] 1729년(영조 5)에도 각도 친기위·별무사 중 시재에서 1등을 했거나 한 과목 만점을 받은 공천公賤에 대한 상으로 면천을 실시했다.[150]

이 사례들은 천인으로 무재가 있으면 각종 무예 시험으로 면천의 기회를 얻을 수 있었고, 면천 뒤에는 다시 무재를 기반으로 무과 급제까지 했을 가능성을 시사한다. 여기에 직부전시直赴殿試의 상전은 감영이나 병영에 소속한 군병에게 무과 급제의 기회를 더 쉽게 열어주었다. 직부전시란 곧바로 전시에 응시할 기회를 주는 상이다. 전시는 과거의 최종 단계의 시험으로 초시나 복시에서 올라온 합격자의 순위만 결정하는 시험이어서 시험 당락과 무관했다. 그러므로 직부전시는 곧바로 급제를 의미했다.

1628년(인조 6)에 천인은 무과에 응시할 수 없다는 수교를 내렸으나 이 수교가 무색해할 만큼 천인의 무과 응시나 무과 급제는 거스를 수 없는 현실이 되었다. 임진왜란을 거치면서 본격화된 이 현실은 속오군의 창설로 합법의 경로까지 마련되었다. 천인도 군역을 지게 되면서 군대에 들어갔고, 여기서 치러진 각종 무예 시험에서 우수한 성적을 거둬 면천이나 무과 급제의 기회를 획득할 수 있었다.

# 천인 응시를 금지한 이유

조선 왕조는 임진왜란에서 승리한 뒤에 일본의 요청으로 몇 차례
교섭 끝에 1609년(광해 1)에 기유약조己酉約條를 체결했다. 이 조약을
계기로 조선은 일본과 국교를 재개하고 통신사를 파견하는 등 안정
적인 관계를 유지했다.

하지만 대외적으로 또 다른 문제가 발생했다. 중국대륙에서 여진
을 통일한 후금이 세력을 확장하면서 명과 충돌했던 것이다. 후금을
건국한 누르하치는 1618년에 '칠대한서七大恨書'를 공포하면서 명에 선
전포고를 했다. 그러자 명에서 조선 정부에 임진왜란 중 병력을 지원
해 준 일을 들어 파병을 요청했다.[151]

국제 정세가 급박해지면서 조선도 국경 방어에 눈을 돌렸다. 비변
사에서는 서쪽 변방을 지킬 군사 규모를 4만 명으로 잡았다.[152] 그러
자 광해군은 임진왜란 이후로 양산한 무과 출신을 변방으로 보내도
록 조처했다.[153] 또 각도에서 규정을 완화하여 무과를 더 실시한다면
정예군 10만 명 정도는 손쉽게 확보할 수 있다고 판단했다.[154]

광해군은 이 구상을 실행에 옮겼다. 수많은 인원을 선발한 무과를
뜻하는 '만과'[155]라는 용어가 처음 쓰인 1620년[156]의 무과에서 3천 명
정도를 선발했다.[157] 이 무과는 기록이 정확하지 않아서 5천 또는 3천
명으로 보기도 한다.[158]

광해군은 이보다 두 해전인 1618년에 정시 무과를 실시하여 2,200
여 명을 선발했다. 1621년에도 정시 무과에서 4,031명을 선발했다.[159]
이렇듯 광해군 재위 후반에 선발한 무과급제자가 1만 여명에 가까웠
으므로 만과라는 용어도 출현했다고 할 수 있다.

한양의 토박이 양반 이유간李惟侃은 1618년에 실시한 무과를 이렇게 비판했다. 그는 "무과 정시에서 수 천 명을 뽑았다. 남자종이나 천첩賤妾의 자제로서 양인이 아닌 사람 모두 대사代射로 급제했다. 국가에서 한낱 정군正軍을 잃고 이처럼 무용한 사람을 뽑으니 한탄스러움을 어찌할꼬?"[160]라고 했다.

이 과정에서 천인을 포함해 다양한 사람들이 무과 급제라는 절호의 기회를 얻게 되었다.[161] 천인은 직역 변조나 대사代射와 같은 부정행위로 무과에 응시했으며, 이들을 색출하라는 특별 전교까지 나왔다.[162] 이와 함께 과거를 둘러싼 농간이나 갖가지 폐단도 끊이지 않았다.[163]

문제는 여기서 그치지 않았다. 천인에게 무과를 개방한 정책이 결국 관직마저 허용해야 할지도 모른다는 위기의식을 배태하고 있었다. 국왕 인조마저 "왜란 이후 매년 무과급제자를 선발했고, 점차 증가하여 전후 무과 출신이 3만에 이른다고 한다. 이 모두 어찌 사족이겠는가? 손수 농사짓는 사람도 많다. 한번 급제한 뒤에는 스스로 무과 출신의 집안이라 하면서 대부분 농업에 종사하지 않는다고 한다"[164]라면서 우려를 나타냈다.

상황이 이렇다보니 반정으로 왕위에 오른 인조는 사회 분위기를 쇄신하는 차원에서 천인의 무과 응시 금지를 강력하게 시행했다고 여겨진다. 그리고 그 이면에는 임진왜란 이후 천인이 신분 예속에서 벗어나려는 시도를 제어하기 위한 제동도 있었다. 1620년의 광취 무과 뒤에 사헌부에서 올린 다음의 내용은 이 점과 관련하여 중요한 시사를 얻을 수 있다.

"우리나라는 은사殷師가 봉해 받은 이후로 하인과 주인의 경계가 아주 엄격하여 고려 5백 년간 볼만한 정치가 하나도 없었으나 오직 이 명분만은 잃지 않고 지켰습니다. 고려조의 훈계에 '사천을 속량시켜 주지 말라. 속량을 시켜주면 반드시 관직 길을 통해 주어야 하니 그렇게 되면 사직이 위태로워지게 될 것이다.'라고 했는데, 이것이 5백 년 동안 국맥을 유지하면서 길게 이어온 이유입니다."[165]

사헌부의 주장은 천인의 무과 응시가 신분 질서를 혼란시키고 관직까지 진출해 국가 기강을 위태롭게 할 우려가 있으므로 천인의 급제를 허락해서는 안 된다는 요지를 담고 있다. 사헌부의 의견은 천인의 무과 급제를 바라보는 당대인의 우려를 반영한 발언이었다. 이런 위기의식이 공론화되면서 임진왜란과 광해군 대를 거치면서 활성화된 천인의 무과 급제를 차단해야 할 필요성이 크게 대두했던 것이다.

## 병자호란과 면천免賤 급제자

1628년(인조 6)에 인조는 천인이 무과에 응시할 수 없다는 수교를 내렸다. 하지만 인조는 이 수교에도 불구하고 천인이 무과에 응시할 기회를 제공했으니 바로 산성무과山城武科였다.

조정의 입장에서 무과의 실시는 여러 문제점에도 불구하고 민심을 붙잡는 데에 대단히 유용했고, 천인은 이 틈을 타고 무과에 합격했다. 조선 후기의 학자 이긍익李肯翊은 이 무과에 대해 "1637년에 남한산성을 지킨 사람과 호종한 사람은 물론 공천·사천까지도 각기 한

가지 기예로 정시庭試에 응시하라고 명했다"[166]라고 적었다.

병자호란이 끝난 해인 1637년 8월에 실시한 이 무과는 '산성무과'라는 특별한 이름을 갖고 있다. 이 시험이 병자호란 당시 남한산성에서 인조와 생사고락을 함께 한 사람들을 대상으로 실시했으므로 '산성'이라는 별칭이 붙은 것이다.[167] 여기서 검토할 『정축정시문무과방목丁丑庭試文武科榜目』은 바로 산성무과 급제자 5,536명의 명부다.[168]

『정축정시문무과방목』의 사료 가치는 대단히 크다. 첫째, 지금까지 국내외에 현전하는 무과방목 중에서 가장 많은 무과급제자를 수록한 방목이다. 둘째, 급제자 전력으로 '면천免賤'이 나온다는 점이다. 면천은 천인에서 벗어난 상태를 뜻하므로 엄밀한 의미에서 천인은 아니지만 소종래所從來로서 천인이다. 이런 측면에서 면천이라는 전력은 천인이 무과에 급제했다는 사실을 보여주는 귀중한 사례가 아닐 수 없다. 더구나 병자호란과 직접 연관된 방목이어서 양란을 계기로 무과 응시 계층의 변화를 파악하는데도 시사점이 크다.

한편, 이 무과방목에는 급제자 중 30명이 부족한 5,503명만 수록되었다. 이 방목의 체재는 1장에 30명을 수록했는데 급제자를 발표할 때에 일부 급제자를 누락했기 때문으로 추정된다. 당시 사헌부에서는 급제자 발표 때에 1축軸을 빠뜨리는 바람에 급제자를 방목에 모두 수록하지 못했으므로 시관試官을 포함한 관련자 모두를 파직할 것을 촉구했다. 그러므로 1축이 1장을 말한다면 30명의 오차를 해명할 수 있다.[169]

이 무과방목에 전력이 '면천'으로 기재된 사람은 564명이다. 이들은 병자호란기에 남한산성에서 군공을 세운 대가로 면천첩免賤帖을 받은 공천·사천이다. 이들의 존재를 구체적으로 파악하기 위해 먼저 산성무과의 전체 급제자부터 알아보았다. 무과급제자 전력은 크게 관품 또는 관직 소유자, 군사직으로 나눠서 분석했으며, 여기에 속하지 않은 직역은 기타직역으로 분류했다.[170]

이 기준으로 산성무과 급제자 5,506명의 전력을 분석한 결과, 관품 소유자가 10명(0.2%), 관직 소유자 중 동반직이 5명(0.1%), 서반직이 1,207명(21.9%), 기타 관직이 2명이며, 군사직 소유자가 3,552명 (64.5%), 기타직역 소유자가 723명(13.1%), 미상 7명(0.1%)이었다.[171]

요컨대, 산성무과 급제자는 군사직(64.5%) → 서반직(21.9%) → 기타직역(13.1%)의 순서로 군사직이 가장 많았다. 군사직은 중앙 군영 및 지방의 감영·병영·수영에 소속된 사람으로서 관직이나 품계를 소유하지 않은 장교·금군·군졸·보인을 묶은 것이다. 급제자가 군사직에서 상당수 배출된 것은 군공자를 대상으로 한 산성무과의 성격에 부합하는 결과다. 상대적으로 관품이나 동반직 소유자의 급제는 미약한 편이다.

산성무과 급제자의 전력에서 눈에 띠는 사항은 겸사복兼司僕(2,826 명, 51.3%), 수문장(723명, 13.1%), 면천(564명, 10.2%), 보인(296명, 5.3%), 정병(162명, 2.9%), 부장(135명, 2.5%) 등 몇몇 직역에서 85%에 육박하는 급제자가 나온 점이다. 이중에서 겸사복·수문장·부장·면천은 남한산성에서 군공을 치하하기 위해 내린 상이다.

면천 564명은 전체 급제자의 10.2%에 해당하는 인원이다. 10명 중 1명이 면천이므로 결코 적지 않은 인원이다. 그렇다면 이들은 면천 전에 어떤 일에 종사한 사람들일까? '면천'이라는 방목의 기록만으로는 이들의 출신성분을 알 수 없어서 여러 관련 자료를 검토했지만 이 문제를 해결할 만한 자료가 불충분했다.

그래서 방목의 기재 사항에서 거주지에 주목했다. 거주지는 면천 급제자가 어느 지역에서 남한산성으로 들어왔는지를 알 수 있는 유일한 기록이므로 이를 토대로 몇 가지 사실을 추적하면 그들의 출신 배경을 추정해볼 수 있다.

면천 564명의 거주 지역을 조사한 결과, 경기가 424명(75.2%)으로 경기에서 면천 급제자가 집중적으로 나왔다. 이중에 수원이 181명 (32.1%)으로 제일 많으며, 20명 이상인 곳도 이천(52명)·광주(33명)·여주(28명)·양주(24명)·진위(21명)·남양(20명) 등 6곳이나 된다. 경기 이외에서는 경상도(78명), 전라도(39명), 서울(13명), 충청도(7명), 강원도(3명) 순이며, 함경도·평안도·황해도는 무과급제자가 없다.

면천 급제자가 경기에서 많이 나온 이유는 병자호란 당시에 남한 산성 수성군과 연관이 있다. 남한산성은 정묘호란 이후 평안도 군사력을 회복하기 어려운 상황에서 수도 서울을 지킬 보장처保障處로 새롭게 떠오른 곳이다.

1628년(인조 6)에 인조는 광주 목사의 읍치를 산성 안으로 옮겨서 남한산성 방어사를 겸임하게 하고 총융군의 일부인 광주 군사를 소속시켰다.[172] 그 뒤 남한산성을 전담하는 수어사守禦使를 두고 병력도 배치했다. 병력 규모는 병자호란 직전인 1636년 7월에 12,782명이었다.[173] 경기 좌영 소속의 광주·여주·양근·이천·지평 2,099명, 원주 1,921명, 대구 3,498명, 안동 5,263명이 수성군으로 배정되어 있었다.

하지만 병자호란 당시 남한산성 수성군은 이 병력만으로 구성되지 않았다. 서울 소재의 훈련도감군과 어영군 및 경기의 총융군이 들어와 있었다.[174] 여기에 파주 목사 기종헌이 이끈 수백 명의 군사가 합세했다. 반면에 대구·안동·원주의 수성군은 전쟁이 급박히 진행된 탓에 제대로 들어오지 못했다. 곧 병자호란 당시 남한산성에는 중앙군을 비롯해 남한산성 인근의 경기군이 주로 들어와 있었다.

따라서 이 사실로 입각해볼 때에 면천 급제자 중에 경기 지역이 많은 것은 당연해 보인다. 그런데 무과급제자 총 5,506명의 거주지를 조사한 결과 경기가 3,000명으로 54.5%를 차지했다. 절반이 훨씬 넘지만 면천 급제자의 점유율인 75.2%만큼 높지 않다. 이것은 면천 급제자의 경기 거주 비중이 다른 무과급제자들에 비해 높다는 사실을 말해준다. 그 대신에 무과급제자 5,503명의 서울 거주 비율은 26.2%(1,441명)로 면천 급제자의 서울 점유율인 2.3%(13명)에 비해 11배나 높다. 무과급제자 5,503명의 서울 거주 비중이 높은 이유는 훈련도감군의 급제가 영향을 미친 것이 분명하다.

이상의 결과는 병자호란 격전지가 남한산성이라 하여 경기 거주자의 비율이 당연히 높지 않다는 것을 뜻한다. 그리고 면천 급제자의 거주지로 경기 지역이 75%에 달하는 이유를 다른 데서 찾아야 함을 말해준다. 그래서 여기서 병자호란 때 남한산성에 들어온 군사 가운데 어영군과 총융군이 있었다는 사실을 강조할 필요를 느낀다.

총융청과 어영군에 관해서는 선행 연구들이 있으므로[175] 여기서는 이 주제와 관련이 있는 편제와 구성만 간략하게 정리하고자 한다. 총융군은 수원·광주·양주·장단·남양 5곳에 진영을 설치했으며, 이중 수원을 중시했다. 편제는 정군正軍·속오군·마군馬軍으로 이뤄졌는데 속오군의 비중이 높았다. 1624년(인조 2)의 장단·양주의 총융군 편제를 보면 속오군이 정군보다 3~4배 더 많았다.[176] 따라서 병자호란 당시 남한산성에 들어간 경기군도 속오군이 더 많았으리라고 추정된다.

어영군은 경기·충청도·경상도·전라도·강원도·황해도 6도에서 정군을 선발했다. 어영군의 구성은 "반정 초에 공천·사천의 장정을 뽑아 등록하여 하나의 부대를 만들고 이를 어영군이라 불렀다"[177]라는 기록에서 보듯이 양인은 물론 공천·사천도 포함되어 있었다.

이처럼 총융청과 어영군의 편제 및 구성을 고려할 때 면천인의 거주지로 경기가 가장 많은 것은 총융청 소속의 경기 속오군과 어영군 소속의 천인이 포함되었기 때문으로 판단된다. 그리고 수원 거주자가 가장 많으므로 총융군이 더 많았으리라 예상된다.[178]

이와 같은 추정은 다음의 사례에서 어느 정도 사실로 입증된다. 1637년 10월에 구굉具宏은 면천첩을 받아야 할 어영군 17명과 경기 속오군 3명의 문서가 호조의 복호첩에 잘못 들어가는 바람에 거행하지 못했다고 보고했다. 이들 외에 경기 속오군 2명도 탈락되었으므로 자세히 조사해 구제해줄 것을 건의하여 재가를 받았다.[179]

또 하나의 사례로 경기 속오군으로서 면천되어 산성무과에 병과 4,358등으로 급제한 김연금金連金을 꼽을 수 있다. 김연금은 급제 당시 31세이며 거주지는 양주였다.[180] 산성무과가 끝난 뒤에 그가 하소연한 억울한 곡절은 다음과 같다.[181]

그는 병자호란이 발발하자 총융청 소속의 양주 속오군으로 남한산성에 들어가 면천첩을 받았다. 하지만 아버지 상을 당하는 바람에 산성무과에 응시하지 못했다. 그런데 남한산성에서 복호첩復戶帖만 받은 이웃사람 김소을동金所乙同이 거짓으로 본인 이름을 대고 무과에 급제했던 것이다. 이 사정을 전해들은 김육金堉은 인조에게 김소을동의 행위가 간교하므로 방목에서 지워버리고 죄로 다스릴 것을 건의했다. 인조는 그렇게 하라고 명하고 김연금을 특별히 논상했다.

한편, 면천 급제자 중에는 하인도 포함되어 있었다. 산성무과를 마친 뒤에 김육은 무과급제자 중에 아버지나 주인과 함께 급제한 아들과 하인은 미리 조사하여 다음번 무과방목으로 미룰 것을 건의했다.[182] 이 건의에서 보듯이 하인의 무과 급제는 공공연한 사실이었다.

남한산성에 들어온 하인의 인원은 정확하지 않으나 관료들이 남한산성으로 들어올 때 데려온 하인은 300여 명 정도로 알려져 있다. 그런데 호조가 보고한 식량과 말먹이 분배 계획에 따르면 1~2품 관료에게는 하인 3명과 말 2필, 2~6품 관료까지는 하인 2명과 말 1필, 그 이하와 금군에게는 하인 1명과 말 1필의 몫에 해당하는 식량과 말먹이를 지급하고자 했다.[183]

당시 인조를 호종하여 함께 남한산성에 들어온 관원은 재상 70명, 당상관 50여 명, 당하관 270여 명 정도였다. 관리치고 하인이 없는 사람이 없었다고 하므로,[184] 위의 계획에 근거하여 식량을 받을 하인만 대략 계산해도 공식 기록의 2배인 600여 명이 된다. 여기에 각사各司의 하인까지 합치다면 인원은 더 늘어날 것이다.

하인은 남한산성에 들어온 초기부터 군병으로 활약했다. 12월 19일에 북문에 사수射手가 부족하다고 하여 양반의 하인을 배치했다.[185] 12월 22일에는 각사 하인 중에 직무 담당자 1~2명 및 양반이 직접 거느리는 하인 1명을 제외한 나머지 하인을 군사가 허술한 곳으로 보내 성을 지키게 했다.[186] 12월 24일에는 양반의 하인 중에서 성첩을 지킬만한 장정을 뽑아 각 영에 나눠보냈다.[187]

군졸로 차출된 하인 중에는 자원하여 성 밖으로 출전한 사람도 있었다. 인조가 12월 23일에 출전 군사를 위로하기 위해 어영대장 이서에게 인원을 묻자, "신의 군사는 자원자가 아니라 각 초哨에서 뽑아

보낸 사람이며, 자원자는 협연군挾輦軍·포수砲手·별감別監 및 좌의 정·우의정의 하인 7명뿐입니다"[188]라고 답변했다.

이밖에 왕실과 관련한 일을 했거나 전투에는 참가하지 않았으나 큰 공을 세운 하인에게도 면천의 상을 내렸다. 예를 들면 승정원의 사령 후남後男·춘금이春金伊·박금이朴金伊는 호종의 공으로 면천첩을 받았다.[189] 상의원에서 열심히 근무한 점동點同도 면천첩을 받았다.[190]

앞서 검토한대로 산성무과의 면천 급제자 중에는 어영군과 총융군 이 많았다고 여겨진다. 그리고 관료나 피난온 양반을 따라 남한산성 에 들어온 하인 가운데 출전하여 전공을 세웠거나 왕실과 관련한 일 로 공로를 세운 사람도 포함되었다.

면천 급제자는 장기적으로 조선 후기 신분 질서를 이완시키는 단 초를 열어놓았다는 점에서 중요한 의미를 띤다. 이들은 1655년(효종 6) 공노비 추쇄사업 때에 추쇄 대상에서 제외되었고, 무과 급제의 자 격도 유지되었다. 또 보충대에서 일정 기간 근무 뒤에 양역으로 옮겨 갈 수 있으므로 본인은 물론 후손이 양인이 될 수 있는 길을 만들어 놓았던 것이다.


## 무과에 급제한 '백민白民'

|

조선 후기 연대기자료나 각종 법전 및 자료들을 보면 양인이나 천 인의 무과 급제와 관련한 사항이 눈에 많이 띤다. 하지만 정작 무과 급제자 중 실명으로 양인 이하의 사람을 찾기가 쉽지 않다.

양인 이하의 무과급제자를 찾기 힘든 상황에서 경상도의 「단성현

읍지」무과조에 실린 8명의 존재가 눈길을 끈다.[191] 이들의 성명 아래에 '백민白民'이라는 세주細註가 있어서 8명이 양인임을 알 수 있다. 백민은 연대기자료나 법전에 등장하지 않으나 양인을 말한다.[192]

8명의 주인공은 정남영鄭南英 · 노억상盧億祥 · 심자량沈自良 · 김귀생金貴生 · 김말손金乭孫 · 황하윤黃河潤 · 김북실金北實 · 강주심姜周宋이다. 이중 정남영은 1640년(인조 18)에 김시분(李時馡, 1588~1663)이 편찬한 단성현 읍지인 『운창지雲窓誌』에서도 확인할 수 있다. 여기에 "제7방 소정태小靜太도 백민白民이 토착하는 지역이며, 정남영은 무과에 급제했다"[193]라고 하여 똑같이 백민으로 나온다.

이들의 활동 기간은 정확하지 않으나 다행히 『경상도단성현호적대장』에서 정남영 · 김말손 · 김북실을 찾을 수 있다. 정남영은 1574년생으로 1606년(선조 39) 산음현 호적에 처음 등장한다. 당시 33세이며 정병正兵이었다. 주호主戶는 아버지인 정병正兵 정접손(67세)이었다. 아버지의 사조四祖를 보면, 부父 유학幼學 인보, 조부 장사랑 맹춘, 증조부 생원 처인, 외조부 별시위 유의달이다. 어머니 김金 조이[소사召史]의 사조는 부 별시위 윤행, 조부 장사랑 □[194], 증조부 참봉 윤걸, 외조부 정병 朴□[195]이다.[196]

현재 1606년 이후부터 1678년(숙종 4) 이전까지의 단성호적이 남아 있지 않아 정남영의 기록을 더 찾을 수 없다. 다만 정남영이 1606년 호적에 '정병'으로 되어 있어서 무과에 급제한 해는 1606년(33세) 이후로 판단된다. 그리고 정남영의 조부 · 증조부 · 고조부 모두 양반 직역인데다 생원까지 있지만, 아버지가 정병인 점으로 미뤄보아 아버지가 서자일 가능성이 높다.

김말손은 1678년의 단성현 호적에 무학 김대생(52세)의 아버지로 처음 등장하는데, 이미 고인이어서 나이를 알 수 없다. 아들 김대생의 사조는 부 무과출신 말손, 조부 정병 문실, 증조부 정병 손이, 외조부 정로위 서몽세다. 김대생의 부인은 양녀良女 옥표 조이로 48세이며 옥조이의 사조는 모두 정병이다.[197] 곧 김말손의 선조와 처가까지 모두 정병으로서 전형적인 양인가다.

김북실은 1705년생으로서 1717년의 단성현 호적에 처음 등장한다. 당시 13세의 나이로 노방보奴房保의 역을 지고 있었다.[198] 김북실의 선조가 등장하는 시기는 1678년에 할아버지 정병 김상일부터다. 김상일의 사조는 부 정병 복세, 조부 충찬위 명남, 증조부 정병 가질동이다. 김상일의 부인은 여자종 축매다.[199]

1717년에 김북실의 아버지 김부귀는 이인병보二人幷保로 있으며 어머니는 양녀 김金 조이다. 김조이의 사조는 부 양인 성달, 조부 납속통정대부 계원, 증조부 통정대부 간이, 외조부 기관記官 조응선이다. 1729년(영조 5)에 김북실은 25세로서 '무과출신'이라는 직역을 썼으며, 1735년에는 조씨趙氏와 혼인한 상태였다. 조씨의 사조는 부 정병 기산, 조부 정병 국성, 증조부 정병 일발, 외조부 양인 김후세다.[200] 김북실의 아우 김막실은 1735년 당시 수군이었다.[201] 김북실의 가계 역시 김말손과 마찬가지로 양인가라 할 수 있다.

조선 후기에 '백민'으로 기록된 정남영·김말손·김북실을 『경상도단성현호적대장』에서 확인한 결과 정남영·김말손은 17세기 초엽에, 김북실은 1720년대에 무과에 급제했다. 이들의 아버지 및 선조는 주로 정병의 역을 지고 있어서 전형적인 양인가라 할 수 있다. 더구나 김북실의 경우 할머니가 여자종이어서 조선 후기 무과 급제가 하층민까지 확대된 사회 모습을 분명히 보여준다.

# 4장

# 직부전시 시스템의 확대

## 직부전시, 한 번의 시험으로 급제하다

조선시대 문과와 무과는 모두 일정한 단계를 거쳐서 급제자를 선발했다. 식년시·증광시는 초시初試·복시覆試·전시殿試의 세 단계를 거쳤으며, 각종별시는 초시와 전시만 있었다. 이 중 최종 단계인 전시는 초시나 복시에서 올라온 합격자의 순위만 결정하는 시험으로 시험 당락과 무관했다.

직부直赴란 과거의 규정대로 단계를 거치지 않고 초시나 복시를 면제하고 바로 복시나 전시에 응시할 수 있는 자격을 주는 제도였다. 그러므로 직부를 받는다는 것은 무수한 경쟁자를 제치고 과거에 급제할 수 있는 지름길이었다. 직부회시直赴會試와 직부전시直赴殿試가 있었는데, 직부전시는 급제나 다름없었다. 1704년(숙종 30)에 평안도 병마절도사 류성채柳星彩는 두 아들이 식년 무과에 직부하게 되자 기쁜 마음에 국상國喪 기간에 잔치를 열었다가 파직되었다.[202] 이 사례에서도 직부전시가 급제나 다름없는 경사임을 확인할 수 있다.

애초에 직부법은 학교 교육을 과거시험과 연계시킨 흥학책의 일환이었다.[203] 고려시대의 직부법은 인종이 국자감 학생들에게 학교 시험인 고예시考豫試를 치러서 성적에 따라 예부시의 2차 시험[중장中場] 또는 3차 시험[종장終場]에 바로 응시할 수 있는 특전을 준 것이 시초였다.[204]

이후 이 제도가 어떻게 존속했는지 확실하지 않으나 고려 말까지 존폐를 겪으면서 시행한 것으로 보인다. 이는 세종 대에 흥학책을 논의하는 과정에서 고려 왕조의 직부 고예법을 학교 제도와 학생의 사기를 진작시킨 제도라고 평가한 것에서도 짐작할 수 있다.[205]

조선시대의 직부법은 생원시의 직부회시로 처음 시행했다. 회시는 복시를 말한다. 1432년(세종 14)에 전국 도회소都會所에서 공부하는 생도 가운데 제술과 강론이 우수한 자에게 생원시의 초시를 면제하고 바로 회시에 응시할 수 있는 자격을 부여한 것이 조선시대 직부제의 시초였다.[206] 생원시에서 회시는 최종 단계이므로 직부회시는 합격이나 마찬가지였다.

문과의 직부법은 이듬해인 1433년에 실시했다.[207] 성균관 대사성 권채權採가 이미 생원시의 직부 회시법은 정착되었으나 성균관 유생을 위한 권장책이 없다는 상소를 올린 것이 계기가 되었다. 그 결과 성균관 유생 가운데 도회시都會試에서 고득점을 획득한 5명에게 문과의 회시에 직부하는 상을 내려 주었다.[208] 문과에서 회시는 생원진사시와 달리 두 번째 단계다.

직부법은 일시 폐지된 적도 있지만,[209] 서울의 성균관 유생을 비롯하여 지방 생도 및 교생의 흥학책으로 자리 잡았다. 그 결과 『경국대전』에 문과와 생원진사시의 직부 회시법이 정식으로 오르게 되었다.[210]

## 무과에 직부를 도입한 시기

『경국대전』에 문과와 생원진사시의 직부법은 올라 있으나 공교롭게 무과의 직부법만 보이지 않는다. 그렇다고 무과에서 직부법을 시행하지 않은 것도 아니다. 그러면 무과의 직부법은 언제부터 실시했을까?

이와 관련하여 1441년(세조 23) 병조에서 세조에게 보고한 안건을 주목할 필요가 있다. 병조에서는 "평로위平虜衛는 처음에 권문세가의 자제로 충당했는데 갑사나 별시위로 이속시키면서 시험을 면제하고 회시에 직부합니다. 이 때문에 여러 관원의 첩妾에게서 낳은 자들도 마구 평로위에 속하여 회시에 나간 자가 많습니다"[211]라고 하면서 서얼이 평로위에 들어가 직부회시를 받는 폐단을 지적했다.

이 기사에 따르면 세조 대에 이미 권문세가 자제에게 특전을 주는 형식으로 무과에서도 직부회시를 실시했음을 알 수 있다. 하지만 이 기록 이외에는 이 시기를 전후하여 무과 직부에 대한 기록이 없으며,

『경국대전』에도 규정이 없어서 무과에서 직부를 계속 시행했는지 여부가 확실하지 않다.

이후 조정에서 무과의 직부를 다시 논의하는 때는 1509년(중종 4)이다. 중종은 승정원에 전교를 내려 무사의 권장책으로 문과의 정시庭試처럼 무사에게도 시험을 실시하자는 의견을 제시했다. 이 당시 문과 정시는 정식 과거가 아니라 성적 우수자에게 직부회시나 직부전시를 수여하는 시험이어서 중종의 의견은 무사에게도 직부를 실시하자는 것이었다.

그러자 승정원에서도 의견을 같이 하여 한량에게 편전片箭과 철전鐵箭으로 시험을 치러서 바로 회시나 전시에 나가게 할 것을 건의했다.[212] 하지만 중종이 이 때문에 무사가 함부로 응시할 수도 있으며, 시험장에서 철전·편전을 사용해서는 안 된다는 이유로 의견을 번복했다.

3일 뒤에는 병조에서 한량의 직부를 반대했다. 병조는 "무사의 권장책은 유생과 같지 않습니다. 봄·가을 도시都試에서 급사(給仕:근무일수 부여)하고, 중일中日이나 습사習射에서 전죽箭竹을 지급하고, 새해 초에 별사(別仕:특별 근무일수 부여)까지 통틀어 계산하여 관직을 받으니 권장의 방도가 지극합니다"[213]라는 의견을 진달했다. 한마디로 무사의 권장책은 지금 충분하므로 직부가 필요없다는 의견이었다.

결국 논의 끝에 중종은 한량을 제외한 시위군사에게만 무재를 실시하라고 전교했다. 그 결과 1510년에 활쏘기 시험을 실시하여 내금위內禁衛 이화李華에게 직부전시를 내렸다.[214] 그리고 이때부터 무과에서 '직부전시'라는 용어를 사용하면서 직부를 수여하기 시작했다.

반정으로 왕위에 오른 중종이 금군 위주로 직부를 실시한 배경에는 왕권 강화가 주요 목적이었다고 판단된다. 중종이 즉위한 뒤로 국정의 체계가 잡혀갈 무렵인 1509년(중종 4)에 국왕 호위를 담당하는 시위군사의 무예 권장책으로 직부법을 논의하고, 그 결과 금군의 중추인 내금위에게 첫 직부전시를 내리기 때문이다.

중종은 1522년에도 봄·가을마다 성균관 유생에게 정시를 치러서 직부를 내리는 것과 마찬가지로 금군에게 정시를 실시하여 수석을 차지한 내금위 조근趙瑾에게 직부전시를 내렸다.[215] 이후에도 계속 무과 정시를 실시하여 장원을 하면 직부전시를, 차석은 직부회시를, 그 다음은 급분(級分:점수 부여)을 내렸다.[216]

명종도 무과의 직부를 주로 금군에게 적용했다. 금군에게 활쏘기를 시험하여 장원은 직부전시를 내리고 차석은 직부회시를 내렸다.[217] 하지만 이때까지만 하더라도 공식적인 규정도 없이 특교로 실시하면서 활발하게 시행한 것 같지 않다.

무과에서 직부를 본격적으로 실시한 시기는 인조 대로 보인다. 숙종 연간에 직부법이 인조 대부터 시행했다는 기록이 나오는데,[218] 이 때부터 시행했다기보다는 본격화했다고 보는 것이 타당하다. 그 결과 현종 대에는 벌써 전시에 직부하는 인원이 많다는 지적이 나올 정도였다.[219] 여기서 흥미로운 사실은 반정으로 왕위에 오른 중종과 인조가 무과의 직부법을 시행하거나 강화했다는 점이다.

인조 대에는 앞 시기와 달리 대상과 지역이 확대되었다. 서울 이외에 서북지방을 비롯한 일부 지방에서도 시재를 치러서 직부전시를 내렸으며, 대상도 한량이나 일반 군사로 확대했다.[220] 그러다가 숙종 대에는 전국으로 확대하고, 직부전시를 내리는 방법도 봄·가을에 실시하는 도시都試를 이용했다.

# 지방으로 확대한 직부전시

도시는 서울과 지방 무사의 무예를 꾸준히 단련시키기 위해 실시한 시험이다. 그래서 문신의 월과법月課法과 자주 비견되었다.[221] 도시가 특별한 이유는 직부전시를 상으로 내려 무사에게 무과 급제의 통로를 활짝 열어주었기 때문이다. 이 혜택은 무과 접근이 쉽지 않은 지방 무사에 더 힘을 발휘했다.

도시는 1684년(숙종 10)에 함경도 친기위親騎衛를 대상으로 실시한 뒤로 전국으로 뻗어나갔다. 1701년에는 강화부의 장려壯旅 · 의려義旅, 1712년에는 평안도 별무사別武士, 1718년에는 황해도 별무사와 경상도 동래부의 별기위別騎衛, 1719년에는 평안도 의주 · 강계 · 선천 · 창성 · 삼화의 별무사, 1729년(영조 5)에는 강원도 별무사와 권무군관, 1736년에는 황해도 추포무사追捕武士, 1746년에는 경상도 별무사, 1751년에는 경기 · 충청도 · 경상도 · 전라도 · 황해도 · 강원도의 선무군관과 황해도 향기사鄕騎士를 대상으로 도시를 실시했다.[222]

그리고 무예 권장책으로 도시에서 우수한 성적을 거둔 사람에게 직부전시의 특전을 내리기 시작했다. 법전에 처음 보이는 기록은 1701년에 강화부의 장려와 의려에게 매년 도시 1회를 시행하여 우등 1인에게 내린 것이다.[223] 1713년에는 함경도 친기위에게, 1752년에는 선무군관에게 직부전시를 내렸다.[224] 1781년(정조 5)에는 전국적으로 마병馬兵 도시를 매년 1회 실시하여 1등은 직부전시를 내린 동시에 해당 읍의 군임軍任에 임명하고, 2등은 직부회시와 함께 역시 군임에 임명했다.[225] 수군은 1725년에 직부전시를 내렸으나 1758년에『속대전』의 규정이 없다는 이유로 폐지했다가 1780년에 복구했다.[226]

이렇듯 도시는 1684년(숙종 10) 친기위를 시작으로 전국으로 확산되었고, 18세기 중반 무렵에는 도시를 통한 직부전시의 상을 전국에 시행했다. 그러면 직부전시가 각 도로 확산된 배경이 무엇인지 궁금하다. 그것은 다름 아닌 지방 군사를 위로하기 위한 방책이자 지방민의 끊임없는 요청이 낳은 결과였다.

1792년(정조 16)에 평안도 무사를 대상으로 실시한 무예 시험에서 우수 성적을 거둔 한량과 무사 166명에게 내린 상을 보면, 성적순에 따라 '직부전시 뒤에 임용을 위해 서울로 올려 보낼 것'(3명), 직부전시(100명), 직부회시(5명), 포布나 목면 지급이었다.[227] 이 상을 통해 확인할 수 있듯이 직부전시는 조정에서 지방민을 위로하는 가장 중요한 수단이자 최고의 우대였다. 그래서 지방에서는 '도시무과都試武科'[228]라는 말이 나올 정도로 직부전시에 대한 열망이 높았다.

사정이 이렇다보니 지방민들은 도시를 실시하여 직부전시를 시행하거나, 폐지한 도시를 복구해달라는 요구를 계속 제기했다. 1735년(영조 11)에 경상도 진주에서는 친기위처럼 도시의 실시를 요청했으며, 1753년에 경기 광주에서도 강화부나 개경부처럼 도시의 실시를 요청했다.[229] 1769년에 동래부에서는 별기위를 대상으로 한 직부전시의 복구를 요청했으며, 경상도 좌수영 소속 무사가 가을 시사試射에서 몰기(沒技:한 과목 만점)를 받으면 직부하는 규정을 다시 실시해줄 것을 요청했다.[230] 1781년과 1786년에도 경상도에서 별무사의 도시에서 몰기를 받은 자에게 직부를 내려줄 것을 요청했다.[231] 1785년에 충청도도 도시에서 몰기자의 직부를 요청했다.[232]

지방민이 과거를 치르려면 식년시와 증광시의 초시 및 의방 과거·도과를 제외하고 반드시 서울로 와야 했다. 이러한 어려움에 대해

1724년에 호조 판서 오명항吳命恒은 평안도의 사정을 보고하면서 "서울이 너무 멀어 식량을 싸갖고 과거에 응시하려면 집안이 망하고, 시험 날짜가 급하면 시기에 맞춰 달려올 수가 없으므로 앉아서 과거를 단념하니 이 때문에 무과 출신이 적습니다"[233]라고 지적하면서 직부전시의 시행을 건의했다.

지리적 여건으로 서울 거주자보다 무과 응시가 쉽지 않은 지방민에게 직부전시의 중요성은 그만큼 클 수밖에 없었다. 그래서 직부전시가 지방 무사를 위로하거나 변방의 방어를 위해 시행한다는 이면에는 지방민들의 적극적인 요청이 큰 동인으로 작용하고 있었다.

무엇보다도 직부전시는 과거 급제를 보장하는 동시에 관직 진출을 약속하는 상이었다. 이론상으로는 무과급제자 전원을 관직에 임용하는 것이 원칙이었기 때문이다. 1702년에 강화 유수 이사영李思永은 강화에서 봄·가을로 활쏘기를 시험하여 한량에게 직부의 상을 내려줄 것을 건의했다. 그러자 민진후閔鎭厚가 "근래 직부의 길이 넓어져서 무과 출신이 매우 많은데 이런 무리들이 군적을 떠나게 되면 또 벼슬길에 통하고자 하니 다른 상을 시행하는 것이 마땅할 듯합니다"[234]라고 하면서 반대했다.

1735년에 좌의정 김재로金在魯가 경상도 진주에 도시를 시행하여 직부전시를 내려서 진주 사람을 격려하자고 건의했다. 그러자 영조가 "애초에 홍패紅牌만 바라다가 나중에는 실직實職을 바란다"[235]라는 이유로 허락하지 않은 것은 직부전시가 과거 급제에서 끝나지 않는다는 사실을 잘 알고 있었기 때문이다. 그래서 군영이나 감영·병영에 있으면서 달리 출세할 길이 없는 사람에게 직부전시의 수여 여부는 지대한 관심 사안이었다.

# 직부전시의 수여 기준

조선 후기에 무과의 직부전시는 일정한 기준을 마련하여 지급했
다.[236] 〈표4-1〉을 보면 직부전시의 수여가 서울과 지방에서 권무과勸
武科, 관무재觀武才, 시재試才, 시사試射, 내시사內試射, 별시사別試射, 중일中日,
중순中旬, 외방별과外方別科, 도시都試 등 각종 무예 시험을 통해 이뤄졌다.

권무과는 특교로 훈련도감·어영청·금위영의 권무군관을 대상으
로 시행했다. 관무재는 무과의 하나로서 초시·복시·전시의 과정을

〈표4-1〉 무예 시험의 직부전시 수여 기준

| 시험 | 수여기준 | 시험 실시 대상 |
|---|---|---|
| 권무과 | 합격자 | 훈련도감·금위영·어영청의 권무군관 |
| 관무재 | 합격자 | 가선대부 이상의 무신, 금군별장, 호위별장, 금군장, 오위장, 내승, 별군직, 병조 당상군관, 오군영 중군 이하의 장교, 선전관, 무겸선전관, 도총부 낭청, 서북 부료군관, 제주 부료자제 |
| 시재 | 1등, 몰기 | 오군영·호위청의 군관·부료군관, 유청군, 금군, 서북 미부료군관未付料軍官, 북한산성 수첩부료군관, 군기시 별파진, 오군영의 중군 이하 장교와 군병, 훈련원의 봉사·습독관, 남한산성·북한산성 장교, 훈련도감·금위영·어영청 수문군, 금군별장, 호위별장, 금군장, 오위장, 내승, 별군직, 병조의 당상군관·교련관, 선전관, 무겸선전관, 도총부 낭관, 제주 부료자제 |
| | | 강화의 장려·의려·별초무려, 통영의 장교·군사, 수원·파주 별효기사, 평양 선무군관, 동래 별기위, 남한산성 군관 |
| | 1등 | 전국 마병 |
| | 몰기 | 함경도 마천령 이북의 기병騎兵 |
| 중순 | 몰기 | 용호영의 금군·보병·사수·용검수·포수·창수·권법수, 훈련도감의 중군 이하 장교·군병 |
| 중일 | 몰기 | 선전관, 무겸선전관, 부장, 수문장, 금군, 호위군관, 충익위, 기대장旗隊長, 숙위기사, 무예포수, 훈련도감 포수·사수 |
| 시사 | 몰기 | 금군, 표하군 |
| 별시사 | 유엽전 30시 이상 | 호위청 군관 |
| 외방별과 | 합격자 | 평안도·함경도·강화·제주·광주廣州·수원의 한량·당상관·당하관 |
| 도시 | 1등, 몰기 | 함경도 친기위, 평안도·황해도 별무사, 평양 선무군관, 금위영·어영청 기사, 훈련도감 마병, 수원 별효사열교 |
| | 1등 | 강원도·경상도 별무사, 경기 수영 별무사, 경기·황해도·전라도·경상도 선무군관, 영종 방영군관, 남양·파주·장단 별효사, 제주 마병, 통영의 장교·군사, 황해도 무학 |
| | 몰기 | 금군 |

(근거: 『속대전』, 『대전통편』)

거쳤으며, 금군이나 군병, 전임 또는 현직 관료, 무과출신, 한량 등이 응시할 수 있었다. 지방에는 의정대신을 명관命官으로 파견하여 실시했다. 외방 별과는 국왕의 특별 명령으로 평안도·함경도·강화·제주·광주廣州·수원 등지에서 실시한 과거다.

시재는 조선 후기 중앙 군영이나 지방의 감영·병영에서 군병에게 무재를 권장하기 위해 실시한 무예 시험이다. 중순은 군영대장이 중군中軍 이하부터 초관哨官 및 장교·군병에게 보인 시험이다. 중일은 궐내의 입직한 무관 및 군사를 대상으로 실시한 시험이다. 시사는 매년 봄·가을에 병조 판서와 금군별장禁軍別將이 금군과 표하군에게 보인 시험이다. 별시사는 호위대장과 금군별장이 군관에게 실시한 시험이다.

실시 시기는 권무과·관무재·외방별과의 경우 특교로 비정기적으로 시행했다. 시사·시재·도시는 지역에 따라 다르지만 1년에 봄·가을 1번 또는 2번, 별시사는 매년 실시했다. 중순은 1년에 1~2번 또는 2~3년에 1번, 5~6년에 1번 등 비정기적으로 시행했다. 따라서 직부전시를 받을 수 있는 정기 시험은 시사·시재·도시·중일이 대표적이었다. 지방에서 시행한 시험은 주로 도시이며 나머지 시험은 대부분 서울이나 근기近畿 소재의 군영에서 실시했다.

지급 대상은 중앙 군영 및 지방의 감영·병영에 소속한 한량 및 금군·장교·군관·군졸을 망라했다. 지급 기준은 수위성적首位成績과 몰기沒技였다. 수위성적은 전체 과목 1등을 말한다. 도시는 그 해 마지막 시험이 끝난 뒤 1년간 성적을 합산하여 1등을 차지한 사람을 뜻하기도 한다. 몰기는 '일기몰기一技沒技'[237]라는 말에서 알 수 있듯이 한 과목 만점이다. 그러므로 수위성적보다 직부를 받는 것이 훨씬 수월했다. 몰기자에게 직부전시를 내린 이유는 한 방면에 재주가 뛰어난 사람을 발탁하기 위해서였다. 참고로 위의 무재 시험 중에는 무과 출신이 참여할 수 있는 시험이 다수 있는데, 무과 출신에 대한 상은 13장의 〈표13-1〉에서 따로 설명했다.

직부전시를 받게 되면 승정원에서 증명서를 발급하고 병조에서 장부에 기입해 두었다가 과거를 치를 때에 대조했다.[238] 직부전시자는 원방인元榜人과 같은 과목으로 시험을 치렀으나 더 쉬운 조건에서 치르기도 했다. 원방인은 과거시험의 단계를 밟고 올라온 합격자를 말한다. 1784년(정조 8)의 정시 무과에서 원방인은 관혁·기추·유엽전·조총·강서 중 두 과목을 보았으나, 직부인은 철전·기추·관혁·유엽전·조총·편추·강서 중 한 과목만 보았으므로 원방인보다 유리한 조건이었다.[239]

직부전시자가 한 두 가지 무예로 무과에 급제할 수 있게 되자 요행으로 급제의 문을 열어준다는 비난에 직면했다.[240] 정조는 이 문제를 해결하기 위해 성적 중에 1분分이나 반분半分 등 기준치에 미달하는 점수가 있으면 다음번 전시로 물러나 시험을 치르게 했다.[241] 그리고 이를 법규로 만들어 『대전통편』에 "직부전시를 받은 자가 점수를 얻지 못하면 문과의 예에 따라 다음 전시로 물러나 시험을 치르게 한다"[242]라고 명시했다.

전시는 합격자의 등수만 결정하는 시험이므로 불합격이 나올 수 없었다. 하지만 직부전시의 확대로 급제자의 수준이 기준에 미달하는 사례가 빈번해지자 이들을 불합격시켜 다음 번 전시에 다시 응시하게 한 것이다.

한편, 직부전시로 급제한 사람은 방榜의 끝에 붙여서 발표하는 것이 상례였다.[243] 1686년(숙종 11)의 정시 방목을 보면 병과 52번째 급제자부터 "이하는 직부급제자다"[244]라고 표기했다. 하지만 직부전시로 장원 급제는 물론 갑과의 2·3등이나 을과로 급제하는 사례도 비일비재했다. 현전하는 무과방목을 조사한 결과 1717년·1726년(영조 2)의 식년 무과, 1710년·1713년·1725년·1740년의 증광 무과, 1767년의 정시 무과의 장원이 직부전시로 급제했다.

이렇듯 장원마저 직부전시로 급제하는 사례가 많아지자 1798년부터는 식년시의 무과 장원은 반드시 원방인에서 선발했다.[245] 이후 고종 대에는 더 엄격한 규정을 적용하여 과명科名과 관계없이 "전시의 장원은 원방에서 뽑는다"라는 법규를 마련했다.[246] 이는 초시를 거쳐 올라온 사람을 장원으로 선발하여 무과의 본래 규정이 여전히 건재하다는 사실을 환기하려는 목적이었다.

## 직부전시의 비약적 증가

조선 후기 무과급제자 중에서 직부전시로 합격한 인원을 파악할 수 있는 가장 귀중한 자료는 『무과총요』다. 그 다음으로 무과방목도 큰 도움이 된다. 이 자료들을 종합적으로 이용하면 구체적으로 누가 얼마나 직부전시로 급제했는지를 알 수 있다. 이밖에 매우 드물지만 『국조방목』도 "39인을 선발했으며 이 중 4인이 직부다"[247]라는 기록이 있다.

〈표4-2〉는 1603년(선조 36)부터 1844년(헌종 10)까지 127회의 무과에서 직부전시로 급제한 인원과 점유율을 정리한 것이다. 필자가 이용한 무과방목 102개 중 직부전시가 표시된 방목은 26개이며, 『무과

〈표4-2〉 조선 후기 무과급제자 중 직부전시의 인원과 점유율

| 연도 /과거 | 급제 인원 | 직부 인원 | 직부 점유(%) | 연도 /과거 | 급제 인원 | 직부 인원 | 직부 점유(%) | 연도 /과거 | 급제 인원 | 직부 인원 | 직부 점유(%) |
|---|---|---|---|---|---|---|---|---|---|---|---|
| 1603식 | 34 | 2 | 5.9 | 1759정 | 142 | 27 | 19.0 | 1786식 | 44 | 16 | 36.4 |
| 1613증 | 39 | 4 | 10.3 | 1761정 | 638 | 588 | 92.2 | 1789식 | 437 | 409 | 93.6 |
| 1652증 | 32 | 4 | 12.5 | 1762알 | 108 | 82 | 75.9 | 1790별 | 308 | 280 | 90.9 |
| 1660증 | 30 | 2 | 6.7 | 1762식 | 69 | 41 | 59.4 | 1790증 | 311 | 283 | 91.0 |
| 1662증 | 71 | 15 | 21.1 | 1762정 | 203 | 148 | 72.9 | 1792식 | 374 | 346 | 92.5 |
| 1672식 | 41 | 13 | 31.7 | 1763증 | 318 | 262 | 82.4 | 1794정 | 821 | 560 | 68.2 |
| 1681식 | 65 | 36 | 55.4 | 1764정 | 194 | 160 | 82.5 | 1795별 | 56 | 19 | 33.9 |
| 1686정 | 111 | 50 | 45.0 | 1765식 | 228 | 200 | 87.7 | 1795식 | 201 | 173 | 86.1 |
| 1689증 | 57 | 29 | 50.9 | 1766정 | 184 | 151 | 82.1 | 1795정 | 501 | 114 | 22.8 |
| 1699식 | 76 | 48 | 63.2 | 1766정 | 44 | 4 | 9.1 | 1796별 | 125 | 110 | 88.0 |
| 1702식 | 88 | 63 | 71.6 | 1766정 | 95 | 6 | 6.3 | 1796중 | 61 | 7 | 11.5 |
| 1707별 | 219 | 97 | 44.3 | 1766정 | 618 | 463 | 74.9 | 1798식 | 429 | 40 | 93.7 |
| 1708식 | 116 | 14 | 12.1 | 1767정 | 301 | 146 | 48.5 | 1800정 | 924 | 469 | 50.8 |
| 1710증 | 133 | 107 | 80.5 | 1768식 | 131 | 103 | 78.6 | 1801증 | 30 | 2 | 6.7 |
| 1713증 | 168 | 109 | 64.9 | 1768정 | 223 | 128 | 57.4 | 1801식 | 126 | 98 | 77.8 |
| 1714증 | 51 | 22 | 43.1 | 1769정 | 72 | 22 | 30.6 | 1802정 | 117 | 78 | 66.7 |
| 1717식 | 190 | 160 | 84.2 | 1769정 | 410 | 271 | 66.1 | 1802정 | 125 | 99 | 79.2 |
| 1723증 | 136 | 108 | 79.5 | 1770정 | 453 | 327 | 72.2 | 1802정 | 11 | 3 | 27.3 |
| 1725증 | 309 | 281 | 90.9 | 1771정 | 162 | 45 | 27.8 | 1803증 | 114 | 86 | 75.4 |
| 1726식 | 198 | 171 | 86.4 | 1771식 | 39 | 11 | 28.2 | 1804정 | 182 | 123 | 67.6 |
| 1727증 | 112 | 79 | 70.5 | 1771정 | 352 | 176 | 50.0 | 1804식 | 42 | 14 | 33.3 |
| 1729식 | 316 | 300 | 94.9 | 1772정 | 183 | 142 | 77.6 | 1805정 | 309 | 208 | 67.3 |
| 1730정 | 365 | 21 | 5.8 | 1773증 | 224 | 168 | 75.0 | 1805증 | 48 | 20 | 41.7 |
| 1740증 | 158 | 102 | 64.6 | 1774식 | 86 | 58 | 67.4 | 1806별 | 207 | 54 | 26.1 |
| 1745정 | 166 | 102 | 61.4 | 1774정 | 194 | 111 | 57.2 | 1807식 | 195 | 167 | 85.6 |
| 1746정 | 109 | 68 | 62.4 | 1774증 | 97 | 69 | 71.1 | 1807정 | 128 | 14 | 10.9 |
| 1750별 | 119 | 101 | 84.9 | 1775정 | 229 | 129 | 56.3 | 1809증 | 400 | 372 | 93.0 |
| 1751춘 | 160 | 36 | 22.5 | 1775정 | 47 | 1 | 2.1 | 1810식 | 221 | 193 | 87.3 |
| 1751정 | 651 | 264 | 40.6 | 1775정 | 169 | 24 | 14.2 | 1811정 | 216 | 26 | 12.0 |
| 1752정 | 215 | 133 | 61.9 | 1776정 | 64 | 56 | 87.5 | 1812정 | 246 | 221 | 89.8 |
| 1753알 | 96 | 73 | 76.0 | 1777증 | 123 | 95 | 77.2 | 1813증 | 255 | 227 | 89.0 |
| 1753정 | 109 | 57 | 52.3 | 1777식 | 58 | 30 | 51.7 | 1814정 | 173 | 100 | 57.8 |
| 1753정 | 178 | 42 | 23.6 | 1777정 | 13 | 10 | 76.9 | 1815정 | 360 | 244 | 67.8 |
| 1753식 | 54 | 26 | 48.1 | 1777정 | 90 | 55 | 61.1 | 1815도 | 347 | 47 | 13.5 |
| 1754증 | 118 | 62 | 52.5 | 1778정 | 15 | 2 | 13.3 | 1815도 | 375 | 75 | 20.0 |
| 1755정 | 437 | 294 | 67.3 | 1779식 | 225 | 197 | 87.6 | 1816정 | 214 | 174 | 81.3 |
| 1756정 | 304 | 16 | 5.3 | 1780도 | 444 | 44 | 9.9 | 1816식 | 67 | 40 | 59.7 |
| 1756정 | 55 | 11 | 20.0 | 1781정 | 421 | 163 | 38.7 | 1817정 | 344 | 267 | 77.6 |
| 1757정 | 368 | 91 | 24.7 | 1783증 | 146 | 118 | 80.8 | 1819식 | 235 | 207 | 88.1 |
| 1757정 | 25 | 9 | 36.0 | 1783정 | 118 | 49 | 41.5 | 1820정 | 339 | 319 | 94.1 |
| 1759식 | 321 | 293 | 91.3 | 1783식 | 47 | 19 | 40.4 | 1844증 | 300 | 272 | 90.7 |
| 1759별 | 173 | 26 | 15.0 | 1784정 | 2692 | 393 | 14.6 | 식:식년시, 증:증광시, 별:별시, | | | |
| 1759알 | 470 | 442 | 94.9 | 1786별 | 62 | 30 | 48.4 | 정:정시, 알:알성시. | | | |

(근거: 『무과총요』, 무과방목(102회분), 『국조방목』, 조선왕조실록, 단위: 명)

총요』에서 직부전시의 인원이 기록된 시험은 105회다. 이밖에 조선 왕조실록과 『국조방목』에서 3회를 더 찾을 수 있었다. 따라서 무과방목과 『무과총요』에서 겹치는 7회를 제외하고 총 127회를 조사했다.

표에서 단박에 눈에 띠는 사항은 두 가지다. 첫째, 직부전시로 급제할 수 있는 시험이 식년시·증광시·정시·알성시·별시 등 다양했다. 하지만 처음부터 직부전시로 모든 무과에 급제할 수 있는 것은 아니었다. 시행 초기에는 문과처럼 식년시만 응시할 수 있다가 규정이 완화되면서 별시도 응시했으며, 효종 대 이후로 알성시도 가능했다. 정시는 효종 대에 개방했으나 1705년(숙종 31)에 일시 정지했다가 1712년에 재개했다.[248] 그 결과 18세기 초반에야 직부전시로 모든 무과에 급제할 수 있었다.

식년시만 나갈 수 있던 직부전시를 각종별시까지 확대한 것은 인조 대부터 숙종 대에 이르기까지 중앙 군영의 지속적인 창설과 정비, 효종의 북벌계획 등 일련의 군사 정책과 밀접해 보인다. 군사력을 강화하는 과정에서 인적 자원을 확보하고 군사들에 대한 혜택을 넓히려는 의도로 여겨진다.

두 번째로 눈에 띄는 사항이 직부전시의 비중이 상당히 높다는 점이다. 최저 2.1%(1775년 정시)에서 최고 94.9%(1729년 식년시)를 차지했다. 17세기는 사례가 풍부하지 않아 일반화하기 어렵지만 18세기 이후로 비약적으로 증가하면서 19세기에는 더 늘어났다.

자세히 들여다보면 127회의 무과 중 직부전시 점유율이 10% 미만인 시험이 9회(7.1%)에 불과하다. 이에 비해 10~29%를 차지한 시험이 23회(18.1%), 30~49%가 17회(13.4%), 50~69%가 28회(22.0%), 70~89%가 37회(29.1%)이며, 90% 이상을 차지한 시험도 13회(10.2%)

나 되었다.

다시 말하자면 직부전시 급제자가 50% 이상의 점유율을 보인 시험이 78회나 되어서 127회 중 61.4%나 차지했다. 이것은 10회의 무과 중 6회는 직부전시로 급제한 자가 최소 50%에서 최고 90% 이상을 웃돌았다는 의미가 된다. 1729년 식년 무과는 급제자의 94.9%가 직부전시로 급제했다.

## 서울 거주자에 집중된 특혜

18세기에 직부전시가 확대되는 양상과 관련하여 무과방목에서 직부전시로 급제한 사람을 조사해보면 서울 거주자의 비중이 매우 높아서 흥미롭다. 〈표4-3〉은 숙종~정조 연간의 무과방목에서 직부전시로 급제한 2,161명의 거주지를 정리한 결과다.[249] 서울 거주자가 전체 직부전시 급제자 중 55.6%를 차지하여 높은 점유율을 나타냈다.

서울에 이어서 평안도(11%) → 경기(10.5%) → 황해도(8.1%) → 함경도(7.3%)의 순서로 나타났다. 그런데 2, 3위를 차지한 평안도와 경기가 각각 11%(238명), 10.5%(227명)에 불과하여 서울과 격차가 무려 44%, 45%나 된다. 충청도 · 경상도 · 전라도 · 강원도는 모두 3% 미만으로 저조한 수준이다. 이처럼 직부전시 급제자 중 서울이 55.6%나 차지하고 나머지 8도에서 44.4%를 배출했다는 사실은 서울의 집중도가 높았음을 단적으로 알려준다.

거주지 분포에서 더 흥미로운 현상은 영조 대에 지방 거주자의 비중이 조금 높아지다가, 정조 대에 다시 서울 거주자 비중이 75.1%까

〈표4-3〉 숙종~정조 연간 직부전시 무과급제자의 거주지

| 지역<br>시기 | 서울 | 경기 | 충청 | 경상 | 전라 | 황해 | 강원 | 함경 | 평안 | 합계 |
|---|---|---|---|---|---|---|---|---|---|---|
| 숙종 | 377 | 56 | 7 | 21 | 19 | 54 | 5 | 33 | 65 | 637 |
| (%) | (59.2) | (8.8) | (1.1) | (3.3) | (3.0) | (8.5) | (0.8) | (5.2) | (10.2) | (100.1) |
| 영조 | 440 | 154 | 19 | 17 | 12 | 106 | 10 | 105 | 150 | 1,013 |
| (%) | (43.4) | (15.2) | (1.9) | (1.7) | (1.1) | (10.5) | (1.0) | (10.4) | (14.8) | (100.0) |
| 정조 | 384 | 17 | 5 | 8 | 32 | 15 | 8 | 19 | 23 | 511 |
| (%) | (75.1) | (3.3) | (1.0) | (1.6) | (6.3) | (2.9) | (1.6) | (3.7) | (4.5) | (100.0) |
| 합계 | 1201 | 227 | 31 | 46 | 63 | 175 | 23 | 157 | 238 | 2,161 |
| (%) | (55.6) | (10.5) | (1.4) | (2.1) | (2.9) | (8.1) | (1.1) | (7.3) | (11.0) | (100.0) |

(근거: 무과방목 17회분, 단위: 명)

지 치솟았다는 점이다. 직부전시가 지방으로 확대되었다고는 하나 결국 서울로 집중되었다. 곧 표면적으로는 직부전시를 전국적으로 실시하면서 개방성을 표방했지만 실제로 서울 중심으로 운영했던 것이다.

서울에서 절반 이상의 직부전시가 나온 배경에는 지방의 직부전시가 문란하다는 이유로 종종 혁파되거나 논란의 대상이 된 것과 무관하지 않다. 1687년(숙종 13) 호위청의 직부전시는 비록 폐단이 있지만 유래가 깊고 호위대장이 직접 실시하므로 혼잡하지 않다는 이유로 존치시켰다. 이에 비해 지방의 직부전시는 간사한 꾀로 속이는 폐단이 있다 하여 직부전시 대신에 다른 상을 시행한 일도 이러한 맥락에서 이해할 수 있다.[250]

서울에서 직부전시 급제자가 많이 나온 배경을 더 알아보려면 직부전시로 급제한 사람들이 누구인지 관심을 가질 필요가 있다. 그래서 숙종~정조 연간의 무과방목에서 직부전시자로서 전력을 파악할 수 있는 2,158명의 전력을 조사해보았다. 앞서 거주지 분석 대상자 2,161명 중 3명은 전력 미상이다.

전력을 분석한 결과를 소개하면, 관료군 30.4%(656명), 군사직 36.3%

(784명), 한량 31%(669명), 기타직역 2.3%(49명)로 나타났다. 곧 군사직 → 한량 → 관료군 → 기타직역의 순서였다. 이 가운데 군사직은 숙종 대에 12.6%(80명)에서 정조 대에 67.7%(346명)까지 늘어나는 추세여서 흥미롭다. 관료군은 숙종 대에 51.8%(330명)에서 정조 대에 12.9%(66명)로 급락했으며, 한량 역시 숙종 대에 29.7%(189명)에서 19%(97명)로 낮아졌다. 요컨대 직부전시의 수여가 점차 군사직 소유자에게 집중되었다고 할 수 있다.

군사직의 내역을 보면 겸사복(246명, 31.4%), 별무사(130명, 16.6%), 친기위(103명, 13.1%)가 대다수였다. 금군인 겸사복에게 내린 직부전시의 비중이 크다보니 서울 거주자의 비중이 높아진 것이다.

관료군은 대부분 무관직(382명, 58.2%)과 서반관계(202명, 30.8%) 소지자였다. 무관직은 부사과(200명)를 비롯한 오위 체아직五衛遞兒職이 총 337명으로 무관직의 88%를 차지하고, 서반관계는 전력부위(종9품)가 91%(184명)나 차지했다.[251] 따라서 관료군은 오위 체아직과 전력부위가 대다수라고 해도 과언이 아니다.

요컨대, 조선 후기 무과의 직부전시는 무예 권장과 무사 위로라는 복합적인 의도에서 지방까지 확대되었지만 실제로 서울로 집중되는 양상을 띠었다. 여기에 더해 금군에게 큰 혜택이 돌아간 것은 직부전시가 서울 소재 친위군에 대한 특혜의 성격이 강했음을 알려준다.


## 지방의 직부전시를 둘러싼 논란

18세기 이후로 직부전시가 비약적으로 증가하면서 문제가 된 곳은 다름 아닌 지방이었다. 무과의 직부전시의 지급 기준은 전체 과목 1등과 몰기였다. 이 가운데 몰기는 직부전시의 폐단이나 존폐와 관련하여 끊임없이 논란이 되었고 지방에서 더 큰 문제로 부각되었다. 한 과목 만점인 몰기로 직부전시를 내리는 것이 무과 급제를 용이하게 하여 과거를 문란하게 한다고 여겼기 때문이다.

하나의 사례로 평안도 별무사를 보면, 17세기 말 창설 초기에는 정원 600명 중 1년에 네 차례 시재의 점수를 합산하여 감영·병영에서 각각 1등한 사람에게만 직부전시의 혜택이 돌아갔다. 이후 1723년(경종 3)에 마련한 〈관서별무사시취마련절목關西別武士試取磨鍊節目〉에서는 감영·병영 이외에 의주에서 1명, 강계·창성에서 1명, 선천·삼화에서 1명씩 더 추가하여 총 5명에게 직부전시를 내렸다. 겉으로 보기에는 직부전시가 늘어났지만 당시 정원이 1,900명으로 증가한 상태이므로 경쟁률은 더 높아진 셈이었다. 이에 비해 몰기는 한 차례 시험에서 한 과목만 만점을 받으면 되므로 상대적으로 상당히 수월한 기준이었다.[252]

그래서 각도의 관찰사나 병마절도사들이 도시의 시행을 요구할 때마다 빠뜨리지 않고 거론한 사항이 바로 '몰기 직부沒技直赴'였다. 하지만 지방의 몰기직부는 혁파와 복구를 되풀이했다. 그 가운데에 별무사·친기위 등 특수부대가 존재한 서북지방이나 경상도를 중심으로 존폐 및 변통 논의가 빈번하게 이뤄졌다.

몰기직부의 수난은 1694년(숙종 20)에 이미 시작되었다. 영의정 남구만 등이 "여러 도에서 무예를 몰기로 보고하고 직부전시를 내리는 것은 모두 허위입니다"[253]라고 보고하자 숙종이 몰기직부를 혁파해버렸다. 1729년(영조 5)에는 병조 판서 조문명趙文明과 훈련대장 이삼李森

이 친기위의 몰기법을 고쳐야 한다고 요청했으나 부정행위만 방지하게 했다.[254] 1738년에 병조 판서 박문수朴文秀는 의주·선천의 시재에서 몰기자가 31명이나 쏟아지자 개정을 요구했다.

약간의 정도 차이만 있을 뿐 남쪽도 북쪽지역과 사정이 다르지 않았다. 대표적으로 경상도의 특수부대인 별무사의 몰기직부도 수난을 겪었다. 경상도 별무사의 몰기직부는 1753년에 장령 정희신丁喜慎의 건의로 이뤄졌다. 하지만 일주일도 지나지 않아 좌의정 이천보李天輔가 몰기직부가 문란하다고 지적하면서 무산되었다.[255] 그 뒤 1756년에 경상도 관찰사 이익보李益輔가 몰기직부의 시행을 다시 요청했다가 추고되었다.[256] 이후 정조 대에도 몰기직부의 시행 요청이 계속되었으나 전체 과목 1등만 직부전시를 내리게 했다.[257]

결국 18세기 말에는 지방의 몰기직부에 대한 대응책으로 몰기비교법沒技比較法을 도입하기에 이르렀다. 1793년(정조 17)에 정조는 함경도 남병영의 도시에서 몰기자가 16명이나 나오자 이번만 모두 직부전시를 내리고 다음부터는 몰기자들을 비교 선발하게 했다.[258] 몰기비교법이란 몰기를 받은 사람끼리 다시 견주어서 1명만 선발하는 제도다. 하지만 이듬해에 우의정 이병모가 무사들이 억울한 마음만 품을 수 있다고 지적하면서 시행하지 못했다.[259]

이후 몰기비교법을 다시 논의한 시기는 1826년(순조 26)이다. 우의정 심상규가 가을부터 만약 몰기가 많으면 비교하여 오직 우등 1명만 선발하되, 비교 결과 점수가 같으면 당초의 몰기 규정으로 다시 비교하자는 의견을 내놓아 논의 끝에 시행했다.[260]

몰기비교법을 다시 도입한 초기에는 사뭇 강경하게 시행했다. 이 법을 시행한 지 한 달도 되지 않아 함경도 남병영에서 실시한 친기위의 도시에서 몰기직부를 받은 자가 29명이나 되자 새 정식이 아직 도착하지 않았지만 몰기의 시행이 매우 문란했다는 이유로 남병사南兵使를 파직시킨 사례가 좋은 증거다.[261]

1827년 3월에는 몰기비교법을 보완한 새 규정도 만들었다. 몰기자를 비교할 때 처음 몰기한 규정으로 선발하면 과목마다 점수를 지급하는 규정이 달라서 불리한 몰기자가 생길 수 있었다. 그래서 몰기자의 비교 과목을 유엽전으로 고정했다.[262]

하지만 몰기비교법은 1년이 지나면서 흐지부지되었다. 그 이유는 무사들의 불만이었다. 1827년 5월에 예조 판서가 몰기자 중 우등 1명을 뽑는 것은 좋은 의도이나 모두 무과방목에 들지 못해서 원망이 있을 뿐만 아니라, 예전 법규를 하루아침에 혁파한다면 무사를 격려하는 도리도 아니라는 의견을 내놓았다. 결국 순조는 논의 끝에 몰기비교법을 폐지하고 몰기직부를 복구하고 말았다.[263]

그 뒤로 1838년(헌종 4)에 우의정 이지연李止淵의 제의로 몰기비교법을 재개했다.[264] 하지만 이 조치도 지방민의 거센 반발을 초래해 같은 해 10월에 이듬해부터 서북지방의 몰기비교법을 폐지한다고 발표했다. 그러자 다른 지역에서도 폐지 요청이 잇달았다. 그 결과 1841년에는 영남 별무사의 몰기비교법을, 1845년에는 개성부의 몰기비교법을 폐지했다.[265]

철종 대에도 1853년(철종 4)에 몰기비교법을 복구했다가 이듬해에 함경도 무사들이 억울해하는 폐단이 있다는 비변사 요청으로 유보되고, 혼란을 막지 못했다는 이유로 병마절도사를 유배시켰다.[266] 1855년(철종 6)에는 병조 판서 이경재李景在의 건의로 평안도도 함경도와 마찬가지로 몰기직부가 복구되었다.[267] 1859년에는 경상도까지 복구

되었다.[268]

이상에서 살펴본 대로 몰기직부는 무과 응시나 급제가 상대적으로 쉽지 않은 지방민에게 무과 급제를 의미하는 상이었으므로 지방민의 요청이 끊이지 않았다. 하지만 이런 노력에도 불구하고 지방 거주자의 직부전시의 비중은 서울 거주자에 비해 높지 않았다. 그럼에도 직부전시의 논란이 주로 지방을 대상으로 진행된 점은 직부전시의 중심추가 서울의 중앙군과 친위군 쪽으로 놓여 있었기 때문이며, 이 점이 조선 후기 직부전시의 특징이었다.

## 2부

# 누가
# 무과에
# 급제했을까?

이 책에서 분석 대상으로 삼은 무과급제자는 현전하는 무과방목 중 17~19세기에 걸친 102회분에 담긴 16,643명이다. 무과급 제자의 전력과 거주지, 성관과 아버지 직역을 분석하여 어떤 사람이 무과에 투신했는지 검토했다. 무과급제자의 출신 성분은 그동안 실체가 분명하지 않던 조선 후기 무과급제자의 존재를 구체적으로 파악할 수 있는 지름길로 안내해줄 것이다.

# 5장

# 한량, 무과급제자의 대명사가 되다

## 무과방목에 실린 전력 종류

이 책에서 분석 대상으로 삼은 무과방목은 17~19세기에 걸친 102
회분이며 여기에 담긴 무과급제자는 총 16,643명이다.[269] 이 중에는
전력이 기재되지 않은 사람이 있으며, 기재는 되었으나 자료 훼손으
로 파악할 수 없는 사람도 있다. 그래서 최종적으로 전력 무기재자
37명, 전력 미상 31명을 제외한 16,575명을 분석 대상으로 선정했다.
이 책의 부록 중 〈부표2〉는 이 책에서 분석 대상으로 삼은 조선

후기의 무과방목 102회분의 목록과 선발 인원을 정리한 내용이다. 1600년(선조 33)부터 1882년(고종 19)까지다. 〈부표2〉에서 총원과 실제 인원이 맞지 않은 이유는 무과방목에 기재된 갑과甲科 · 을과乙科 · 병과丙科의 인원과 실제 수록 인원이 맞지 않아서다. 예컨대 1844년 방목은 조선왕조실록에 300명으로 나와 있으나 방목에는 53명만 기재했다. 다른 하나는 방목의 손상으로 수록 인원을 알 수 없어서 총원과 실제 인원에 차이가 생겼다.[270]

무과급제자 16,575명이 소지한 전력은 251종으로 매우 다양한 편이다. 그래서 이 전력들을 심층적으로 분석하고 변화의 모습을 포착하기 위해 한량 · 관료군 · 군사직 · 기타직역으로 유형화했다.

한량은 조선 후기 무과급제자의 대명사인 만큼 단일 전력 중 비중이 가장 높아 따로 분류했다. 관료군은 관품 또는 관직 소유자를 묶었다. 무과급제자의 전력 기재 방식이 관품과 관직을 함께 기록한 경우는 없으며 반드시 하나만 기록했기 때문이다. 군사직은 중앙 군영 및 지방의 감영 · 병마절도사영[병영兵營] · 수군절도사영[수영水營]에 소속된 사람으로서 관직이나 품계를 소유하지 않은 장교 · 금군 · 군졸 · 보인을 묶었다. 기타직역은 관료군 · 군사직 · 한량을 제외한 나머지 전력의 소유자다.

〈표5-1〉은 이 기준에 따라 무과방목에 나타난 전력의 종류를 정리한 결과다. 한량, 관품 37종(동반관계 15종/서반관계 22종), 관직 53종(동반직 21종/서반직 27종/미상 5종), 군사직 136종, 기타직역 24종이다. 각 내용은 해당 절에서 다시 자세히 설명하므로 여기서는 전체 현황만 파악할 수 있게 했다.

다음으로 조선 후기 무과급제자 16,575명의 전력 분포를 알아보기

**〈표5-1〉 조선 후기 무과방목에 나타난 급제자의 전력 종류**

<table>
<tr><th colspan="2">구분</th><th colspan="2">전력 종류</th><th>총수</th></tr>
<tr><td colspan="4">한량</td><td>1종</td></tr>
<tr><td rowspan="5">관료군</td><td rowspan="3">관품</td><td>동반</td><td>서반</td><td rowspan="3">37종</td></tr>
<tr><td rowspan="2">통훈대부, 통덕랑, 통선랑, 봉직랑, 봉훈랑, 승의랑, 승훈랑, 선교랑, 선무랑, 무공랑, 계공랑, 통사랑, 승사랑, 종사랑, 장사랑</td><td>어모장군, 건공장군, 보공장군, 진위장군, 소위장군, 정략장군, 선략장군, 과의교위, 충의교위, 현신교위, 창신교위, 돈용교위, 진용교위, 여절교위, 병절교위, 적순부위, 분순부위, 승의부위, 수의부위, 효력부위, 전력부위,</td></tr>
<tr><td>근력부위</td></tr>
<tr><td rowspan="2">관직</td><td>정正, 부위, 부정, 경력, 첨정, 도사, 영令, 판관, 현감, 감찰, 낭청, 인의, 주부, 찰방, 별제, 직장, 봉사, 참봉, 각감, 사알, 사약</td><td>우림위장, 상호군, 첨사, 대호군, 호군, 만호, 부호군, 사직, 부사직, 사과, 부장, 부사과, 사정, 참군, 부사정, 사맹, 부사맹, 사용, 부사용, 권관, 별장, 초관, 선전관, 겸선전관, 수문장, 내승, 겸내승</td><td rowspan="2">53종</td></tr>
<tr><td colspan="2">미상 : 정, 가정, 낭청, 전함, 토관</td></tr>
<tr><td rowspan="4">군사직</td><td>장교</td><td colspan="2">장교, 가전별초, 장용영 감관, 교련관, 기고관, 기패관, 별군직, 병선장, 지고관, 지구관, 진무장군, 친기위장, 군관, 권무군관, 별군관, 별부료군관, 부료군관, 선무군관, 수첩군관, 우열군관, 좌열군관, 의려군관, 장려군관, 전선군관, 좌별군관, 주사군관, 포도군관</td><td rowspan="4">136종</td></tr>
<tr><td>금군</td><td colspan="2">겸사복, 내금위, 액외내금위, 일번내금위, 우림위, 금군, 가후금군, 액외금군, 봉지, 일솔차비, 정련배</td></tr>
<tr><td>제위</td><td colspan="2">족친위, 충무위, 충순위, 충의위, 충익위, 충장위, 충좌위, 충찬위</td></tr>
<tr><td>군총</td><td colspan="2">갑사, 관군, 교사, 근장군사, 금위군, 기병, 기사, 난후사, 능사, 마대, 마병, 무사, 무예별감, 무용, 배군, 별기군, 별기사, 별기위, 별대, 별대마병, 별무사, 별사복, 별솔, 별시위, 별초무사, 별친위사, 별파진, 별효사, 별효위, 보군, 보병, 보인, 사복, 사부, 사수, 사지, 선기대, 속오군, 수군, 수어군, 수영패, 신선, 아병, 어영군, 어위군, 여정, 연무, 요군, 자성군, 장무대, 장용군, 장용위, 액외장용위, 장초, 정로위, 정병, 정초군, 진군, 진무사, 착호, 창검군, 척후군, 초군, 총융군, 추포무사, 친군위, 친기사, 친기위, 포도사, 포수, 한려, 향기사, 향무사, 협련군, 호련대, 호위군, 훈련도감군, 훈련별대, 겸내취, 내취, 군막수, 기수, 뇌자, 대기수, 등롱군, 순령수, 아기수, 장막군, 취고수, 표하군</td></tr>
<tr><td colspan="2">기타직역</td><td colspan="2">생원, 진사, 음양과, 교생, 무학, 업무, 업유, 원생, 생도, 허통, 훈생, 군공, 납속, 향리, 공생, 역리, 궁인, 내시인, 녹사, 별감, 양인, 어부, 제원, 직부</td><td>24종</td></tr>
<tr><td colspan="4">합계</td><td>251종</td></tr>
</table>

(근거: 무과방목 102회분)

위해 시기에 따라 유형별로 정리했다. 그 결과가 〈표5-2〉다. 시기에 따른 변화도 함께 살펴보기 위해 1세기를 50년 단위로 끊어서 전반·후반으로 나타냈다. 다만 19세기 후반은 분석 대상의 규모가 미미한 점을 고려할 필요가 있다.

그 결과 무과급제자 16,575명이 소유한 전력 중 한량이 5,650명으

<표5-2> 조선 후기 무과급제자의 전력 분포

| 시기 \ 전력 | 한량 | 군사직 | 관료군 | | 기타직역 | 합계 |
|---|---|---|---|---|---|---|
| | | | 관직 | 관품 | | |
| 17세기 전반 | 7 | 638 | 213 | 84 | 247 | 1,189 |
| (%) | (0.6) | (53.6) | (17.9) | (7.1) | (20.8) | (100.0) |
| 17세기 후반 | 668 | 777 | 590 | 384 | 911 | 3,330 |
| (%) | (20.1) | (23.4) | (17.7) | (11.5) | (27.4) | (100.1) |
| 18세기 전반 | 2,394 | 763 | 904 | 956 | 181 | 5,198 |
| (%) | (46.1) | (14.6) | (17.4) | (18.4) | (3.5) | (100.0) |
| 18세기 후반 | 2,116 | 2,139 | 380 | 243 | 37 | 4,915 |
| (%) | (43.1) | (43.5) | (7.7) | (4.9) | (0.8) | (100.0) |
| 19세기 전반 | 409 | 1,209 | 139 | 66 | 33 | 1,856 |
| (%) | (22.0) | (65.1) | (7.5) | (3.6) | (1.8) | (100.1) |
| 19세기 후반 | 56 | 2 | 29 | · | · | 87 |
| (%) | (64.4) | (2.3) | (33.3) | | | (100.0) |
| 소계 | 5,650 | 5,528 | 2,255 | 1,733 | 1,409 | 16,575 |
| 합계 | 5,650 | 5,528 | 3,988 | | 1,409 | 16,575 |
| (%) | (34.1) | (33.4) | (24.1) | | (8.5) | (100.1) |

(근거: 무과방목 102회분, 단위: 명)

로 34.1%를 차지해 가장 높은 점유율을 보였다. 단일 전력으로 34.1%나 나온 점을 고려하면 조선 후기 무과급제자의 대명사로 한량을 꼽아도 손색이 없다. 한량 다음으로 무과급제자를 배출한 전력은 군사직 5,528명으로 33.4%를 차지했다. 이어서 관료군이 3,988명으로 24.1%를 차지했다. 끝으로 기타직역이 1,409명으로 8.5%의 비중을 나타냈다.

표에서 주목할 만한 특징이 두 가지가 있다. 첫째, 무과급제자의 전력은 한량(34.1%) → 군사직(33.4%) → 관료군(24.1%) → 기타직역 (8.5%)의 순서로 비중을 차지하여 한량과 군사직이 강세를 나타냈다. 이 결과는 조선 후기의 무과가 무武에 종사하는 사람들에게 유리했음을 뜻한다.

둘째, 관료군의 비중도 적은 편이 아니다. 관직 소유자가 13.6% (2,255명), 관품 소유자가 10.5%(1,733명)이어서 무과에 양반의 참여가 활발하던 상황을 짐작할 수 있다. 하지만 관료군과 비관료군(한량·군사직·기타직역)의 비율은 24.1:75.9로 비관료군의 비중이 3배나 높아 무과가 초입사의 기능이 더 강했음을 보여준다.

그러면 이러한 특징이 시기별로 어떻게 나타나는지 다시 표를 살펴보고자 한다. 시기의 변화에 주목하여 보면 기타직역의 동태가 흥미롭다. 기타직역의 존재는 전체적으로 8.5%에 불과하여 무과급제자 안에서 큰 세력을 형성하지 못했다.

하지만 처음부터 이들의 존재가 미미한 편이 아니어서 17세기에는 꽤 높다. 이들이 차지한 비중을 시기별로 따라가 보면 20.8%(17세기 전반) → 27.4%(17세기 후반) → 3.5%(18세기 전반) → 0.8%(18세기 후반) → 1.8%(19세기 전반)다. 17세기까지 20% 이상을 웃돌던 상황이 18세기 전반에 3.5%까지 폭락하더니 19세기 후반에는 아예 급제자가 한 명도 없다.

한량은 17세기 전반에 0.6%(7명)로 미미했다가 17세기 후반부터 20.1%(668명)로 증가하더니 18세기 전반에는 46.1%(2,394명)까지 치솟았다. 19세기 전반에 다시 주춤하다가 19세기 후반에 64.4%(56명)까지 육박했다. 곧 18세기 이후로 증가세가 뚜렷한 편이다.

군사직은 17세기 전반에 53.7%(638명)로 전체 급제자의 절반 이상을 차지했다. 하지만 17세기 후반과 18세기 전반에는 급제가 저조한 상황이다. 그러다가 18세기 후반부터 다시 43.5%(2,139명)를 기록하고 19세기 전반에는 65.1%(1,209명)라는 놀라운 성장을 보여주다가 19세기 후반에 다시 하락세가 짙어졌다.

군사직이 이처럼 증감을 반복한 것은 무과 시행이 당시 국내외 정세나 군사 정책과 밀접한 관련을 맺기 때문으로 풀이된다. 여기에 무과 운용 방식의 변화도 연관이 있어 보인다. 17세기 전반은 임진왜란 직후로서 군비 강화가 시급했으며, 광해군 대도 후금의 성장으로 명의 파병 요청이 있던 때다. 18세기에는 금군과 중앙군 중심으로 운용한 직부전시를 고려해야 할 것 같다.

관품 소유자는 17세기 전반에 7.1%(84명)에 불과하다가 18세기 전반에 18.4%(965명)까지 증가하지만 점차 감소세를 나타냈다. 관직 소유자는 18세기 전반까지 17~18% 사이를 웃돌다가 18세기 후반과 19세기 전반에는 크게 감소했다. 그러다가 19세기 후반에 33.3%(29명)까지 치솟았다.

이상으로 전력의 시기별 추이를 요약하면, 17세기 전반에는 군사직과 관료군·기타직역, 18세기 전반에는 한량과 관료군, 18세기 후반에는 한량과 군사직, 19세기 전반에는 군사직, 19세기 후반에는 한량과 관료군이 다시 강세를 나타냈다. 무엇보다도 19세기 후반에 한량과 관직 소유자가 급등하면서 기타직역과 군사직의 비중이 확 낮아지는 특징을 보여주었다.[271]

이 특징을 근거로 할 때에 조선 후기 무과가 시기에 따라 성격이 달라지는 변화를 읽을 수 있다. 17세기까지는 각 전력의 분포가 20% 정도 고른 편이며, 18세기 전반까지도 관료군의 급제가 활발하다가 18세기 후반에야 한량과 군사직으로 집중되는 변화를 보이는 것이다. 다시 말하면 무과가 무에 종사하는 사람들이 급제하는 시험으로 변모한 시점이 18세기 후반이라는 사실이다.

끝으로 무과급제자의 전력 251종 가운데 1백 명 이상 나온 전력을 눈여겨볼 필요가 있다. 그 주인공들은 한량 5,650명(34.1%), 별무사 1,039명(6.3%), 부사과 994명(6%), 통덕랑 784명(4.7%), 보인 631명

(3.8%), 전력부위 512명(3.1%), 친기위 483명(2.9%), 업무 482명(2.9%), 무학 448명(2.7%), 교생 372명(2.2%), 충의위 254명(1.5%), 부사용 181명(1.1%), 선무군관 160명(0.9%), 마병 157명(0.9%), 군관 125명(0.8%), 권무군관 125명(0.8%), 부사정 125명(0.8%)이다. 이 17개 전력에서 75.5%(12,522명)의 급제자가 배출되었으므로 무과 급제가 용이한 전력이 있었다고 본다. 이 점을 염두에 두고 아래에서 각 전력을 자세히 분석하고자 한다.

## 한량이 무과에 본격적으로 진입한 시기는?

|

조선 후기 무과방목에서 전력을 알 수 있는 무과급제자 16,575명 중에 한량으로 급제한 사람은 5,650명(34.1%)이다. 무과급제자의 전력 분포에서 최고의 점유율을 나타냈으므로 무과급제자의 대명사라 할 만하다. 그렇다고 하여 한량이 조선시대 내내 큰 비중을 차지한 것은 아니었다.

〈표5-3〉은 현전하는 15~16세기 무과방목 13회분에서 한량 및 주요 기타직역의 급제 현황을 정리한 내용이다. 그 결과 현전하는 무과방목에서 한량이 처음 등장하는 시기는 1583년(선조 16)이었다. 무과급제자 500명 중 한량은 3명에 불과하다. 1584년에도 무과급제자 202명 중 한량은 2명뿐이어서 한량 급제자가 처음부터 많이 나온 것은 아니었다.

한량에 대해서는 이미 선학들의 연구 성과로 어느 정도 성격이 밝혀졌다.[272] 지금까지의 성과를 정리해보면 여말 선초의 한량에는 두

〈표5-3〉 15~16세기 한량·보인 및 주요 기타직역의 무과 급제 현황

| 실시연도 | 급제자총원 | 한량 | 보인 | 유학 | 학생 | 교생 | 무학 | 허통 |
|---|---|---|---|---|---|---|---|---|
| 1471 별시 | 17 | · | · | 1 | 6 | · | · | · |
| 1507 증광 | 28 | · | · | · | 4 | · | · | · |
| 1513 식년 | 28 | · | · | · | 8 | · | · | · |
| 1519 별시 | 46 | · | · | · | 8 | · | · | · |
| 1540 식년 | 28 | · | · | · | 12 | · | · | · |
| 1543 식년 | 28 | · | · | · | 7 | · | · | · |
| 1564 식년 | 28 | · | 3 | · | · | · | · | · |
| 1570 식년 | 29 | · | 6 | · | · | 2 | · | · |
| 1576 식년 | 29 | · | 4 | · | · | · | · | · |
| 1580 별시 | 44 | · | 5 | · | · | 5 | · | · |
| 1583 별시 | 500 | 3 | 140 | · | · | 63 | · | · |
| 1584 별시 | 202 | 2 | 42 | · | · | 34 | · | · |
| 1594 별시 | 418 | 2 | 49 | 3 | · | 54 | · | 1 |

(근거: 무과방목 13회분, 단위: 명)

종류가 있었다. 하나는 전함관前衘官·첨설관添設官·검교관檢校官 등 직
첩만 있고 직사職事가 없는 한량이 있었다. 다른 하나는 사족 내지
양반 자제로서 군역을 기피하여 호적과 군적에 등재되지 않은 한량
이 있었다. 그러다가 세종 대부터 실시한 도시都試를 계기로 한량은
무사의 성격을 띠었고, 중종 대부터 과거 응시가 허락되었다.[273]

이와 달리 조선 후기에는 여말선초처럼 전함관은 포함되지 않았
다. 그 대신에 후자처럼 군안에 등록되지 않은 한유자閑遊者만을 지칭
하면서 양정良丁·한양정閑良丁·한정閑丁과 한산조궁자閑散操弓者 등을
포함했다. 그 결과 한량은 관행적으로 직역처럼 통용되다가 1696년
(숙종 22)에 양반으로서 무武를 일삼는 사람을 지칭하는 직역으로 확
정되었다. 하지만 이미 전함관이 제외되면서 지위가 격하되어 양
반·중서中庶·양인 등 다양한 신분이 섞여 있었다.[274]

조선 후기에 한량이 무과에 급제하는 추이는 앞서 〈표5-2〉에서 제

시했다. 17세기 전반에 0.6%에 불과한 상태에서 17세기 후반 이후로 비약적으로 증가하여 18세기 전반에는 43.1%까지 육박했다. 19세기 전반에 22%까지 떨어졌다가 19세기 후반에 64.4%로 다시 증가했다.

한량의 무과 급제 추이를 더 자세히 검토하기 위해 국왕의 재임 기간별로 급제 현황을 다시 조사했다. 그 결과 광해군 대에 1%(1명), 인조 대에 0.5%(5명)에 불과했다. 그러다가 효종 대에 20.8%(278명)로 치솟고, 숙종 대에 32.6%(855명), 영조 대에 46.8%(1,977명), 정조 대에 43%(1,603명)까지 상승했다.[275]

한량이 중종 대 이후로 무과 응시가 가능했다고 하지만 무과방목을 확인한 결과 인조 대까지 무과에 급제한 사례는 드물었다. 무과방목을 근거로 하면 한량이 무과에 본격적으로 진출한 시기는 효종 대라 할 수 있다. 1657년(효종 8)에 병조 판서 허적許積이 무과 응시자 5천여 명 중에 한량이 과반이나 된다고 보고한 것도 이런 분위기를 반영해준다.[276]


## 한량이 무과급제자의 대명사가 된 배경

|

앞에서 확인했듯이 한량은 효종 대에 무과에 본격적으로 진출했으며 숙종 대부터 비약적으로 증가하기 시작했다. 이것은 1696년(숙종 22)에 한량이 무武를 업으로 하는 양반의 직역으로 확정된 조치와 밀접한 관련이 있으며, 한량이 무과급제자의 대명사가 된 배경도 여기에 있다고 여겨진다.

그런데 무과방목에서 한량의 거주지를 조사해보면 이 요소 외에도

| 시기<br>거주지 | 17세기<br>전반 | 17세기<br>후반 | 18세기<br>전반 | 18세기<br>후반 | 19세기<br>전반 | 19세기<br>후반 | 합계 |
|---|---|---|---|---|---|---|---|
| 서울 | 1 | 162 | 541 | 438 | 168 | 46 | 1,356 |
| (%) | (14.3) | (24.3) | (22.6) | (20.7) | (41.1) | (82.1) | (24.0) |
| 경기 | 2 | 162 | 438 | 366 | 55 | 5 | 1,028 |
| (%) | (28.6) | (24.3) | (18.3) | (17.3) | (13.4) | (8.9) | (18.2) |
| 충청 | 2 | 62 | 181 | 125 | 47 | 3 | 420 |
| (%) | (14.3) | (9.3) | (7.6) | (5.9) | (11.5) | (5.4) | (7.4) |
| 경상 | 1 | 17 | 122 | 136 | 16 | · | 292 |
| (%) | (14.3) | (2.5) | (5.1) | (6.4) | (3.9) | | (5.2) |
| 전라 | · | 96 | 144 | 184 | 27 | 2 | 453 |
| (%) | | (14.4) | (6.0) | (8.7) | (6.6) | (3.6) | (8.0) |
| 황해 | · | 74 | 480 | 303 | 16 | · | 873 |
| (%) | | (11.1) | (20.1) | (14.3) | (3.9) | | (15.5) |
| 강원 | · | 16 | 41 | 77 | 15 | · | 149 |
| (%) | | (2.4) | (1.7) | (3.6) | (3.7) | | (2.6) |
| 함경 | 1 | 3 | 33 | 51 | 15 | · | 103 |
| (%) | (14.3) | (0.4) | (1.4) | (2.4) | (3.7) | | (1.8) |
| 평안 | · | 71 | 406 | 436 | 50 | · | 963 |
| (%) | | (10.6) | (17.0) | (20.6) | (12.2) | | (17.0) |
| 미상 | · | 5 | 8 | · | · | · | 13 |
| (%) | | (0.7) | (0.3) | | | | (0.2) |
| 합계 | 7 | 668 | 2,394 | 2,116 | 409 | 56 | 5,650 |
| (%) | (100.1) | (100.0) | (100.1) | (99.9) | (100.0) | (100.0) | (100.0) |

(근거: 무과방목 102회분, 단위: 명)

다른 측면에서 한량이 무과급제자의 대명사가 된 요인을 유추해볼
수 있다. 〈표5-4〉에서 한량의 거주지를 조사한 결과 서울(24%) →
경기(18.2%) → 평안도(17%) → 황해도(15.5%)의 순서로 나타났다. 한
량으로서 무과에 급제한 사람은 서울·경기·평안도·황해도 거주
자가 많은 반면에 강원도·함경도 거주자는 상대적으로 적었다.

시기별로 거주지 분포를 보면 서울은 17세기 후반부터 증가하여
19세기 후반에는 82.1%(46명)가 서울 거주자였다. 경기는 17세기 후
반까지 비교적 높은 비중을 점하다가 점차 감소했다. 황해도·평안
도는 17세기 후반부터 꾸준히 증가하다가 19세기 전반에는 주춤했
다. 충청도는 18세기에 감소하다가 19세기 전반에 회복세를 보였으

나 다시 감소했다. 전라도·경상도는 계속 감소 추세이며, 강원도와 함경도는 조금씩 증가하는 추세지만 전반적으로 미미했다.

이처럼 시기마다 증감은 있지만 한량 급제자는 서울·경기·평안도·황해도 거주자가 꾸준히 상승하는 경향을 보여주었다. 그렇다면 이 결과를 어떻게 해석해야 할까? 그것은 이 지역들이 중앙군을 비롯해 감영·병영이나 특수부대가 자리한 점과 깊은 관련이 있다.

서울과 경기는 오군영五軍營이 소재한 지역이며, 평안도와 황해도에는 별무사別武士라는 특수부대가 각각 존재했다. 4장에서 설명한 대로 이곳에서는 도시都試나 각종 시재試才를 실시하여 전체 과목에서 수석을 하거나 한 과목 만점인 몰기沒技를 받은 한량에게 직부전시直赴殿試의 상을 내렸다. 그 결과 한량은 일반인보다 무과 진출의 기회를 더 얻었으며, 오군영이나 특수부대 소재 지역에서 무과급제자가 더 많이 나왔다고 보인다. 앞서 〈표4-3〉에서 직부전시자의 거주지가 서울(55.6%) → 평안도(11%) → 경기(10.5%) → 황해도(8.1%)의 순서로 점유율이 높았는데, 직부전시의 비중이 높은 지역에서 한량의 급제자도 많이 나왔다.

몇 사례를 소개해보면, 한량 장필웅張弼雄은 1714년(숙종 40) 증광 무과에 직부전시로 급제했다. 거주지는 황해도 봉산이며, 무과방목의 두주頭註에 '임진어영중일시사壬辰御營中日試射'라는 기록이 있다. 곧 임진년인 1712년에 어영청의 중일 시사에서 직부전시를 받아 급제한 것이다.

한량 이종상李宗祥은 1789년(정조 13) 식년 무과에 급제했다. 거주지는 서울이며, 무과방목의 두주에 '무신추내시사戊申秋內試射'라는 기록이 있다. 무신년은 급제하기 한 해 전으로 1788년 가을에 내시사內試射

에서 우수한 성적을 거둬 직부전시를 받은 것이다.

이상에서 살펴본 대로 한량은 17세기 중반 이후부터 무과에 활발하게 급제하여 18세기에 이미 무과급제자의 대명사로 불릴 만큼 높은 비중을 차지했다. 한량은 무를 업으로 삼는 양반의 직역이므로 중앙 군영을 비롯한 특수부대가 자리한 서울·경기·평안도·황해도에 사는 사람들이 비교적 많았다. 한량은 중앙 군영 및 지방에서 시행하는 다양한 시험에서 우수한 성적을 거두면 직부전시를 받아 무과에 급제할 수 있는 기회를 수월하게 잡았다. 이 때문에 무과급제자 가운데 다른 전력에 비해 가장 높은 점유율을 보일 수 있었다.

## 18세기 경상도 단성현의 한량들

한량의 무과급제자 가운데 특별히 주목해야 할 사람들이 있다. 바로 군영이나 특수 부대, 감영·병영에 소속하지 않고 급제한 사람들이다. 대표적으로 경상도 단성에 거주한 무과급제자 24명 중 한량 14명을 꼽을 수 있다. 이 14명은 모두 영조~순조 연간에 급제했다는 공통점이 있어서 더 관심을 끈다.

그렇다면 단성 지역 한량이 이 시기에 집중적으로 무과에 응시한 이유는 무엇일까 궁금하다. 대표적으로 현재 문집이 남아있는 권필칭權必稱을 소개하고자 한다. 권필칭은 1750년(영조 26)에 한량으로 식년 무과에 급제했다. 그의 나이 30세였다. 본관은 안동이며 세칭 '삼권三權'으로 이름을 떨친 권도權濤의 5세손이다.[277]

권도는 정구鄭逑와 장현광張顯光의 문인으로 도천서원道川書院과 완계

서원浣溪書院에 배향된 인물이다. 이괄의 난 때에 국왕을 공주까지 호종한 공으로 진무원종공신振武原從功臣이 되어 대사간까지 올랐다. 1628년(인조 6)에는 류효립柳孝立의 옥사를 다스린 공으로 영사원종공신寧社原從功臣에 올랐다. 1631년에 원종元宗 추숭을 반대한 일로 경상도 남해로 유배되었다가 죽었으며, 사후에 이조 판서에 추증되었다.[278]

권필칭은 23세가 되던 해인 1743년에 생원시의 초시에 합격했으나 최종 단계인 회시會試에서 낙방했다. 그 뒤 아버지 삼년상을 치르고 나서 27세에 생원시에 다시 도전했으나 회시에서 또 낙방하고 말았다. 결국 그는 이때부터 무예를 익히기 시작해 30세에 무과에 급제했다. 하지만 권필칭의 전향이 그다지 순탄한 과정을 거친 것은 아니었다.

당시 경상도 양반들 사이에 무武는 유학자가 할 일이 아니라고 경시하는 분위기가 팽배했으므로,[279] 문중에서는 그의 전향을 곱지 않은 시선으로 보았다. 권필칭은 당시 문장으로도 명망이 있었기에 스스로도 이 같은 결정을 내리기까지 합리화가 필요했다. 그래서 그는 몸을 바쳐 국가의 쓰임이 되는 데에는 문·무의 차이가 없다거나, 노모 봉양을 위해 입신양명을 할 수만 있다면 사양하지 않겠다고 다짐하기도 했다.[280]

하지만 그의 행적을 보면 무신보다는 학문을 좋아하는 선비로 행동했으며 어머니가 돌아가신 이후에 더 두드러졌다. 후손들도 권필칭이 무과로 발신했지만 유업儒業을 숭상한 행동을 묘지명이나 행장에서 강조하고 있어 비슷한 분위기를 읽을 수 있다.

각종 읍지에도 "무인으로서 유학자의 품행이 있었으니 당시 사람들이 '송당松堂 박영朴英 이후로 오직 이 한사람뿐이로다.'라고 했다. 수군절도사로 관직을 마쳤으며 오담梧潭이라는 별장이 있었는데 평소

책을 읽던 곳이다"²⁸¹라고 했다. 곧 권필칭에게 무과는 발신의 수단일 뿐이고 평소 선비로서의 자긍심을 놓지 않았던 것이다.

그런데 흥미로운 사실은 이 시기 단성에서 사대부 집안의 자손으로서 무과에 급제하는 현상이 권필칭에 국한되지 않았다는 점이다. 권필칭의 연보에는 "이때에 집안의 숙질 형제 가운데 계속해서 무과로 나간 사람이 거의 수 십 명이다. 이들 모두 현직이나 청직을 거쳤으며 유업을 실추시키지 않았다"²⁸²라고 했다. 여기서도 무과로 발신했지만 유업을 강조하고 있음을 볼 수 있다.

단성에 거주한 안동 권씨 가운데 무과에 급제한 사례를 보면 권필칭의 아우 권필시權必時도 1759년(영조 35) 식년 무과에 급제해 훈련원 주부를 지냈다. 재종형인 통덕랑 권탁우權卓羽도 1750년에 권필칭과 함께 식년 무과에 급제해 병마절도사까지 올랐다. 1784년(정조 8)에는 한량 권사룡權思龍, 한량 권사석權師錫, 통덕랑 권정한權正漢이 급제했으며, 1789년에는 통덕랑 권환權煥, 1790년에는 한량 권택하權宅夏가 급제했다. 1805년(순조 5)과 1835년(헌종 1)에는 권정하權定夏·권일하權一夏 형제가 무과에 급제했다.

위의 사례처럼 단성의 사대부가에서 권필칭을 포함한 안동 권씨들이 무과에 적극적으로 응시해 급제한 것은 관직 진출을 모색하는 과정에서 나온 선택이었다고 본다. 그리고 18세기 단성에 불어 닥친 이 변화는 전국적인 현상이었다.

성상께서 즉위하신 이래로 무사를 격려하는 방법이 특별하시어 서로 앞 다투어 분발하여 장수 가문의 자제뿐만 아니라 사대부가 자제들도 문文으로 벼슬길에 나갈 수 없는 자는 모두 무예를 일삼습니다.²⁸³

위의 내용처럼 문과로 벼슬길에 나가지 못한 사대부가의 자손들이 무과에 응시하여 관로를 개척했던 것이다. 몇 사례를 소개해보면, 1707년(숙종 33) 별시 무과에 급제한 한량 박민신朴敏信은 해미 현감, 낙안 군수, 남병마우후南兵馬虞候 등을 지냈다.[284] 1784년 정시 무과에 급제한 한량 서달언徐達彦은 판서 서섭徐涉의 8세손이며,[285] 한량 이득 강李得江도 26세에 급제하여 홍해 군수를 거쳤다.[286] 1844년에 증광 무과에 급제한 한량 민백문閔百文은 진사 민사헌閔師憲의 증손으로 선전관에 올랐다.[287]

그런데 사대부 후손이 무과에 진출하는 일은 꼭 이 시기에만 나타난 현상은 아니었다. 1633년(인조 11) 이조 판서 최명길崔鳴吉이 "조종조의 세족 자제가 독서를 부지런히 하는 것은 그 목적이 과거 급제에 있습니다. 그러므로 글을 공부하여 이루지 못하면 문과를 포기하고 무과로 나갔으며, 반드시 문과·무과 두 가지를 모두 이루지 못한 뒤에 비로소 음관으로 진출했습니다"[288]라고 했듯이 문과에 실패한 뒤 무과에 진출하는 경향이 17세기 무렵에도 있었다.

다만 여기서 고려할 점은 이 현상이 사회적으로 얼마만큼 광범하게 진행되었는가 하는 문제다. 한 연구에 따르면, 17세기 후반 이후로 서울 일원을 중심으로 한 중앙의 정치세력이 문과와 도당록都堂錄을 장악하는 양상이 두드러졌다고 한다. 이는 결과적으로 중앙 정치세력의 기반을 서울 일원으로 한정시키는 구조적인 변화를 가져왔다.[289]

그러므로 18세기 무렵 관직을 둘러싼 경쟁이 더 심했으리라고 예상되며 자연적으로 무과에 응시하는 사대부가 자손도 많았으리라고 짐작된다. 다시 말하자면 18세기에는 사대부가 후손이 무과에 응시하는 경향이 이전 시기에 비해 더 활발하게 진행되었다고 할 수 있다.

## 조선 후기 무과방목에서 유학이 사라진 이유

|

한량과 관련하여 한 가지 더 살펴볼 사항이 있다. 무과방목에 한량이라 기재된 급제자 중에 호적대장에 '유학幼學'으로 올라있는 사람도 있다는 점이다. 이와 관련하여 1672년(현종 13)에 좌부승지 최일崔逸이 현종에게 보고한 무과 초시의 결과를 유의 깊게 볼 필요가 있다.

최일은 평안도 청남淸南의 초시방목에 '유학'으로 올라있는 안광윤에 대해서 "무과 응시자로서 역役이 없고 품계가 없는 자는 으레 한량으로 적어야지 유학이라 쓸 수 없습니다"[290]라고 지적했다. 최일은 안광윤이 법례를 잘 몰라서 호구단자대로 적다 보니 그렇게 되었다면서 일단 '한량'으로 고친 쪽지를 붙여놓고 전시殿試를 치를 때에 고칠 것을 건의하여 윤허를 받았다.

이 내용으로 미뤄볼 때에 안광윤은 호구단자에 유학으로 올라있음이 분명하다. 또 직역이 없고 품계가 없는 사람이 향촌에서 유학으로 자처하더라도 무과에 응시하려면 한량이라는 직역을 써야했음을 알려준다. 이 점은 18세기의 『경상도단성현호적대장』에서 다시 확인할 수 있다.

1663년 이후로 과거 응시자는 반드시 호적에 성명이 올라 있어야만 과거에 응시할 수 있었다. 호적에 성명이 없는데도 녹명錄名을 하면 본인은 물론 녹명관도 처벌을 받았다.[291] 녹명이란 과거 응시자의 자격을 심사하여 등록하는 절차를 말한다. 그러므로 호적과 방목의 기록을 대조하는 작업은 한 사람의 직역이 각 기록에서 어떻게 적용되었는지를 추적할 수 있는 단서가 된다.

그래서 단성에 거주한 한량의 무과급제자들을 호적대장에서 조사해 보았다. 그 결과 1728년(영조 4) 별시 무과에 급제한 한량 이진서李震瑞는 1717년(숙종 43)과 1720년의 단성현 호적대장에 각각 '유학 이진서'로 올라 있다. 앞서 소개한 한량 권필칭도 무과에 급제한 해인 1750년의 단성현 호적대장에 '유학 권필칭'으로 올라 있다. 1783년(정조 7) 증광 무과에 급제한 한량 이원신 및 1784년 정시 무과에 급제한 한량 권사석도 단성현 호적대장에 각각 유학으로 되어 있다.[292] 1783년 하동에서 열린 증광 무과의 초시에 합격한 한량 조덕오 역시 단성현 호적대장에 유학으로 기재되었다.

권필칭을 제외한 네 명의 가계를 살펴보면, 권사석은 안동 권씨로 생원 권정구의 아들이다. 이진서는 합천 이씨로 증조부가 사헌부 감찰을 지낸 이시정이며 단성 향안鄕案에 올랐다. 아버지 이만적도 통덕랑으로 단성 향안에 올랐다. 이원신은 통덕랑 이명설의 아들이며, 할아버지 이인서가 만호를 지냈다. 조덕오는 무과 출신 조정휘의 손자다. 요컨대, 이원신과 조덕오를 제외한 권필칭·권사석·이진서는 단성에서 이름난 집안의 후예였다. 따라서 이들이 호적대장에 유학이라 올라있는 것이 유학을 모칭했다고 보기 어렵다.

위의 사례에서 구체적으로 확인했듯이 무과에 급제한 한량 중에는 호적대장에 유학으로 기재된 사람들이 있었다. 이 점에 주목하여 현전하는 무과방목을 다시 검토한 결과 유학으로 무과에 급제한 사람이 4명에 불과했다. 앞의 〈표5-3〉에서 보듯이 1471년(성종 2)에 1명과 임진왜란 중인 1594년(선조 27)에 3명이다.[293] 놀랍게도 이후로 무과방목에 유학으로 급제한 사람이 등장하지 않는다.

이와 유사한 현상은 잡과방목에서도 확인할 수 있다. 16~17세기 잡과방목에 수록된 413명의 전력을 조사한 결과에 따르면 유학이 76명(18.4%)이다. 특이 사항은 합격자가 많던 유학이 1576년 식년시 이후로 나타나지 않는다는 사실이다.[294]

　　무과방목이나 잡과방목에 유학이 나타나지 않는 현상은 문과방목이나 사마방목에서 유학이 대거 출현한 현상과 매우 대조적이다. 15~19세기 문과급제자 14,682명 가운데 유학이 5,421명(37%)으로 가장 높은 비중을 차지했다. 15세기에 6%에 불과하던 유학이 19세기에 72%까지 폭발적으로 증가했다.[295] 생원진사시도 15~19세기 합격자 38,009명 가운데 유학이 19세기 후반에 98.7%(7,840명)까지 치솟았다.[296] 이와 반대로 문과급제자나 생원진사시 합격자 중에서 한량은 한 명도 찾아볼 수 없다.

　　그러면 이러한 결과는 무엇을 뜻하는가? 방목에 나타난 전력의 유무만으로 이해한다면 한량은 무과만 응시하고 유학은 문과나 생원진사시만 응시했다는 단순한 결과를 도출하기 쉽다. 하지만 이 시점에서 주목할 사항은 유학이라도 무과에 응시하고자 할 때에는 녹명단자에 본인을 무에 종사하는 양반 직역인 '한량'으로 기재했고, 이것이 그대로 무과방목에 올랐다는 점이다.

　　바로 이러한 이유 때문에 효종 및 현종 대를 거쳐서 한량이 직역명으로 확정되는 숙종 대 이후로 한량으로 무과에 급제하는 사람이 비약적으로 증가했다고 여겨진다. 이런 측면에서 한량이 무과급제자의 대명사가 된 배경에 직역 기재 방식도 한몫했음을 반드시 기억할 필요가 있다.

# 6장

# 군사직 소유자

## 군사직의 유형과 종류

|

무과급제자 가운데 군사직으로 묶은 대상은 군사軍事에 종사한 사람으로서 관직이나 관품이 없는 사람이다. 이 범주는 임의대로 정한 것이 아니라 조선 후기 군영의 인적 편제를 반영한 것이다.

조선 후기에는 군영의 인적 편제를 관제官制 · 장관將官 · 장교將校 · 군총軍摠으로 구분했다.[297] 관제는 도제조, 제조, 대장大將 또는 사使, 종사관從事官이 해당한다. 장관은 실제 군무를 담당하면서 관품이 있는 자리로서 중군中軍(종2품), 별장別將(정3품), 천총千摠(정3품) 이하부터 초관哨官(종9품)까지를 포함한다. 장교는 군졸을 통솔하는 위치에 있는 교련관·기패관·군관 등으로 장관과 달리 관품이 없다. 군총은 일반 군졸이다. 군사직은 여기에 근거하여 관품이 없는 장교와 군총을 묶었으며, 관제와 장관은 관품이 있으므로 관료군에 포함시켰다.

무과급제자 16,575명을 이 기준에 따라 분류하면 5,528명이 군사직에 해당하며, 그 종류만 136종으로 적지 않은 규모다. 그러므로 군사직을 다시 장교將校·금군禁軍·제위諸衛·군총으로 유형화했다. 그 내용이 〈표6-1〉이다.[298]

〈표6-1〉 시기별 군사직의 무과 급제 인원

| 구분 | 군사직 | 17세기 전반 | 17세기 후반 | 18세기 전반 | 18세기 후반 | 19세기 전반 | 19세기 후반 | 합계(%) |
|---|---|---|---|---|---|---|---|---|
| 장교 | 장교 | · | · | · | · | 48 | · | 48 (0.86) |
| | 가전별초 | · | · | · | · | 4 | · | 4 (0.07) |
| | 장용영 감관 | · | · | · | 1 | · | · | 1 (0.02) |
| | 교련관 | · | · | 1 | 8 | 30 | · | 39 (0.70) |
| | 기고관 | · | 1 | · | · | · | · | 1 (0.02) |
| | 기패관 | · | 12 | 4 | 8 | 7 | · | 31 (0.56) |
| | 별군직 | · | · | · | · | 12 | 2 | 14 (0.25) |
| | 병선장 | · | · | · | · | 2 | · | 2 (0.03) |
| | 지고관 | · | 1 | · | · | · | · | 1 (0.02) |
| | 지구관 | · | · | · | 2 | · | · | 2 (0.03) |
| | 진무장군 | 1 | · | · | · | · | · | 1 (0.02) |
| | 친기위장 | · | · | · | 1 | · | · | 1 (0.02) |
| 군관 | 군관 | · | 3 | 3 | 31 | 88 | · | 125 (2.26) |
| | 권무군관 | · | · | 2 | 34 | 89 | · | 125 (2.26) |
| | 별군관 | · | · | · | 2 | 8 | · | 10 (0.18) |
| | 별부료군관 | · | · | · | 5 | 14 | · | 19 (0.34) |
| | 부료군관 | · | · | · | · | 6 | · | 6 (0.10) |
| | 선무군관 | · | · | · | 97 | 63 | · | 160 (2.89) |
| | 수첩군관 | · | · | · | 5 | 14 | · | 19 (0.34) |
| | 우열군관 | · | · | · | · | 2 | · | 2 (0.03) |
| | 좌열군관 | · | · | · | · | 9 | · | 9 (0.16) |
| | 의려군관 | · | · | · | · | 1 | · | 1 (0.02) |
| | 장려군관 | · | · | · | 1 | 3 | · | 4 (0.07) |
| | 전선군관 | · | · | · | · | 1 | · | 1 (0.02) |
| | 좌별군관 | · | · | · | · | 1 | · | 1 (0.02) |
| | 주사군관 | · | · | · | · | 1 | · | 1 (0.02) |

| 구분 | 군사직 | | 시기 17세기 전반 | 17세기 후반 | 18세기 전반 | 18세기 후반 | 19세기 전반 | 19세기 후반 | 합계(%) |
|---|---|---|---|---|---|---|---|---|---|
| 장교 | 군관 | 포도군관 | · | · | · | 1 | · | · | 1 (0.02) |
| 금군 | 겸사복 | | 56 | 87 | 107 | 303 | 29 | · | 582 (10.52) |
| | 내금위 | | 44 | 27 | 1 | 8 | 23 | · | 103 (1.86) |
| | 액외 내금위 | | · | · | · | 15 | 14 | · | 29 (0.52) |
| | 일번 내금위 | | · | · | · | 4 | · | · | 4 (0.07) |
| | 우림위 | | 15 | 8 | 1 | 2 | 14 | · | 40 (0.70) |
| | 금군 | | · | · | · | 1 | 2 | · | 3 (0.05) |
| | 가후 금군 | | · | · | · | 3 | 6 | · | 9 (0.16) |
| | 액외. 금군 | | · | · | · | 1 | · | · | 1 (0.02) |
| | 봉지 | | · | · | · | 1 | 4 | · | 5 (0.09) |
| | 일솔차비 | | · | · | · | 1 | · | · | 1 (0.02) |
| | 정련배 | | · | · | · | 1 | · | · | 1 (0.02) |
| 제위 | 족친위 | | · | 1 | · | 4 | · | · | 5 (0.09) |
| | 충무위 | | · | 5 | · | · | · | · | 5 (0.09) |
| | 충순위 | | 16 | 13 | 15 | 10 | · | · | 54 (0.97) |
| | 충의위 | | 61 | 114 | 56 | 23 | · | · | 254 (4.59) |
| | 충익위 | | 10 | 32 | 5 | 1 | 2 | · | 50 (0.90) |
| | 충장위 | | 5 | 3 | 1 | · | · | · | 9 (0.16) |
| | 충좌위 | | · | 1 | · | · | · | · | 1 (0.02) |
| | 충찬위 | | 5 | 11 | 14 | 2 | · | · | 32 (0.57) |
| 군총 | 갑사 | | 1 | 4 | 1 | | · | · | 6 (0.10) |
| | 관군 | | · | 2 | 4 | 1 | · | · | 7 (0.12) |
| | 교사 | | · | 1 | 1 | 1 | · | · | 3 (0.05) |
| | 근장군사 | | · | · | · | · | 1 | · | 1 (0.02) |
| | 금위군 | | · | 3 | 22 | 27 | · | · | 52 (0.94) |
| | 기병 | | 2 | 4 | · | · | · | · | 6 (0.10) |
| | 기사 | | · | · | 20 | 132 | 23 | · | 175 (3.16) |
| | 난후사 | | · | · | · | 7 | · | · | 7 (0.12) |
| | 능사 | | · | 1 | · | · | · | · | 1 (0.02) |
| | 마대 | | · | · | 2 | · | · | · | 2 (0.03) |
| | 마병 | | · | 11 | 16 | 55 | 75 | · | 157 (2.84) |
| | 무사 | | · | · | · | 24 | 17 | · | 41 (0.74) |
| | 무예별감 | | · | · | 6 | 26 | 47 | · | 79 (1.42) |
| | 무용 | | 1 | · | · | · | · | · | 1 (0.02) |
| | 배군 | | · | · | · | 1 | · | · | 1 (0.02) |
| | 별기군 | | · | · | · | 2 | · | · | 2 (0.03) |
| | 별기사 | | · | · | · | 1 | · | · | 1 (0.02) |
| | 별기위 | | · | · | 5 | 13 | 7 | · | 25 (0.45) |
| | 별대 | | · | 6 | 1 | · | · | · | 7 (0.12) |
| | 별대마병 | | · | 16 | 6 | 53 | 10 | · | 85 (1.52) |
| | 별무사 | | 2 | 9 | 161 | 657 | 210 | · | 1,039 (18.79) |
| | 별사복 | | · | 1 | · | · | · | · | 1 (0.02) |
| | 별솔 | | · | 1 | · | · | · | · | 1 (0.02) |
| | 별시위 | | 5 | 1 | · | · | · | · | 6 (0.10) |
| | 별초무사 | | · | 10 | 48 | 12 | 4 | · | 74 (1.33) |
| | 별친위사 | | · | · | · | · | 5 | · | 5 (0.09) |
| | 별파진 | | · | 9 | 10 | 10 | 6 | · | 35 (0.63) |
| | 별효사 | | · | · | · | 38 | 39 | · | 77 (1.39) |
| | 별효위 | | · | 4 | 25 | · | · | · | 29 (0.52) |

| 구분 | 군사직 | 17세기 전반 | 17세기 후반 | 18세기 전반 | 18세기 후반 | 19세기 전반 | 19세기 후반 | 합계(%) |
|---|---|---|---|---|---|---|---|---|
| 군총 | 보군 | · | · | · | 5 | · | · | 5 (0.09) |
| | 보병 | 1 | 3 | 3 | · | · | · | 7 (0.12) |
| | 보인 | 374 | 223 | 25 | 9 | · | · | 631 (11.41) |
| | 사복 | 2 | 3 | · | · | · | · | 5 (0.09) |
| | 사부 | · | · | · | · | 1 | · | 1 (0.02) |
| | 사수 | · | · | 1 | · | · | · | 1 (0.02) |
| | 사지 | · | · | · | · | 2 | · | 2 (0.03) |
| | 선기대 | · | · | · | 9 | 2 | · | 11 (0.19) |
| | 속오군 | · | · | 1 | · | · | · | 1 (0.02) |
| | 수군 | · | 4 | 10 | 2 | · | · | 16 (0.28) |
| | 수어군 | · | · | 1 | 3 | · | · | 4 (0.01) |
| | 수영패 | · | 1 | · | · | · | · | 1 (0.02) |
| | 신선 | 3 | 5 | · | · | · | · | 8 (0.14) |
| | 아병 | · | 2 | 2 | 8 | 9 | · | 21 (0.37) |
| | 어영군 | 2 | 23 | 18 | 11 | 2 | · | 56 (1.01) |
| | 어위군 | · | · | 1 | · | · | · | 1 (0.02) |
| | 여정 | · | 1 | · | · | · | · | 1 (0.02) |
| | 연무 | · | 1 | · | · | · | · | 1 (0.02) |
| | 요군 | · | 1 | · | · | · | · | 1 (0.02) |
| | 자성군 | · | · | · | 1 | · | · | 1 (0.02) |
| | 장무대 | · | 3 | ·1 | · | · | · | 4 (0.07) |
| | 장용군 | · | · | · | 23 | · | · | 23 (0.41) |
| | 장용위 | · | · | · | 28 | 13 | · | 41 (0.74) |
| | 액외 장용위 | · | · | · | 26 | · | · | 26 (0.47) |
| | 장초 | · | · | · | 1 | · | · | 1 (0.02) |
| | 정로위 | 17 | 22 | 2 | · | · | · | 41 (0.74) |
| | 정병 | 14 | 66 | 1 | · | · | · | 81 (1.46) |
| | 정초군 | · | 1 | · | · | 1 | · | 2 (0.03) |
| | 진군 | · | 1 | · | · | · | · | 1 (0.02) |
| | 진무사 | · | · | · | · | 16 | · | 16 (0.28) |
| | 착호 | · | 1 | · | · | · | · | 1 (0.02) |
| | 창검군 | · | · | · | 1 | 1 | · | 2 (0.03) |
| | 척후군 | · | · | · | · | 1 | · | 1 (0.02) |
| | 초군 | · | · | · | 1 | 1 | · | 2 (0.03) |
| | 총융군 | · | · | 3 | 11 | · | · | 14 (0.25) |
| | 추포무사 | · | · | · | 12 | 2 | · | 14 (0.25) |
| | 친군위 | · | · | · | 26 | 7 | · | 33 (0.59) |
| | 친기사 | · | · | · | · | 5 | · | 5 (0.09) |
| | 친기위 | · | 4 | 140 | 203 | 136 | · | 483 (8.73) |
| | 포도사 | · | · | · | 1 | · | · | 1 (0.02) |
| | 포수 | 1 | 9 | 10 | 12 | 1 | · | 33 (0.59) |
| | 한려 | · | · | · | 3 | · | · | 3 (0.05) |
| | 항기사 | · | · | · | 2 | 3 | · | 5 (0.09) |
| | 항무사 | · | · | · | 9 | 10 | · | 19 (0.34) |
| | 친기위 | · | 4 | 140 | 203 | 136 | · | 483 (8.73) |
| | 포도사 | · | · | · | 1 | · | · | 1 (0.02) |
| | 포수 | 1 | 9 | 10 | 12 | 1 | · | 33 (0.59) |
| | 한려 | · | · | · | 3 | · | · | 3 (0.05) |
| | 항기사 | · | · | · | 2 | 3 | · | 5 (0.09) |

| 구분 | 군사직 | | 시기 17세기 전반 | 17세기 후반 | 18세기 전반 | 18세기 후반 | 19세기 전반 | 19세기 후반 | 합계(%) |
|---|---|---|---|---|---|---|---|---|---|
| 군총 | | 항무사 | · | · | · | 9 | 10 | · | 19 (0.34) |
| | | 협련군 | · | · | · | 3 | 3 | · | 6 (0.10) |
| | | 호련대 | · | · | · | 9 | · | · | 9 (0.16) |
| | | 호위군 | · | · | 6 | 10 | 9 | · | 25 (0.45) |
| | | 훈련도감군 | · | · | · | 3 | 7 | · | 10 (0.18) |
| | | 훈련별대 | · | 1 | · | · | · | · | 1 (0.02) |
| | 표하군 | 겸내취 | · | · | · | 4 | · | · | 4 (0.07) |
| | | 내취 | · | · | · | 3 | 1 | · | 4 (0.07) |
| | | 군막수 | · | · | · | 3 | 3 | · | 6 (0.10) |
| | | 기수 | · | · | · | 1 | · | · | 1 (0.02) |
| | | 뇌자 | · | · | · | 12 | 4 | · | 16 (0.28) |
| | | 대기수 | · | · | · | 4 | 2 | · | 6 (0.10) |
| | | 등롱군 | · | · | · | 3 | 1 | · | 4 (0.07) |
| | | 순령수 | · | · | · | 10 | 8 | · | 18 (0.32) |
| | | 아기수 | · | · | · | 4 | · | · | 4 (0.07) |
| | | 장막군 | · | · | · | · | 4 | · | 4 (0.07) |
| | | 취고수 | · | · | · | 4 | 3 | · | 7 (0.12) |
| | | 표하군 | · | · | · | 23 | 10 | · | 33 (0.59) |
| 합계 | | | 638 | 777 | 763 | 2,139 | 1,209 | 2 | 5,528(100.0) |

(근거: 무과방목 102회분, 단위: 명)

① 장교의 종류는 장교將校, 가전별초駕前別抄, 장용영 감관監官, 교련관教鍊官, 기고관旗鼓官, 기패관旗牌官, 별군직別軍職, 병선장兵船將, 지고관知鼓官, 지구관知彀官, 진무장군振武將軍, 친기위장親騎衛將, 군관, 권무군관勸武軍官, 별군관別軍官, 별부료군관別付料軍官, 부료군관付料軍官, 선무군관選武軍官, 수첩군관守堞軍官, 우열군관右列軍官, 좌열군관左列軍官, 의려군관義旅軍官, 장려군관壯旅軍官, 전선군관戰船軍官, 좌별군관左別軍官, 주사군관舟師軍官, 포도군관捕盜軍官이다.

② 금군은 겸사복兼司僕, 내금위內禁衛, 액외내금위額外內禁衛 일번내금위一番內禁衛, 우림위羽林衛, 가후금군駕後禁軍, 금군禁軍, 액외금군額外禁軍, 봉지奉持, 일솔차비日率差備, 정련배正輦陪다.

③ 제위는 특정인을 우대하기 위한 특수 군사직으로 족친위族親衛, 충무위忠武衛, 충순위忠順衛, 충의위忠義衛, 충익위忠翊衛, 충장위忠壯

衛, 충좌위忠佐衛, 충찬위忠贊衛다.

④ 군총은 갑사甲士, 관군館軍, 교사教師, 근장군사近仗軍士, 금위군禁衛軍, 기병騎兵, 기사騎士, 난후사攔後士, 능사能射, 마대馬隊, 마병馬兵, 무사武士, 무예별감武藝別監, 무용武勇, 배군排軍, 별기군別技軍, 별기사別騎士, 별기위別騎衛, 별대別隊, 별대마병別隊馬兵, 별무사別武士, 별사복別司僕, 별솔別率, 별시위別侍衛, 별초무사別抄武士, 별친위사別親衛士, 별파진別破陣, 별효사別驍士, 별효위別驍衛, 보군步軍, 보병步兵, 보인保人, 사복司僕, 사부射夫, 사수射手, 사지事知, 선기대善騎隊, 속오군, 수군, 수어군守禦軍, 수영패隨營牌, 신선新選, 아병, 어영군御營軍, 어위군御衛軍, 여정餘丁, 연무演武, 요군遼軍, 자성군慈城軍, 장무대壯武隊, 장용군壯勇軍, 장용위壯勇衛, 액외장용위額外壯勇衛, 장초壯抄, 정로위定虜衛, 정병正兵, 정초군精抄軍, 진군鎭軍, 진무사振武士, 착호捉虎, 창검군槍劍軍, 척후군斥候軍, 초군哨軍, 총융군摠戎軍, 추포무사追捕武士, 친군위親軍衛, 친기사親騎士, 친기위親騎衛, 포도사捕盜士, 포수砲手, 한려漢旅, 향기사鄉騎士, 향무사鄉武士, 협련군挾輦軍, 호련대扈輦隊, 호위군扈衛軍, 훈국도감군, 훈련별대訓練別隊, 겸내취兼內吹, 내취內吹, 군막수軍幕手, 기수旗手, 뇌자牢子, 대기수大旗手, 등롱군燈籠軍, 순령수巡令手, 아기수兒旗手, 장막군帳幕軍, 취고수吹鼓手, 표하군標下軍이다.

## 무과 급제에 유리한 군사 직종

〈표6-1〉을 보면 몇 가지 특징이 눈에 들어온다. 첫째, 일반 군사가 무과에 급제하는 비중이 높은 편이다. 군사직 소유자의 분포가 군총

3,711명(67.1%), 금군 778명(14.1%), 장교 629명(11.4%), 제위 410명(7.4%)으로 나타났다. 군총이 67.1%로서 군사직의 절반 이상을 차지해서 일반 군사가 무과에 급제하는 경향이 두드러졌다. 표면적으로 군총 급제자가 많은 이유는 별무사·보인·친기위에서 무과급제자가 다수 배출되었기 때문이다.

둘째, 무과 급제에 유리한 군사 직종이 있었다. 군사직 중 1백 명 이상 급제자가 나온 전력을 보면, 장교에서는 선무군관·권무군관·군관이다. 금군에서는 겸사복과 내금위다. 제위에서는 충의위이며, 군총에서는 별무사·보인·친기위·기병·마병이다.

급제 인원을 구체적으로 보면 별무사 1,039명(18.8%), 보인 631명(11.4%), 겸사복 582명(10.5%), 친기위 482명(8.7%), 충의위 254명(4.6%), 기사 175명(3.2%), 선무군관 169명(2.9%), 마병 157명(2.8%), 군관 125명(2.3%), 권무군관 125명(2.3%), 내금위 103명(1.7%)다. 이 11종의 전력에서 군사직의 69.5%(3,842명)가 나왔으므로 무과를 상당 수 독점했다고 해도 과언이 아니다.

반면에 군사직의 전력 136종 가운데 10명 이하(0.1%)의 무과급제자가 나온 전력이 90종이나 된다. 이 90종에서 겨우 299명(5.4%)이 나왔으며, 이 중에서 무과급제자 1명만 나온 전력도 37종이나 된다. 이 결과는 다양한 전력에서 무과급제자가 나왔지만 무과 급제에 유리한 군종이 따로 있었다는 사실을 알려준다.

무과급제자가 1명만 나온 군종은 다음과 같다. 장교는 장용영 감관·기고관·별사복·지구관·진무장군·친기위장·의려군관·전선군관·좌별군관·주사군관·포도군관이다. 금군은 액외금군·일솔차비·정련배다. 제위는 충좌위다. 군총은 근장군사·기수·능사·무용·배군·별기사·별솔·사부·사수·속오군·수영패·어위군·여정·연무·요군·자성군·장초·진군·착호·척후군·포도사·훈련별대다.

셋째, 무과 급제에 유리한 군종이 있었지만 다양한 군종 소유자의 급제도 눈여겨볼 필요가 있다. 앞의 〈표5-2〉 '조선 후기 무과급제자의 전력'에서 군사직의 시기별 추이는 17세기 전반에 53.6%로 무과급제자의 절반 이상을 차지하다가 17세기 후반에 23.4%, 18세기 전반에 14.6%까지 감소했다. 그러다가 18세기 후반에 43.5%를 기록하며 19세기 전반에는 65.1%까지 치솟았다.

그런데 위의 〈표6-1〉에서 군종을 조사해보면 17~19세기 후반까지 22종(17세기 전반) → 52종(17세기 후반) → 44종(18세기 전반) → 85종(18세기 후반) → 72종(19세기 전반)으로 비약적으로 늘어났다. 17세기 후반에 군사직의 급제는 줄었지만 군종은 오히려 줄지 않고 2.4배나 증가했다. 18세기 전반에 다소 감소하는 분위기였으나, 18세기 후반에 군사직의 급제가 늘면서 군종도 1.9배나 증가했다.

무과에 급제하는 군종의 증가는 새로운 군영의 창설이나 표하군처럼 새로운 군종이 만들어진 데서 연유한다. 무과방목에서 새로운 군종이 꾸준히 늘어나는 현상은 그만큼 다양한 군사 직종의 소유자가 무과에 급제했다는 사실을 의미하며, 무과가 점차 더 다양한 사람들에게 개방되었음을 시사한다.

이 점은 양인良人 아버지를 둔 무과급제자의 전력을 보면 뚜렷하다. 아버지 직역을 '양인'으로 기재한 무과급제자는 102명으로 이들의 전력은 군사직 71명(69.6%), 한량 25명(24.5%), 기타직역 4명(3.9%), 관료군 2명(2%)이다. 즉 양인 아버지를 둔 무과급제자의 약 70%가 군사직이었다. 이 결과는 군사직의 구성이 그만큼 다른 전력보다 다양한 계층을 포괄하며, 다양한 군종에서 무과급제자가 나온 현상은 무과의 개방성이라는 측면에서 바라봐야 한다.

넷째, 무과 급제의 비중이 높은 군종도 시기별로 변화가 있었다. 17세기 전반은 보인이 58.6%(374명)나 차지했다. 17세기 후반에는 보인(223명, 28.7%)과 충의위(114명, 14.7%), 18세기 전반에는 별무사(161명, 21.1%)와 겸사복(107명, 14%), 18세기 후반에는 별무사(657명, 30.7%), 겸사복(303명, 14.2%), 친기위(203명, 9.5%), 19세기 전반에는 별무사(210명, 17.4%)와 친기위(136명, 11.2%)의 비중이 높다. 17세기에 무과 급제에 강세를 나타낸 보인과 충의위가 18세기부터 약세를 보이는 대신에 겸사복·별무사·친기위가 새롭게 발돋움했다.

## 장교·금군의 사회적 위상

그렇다면 군사직 소유자로서 무과에 급제한 사람들은 사회적으로 어떤 위상을 가졌을까? 이 질문에 답하기 위해서는 군사직에 속한 전력에 대한 이해가 선행되어야 한다. 그래서 무과급제자가 많이 나온 군종이 어떤 직책인지 알아보았다.

먼저 장교다. 선무군관은 1752년(영조 28)에 균역법을 실시한 뒤에 부족한 재정을 보충하고 양역良役을 지지 않는 한유자閑游者에 대한 대책으로 경제력이 높은 양인 피역자를 뽑아서 만든 군관이다. 경기·충청도·황해도·전라도·경상도의 선무군관에게 매년 포 1필을 거뒀으며, 수포군관收布軍官과 구별하기 위해 자손까지 군역을 면제했다.

매년 도시都試도 실시하여 1등은 직부전시, 2등은 직부회시의 특전을 주어서 무과 급제의 길을 열어주었다.[299]

권무군관은 양반 자제에게 무武를 권장하기 위해 설치한 군관으로 훈련도감·어영청·금위영에 각 50명을 두었다. 훈련도감은 1717년(숙종 43), 어영청은 1670년(현종 11), 금위영은 1706년에 설치했다.[300] 권무군관은 권무과에서 우수한 성적을 거두면 직부전시를 받아서 무과에 급제할 수 있는 혜택을 받았다. 예컨대, 1800년(정조 24) 정시 무과의 급제자 권무군관 변호덕卞浩德은 1798년 가을에 권무과에서 직부전시를 받아서 급제했다.

기패관은 군졸에게 시험을 치러서 임용하는 자리로서 20개월 근무 뒤에 출륙出六했다. 지구관은 기패관을 승진시켜 임용했으며 역시 20개월 근무 뒤에 출륙했다.[301] 출륙이란 6품으로 승진하여 참상관이 되는 것을 말하는데, 조회朝會에 참여할 수 있는 자격이 주어지므로 그 의미가 컸다.

한편 '장교' 48명은 모두 1813년(순조 13) 증광시의 무과급제자인데, 47명이 평안도 출신이며 1명만 경상도 출신이다. 그래서 전력만으로는 어떤 사람들인지 정확하게 파악하기 어렵다. 별군관은 훈련도감·금위영·어영청·수어청·총리청 등 각 군영에 소속하여 궁성 순라를 담당했다. 어영청의 경우 한산閒散으로 임명하고 24개월을 근무하면 출륙했다.

다음으로 금군이다. 겸사복은 금군청(1755년 '용호영'으로 개칭)에 속해있으면서 국왕 및 궁궐 시위 임무를 담당했다. 정원은 200명이며 이 중에 서북지방 사람도 일부 포함되었다.[302] 겸사복은 일반 군졸이 상층 군사직으로 올라가는 통로로서 군공이나 각종 공로에 대한 상으로도 '겸사복첩'을 지급했다. 그래서 직첩의 남발이 심하다는 지적을 받았으며, 그만큼 무과급제자도 많이 나왔다고 판단된다.

내금위 역시 금군청에 속한 금군으로서 정원이 300명이었다. 1677년(숙종 3)에 "옛날의 내금위는 모두 사족이었다"[303]라는 지적이 있을 만큼 금군 중 가장 위상이 높았다. 또 내금위 3번番 중 일번내금위一番內禁衛 100명은 1777년(정조 1)에 선천내금위宣薦內禁衛가 성립된 이후로 선천의 자리이므로 위상이 더 높았다. 선천내금위란 선천의 적체를 해소하기 위해 선천을 받은 사람을 취재하여 내금위 1번에 소속시킨 뒤에 6개월간 근무하면 첫 관직으로 나가게 한 제도다. 선천에 대해서는 이 책의 12장에 자세하다.

충의위는 1418년(세종 즉위)에 개국開國 · 정사定社 · 좌명佐命 공신의 자손들을 입속시키기 위해 설치한 특수 병종이다. 조선 후기에는 왕자 · 대군大君의 적파嫡派 및 정공신正功臣 자손의 적장자와 중자衆子가 들어올 수 있었는데 주로 중자가 들어왔다. 다른 제위諸衛와 달리 번番을 면제하는 대가로 포布를 거두는 규정이 없었으며, 봉록 및 체아직遞兒職을 받았다. 그러다가 17세기 말부터 몇 대수代數에 한해서만 역을 면제받는 면역자로 전락했으며, 18세기 중반 이후에는 대우가 더 저하되었다.[304] 제위의 무과 급제도 18세기 이후로 현격하게 저하되는데, 이는 충의위에 대한 대우 하락과 연관이 있어 보인다.

## 군졸의 사회적 위상

다음으로 일반 군졸인 군총에 대해 알아볼 차례다. 먼저 군총 중

비중이 높은 별무사는 평안도·황해도·강원도·경상도에 소재한 기병 부대다.[305]

그런데 '관서 별무사關西別武士'라는 용어에서 짐작할 수 있듯이 별무사로 무과에 급제한 1,037명 중 86.6%가 평안도(63.5%)와 황해도(23.1%) 출신이다. 따라서 실제로는 북쪽 지역의 특수 병종이라 할 수 있다. 1710년(숙종 36) 평안도에 처음 창설한 이후로 다른 지역으로 확대되었다. 선발 대상은 1723년(경종 3)에 마련한 「황해도병영별무사절목黃海道兵營別武士節目」에 의하면 전직 관료·무과출신·한량·품관品官을 비롯하여 교생·장교·군관·절충장군折衝將軍·겸사복·업무業武·무학武學 등 어느 정도 제한이 있었다.[306]

하나의 사례를 꼽으면 1786년 정시의 무과급제자로 정유관鄭惟寬과 정필수鄭必秀 형제가 있다. 형 정유관의 전력은 별무사이며, 아우 정필수의 전력은 통덕랑이다. 이처럼 통덕랑과 별무사가 한 집에서 공존하고 있으므로 별무사의 위상이 결코 낮지 않았다고 여겨진다.

친기위는 1684년 함경도에 설치한 특수 기병 부대다. 변방의 방어를 위해 함경도에서 활쏘기 및 말 타기의 재주가 있거나 용력勇力이 있는 사람으로 600명을 뽑았다가 이후 3천 명까지 늘어났다.[307] 선발 대상은 20~40대 이하의 전직 관료·무과출신·업무·무학·한량·품관·유림儒林·교생·군관·역리·평민·공천·사천이었다. 이 가운데 관청과 사찰 노비는 도시都試에서 전체 1등이나 몰기(沒技:한 과목 만점)를 하면 면천첩을 받거나 병마절도사영인 병영에서 근무할 수 있었다.[308]

또 친기위는 1령領마다 취사병인 화병火兵 1명과 보직褓直 1명을 두었는데, 이들은 대체로 역노驛奴나 공사천으로 구성되었다.[309] 이들은

1년에 네 번 치르는 도시에서 3번 이상 우등하면 천인에서 벗어나 정식으로 친기위가 될 수 있었다. 이처럼 친기위는 별무사와 달리 다양한 신분과 계층이 섞여 있었고 천인이 공식으로 면천을 받을 수 있는 병종이었다.

기사는 금위영·어영청에 속한 군병으로서 황해도의 해서향기사海西鄉騎士가 시초였다. 어영청은 1658년(효종 9)에 설치하고 금위영은 1746년(영조 22)에 설치했다. 1750년에는 경기사京騎士를 설치한 다음 향기사의 상번 규례를 폐지하고 어영청 향기사는 병영에, 금위영 향기사는 관찰사가 있는 감영에 소속시켜 해마다 도시를 실시했다. 기사가 무과방목에 처음 나오는 시기는 1750년이며, 총 175명 중 160명이 황해도 거주자로 나타났다. 따라서 황해도의 병영과 감영에 소속된 향기사들이 도시를 통해 무과 급제가 두드러졌음을 알 수 있다.

선기대는 장용영의 군병으로 훈련도감에 소속된 경기 지역 승호군陞戶軍으로 이뤄졌다.[310] 승호군이란 식년마다 각 지방에 할당된 사람들이 서울로 올라와 훈련도감군이 되는 방식인데, 경기 승호군을 선기대로 충원한 것이다. 요군은 평안도 병영의 군종이다. 청국으로 가는 사신 행차를 호송하기 위해 요동을 왕래하므로 붙여진 이름인데, 1702년(숙종 28)에 순별초巡別抄로 고쳤다.[311] 수영패는 평안도 병마절도사가 거느린 군졸로 감영이나 병영에 속한 아병이었다.[312]

추포무사는 황해도 수영(水營:수군절도사영)에 속한 군병으로서 해마다 네 번 실시하는 도시에서 1등이나 몰기를 차지한 한량에게는 직부전시의 혜택을 주었다.[313] 무과방목에 나타난 추포무사 14명 모두 황해도 거주자다.

훈련도감의 별기군은 마군·보군 및 대년군待年軍 중 나이가 어리고 건장한 사람을 뽑아서 교관을 정해 단병무예 18기技[314]를 익히게 한 뒤 봄가을로 시취하여 선발했다.[315] 대년군은 훈련도감군의 아들로 구성되었다. 한려는 효종이 청국의 심양에서 환국할 때에 호종한 8성姓의 한인漢人 후손을 소속시킨 부대다. 그래서 '한인아병漢人牙兵'이라 했다가 1790년(정조 14)에 '한려'로 고쳤다. 병조에서는 한려 중 대보단 수직관 3인을 보고하여 20개월 근무 뒤에 출륙出六시켰으며, 근무 일수 45개월을 채우면 품계를 올려 주었다.[316]

액외 장용위는 1791년에 창설했으며 정원 15명 중 10명은 양반가의 후손으로 충당했다. 곧 무장 집안의 자손이나 지벌地閥이 두드러진 사람, 신체 조건이나 힘이 좋은 사람을 가려서 임명했다.[317]

이상으로 무과급제자가 급제 당시에 띤 군사직의 성격을 알아보았다. 군사직 소유자는 양반부터 천인까지 여러 신분이 섞여 있었다. 또 같은 군종이라 하더라도 그 안에서 다양한 계층이 섞여있어서 무과급제자가 다양한 계층에서 배출된 당대 현실을 잘 보여준다.


## 서울 군영에 집중된 무과급제자

다음으로 어디 소속의 사람들이 무과에 급제했는지를 알아보기 위해 군사직의 소속처를 검토했다. 군사직은 전력에 소속처가 기록되어 있지 않으면 소속처를 파악하기가 쉽지 않다. 같은 명칭을 띤 채 여러 군영에 소속해있거나, 지방군이면서도 중앙 군영에 번을 서기 위해 온 경우도 있기 때문이다.

예컨대, 교련관은 중앙의 오군영五軍營을 비롯하여 지방의 감영과 병영에도 소속했다. 별무사는 훈련도감·금위영·어영청에 속한 장교지만, 평안도·황해도·경상도·강원도의 병영에 속한 군사이기도 하다. 이외에도 기병·별솔·아병·정병처럼 소속처 없이 기재된 경우에는 소속처를 전혀 알 수 없다.

그래서 여기서는 군사의 소속처와 거주지가 일치하는 경우가 많은 점에 착안하여 군사직의 소속처를 판단하는 기준으로 그들의 거주지를 참조했다. 하지만 거주지를 참조해도 여전히 소속처가 애매한 경우가 많아 중앙군과 지방군으로만 분류했다.[318] 〈표6-2〉는 군사직 5,528명을 중앙군과 지방군으로만 나눠본 것이다.

군사직 5,528명의 소속처는 전체적으로 중앙 소속과 지방 소속이 각각 42%(2,319명)와 43.2%(2,386명)로 나타나 지방 소속이 조금 더 높다. 그런데 소속처 미상 823명의 거주지를 조사해보면 서울 거주자가 150명, 지방 거주자가 673명으로 지방 거주자가 더 많아 지방 소속의 무과급제자가 더 많았으리라고 예상된다. 하지만 지방 소속이란 서울을 제외한 8도를 합친 수치라는 점을 고려할 때에 중앙 소속과 지방 소속의 근소한 차이는 중앙 소재 군영이 무과 급제에 훨씬 유리했음을 잘 보여준다.

〈표6-2〉에서 군총의 소속처를 세부적으로 보면 중앙 소속과 지방 소속이 각각 14%(775명), 38.2%(2,113명)로 지방 소속이 중앙 소속에 비해 2.8배나 더 급제하여 주목된다. 반면 금군·제위는 모두 중앙 소속이며, 장교도 중앙 소속과 지방 소속이 각각 6.4%(335명), 4.9%(273명)로 나타나 중앙 소속의 비중이 우세했다.

요컨대, 군총만 지방 소속자가 더 큰 비중을 차지했던 것이다. 더구나 지방 소속처로 황해도·평안도가 우세하며, 여기에 함경도와 경

<표6-2> 군사직의 소속 지역(중앙 · 지방)

| 소속<br>분류 | 중앙 소속 군종 | 소계 | 지방 소속 군종 | 소계 | 미상 |
|---|---|---|---|---|---|
| 장교 | 가전별초(어영청),장용영 감관, 교련관, 군관, 기고관, 기패관, 별군직, 지고관, 지구관(장용영), 진무장군, 권무군관, 별군관, 전선군관, 포도군관 | 356명<br>(6.4%) | 장교(평안), 병선장, 친기위장, 별부료, 부료군관, 선무군관, 수첩군관, 의려 · 장려 · 좌열 · 우열군관(이상 강화), 좌별군관, 주사군관 | 273명<br>(4.9%) | - |
| 금군 | 가후금군, 겸사복, 금군, 내금위, 일번내금위, 액외금위, 액외내금위, 우림위, 봉지, 일술차비, 정련배 | 778명<br>(14.1%) | - | - | - |
| 제위 | 족친위, 충무위, 충순위, 충의위, 충익위, 충장위, 충좌위, 충찬위 | 410명<br>(7.4%) | - | - | - |
| 군총 | 겸내취, 교사, 군막수, 근장군사, 금위군, 기사, 기수, 내취, 뇌자, 대기수, 등룡군, 무예별감, 무용, 배군, 별기군(훈련도감), 별기위(금위영), 별대마병, 별무사, 별초(어영청), 별초무사(어영청), 별파진(금위영 · 어영청), 보군, 사지, 선기대(장용영 · 훈련도감), 어영군, 수어군, 순령수, 아기수, 어위군, 장막군, 장용군, (액외)장용위, 정초군, 창검군(금위영), 총융군, 취고수, 표하군, 한려, 협련군(훈련도감), 호련대, 호위군, 훈국군, 훈련별대, 마병(훈련도감) | 775명<br>(14%) | 관군, 난후사, 별친위사, 요군, 장무대, 자성군, 진무사, 여정(이상 푸安), 기사, 마대, 별마대, 별효위, 수영패, 진군, 추포무사, 향기사, 포도사(이상 황해), 갑사, 능사, 별기사, 친군위(수원), 별기위(동래), 별대, 별무사(황해 · 평안 · 경상 · 강원), 별시위, 별사복, 별효사(수원 · 파주 · 장단), 보병, 사부(射夫), 사수, 속오, 수군, 신선, 연무, 정로위, 착호, 친기사, 친기위(함경), 향무사, 마병 | 2,113명<br>(38.2%) | 기병<br>무사<br>보인<br>사복<br>별솔<br>아병<br>장초<br>정병<br>척후군<br>초군<br>포수 |
| 계 | 2,319명 (42%) | | 2,386명 (43.2%) | | 823명<br>(14.9%) |

(근거: 『대전통편』, 『전율통보』, 『만기요람』)

기가 가세하고 있다. 다시 말하면, 지방 소속이라 하더라도 팔도 전체가 아닌 4도에 집중되어 있다. 이런 점에서 이 네 곳 지역의 약진이 돋보이는 것이다.

이와 관련하여 〈표6-3〉에서 군사직의 거주지를 보면 서울이 30.6%로 최고 비중을 점했다. 다음으로 평안도가 17.9%, 황해도가 14.2%, 경기가 13.4%, 함경도가 9.9%를 나타냈다.

서울 거주자의 전력만 보면 가전별초 · 가후금군 · 겸내취 · 장용영 감관 · 군막수 · 근장군사 · 금군 · 기수 · 내취 · 뇌자 · 대기수 · 등롱군 · 배군 · 별기군 · 별대마병 · 보군 · 사지 · 선기대 · 수어군 · 아기

<표6-3> 군사직 무과급제자의 거주지

| 지역<br>시기 | 서울 | 경기 | 충청 | 경상 | 전라 | 황해 | 강원 | 함경 | 평안 | 미상 | 합계 |
|---|---|---|---|---|---|---|---|---|---|---|---|
| 장교 | 250 | 167 | 20 | 24 | 14 | 16 | 45 | 17 | 73 | 2 | 629 |
| (%) | (39.7) | (26.6) | (3.2) | (3.8) | (2.8) | (2.8) | (7.2) | (2.6) | (11.6) | (0.3) | (99.8) |
| 금군 | 522 | 42 | 13 | 28 | 16 | 60 | 4 | 11 | 75 | 7 | 778 |
| (%) | (67.1) | (5.4) | (1.7) | (3.6) | (2.1) | (7.7) | (0.5) | (1.4) | (9.6) | (0.8) | (99.9) |
| 제위 | 111 | 116 | 40 | 18 | 19 | 65 | 6 | 11 | 22 | 2 | 410 |
| (%) | (27.1) | (28.3) | (9.8) | (4.4) | (4.6) | (15.9) | (1.5) | (2.7) | (5.4) | (0.5) | (100.2) |
| 군총 | 811 | 418 | 97 | 170 | 182 | 642 | 37 | 510 | 822 | 23 | 3,711 |
| (%) | (21.9) | (11.3) | (2.6) | (4.6) | (4.9) | (17.3) | (1.0) | (13.7) | (22.2) | (0.6) | (100.1) |
| 합계 | 1,694 | 743 | 170 | 240 | 231 | 783 | 92 | 549 | 992 | 34 | 5,528 |
| (%) | (30.6) | (13.4) | (3.1) | (4.3) | (4.2) | (14.2) | (1.7) | (9.9) | (17.9) | (0.6) | (99.9) |

(근거: 무과방목 102회분, 단위: 명)

수 · 액외 금군 · 액외 장용위 · 어위군 · 일번내금위 · 일솔차비 · 일솔봉지 · 장막군 · 전선군관 · 정련배 · 지구관 · 창검군 · 충무위 · 취수 · 포도군관 · 한려 · 호련대 · 호위군 · 훈국군 · 표하군이다.

유형별로 보면 장교와 금군은 서울 거주자가 각각 39.7%(250명), 67.1%(522명)로 가장 많으며, 제위는 경기(28.3%) · 서울(27.1%) · 황해도(15.9%), 군총은 평안도(22.2%)와 서울(21.9%)이 높아서 주목된다. 대체로 군사직의 소속처와 거주지가 유사하다는 사실을 볼 수 있다.

이상으로 군사직을 소유한 무과급제자에 대해 알아보았다. 군사직 소유자는 신분이 양반에서부터 천인에 이르기까지 다양했다. 또 군사직의 소속처는 중앙 소속이 42%나 되며 서울 거주자도 30.6%나 되어서 중앙 군영 소속자와 서울 거주자가 무과 급제에 대단히 유리했다는 특징을 보여주었다.

# 무과방목에 나타난 보인의 존재

현전하는 무과방목을 기준으로 보인이 무과방목에 처음 등장한 해
는 1564년(명종 19)의 식년 무과다. 무과급제자 28명 중 보인이 3명이
다. 1583년(선조 16) 별시 무과에서는 무과급제자 500명 중 무려 보인
만 140명(28%)이나 되었다(표5-3 참조).

하지만 〈표6-1〉에서 보듯이 17세기 전반에 31.5%(374명)이었다가
17세기 후반에 6.7%(223명)로 눈에 띄게 줄다가 19세기에는 한 사람
도 없다. 그래서 보인의 무과 급제 현황을 국왕의 재임 기간별로 다
시 조사해보면 광해군 대에 18.1%(18명)에서 인조 대에 35.5%(337
명)까지 치솟았다. 그 뒤 숙종 대에 1.8%(48명)로 급감했고 순조 대부
터 소멸했다.[319] 참고로 15~19세기에 문과 및 생원진사시에서는 보인
으로 합격한 사람이 한 명도 없다.

현재까지 학계에서 논의된 보인의 성격을 종합해보면, 보인은 군
역자로서 정병을 경제적으로 지원하는 담당자다. 조선 초기의 봉족奉
足이 개편된 보인은 중종 말년 무렵부터 정병과 함께 납포군화納布軍化
하여 조선 후기에는 국가 재정을 부담하는 담당자이자 정병·서리
등을 경제적으로 지원하는 조역자助役者로 변모되었다.[320] 여기에 더해
서 16세기 이후로 양반이 군역 편제에서 빠지면서 군역은 양인이 부
담하는 '양역良役'으로 굳어졌고, 보인도 양인이 담당하게 되었다고
보고 있다.

그러면 무과급제자로서 보인의 존재는 이러한 성격과 일치할까?
이 문제에 대한 대답은 17세기 전반까지는 일치하지 않았다고 할 수
있다. 충장공 신립申砬은 1567년(명종 22)에 보인으로 무과에 급제했

다. 충무공 이순신李舜臣도 1576년(선조 9)에 보인으로 무과에 급제했다. 이 사실을 근거로 하여 보인이 양반의 직역으로도 사용되었다는 지적이 있다.[321]

실제로 신립이나 이순신 외에도 보인으로 무과에 급제한 사람 가운데 양반이 상당수다. 대표적으로 1612년(광해 4) 식년 무과에 급제한 보인 김일이다. 김일의 아버지 김수신은 영암靈巖 군수를 역임했으며, 김일도 무과방목의 두주頭註에 '현령으로 마쳤음'이라고 되어있다. 보인의 아버지가 군수이며 보인 자신은 무과에 급제하여 현령까지 지냈다면 양반임에 틀림없다.

그런데 여기서 무과방목에 나타난 보인을 주목하는 측면은 보인의 양반 여부에 국한되어 있지 않다. 이보다는 왜 무과방목에서 보인이 어느 시기에 집중적으로 나타났다 사라졌는가 하는 점이다. 보인의 존재는 보인의 성립 이후 조선 후기까지 계속 존재하는데 무과급제자로서 보인은 어느 시기에 나타났다가 사라지므로 의문이 아닐 수 없다.

보인의 문제를 검토하기 위해서는 보인으로 무과에 급제한 사람이 16세기 중반 이후에 등장하는 점을 눈여겨볼 필요가 있다. 이 시기는 이미 충순위·충찬위 같은 양반의 특수군에게 부여한 체아직遞兒職과 품계 지급, 관직 진출의 기회와 같은 특권이 유명무실해졌다. 또 세조 대에 실시한 군역 균일화 정책에 따라 양반에게도 정병·갑사와 같은 군역을 부과하면서 반대급부인 관품 지급의 특권은 이미 없어진 상태였다.

이에 따라 양반들은 여러 방법을 동원해 군역에서 빠져나갔고, 그 결과 '양역'이라는 용어에서 볼 수 있듯이 군역 부담자가 양인으로 국한되어갔다.[322] 그런데 양반의 피역이 확산된 이 시기에 보인으로 무과에 급제한 사람이 나타나기 시작하는 현상은 상호 연결고리가 있음을 의미하는 중요한 현상으로 받아들여진다. 이 문제와 관련하여 1618년 우부승지 박정길朴鼎吉과 1626년(인조 4) 겸병조판서 장만張晚의 언급이 주목된다.

우부승지 박정길: "선대 조정에서는 벌열 자제도 반드시 소속하는 곳을 있게 했습니다. 조상의 훈공이 있는 자는 충순위에 소속하고, 문文을 닦는 자는 사학四學에 들어갔으며, 무武를 닦는 자는 실역實役이 있지 않을 경우 과거에 응시할 때 반드시 보인으로 칭하게 했습니다."[323]

겸병조판서 장만: "신이 듣자니 조종조에서는 비록 공경公卿의 자제라도 과거에 응시할 때에 모두 보인으로 칭했습니다. 몸이 있으면 역役이 있으니 사농공상 모두 한가하게 노는 자가 없었습니다."[324]

두 사람의 발언에서 귀 기울일 사항이 양반으로서 과거를 치를 때에 실역이 없으면 보인으로 칭했다는 지적이다. 곧 실역이 없는 채 한유하던 사람이 과거 응시 때에 본인이 신역을 지고 있음을 드러내기 위해 보인이라는 직역을 사용했던 것이다. 그러므로 양반의 피역이 확산되면서 무과급제자로서 보인이 늘어난 것은 양반이 무과 응시 때에 '보인'이라는 직역을 사용했기 때문이라고 풀이할 수 있다.

다시 말하면 "한량으로 과거에 응시할 수 없으므로 비록 사대부 자식이라도 반드시 보인이라고 썼던"[325]것이다. 이는 비록 높은 관직을 지낸 사람을 아버지로 두었거나 집안의 위세가 대단한 사람이라도 국가의 공민으로서 국역의 의무를 져야한다는 국가의 의지가 반영된 부분이다. 이런 관점에서 볼 때 무과방목에 나타난 보인의 존재는 정병의 조역자 이외에 일정한 실역實役 없이 한유하는 양반도 포함되어 있었다고 할 수 있다.

그렇다면 이제 다음과 같은 질문을 다시 제기해야 한다. 무과급제자로서 늘어난 보인이 숙종 대에 왜 급감하고 있는지, 이 현상은 군역에 제외된 양반이 이제 더 이상 무과에 응시하지 않았다는 것을 의미하는 것일까? 이 질문을 해결하기 위해서는 뒤의 〈표8-3〉 '한량·보인·업무·교생·무학의 무과 급제 현황'부터 볼 필요가 있다. 이 표에서 흥미로운 현상이 보인 급제자가 격감하는 17세기 후반부터 한량 급제자가 증가하는 추세를 보이는 것이다.

이와 관련하여 1649년(인조 27)에 인조가 "예부터 무과 응시자들이 모두 보인이라 칭하고 감히 '양良'이라 하지 못한 것은 병조에서 군역에 차정할까 두려워했기 때문이다. 지금 나라가 어지러운 상태여서 바로 '한량'이라 쓰는데도 병조에서 이상하게 여기지 않는다"[326]라고 한 언급이 인상적이다.

무과 응시자 가운데 군역에 차정될까봐 전전긍긍하여 녹명 단자에 보인이라 썼던 사람들이 이제는 '한량'으로 버젓이 쓰고 있다는 이 지적은 보인 급제자 감소와 관련하여 중요한 단서를 제공한다. 곧 무과방목에 보인이 급감한 배경에는 군역에서 빠지는 것이 양반의 특권으로 자리 잡은 사회 분위기에서 보인 대신에 버젓이 놀고 있는 양인이라는 의미의 '한량'을 칭하는 사람들이 늘어난 풍조가 자리하고 있는 것이다.

그렇다고 하여 보인을 칭한 응시자가 모두 한량으로 기재했다고 단언하는 것은 아니다. 다만, 앞서 인용한 1672년(현종 13)에 무과 응

시자로서 역이 없고 품계가 없는 자는 으레 한량으로 적어야지 유학
이라 쓸 수 없다는 최일의 발언과 1696년(숙종 22)에 '한량'이 하나의
직역으로 성립한 사실을 상기한다면 역명이 없는 응시자가 한량을
사용했을 개연성이 높다는 점을 강조하고 싶다.

　요컨대, 무과방목에 보이는 보인 중에는 보인의 역을 진 사람도
있으나 명목상 보인으로 칭한 사람도 존재했다. 16세기 중반 이후로
무과방목에 등장한 보인은 양반이 군역을 지지 않는 분위기가 무르
익어가는 17세기 후반부터 점차 목격하기 힘들어 진다. 이 시점은
무과방목에서 한량이 점증하는 시점과　일치한다. 무과 응시자 가운
데 군역에 차정될까봐 전전긍긍하여 '보인'을 사용한 사람들이 이제
는 '한량'의 직역을 사용하면서 나타난 현상이라고 판단된다.

# 7장

# 관직 또는 관품 소유자

## 시기별 무과 급제 현황

무과급제자 16,575명 가운데 관직이나 관품을 소유한 사람은 총 3,988명이다. 무과방목에서 무과급제자의 전력을 기재한 방식은 관직과 관품을 동시에 기록하지 않았다. 반드시 관직이나 관품 중 어느 한쪽만 기록했다.

현재 학계에서 조선 후기의 무과에 대해서는 전반적으로 신분이 낮은 사람들이 응시한 시험으로 인식하는 경향이 높다. 그러므로 관직이나 관품 소유자의 급제는 눈길을 끌기에 충분하다. 그렇다면 어떤 관직이나 관품을 소유한 사람이 무과에 급제했는지 궁금하다. 이 점을 알아보기 위해 먼저 〈표7-1〉에서 관직이나 관품 소유자 3,988 명의 전력을 시기별로 정리해보았다.

표를 보면 관직 소유자가 56.5%(2,255명)이며 관품 소유자가 43.5% (1,733명)로 관직 소유자가 더 왕성하게 무과에 급제했다. 관직을 자세히 살펴보면 서반직 소유자가 53.6%(2,137명), 동반직 소유자가 2.7%(107명)를 차지해서 서반직이 동반직에 비해 무려 20배나 더 많았다. 이에 비해 관품 소유자는 동반관계東班官階가 24.7%(987명), 서반관계西班官階가 18.7%(746명)이어서 동반관계의 비중이 더 높은 편이었다.

다음으로 관직이나 관품 소유자가 무과에 급제하는 경향이 어느 시기에 두드러지고 감소했는지도 궁금하다. 이 점은 무과의 성격과 관련하여 중대한 의미를 지닌다. 최소한 관직이나 품계를 지닌 사람

〈표7-1〉 관직·관품 소유자의 시기별 무과 급제 현황

| 시기 \ 전력 | 관직 소유자 | | | 관품 소유자 | | 합계 |
|---|---|---|---|---|---|---|
| | 동반 | 서반 | 미상 | 동반 | 서반 | |
| 17세기 전반 (%) | 59 (19.9) | 146 (49.2) | 8 | 43 (14.5) | 41 (13.8) | 297 (100.1) |
| 17세기 후반 (%) | 20 (2.1) | 568 (58.3) | 2 | 170 (17.5) | 214 (22.0) | 974 (100.1) |
| 18세기 전반 (%) | 16 (0.9) | 888 (47.7) | . | 487 (26.2) | 469 (25.2) | 1,860 (100.0) |
| 18세기 후반 (%) | 11 (1.8) | 368 (59.1) | 1 | 221 (35.5) | 22 (3.5) | 623 (100.1) |
| 19세기 전반 (%) | 1 (0.5) | 138 (67.3) | . | 66 (32.2) | . | 205 (100.0) |
| 19세기 후반 (%) | . | 29 (100.0) | . | . | . | 29 (100.0) |
| 합계 (%) | 107 (2.7) | 2,137 (53.6) | 11 (0.3) | 987 (24.7) | 746 (18.7) | 3,988 (100.0) |
| | 2,255 (56.5) | | | 1,733 (43.5) | | |

(근거: 무과방목 102회분, 단위: 명)

들이 무과에 급제하는 경향이 농후하다면 무과의 위상이 결코 낮지 않았다는 증거로 활용할 수 있는 것이다.

표에서 시기별 급제 현황을 검토해보면 뜻밖의 결과를 얻을 수 있다. 첫째, 관직 소유자 가운데 서반직은 17세기 전반부터 19세기 전반까지 꾸준히 증가해 19세기 후반에는 100%를 차지했다. 반면에 동반직은 17세기 전반에 19.9%이었다가 17세기 후반에 2.1%로 급락했다. 19세기에는 동반직 급제자가 없다고 해도 과언이 아니다.

둘째, 관품 소유자는 동반관계의 경우 17세기부터 꾸준히 증가하여 19세기 전반까지 32.2%를 차지했다. 반면에 서반관계는 18세기 전반까지 꾸준히 증가하다가 18세기 후반에는 3.5%로 하락했다. 그리고 19세기에는 서반관계가 전혀 보이지 않는다.

요약하면 무과 급제가 활발하게 이뤄진 서반직 및 동반관계 소유자는 후기로 갈수록 꾸준히 증가했다. 이와 대조적으로 동반직 소유자는 17세기 후반부터, 서반관계 소유자는 18세기 후반부터 현저히 감소하여 19세기에는 급제자를 거의 배출하지 못했다. 그렇다면 이 결과는 무엇을 의미할까? 이 문제에 답하기 위해 먼저 서반직과 동반관계 소지자에서 급제자가 더 나온 배경이 무엇인지 묻지 않을 수 없다. 아래에서 이 문제를 검토하고자 한다.


## 체아직 소유자의 강세

|

〈표7-2〉는 무과급제자 중 관직 소유자 2,255명의 관직 내역을 정리한 것이다.[327] 관직 종류는 동반직이 21종, 서반직이 30종으로 나타

났지만 여러 관직에서 고르게 급제자가 나온 것이 아니라 몇몇 관직에 치우쳐있다.

가장 뚜렷한 특징은 무과급제자를 배출한 관직이 서반의 오위 체아직五衛遞兒職에 쏠려있다는 점이다. 놀랍게도 오위 체아직 소유자가 1,933명으로 관직 소유자의 85.7%를 차지했다. 부사과(종6품)가 994명으로 전체 관직 소유자의 44.1%를 차지하며, 사과(9.3%)·부사용(8%)·상호군(5.7%)·부사정(5.5%)·부호군(4.3%)도 비중이 높다. 동반직은 종5품 판관(1%)을 비롯하여 주부(0.9%), 참봉(0.6%), 직장(0.5%)에서 급제자가 나왔다.

둘째, 참상관과 참하관의 비중을 보면 동반직은 약 2배, 서반직은 약 3배 정도 참상관 소유자의 비중이 더 높다. 참고로 정품직正品職과 종품직從品職의 비율을 보면 서반직 소유자는 2,137명 중 1,631명(76.3%)이 종품이며, 동반직 소유자는 107명 중 95명(88.8%)이 종품이다. 양쪽 모두 종품직 소유자가 많은 편이다.

셋째, 표에서 제시하지 못했으나 현직現職과 전직前職의 비중은 현직의 비중이 높다. 동반직 소유자 107명 중 '전前'자가 붙은 전직 관료는 감찰 1명, 주부 5명, 첨정 1인, 참봉 4명, 판관 8명, 현감 1명으로 전체의 18.7%(20명)이었다. 서반직 소유자 총 2,137명 중 전직 관료는 권관 8명, 만호 41명, 별장 4명, 부장 3명, 사과 3명, 선전관 36명, 수문장 2명, 참군 1명, 첨사 1명으로 전체 4.6%(99명)이었다. 미상 중에도 전함前衙 1명이 있었다. 정리하면 관직 소유자 2,255명 중 5.3%만 전직 관료였다. 이는 문과급제자의 전직 관료 비율인 11.7%보다 낮은 수치다.[328] 그러므로 무과 급제는 전직 관료보다는 현직 관료에게 유리했다고 보인다.

〈표7-2〉 무과급제자 중 관직 소유자의 내역

| 구분 | 품계 | 관직명 \ 시기 | 17세기 전반 | 17세기 후반 | 18세기 전반 | 18세기 후반 | 19세기 전반 | 19세기 후반 | 합계(%) |
|---|---|---|---|---|---|---|---|---|---|
| 동반직 | 정3 | 정正 | 1 | · | · | · | · | · | 1 (0.04) |
| | 정3 | 부위副尉 | 1 | · | · | · | · | · | 1 (0.04) |
| | 종3 | 부정副正 | 2 | · | · | · | · | · | 2 (0.1) |
| | 종4 | 경력 | 1 | · | · | · | · | · | 1 (0.04) |
| | 종4 | 첨정 | 8 | · | · | 1 | · | · | 9 (0.4) |
| | 종5 | 도사 | · | · | 1 | · | · | · | 1 (0.04) |
| | 종5 | 령슈 | · | · | · | 1 | · | · | 1 (0.04) |
| | 종5 | 판관 | 16 | 2 | 2 | 2 | · | · | 22 (1.0) |
| | 종5 | 현감 | · | · | · | 1 | · | · | 1 (0.04) |
| | 정6 | 감찰 | · | 1 | 3 | · | · | · | 4 (0.2) |
| | 종6 | 낭청 | · | · | · | 1 | · | · | 1 (0.04) |
| | 종6 | 인의 | · | · | 1 | · | · | · | 1 (0.04) |
| | 종6 | 주부 | 10 | 5 | 4 | 1 | · | · | 20 (0.9) |
| | 종6 | 찰방 | 1 | 2 | 1 | · | · | · | 4 (0.04) |
| | 6 | 별제 | · | 1 | 1 | · | · | · | 2 (0.1) |
| | 종7 | 직장 | 4 | 4 | 3 | 1 | · | · | 12 (0.5) |
| | 종8 | 봉사 | 5 | 1 | · | · | · | · | 6 (0.3) |
| | 종9 | 참봉 | 10 | 4 | · | · | · | · | 14 (0.6) |
| | 기타 | 각감閣監 | · | · | · | · | 1 | · | 1 (0.04) |
| | 정6 잡직 | 사알 | · | · | · | 2 | · | · | 2 (0.1) |
| | | 사약 | · | · | · | 1 | · | · | 1 (0.04) |
| 서반직 | 정3 | 우림위장 | · | · | · | 1 | · | · | 1 (0.04) |
| | | 상호군 | 6 | 30 | 65 | 18 | 9 | · | 128 (5.7) |
| | 종3 | 첨사 | 2 | 1 | · | · | · | · | 3 (0.1) |
| | | 대호군 | 2 | 21 | 3 | · | · | · | 26 (1.2) |
| | 정4 | 호군 | · | 1 | 5 | · | · | · | 6 (0.3) |
| | 종4 | 만호 | 4 | 13 | 21 | 9 | · | · | 47 (2.1) |
| | | 부호군 | 5 | 35 | 51 | 5 | · | · | 96 (4.3) |
| | 정5 | 사직 | · | · | 1 | · | · | · | 1 (0.04) |
| | 종5 | 부사직 | · | 23 | 20 | 2 | · | · | 45 (2.0) |
| | 정6 | 사과 | 67 | 48 | 59 | 31 | 4 | · | 209 (9.3) |
| | 종6 | 부장 | 11 | 3 | 4 | 7 | 3 | 1 | 29 (1.3) |
| | | 부사과 | 30 | 262 | 497 | 198 | 6 | 1 | 994 (44.1) |
| | 정7 | 사정 | 2 | 7 | · | 1 | · | · | 10 (0.4) |
| | | 참군 | 1 | · | · | · | · | · | 1 (0.04) |
| | 종7 | 부사정 | · | 44 | 58 | 20 | 3 | · | 125 (5.5) |
| | 정8 | 사맹 | · | 1 | 2 | · | · | · | 3 (0.1) |
| | 종8 | 부사맹 | · | 24 | 23 | 3 | 1 | · | 51 (2.3) |
| | 정9 | 사용 | · | 1 | 4 | · | 18 | 7 | 30 (1.3) |
| | 종9 | 권관 | · | 9 | 4 | 3 | · | · | 16 (0.7) |
| | | 별장 | · | 2 | 1 | 2 | · | · | 5 (0.2) |
| | | 부사용 | · | 36 | 40 | 19 | 69 | 17 | 181 (8.0) |
| | | 초관 | · | 2 | · | 7 | 4 | · | 13 (0.6) |
| | 기타 | (겸)선전관 | (2)/4 | 4 | 24 | 35 | 21 | 3 | 93 (4.1) |
| | | 수문장 | 10 | · | · | · | · | · | 10 (0.4) |
| | | (겸)내승 | · | (1) | (2)/4 | (1)/6 | · | · | 14 (0.6) |
| 미상 | 정3 | 가정加正/정 | 2/2 | · | · | · | · | · | 4 (0.2) |
| | 종6 | 낭청 | · | · | · | 1 | · | · | 1 (0.04) |
| | 미상 | 겸兼 | 4 | · | · | · | · | · | 4 (0.2) |
| | | 전함前銜 | · | 1 | · | · | · | · | 1 (0.04) |
| | | 토관土官 | · | 1 | · | · | · | · | 1 (0.04) |
| 합계 | | | 13 | 590 | 904 | 380 | 139 | 29 | 2,255(99.9) |

그러면 오위 체아직 소유자의 출신 성분은 무엇이었을까? 오위직
은 오위가 유명무실해지는 조선 후기에 관직 이름만 남게 되면서 종3
품 상호군上護軍부터 종9품 부사용副司勇까지 체아직으로 변모했다.329
체아직이란 한 자리의 녹봉을 여러 사람이 일정 기간 번갈아가면서
받는 관직이다. 이미 세종 초부터 시행한 체아직은 동반과 서반 모두
운용했으며 서반직에서 차지한 비중이 대단히 높았다.330

조선 후기 오위 체아직의 규모는 『속대전』(1746년)을 기준으로
1,511자리다. 이 수치는 『대전통편』(1785년)에서도 변함없이 똑같다.
이후 『대전회통』(1865년)에서 1,387자리로 줄어들었다.331

『속대전』을 기준으로 1,511자리의 지급 대상을 보면 금군禁軍이
700자리(46.3%)로 무려 절반 가까이나 차지하면서 비중이 가장 높다.
다음으로 원록체아原錄遞兒가 316자리(20.9%)이어서 주목된다. 원록체
아는 관료에게 안정적으로 녹봉을 지급하기 위한 체아직이다. 직무
가 있는 문·무·잡직의 현직 관료를 포함하여 직무가 없는 사람에
게도 지급했다. 이어서 무겸선전관武兼宣傳官 50자리(3.3%), 공신적장
44자리(2.9%), 훈련원訓鍊院의 권지 봉사權知奉事 38자리(2.5%) 및 습독
관 30자리(2%), 사역원의 역관譯官 32자리(2.1%), 가족을 데려가지 않
는 수령이나 변장 25자리(1.7%), 수문장守門將 23자리(1.5%), 선전관 21
자리(1.4%), 친공신 15자리(1%)였다.

이처럼 오위 체아직의 지급 대상을 보면 금군과 원록체아의 비중
이 높은 편이었다. 따라서 이를 토대로 오위직 소유 무과급제자들이
누구인지를 유추해보면 대체로 금군을 포함한 장교일 가능성이 높
다. 이 추정을 뒷받침해주는 사례로 1714년(숙종 40) 증광 무과에 직
부전시로 급제한 부사정 이성욱李成郁, 부호군 박원빈朴元賓, 상호군 장

선흥張善興을 꼽을 수 있다. 이 세 사람은 무과방목에 모두 '갑오금군 상시사甲午禁軍賞試射'로 표기되었다. 갑오년은 무과에 급제한 1714년(숙종 40)이다. 세 사람의 전력은 모두 오위 체아직이지만, 실제로 이들은 금군으로서 직부전시를 받아 무과에 급제한 것이다.[332]

한편, 1656년(효종 7) 별시 무과의 급제자 부사과 최성□崔聲□은 1651년 별시 무과의 급제자 선교랑 최성흡崔聲翕과 형제 사이다. 아버지는 예빈시 주부 최몽린崔夢麟이다.[333] 부사과(서반체아직 종6품)와 선교랑(동반관계 종6품)이 형제 사이라는 사실에서 오위 체아직을 소지한 사람의 사회적 지위를 막연히 낮게 파악해서는 곤란하다.

이상과 같이 관직 소유자로서 무과에 급제한 사람은 오위 체아직 소유자가 큰 비중을 차지했다. 관직 소유자의 85.7%가 체아직인 점이 이를 잘 대변한다. 오위 체아직 소유자들은 금군을 포함한 장교로 추정된다. 그리고 동반과 서반 모두 현직 참상관의 급제 비중이 높았다.

## 직부전시로 급제한 선전관들

|

관직 소유자로서 오위 체아직을 제외하고 주목할 관직이 선전관宣傳官이다. 무과급제자 2,255명 중 93명이 선전관이기 때문이다. 93명이라는 수치만 보면 비중이 높다고 할 수 없으나 관직 소유자 중 오위 체아직을 제외하고 가장 비중이 가장 높아서 눈여겨 볼 필요가 있다.

선전관이란 국왕을 보좌하는 무관 비서다. 문관으로서 국왕을 보좌하는 비서가 승지라면, 무관으로서 국왕을 보좌한 비서가 선전관이었다. 그래서 선전관을 '서반 승지'로도 불렀다. 선전관의 임무는 군사에 관한 왕명의 출납을 전담하고 부신符信과 군령에 관한 일을 담당했다. 부신과 군령은 군사권의 발동과 직접 관련이 있으므로 맡는 업무가 매우 중요했다.

이 때문에 선전관은 서반 고위직으로 올라가려면 반드시 거쳐야하는 관직이어서 무신이라면 누구나 선망하는 자리였다. 그런 만큼 아무나 임용하는 자리도 아니었다. 국왕 비서로서 늘 국왕의 곁에 있으므로 신원이 확실해야 했고 누구나 인정할 수 있을 만큼 집안도 출중해야 했다.

무엇보다도 제도적으로 출세를 보장해 주었다. 무신 겸 선전관을 포함한 참하 선전관은 24개월을 근무하면 6품으로 승진하는데 이것이 가지는 의미는 자못 컸다. 선전관을 거쳐 6품에 오른 무관은 훈련원이나 도총부의 관직에 임명된 뒤 3년 이내에 당상관으로 승진하거나, 수령이나 영장營將으로 나갈 수 있었다.[334] 이런 이유로 선전관은 한림이나 옥당에 비유될 만큼 서반의 청요직으로 꼽혔다.

무과에 급제한 선전관은 대부분 직부전시로 급제한 남항 선전관南行宣傳官이었다. 1800년(정조 24) 정시 무과에 급제한 선전관 6명 모두 내시사內試射나 권무과勸武科에서 직부전시를 받아 급제했다. 1809년 (순조 9) 증광 무과에 급제한 선전관 7명도 내시사·별시사別試射 또는 선전관청의 사회射會에서 우수한 성적을 거둬서 직부전시의 상을 받아 급제했다.[335]

무과방목과 『선전관청천안宣傳官廳薦案』에서 선전관이 무과에 급제하기까지의 이력을 찾아보면 이 점이 더 분명하게 드러난다. 『선전관청천안』은 선천宣薦을 받은 무과급제자와 한량을 기록한 명부다.[336] 선천은 무과급제자[출신천出身薦]와 한량[남항천南行薦]을 대상으로 선전관의 모집단을 미리 천거해두는 제도다. 권세가 있고 내력이 좋은 집안의 자제들이 우선 선발 대상이었으며, 서얼과 평안도 사람은 제외되었다. 선천에 대해서는 이 책의 12장에 자세하다.

무과급제자 중『선천관청천안』에서 찾은 안광찬·이희장·이성연 등 13명의 선전관들(①~⑬)은 출중한 집안 덕분에 남항천을 받은 뒤 남항선전관을 거쳐 2~8년 사이에 내시사를 비롯하여 별시사·권무과에서 직부전시의 상을 받아 급제한 사람들이다.

① 안광찬安光贊 1793년 남항천, 1800년 춘당대 내시사, 1800년 급제(23세)
② 이희장李凞章 1795년 남항천, 1799년 춘당대 내시사, 1800년 급제(29세)
③ 이성연李省淵 1795년 남항천, 1800년 춘당대 내시사, 1800년 급제(35세)
④ 남석구南錫九 1797년 남항천, 1800년 춘당대 내시사, 1800년 급제(20세)
⑤ 이정회李鼎會 1792년 남항천, 1799년 선전관청 내시사, 1800년 급제(29세)
⑥ 이만식李晚植 1784년 남항천, 1798년 훈련원 권무과, 1800년 급제(37세)
⑦ 이인회李寅會 1786년 남항천, 1809년 춘당대 내시사, 1809년 급제(44세)
⑧ 이규남李圭男 1805년 남항천, 1809년 춘당대 내시사, 1809년 급제(25세)
⑨ 이항권李恒權 1807년 남항천, 1809년 춘당대 내시사, 1809년 급제(26세)
⑩ 이완식李完植 1807년 남항천, 1808년 춘당대 별시사, 1809년 급제(25세)
⑪ 이익서李益緖 1807년 남항천, 1808년 춘당대 별시사, 1809년 급제(30세)
⑫ 이종영李種英 1807년 남항천, 1808년 춘당대 내시사, 1809년 급제(18세)
⑬ 박승환朴升煥, 1801년 남항천, 1807년 선전관청 사회射會1등, 1809년 급제(31세)

남항 선전관은 선전관 25명 중 2명을 배정했다. 참하 선전관의 경우 24개월을 근무해야 6품으로 승진했으나,[337] 남항 선전관은 종9품으로서 6개월만 근무하면 정6품에 해당하는 사과司果의 녹을 받았으며 이후 무과에 급제하면 승륙陞六했다.[338] 요컨대 6개월을 근무한 뒤에 무과에 급제하면 승륙하여 참상관이 될 수 있었으므로 일반 선전관보다 더 우대를 받았다.

한편, 선전관 이외에 직부전시를 통해 무과에 급제한 관직 소유자가 있다. 대표적으로 비변사 낭청 이형겸李亨謙 역시 1800년(정조 24)의 여름에 춘당대 내시사에서 우수한 성적을 거두어 직부전시로 1800년에 정시 무과에 급제했다.[339] 이형겸은 이후 승승장구하여 전라좌도 수군절도사·황해도병마절도사 등을 역임했다.[340] 영릉령寧陵令 임태원林泰遠은 1788년의 내시사에서 직부전시를 받아 이듬해 식년 무과에서 55세라는 늦은 나이로 무과에 급제할 수 있었다.[341]

이밖에도 1606년(선조 39) 식년 무과에 급제한 첨사 우수禹壽가 있다. 그는 46세의 늦은 나이로 무과에 급제했다. 거주지가 거제인 그는 무과방목의 두주頭註에 '참급斬級'이라 되어있다. 참급은 적군의 목을 베었다는 뜻이다. 아마도 임진왜란 막바지인 1597년에 안골포 해전에서 일본군을 물리친 공으로 승진과 함께 무과에 급제하는 영광을 안은 것 같다.[342]

위에서 살펴본 대로 남항 선전관과 비변사 낭천의 사례는 다른 사람보다 훨씬 유리한 조건과 특혜를 이용해 무과에 급제한 경우다. 이들의 사례는 무과 급제라는 것이 누구에게나 출발선이 같지 않았으며, 구조적으로 급제에 유리한 제도 속에서 배출된 사람도 있다는 엄연한 현실을 보여준다.

# 통덕랑의 강세

다음으로 관품을 소유한 무과급제자들은 누구일까? 〈표7-3〉을 보면 가장 눈에 띠는 특징이 동반관계 및 서반관계를 소지한 무과급제자 모두 『경국대전』의 무과 응시 규정대로 당하관 이하였다.

그리고 통덕랑(동반관계 정5품)과 전력부위(서반관계 종9품)에서 집중적으로 무과급제자가 나왔다. 통덕랑이 784명으로 45.2%를 차지하여 관품 소지자 중 가장 비중이 높다. 다음으로 전력부위가 512명으로 29.5%를 차지했다. 결과적으로 통덕랑과 전력부위가 관품 소유자의 75%를 차지한 셈이다.

그런데 시기별로 무과 급제의 추이를 보면 통덕랑과 전력부위의 양상에 현저한 차이가 있다. 통덕랑은 17~19세기 전반까지 9.5%(17세기 전반) → 21.1%(17세기 후반) → 48.3%(18세기 전반) → 77.4%(18세기 후반) → 68.2%(19세기 전반)로서 17세기 후반부터 증가하기 시작하여 18세기가 되면 확 늘어났다.

반면에 전력부위는 17~18세기까지 3.6%(17세기 전반) → 10.7%(17세기 후반) → 46.8%(18세기 전반) → 8.6%(18세기 후반)로 나타났다. 전력부위도 17세기 후반부터 증가하여 18세기 전반에 최고조에 달하지만, 18세기 후반 이후로 8.6%로 하락했다가 19세기에는 전혀 없다.

이 현상은 대가제代加制의 결과가 분명하며, 조선 후기 무과의 특성을 이해하는 데에 중요한 단서를 제공한다. 대가제는 문관 및 무관의 현직 관료가 정3품 당하관 이상이 되면 각종 상전으로 받은 품계를 아들·사위·동생·조카 중 한 사람에게 줄 수 있는 제도였다. 무과

## 〈표7-3〉 무과급제자 중 관품 소유자의 내역

| 구분 | 품계 | 품계명 | 17세기 전반 | 17세기 후반 | 18세기 전반 | 18세기 후반 | 19세기 전반 | 19세기 후반 | 합계(%) |
|------|------|--------|------|------|------|------|------|------|---------|
| 동반 | 정3하 | 통훈대부 | 2 | 1 | · | · | · | · | 3 (0.2) |
| | 정5 | 통덕랑 | 8 | 81 | 462 | 188 | 45 | · | 784 (45.2) |
| | | 통선랑 | 1 | · | 2 | 1 | 1 | · | 5 (0.3) |
| | 종5 | 봉직랑 | 2 | 6 | 1 | · | · | · | 9 (0.5) |
| | | 봉훈랑 | · | 1 | 1 | · | · | · | 2 (0.1) |
| | 정6 | 승의랑 | 3 | 9 | · | · | · | · | 12 (0.7) |
| | | 승훈랑 | 3 | 2 | 2 | · | · | · | 7 (0.4) |
| | 종6 | 선교랑 | 8 | 25 | · | · | · | · | 33 (1.9) |
| | | 선무랑 | 4 | 7 | 1 | · | · | · | 12 (0.7) |
| | 정7 | 무공랑 | 1 | 13 | 1 | · | · | · | 15 (0.9) |
| | 종7 | 계공랑 | 1 | 1 | · | 2 | · | · | 4 (0.2) |
| | 정8 | 통사랑 | 3 | 8 | 3 | · | 2 | · | 16 (0.9) |
| | 종8 | 승사랑 | - | 1 | 2 | 1 | 1 | · | 5 (0.3) |
| | 정9 | 종사랑 | 3 | 9 | 1 | 4 | 2 | · | 19 (1.1) |
| | 종9 | 장사랑 | 4 | 6 | 11 | 25 | 15 | · | 61 (3.5) |
| 서반 | 정3하 | 어모장군 | 13 | 46 | 1 | · | · | · | 60 (3.5) |
| | 종3 | 건공장군 | · | 2 | · | · | · | · | 2 (0.1) |
| | | 보공장군 | · | 1 | · | · | · | · | 1 (0.1) |
| | 정4 | 진위장군 | · | 3 | · | · | · | · | 3 (0.2) |
| | | 소위장군 | 2 | · | · | · | · | · | 2 (0.1) |
| | 종4 | 정략장군 | 3 | 4 | · | · | · | · | 7 (0.4) |
| | | 선략장군 | 3 | 11 | 1 | 1 | · | · | 16 (0.9) |
| | 정5 | 과의교위 | 1 | 40 | 3 | · | · | · | 44 (2.5) |
| | | 충의교위 | 1 | · | · | · | · | · | 1 (0.1) |
| | 종5 | 현신교위 | 3 | 6 | 1 | · | · | · | 10 (0.6) |
| | | 창신교위 | · | 3 | · | · | · | · | 3 (0.2) |
| | 정6 | 돈용교위 | 2 | 1 | · | · | · | · | 3 (0.2) |
| | | 진용교위 | 2 | 12 | 1 | · | · | · | 15 (0.9) |
| | 종6 | 여절교위 | · | 1 | 4 | · | · | · | 5 (0.3) |
| | | 병절교위 | 1 | 10 | 1 | · | · | · | 12 (0.7) |
| | 정7 | 적순부위 | 6 | 12 | 2 | · | · | · | 20 (1.2) |
| | 종7 | 분순부위 | · | 2 | · | · | · | · | 2 (0.1) |
| | 정8 | 승의부위 | · | · | 1 | · | · | · | 1 (0.1) |
| | 종8 | 수의부위 | 1 | 17 | 4 | · | · | · | 22 (1.3) |
| | 정9 | 효력부위 | · | · | 2 | · | · | · | 2 (0.1) |
| | 종9 | 전력부위 | 3 | 41 | 447 | 21 | · | · | 512 (29.5) |
| | 미상 | 교위 | · | 1 | · | · | · | · | 1 (0.1) |
| 서반 잡직 | 종9 | 근력부위 | · | 1 | 1 | · | · | · | 2 (0.1) |
| 합계 | | | 84 | 384 | 956 | 243 | 66 | · | 1,733(100.2) |

급제자의 전력 중 동반관계나 서반관계가 있는 이유도 대가제의 영향이 크며, 통덕랑은 대가제로 올라갈 수 있는 상한 품계였다.[343]

통덕랑을 획득한 양반 자손이 대가로는 더 이상 품계를 올릴 수 없고 관직 진출도 여의치 않자 실직 제수나 품계를 올리기 위해 무과에 응시했다고 보인다. 그리고 전력부위의 급제가 점점 현저하게 감소하는 양상으로 미뤄볼 때에 서반의 대가가 문관보다는 그다지 활발하지 않았다고 추정된다.

조선시대에 관료는 일정 기간을 근무해야 승진할 수 있었다. 문관의 경우 종9품에서 참상관으로 올라가려면 적어도 7년 정도가 걸리며, 여기에 파직이나 낮은 고과考課, 개인이나 가족의 질병 및 초상 등의 이유로 승진하지 못하는 기간을 고려하면 얼마가 더 걸릴 지 알 수 없었다.[344] 그러므로 관품 소유자가 품계를 올려 받거나 관직에 진출하기 위해 문과에 비해 급제가 용이한 무과에 응시했다고 여겨진다.

예컨대, 장사랑(동반관계 종9품) 배홍록裵弘祿은 1612년(광해 4)에 28세의 나이로 식년 무과에 급제했다. 아버지는 전임 판관判官 배대유裵大維다. 『교남과방록嶠南科榜錄』에 따르면 배홍록은 부사까지 올랐다. 통사랑(동반관계 정8품) 박성朴城도 1612년에 25세의 나이로 무과에 급제했다. 아버지는 전임 마량진馬梁鎭 첨사 박인학朴仁鶴이며, 생부는 오위도총부 경력 박인룡朴仁龍이다. 누가 추가로 기록했는지 알 수 없으나 무과방목의 두주頭註에 '군수에서 마쳤음'이라 되어있어 박성도 군수까지 지냈음을 알 수 있다.[345]

끝으로 통덕랑·승훈랑(동반관계 정6품)·종사랑(동반관계 종9품)·어모장군(서반관계 정3품 당하)·과의교위(서반관계 정5품)·수의부위(서반관계 종8품)를 소지한 사람 중에는 서얼이 19명 있었다. 서얼 여부는 무과방목에 적형제嫡兄弟를 기록한 사람을 토대로 찾아냈다. 무과방목에는 급제자의 형제 기록이 있다. 보통 '안항雁行'이라 쓰고 그 아래에 형제 이름을 기록했는데, 형兄·제弟·적형嫡兄·적제嫡弟·서형庶兄·서제庶弟 등의 적서 관계도 표시했다. 이 가운데 주목할 사항이 '적형'과 '적제'의 기재다. 형제를 적형 또는 적제라 기록했다면 급제자 본인은 서얼이라는 의미다.

서얼의 무과급제자로서 통덕랑을 전력으로 기재한 사람은 총 13명이었다. 1662년(현종 3)의 증광시 급제자 유명룡兪命龍(부父 강화 유수 유철), 1695년(숙종 21)의 별시 급제자 백양좌白良佐(부 진사 백명원), 1702년 식년시 급제자 류혜장柳惠章(부 병마절도사 류성채), 1708년 식년시 급제자 윤취호尹就毫(부 병마절도사 윤하), 1717년 식년시 급제자 홍이석洪以錫(부 병마절도사 홍시주), 1723년(경종 3)의 별시 급제자인 민진곤閔鎭崐(부 수군절도사 민임중)·이의환李義煥(부 병마절도사 이홍조)·이사신李思愼(부 판서 이기하)·이집성李執性(부 부사 이행검)·홍이연洪以淵(부 병마절도사 홍시주), 1725년(영조 1)의 정시 급제자 홍보인洪輔人(부 수군절도사 홍이도), 1725년 증광시 급제자 한설흠韓卨欽(부 부사 한규), 1730년 정시 급제자 홍선인洪善人(부 대사헌 홍이도)이다.

서얼로서 통덕랑을 전력으로 기재한 무과급제자들의 아버지 직역에 절도사가 많은 점이 눈에 띈다. 아버지의 관직이 대부분 고위직인 것으로 보아 서얼 급제자들이 소지한 통덕랑은 대가제로 받았을 가능성이 높다.

승훈랑을 전력으로 기재한 서얼은 1714년의 증광시 급제자 구호익具虎翼(부 동지중추부사 구선우)이며, 종사랑은 1800년(정조 24)의 정시

급제자 이성도李性道(부 군수 이득준)다. 어모장군을 전력으로 기재한 사람은 1660년(현종 1)의 식년시 급제자 이종석林宗奭(부 학생 이무남), 과의교위는 1672년 별시 급제자 류방柳枋(부 부사과 류창세)이다. 수의부의를 전력으로 기재한 사람은 1706년(숙종 32)의 정시 급제자 이태관李泰觀(부 수군절도사 이박)과 1707년 별시 급제자 이태하李泰夏(부 수군절도사 이박)인데 두 사람은 형제다.

이상으로 관직 또는 관품을 소유한 무과급제자 3,988명은 서반직 소유자와 동반 관계 소유자의 비중이 높았다. 세부적으로는 오위 체아직 소유자가 총 1,933명으로서 관직 소유자의 85.7%를 차지했다. 동반 관계 소지자는 통덕랑이 45.2%나 차지하여 대가제의 영향으로 파악된다. 이처럼 특정 관직과 관품에서 무과급제자가 집중적으로 배출된 결과는 관직 및 관품 소유자의 진로에 무과가 적극적으로 고려의 대상이었음을 입증해 준다.

# 8장

# 기타 이력의 사람들

## 기타직역의 유형

기타직역은 전력을 알 수 있는 16,575명의 무과급제자 가운데 한량 · 군사직 · 관료군을 제외한 1,409명의 무과급제자를 묶은 것이다. 〈표8-1〉에서 기타직역 소유자의 급제 현황을 정리했다. 표에서 기타직역 소유자를 알기 쉽게 파악하기 위해 과거科擧, 학업學業, 군공軍功 · 납속, 향역鄕役, 역역驛役, 장인으로 유형화했다.

기타직역의 내역은 생원, 진사, 음양과陰陽科, 교생校生, 무학武學, 업무業武, 업유業儒, 원생院生, 생도生徒, 허통許通, 훈생訓生, 군공정軍功正, 군공주부軍功主簿, 납속納粟, 향리鄕吏, 공생貢生, 역리驛吏, 궁인弓人, 내시인內矢人, 녹사錄事, 별감別監, 양인良人, 어부漁夫, 제원諸員, 직부直赴다.

이 가운데 '직부'는 미래의 무과급제자로 파악해서 기타직역에 포함시켰다. 문과급제자의 전력에도 19세기에 '직부'가 4명 있었다. '훈생'은 무엇의 약자인지 알 수 없으나 '생生'이 '생도'를 의미한다고 여겨 기타직역으로 묶었다.

⟨표8-1⟩ 시기별 기타직역 소유자의 무과 급제 현황

| 분류 | 시기 전력 | 17세기 전반 | 17세기 후반 | 18세기 전반 | 18세기 후반 | 19세기 전반 | 합계(%) |
|---|---|---|---|---|---|---|---|
| 과거 | 생 원 | 1 | 1 | · | · | · | 2 (0.1) |
| | 진 사 | 1 | 2 | · | · | · | 3 (0.2) |
| | 음양과 | · | · | 1 | · | · | 1 (0.1) |
| 학업 | 교 생 | 64 | 267 | 39 | 2 | · | 372 (26.4) |
| | 무 학 | 137 | 277 | 10 | 12 | 12 | 448 (31.8) |
| | 업 무 | 27 | 307 | 123 | 12 | 13 | 482 (34.2) |
| | 업 유 | 1 | · | · | · | · | 1 (0.1) |
| | 원 생 | · | · | 1 | · | · | 1 (0.1) |
| | 생 도 | · | 1 | 1 | · | · | 2 (0.1) |
| | 허 통 | 3 | 24 | · | · | · | 27 (1.9) |
| | 훈 생 | · | 1 | · | · | · | 1 (0.1) |
| 군공·납속 | 군공정 | 1 | · | · | · | · | 1 (0.1) |
| | 군공주부 | 1 | · | · | · | · | 1 (0.1) |
| | 납 속 | 1 | 2 | · | · | · | 3 (0.2) |
| 향역 | 향 리 | · | 2 | · | · | · | 2 (0.1) |
| | 공 생 | 8 | 17 | 3 | · | · | 28 (2.0) |
| 역역 | 역 리 | 1 | 4 | 2 | 3 | · | 10 (0.7) |
| 장인 | 궁 인 | · | · | · | 1 | 3 | 4 (0.3) |
| | 내시인 | · | · | · | · | 2 | 2 (0.1) |
| 기타 | 녹 사 | · | 2 | 1 | 1 | · | 4 (0.3) |
| | 별 감 | · | 2 | · | 3 | 3 | 8 (0.6) |
| | 양 인 | · | 1 | · | 2 | · | 3 (0.2) |
| | 어 부 | · | 1 | · | · | · | 1 (0.1) |
| | 제 원 | · | · | · | 1 | · | 1 (0.1) |
| | 직 부 | 1 | · | · | · | · | 1 (0.1) |
| 합계 | | 247 | 911 | 181 | 37 | 33 | 1,409(100.1) |

(근거: 무과방목 102회분, 단위: 명)

기타직역의 존재는 전체 무과급제자의 8.5%에 불과했으므로 큰 비중을 차지하지 못했다. 하지만 처음부터 이들의 존재가 미미한 것은 아니었다. 조선 전기의 상황까지 구체적으로 확인하지 못했으나 적어도 17세기에 기타직역의 비중은 꽤 높은 편이었다.

앞의 〈표5-2〉의 '17~19세기 무과급제자의 전력'에서 17~19세기에 기타직역이 차지한 비율을 시기별로 보면 20.8%(17세기 전반) → 27.4%(17세기 후반) → 3.5%(18세기 전반) → 0.8%(18세기 후반) → 1.8% (19세기 전반)였다. 17세기 후반에 27.4%라는 비교적 높은 비중을 차지하다가 18세기 이후로 갑자기 하락하더니 19세기 후반에는 한 명의 급제자도 나오지 않았다.

이 점에 유의하면서 〈표8-1〉을 살펴보면 두 가지 특징을 찾을 수 있다. 첫째, 특정 전력에 무과급제자가 쏠려있음을 확인할 수 있다. 업무 482명(34.2%), 무학 448명(31.8%), 교생 372명(26.4%)으로 업무·무학·교생이 기타직역의 92.4%나 차지했다.

둘째, 업무·무학·교생의 무과 급제 추이가 18세기에 급격하게 감소했다. 따라서 18세기 이후로 기타직역의 하락세는 세 전력의 감소와 직결되었다고 볼 수 있다. 이런 상황은 직역 기재 방식의 변화 때문이라고 여겨지며, 아래에서 개별적으로 고찰할 예정이다.

이밖에 공생 28명(2%), 허통 27명(1.9%), 역리 10명(0.7%) 등이 눈에 띤다. 그리고 생원·진사로서 무과에 급제한 사람도 있어 흥미로우며, 장인을 비롯해 녹사·양인·어부에서도 무과급제자가 나왔다.

한편, 기타직역 소유자의 거주지를 정리해보면 지방 거주자가 많은 점이 특징이다. 〈표8-2〉를 보면 황해도 301명(21.4%), 전라도 215명(15.3%), 경기 215명(15.3%), 평안도 176명(12.5%), 충청도 136명

(9.7%)의 순서로 점유율이 높다. 이에 비해 서울은 86명(6.1%)에 불과하다.

기타직역 중 비중이 높은 업무의 거주지는 경기(20.1%) → 평안(17.8%) → 충청(14.7%) → 경상(12.7%), 무학의 거주지는 황해(40.6%) → 경기(15%) → 경상(12.7%) → 전라(8.7%), 교생의 거주지는 전라(31.5%) → 경기(12.6%) → 평안(15.6%) → 경상(12.1%)의 순서로 점유

〈표8-2〉 기타직역 소유자의 거주지

| 내역 | 시기 | 서울 | 경기 | 충청 | 경상 | 전라 | 황해 | 강원 | 함경 | 평안 | 미상 | 합계 |
|---|---|---|---|---|---|---|---|---|---|---|---|---|
| 과거 | 생 원 | 1 | · | · | · | · | · | 1 | · | · | · | 2 |
| | 진 사 | 3 | · | · | · | · | · | · | · | · | · | 3 |
| | 음양과 | 1 | · | · | · | · | · | · | · | · | · | 1 |
| 학업 | 교 생 | 5 | 47 | 21 | 45 | 117 | 64 | 4 | 10 | 58 | 1 | 372 |
| | 무 학 | 4 | 67 | 38 | 57 | 39 | 182 | 6 | 22 | 25 | 8 | 448 |
| | 업 무 | 36 | 97 | 71 | 61 | 40 | 46 | 28 | 11 | 86 | 5 | 482 |
| | 업 유 | · | · | 1 | · | · | · | · | · | · | · | 1 |
| | 원 생 | 1 | · | · | · | · | · | · | · | · | · | 1 |
| | 생 도 | · | · | · | · | · | 2 | · | · | · | · | 2 |
| | 허 통 | 11 | 1 | 5 | 3 | 4 | · | 1 | · | 1 | 1 | 27 |
| | 훈 생 | · | · | · | · | · | · | · | · | 1 | · | 1 |
| 군공<br>납속 | 군공 정 | · | · | · | · | · | · | · | · | · | 1 | 1 |
| | 군공 주부 | · | · | · | · | · | · | · | · | 1 | · | 1 |
| | 납 속 | · | · | · | · | 3 | · | · | · | · | · | 3 |
| 향역 | 향 리 | · | · | · | · | · | 1 | · | 1 | · | · | 2 |
| | 공 생 | · | 1 | · | 6 | 10 | 4 | 2 | 1 | 3 | 1 | 28 |
| 역역 | 역 리 | 5 | 1 | · | · | 1 | · | 2 | 1 | · | · | 10 |
| 장인 | 궁 인 | 4 | · | · | · | · | · | · | · | · | · | 4 |
| | 내시인 | 2 | · | · | · | · | · | · | · | · | · | 2 |
| 기타 | 녹 사 | 1 | 1 | · | · | 1 | 1 | · | · | · | · | 4 |
| | 별 감 | 8 | · | · | · | · | · | · | · | · | · | 8 |
| | 양 인 | 3 | · | · | · | · | · | · | · | · | · | 3 |
| | 어 부 | · | · | · | · | · | · | · | · | 1 | · | 1 |
| | 제 원 | 1 | · | · | · | · | · | · | · | · | · | 1 |
| | 직 부 | · | · | · | · | · | 1 | · | · | · | · | 1 |
| 합계<br>(%) | | 86<br>(6.1) | 215<br>(15.3) | 136<br>(9.7) | 172<br>(12.2) | 215<br>(15.3) | 301<br>(21.4) | 44<br>(3.1) | 46<br>(3.3) | 176<br>(12.5) | 15<br>(1.1) | 1,409<br>(100.0) |

(근거: 무과방목 102회분, 단위: 명)

율을 나타냈다.

그러면 아래에서는 이 점을 염두에 두고 무과급제자를 다수 배출한 업무·무학·교생에 대해 자세히 검토하고자 한다. 여기에 덧붙여 생원·진사로 무과에 급제한 사람도 조사했다.


## 무과방목에서 자취를 감춘 직역들

|

기타직역으로 무과에 급제한 1,409명 가운데 업무·무학·교생이 전체의 92.4%를 차지했다. 하지만 18세기 후반이 되면 거의 자취를 감춰서 찾아보기 어렵다.

앞서 무과급제자 가운데 급격하게 자취를 감춘 전력으로 보인保人이 있었다. 보인도 18세기 이후로 무과방목에서 갑자기 사라졌다. 그래서 이처럼 무과 급제에서 급격한 변화를 나타낸 전력만 따로 묶어 보았다. 비중(%)은 이 책의 전력 분석 대상인 무과급제자 16,575명에 대비하여 산출한 수치다.

〈표8-3〉에서 주목할 사항은 놀랄 만큼 증가세가 뚜렷한 한량의 존재다. 이미 이 책의 5장에서 언급한 대로 17세기 전반에 고작 0.6%에 불과하던 한량이 18세기 전반에 46.1%까지 급증했다가 19세기 후반에 64.4%에 육박했다. 무엇보다도 보인·업무·무학·교생이 감소하는 시점에 한량이 대폭 증가했다. 따라서 앞서 여러 번 강조한 대로 한량의 무과급제자가 증가한 배경에는 기타직역 급제자의 감소와 직접적인 관련이 있을 가능성이 높다.

그동안 과거급제자의 전력 분석은 대체로 호적의 직역 분석의 틀을

〈표8-3〉 한량·보인·업무·교생·무학의 무과 급제 현황

| 시기<br>전력 | 17세기<br>전반 | 17세기<br>후반 | 18세기<br>전반 | 18세기<br>후반 | 19세기<br>전반 | 19세기<br>후반 | 합계 |
|---|---|---|---|---|---|---|---|
| 한량 | 7 | 668 | 2,394 | 2,116 | 409 | 56 | 5,650 |
| (%) | (0.6) | (20.1) | (46.1) | (43.1) | (22.0) | (64.4) | (34.1) |
| 보인 | 374 | 223 | 25 | 9 | · | · | 631 |
| (%) | (31.5) | (6.7) | (0.5) | (0.2) | | | (3.8) |
| 업무 | 27 | 307 | 123 | 12 | 13 | · | 482 |
| (%) | (2.3) | (9.2) | (2.4) | (0.2) | (0.7) | | (2.9) |
| 무학 | 137 | 277 | 10 | 12 | 12 | · | 448 |
| (%) | (11.5) | (8.3) | (0.2) | (0.2) | (0.6) | | (2.7) |
| 교생 | 64 | 267 | 39 | 2 | · | · | 372 |
| (%) | (5.4) | (8.0) | (0.8) | (0.04) | | | (2.2) |
| 급제자 총원 | 1,189 | 3,330 | 5,198 | 4,915 | 1,856 | 87 | 16,575 |

(근거: 무과방목 102회분, 단위: 명)

이용했다. 각 직역이 귀속되는 신분을 미리 설정한 뒤에 방목에 기재된 전력을 신분별로 판별해 급제자의 신분이나 충원층을 파악한 것이다. 따라서 어느 전력의 증감은 곧 어느 신분의 증감으로 판단하거나 급제자의 충원층이 변화한 것으로 이해했다. 이 분석틀에 입각하여 한량과 군사직의 증가 현상을 분석하면 18세기 무과급제자의 신분은 중인 이하가 많아졌다는 결론에 도달한다.

하지만 여기서 한 가지 제기할 문제가 있다. 바로 무과급제자가 소유한 전력의 변화를 그대로 무과 충원 계층의 변화로 등치시켜 이해할 수 없다는 것이다. 조선 후기 무과급제자의 전력과 가계家系를 분석해보면 17세기보다는 18세기, 19세기에 계층이 훨씬 다양하고 하향화된 것이 사실이다. 앞서 검토한 군사직의 무과 급제 증가가 이를 잘 대변하고 있다.

이 때문에 조선 후기 무과에 대해 상층 신분의 지향 욕구를 충족시키는 징검다리 역할을 해왔다는 이해가 형성되어왔다. 하지만 무과급제자의 전력을 면밀히 검토해보면 전력의 변화를 곧 무과 충원층

의 변화로만 보기 어려운 양상을 발견할 수 있다. 위에서 급격한 증감을 나타낸 전력을 다시 검토해보면 대부분 국역國役과 밀접한 연관성이 있다.

조선시대 양반의 특권적 지위는 군역 면제 여부로 결정되었다. 양반으로서 관직에 나가지 못하더라도 최소한 군역을 지지 않아야 양반으로 인정받았다. 한량은 기본적으로 양반으로서 군역을 지지 않은 채 한유閑遊하면서 '무武'를 일삼는 사람을 지칭했다. 교생도 인조대 이후로 고강考講에서 떨어진 사람의 군역 충당 문제가 대두되면서 군역 차정에 시달렸다. 무학은 설립 초기에는 군역에서 제외되었으나 현종 대 이후로 일정한 역을 부담하거나 대오로 편성되었다.

1660년(현종 10) 호조 판서 민정중閔鼎重은 "소신이 최근 무과의 시관 때 보니 녹명의 법이 매우 혼잡했습니다. 반드시 역명을 쓴 뒤에 녹명을 허락하는 것이 좋을 듯합니다"라고 건의하자 현종이 대신들의 의견을 구했다. 그러자 좌의정 허적許積은 "반드시 역처役處가 있은 뒤에 녹명을 허락하면 양반 가운데 과거에 응시하는 사람이 없고 반드시 '군관'으로 쓰니 매우 부당합니다"[346]라는 의견을 개진했다. 두 사람의 언급으로 유추해보면, 역을 지지 않은 양반이 무과 응시 때에 사용한 직역은 본인이 현재 국가의 신역을 지고 있다는 것을 담보할 수 있는 직역을 선택했을 가능성이 높다.

요컨대, 무과방목에 나타난 전력의 유무로 기준을 삼는다면 업무·교생·무학이 18세기 이후로 무과에 응시하지 않았다는 결과를 도출하기 쉽다. 하지만 이것은 당대 현실이 아니라고 판단한다. 업무·교생·무학이 무과에 응시할 때에 녹명단자에 본인의 직역을 달리 사용한 결과로 이해하는 것이 합리적이다. 이는 각 전력이 갖는 법제적 성격은 물론 사회적 합의를 토대로 현실에서 실제로 통용된 직역의 사용과 연결되어 있다고 생각한다. 아래에서 이 문제를 구체적으로 검토하고자 한다.

## 업무

업무業武는 말 그대로 '무武를 일삼다[업業]' 또는 '무를 일삼는 사람'을 뜻한다. 이런 의미를 담은 업무는 1626년(인조 4)에 호패법을 실시하면서 양반 자제로서 무를 일삼는 사람을 나타내는 직역으로 채택되었다.[347]

하지만 몇 번의 변화를 거쳐 업무는 1696년(숙종 22)에 서얼 무사가 사용하는 직역이 되었고, 증손부터는 업무 대신에 양반 직역인 '한량'으로 칭할 수 있었다.[348] 그리고 『속대전』에서 "서얼로서 유자儒者는 '업유業儒'라 하고, 무사는 '업무'라 한다"[349]라고 법제화되었다.

18세기 후반 전라도 흥덕에 세거하던 이재 황윤석(黃胤錫, 1729~1791)은 1768년(영조 44)의 일기에서 이李 서방이라는 사람에 대해 "종실宗室 전은군全恩君 돈墩의 서자 업무 이서방李書房"[350]이라 표현했다. 곧 18세기 중반에 민간에서도 이미 업무가 서얼을 지칭하는 용어로 자리 잡은 것이다.

업무와 관련하여 '허통許通'을 사용한 무과급제자가 17세기에 등장했다가 18세기부터 나타나지 않는 현상도 유의할 사항이다. 무과방목에 나오는 허통은 과거 응시를 허락받은 서얼이 사용한 직역이다. 서얼은 1583년(선조 16)부터 '납미허통納米許通'의 조건으로 공식적으로 문과·무과에 응시했고, 1696년(숙종 22) 이후로 쌀을 바치지 않고도 과거에 응시할 수 있었다.[351]

허통은 임진왜란 중인 1594년(선조 27)에 1명이 급제하기 시작하여 17세기에 27명이 급제한 뒤로 더 이상 찾아볼 수 없다(〈표5-3〉, 〈표 8-1〉 참조). 표에서 나타내지 못했지만 허통은 1684년의 정시 무과를 끝으로 무과방목에서 더 이상 나타나지 않는다. 이는 17세기까지 서얼이 무과 응시 때에 허통이라는 역명을 사용했으나,[352] 1696년에 업무가 서얼의 역명으로 정착하면서 더 이상 '허통'을 사용하지 않은 데서 비롯되었다고 해석할 수 있다.

무과방목에 업무가 보이는 시점은 1630년(인조 8)이다. 식년시의 무과급제자 28명 중 1명이 업무로 급제했다. 인조 대에 무과방목에 나타나기 시작한 업무는 현종 대에 12.1%(110명), 숙종 대에 7.7% (203명)를 기록하다가 경종 대 이후로 점차 자취를 감추었다.[353] 즉 1696년 이후에 과거에 자유롭게 응시할 수 있게 된 업무가 오히려 18세기 이후로 무과방목에서 현저히 감소한 상태다. 그렇다면 업무가 무슨 이유로 무과방목에서 점차 자취를 감추었는지 궁금하다. 이 문제를 푸는 실마리도 무과방목에서 찾아낼 수 있다.

앞서 7장에서 설명한 대로 무과방목에 형제를 '적형嫡兄' 또는 '적제嫡弟'로 올렸다면 급제자 본인은 서얼이라는 의미다. 예를 들어 1848 년(헌종 14)의 증광시 무과급제자인 업무 이현수李顯秀의 형제 기록을 보면, '적형 현우顯佑, 형 현준顯駿'이라 되어있다.[354] 형을 적형과 형으로 구분했으므로 이 기록을 풀이하면 이현수와 그의 형 이현준은 서얼이라는 뜻이다.

이 점에 착안하여 무과방목에서 '업무'로 올라있는 급제자 482명의 형제 관계를 조사해 보았다. 그 결과 적형제를 기록한 사람이 7명뿐이었다. 무과방목에서 적형제의 기록이 의외로 저조한 이유는 무과방목의 형제 기록이 꼼꼼하지 않은 점이 크다. 1727년(영조 3)·1767년·1790년(정조 14)·1792년의 문무과방목을 살펴보면 문과방목은 형제를 모두 기록했으나 무과방목은 형제를 기록하지 않았다.

하지만 무과방목의 형제 기록이 온전치 않다는 점을 감안해도 업무로 무과에 급제한 482명 중 적형제를 기록한 사람이 7명뿐이라는 사실은 뭔가 석연치 않다. 그래서 무과방목에 기재된 업무에 대한 이해는 시각을 달리하여 다시 접근할 필요가 있다. 곧 법제적으로 1696년에 업무가 서얼의 직역으로 정착되었다고 하나 실제로 이 원칙을 반드시 지킨 것은 아니었던 것 같다.

앞서 '적형' 또는 '적제'를 기록한 업무 7명은 각각 1644년, 1672년(현종 13)(2명), 1835년, 1844년(2명), 1848년에 급제한 사람들이다. 이 가운데 1644년과 1672년은 업무가 서얼의 역명으로 확정되기 이전이므로 이미 업무를 서얼의 역명으로 사용한 정황을 알려준다.

또 1672년의 별시 무과방목에는 업무의 형제로 적형제 이외에 서형·서제도 자주 등장한다. 업무 차의발車義軷의 형제는 형 의진義軫, 제弟 의린義轔·의집義輯, 서형 의진義辰·의헌 義軒이다. 업무 김태중金泰重의 형제는 제 태진泰珍·태룡泰龍, 서제 태능泰能이다. 업무가 본인의 형과 아우를 '서형'과 '서제'로 기재했다면 본인은 적자라는 의미다.

이처럼 한 무과방목에서 업무의 형제로 어떤 사람은 서형·서제가 올라있고, 또 다른 사람은 적형·적제가 올라있다면 급제자 본인은 전자의 경우 적자이며 후자의 경우 서얼이다. 이 점은 '업무'가 1696년에 서얼 무사의 역명으로 확정되었지만 그 이전 시기의 업무 중에는 적자와 서얼이 섞여있었다는 뚜렷한 증표가 된다.

이와 관련해 『단성현호적대장』에 올라있는 업무도 관심을 가질 필요가 있다. 1678년(숙종 4) 호적대장에 업무의 처妻 25명 중 23명이 '씨氏'라는 호칭을 썼다. 하지만 1717년에는 업무의 처 49명 중 씨 호칭이 12명(24.5%), 조이[소사召史] 호칭이 37명(75.5%)으로 나타났다. 조이라는 호칭은 씨보다 신분이 낮은 여성이 사용하는 호칭이므로 18세기를 전후하여 업무의 위상이 하향화되었음을 보여준다.[355] 또 씨와 조이의 호칭이 함께 나타나고 있어서 호적대장에 나타난 업무 역시 무과방목에 수록된 업무처럼 그 성격이 단일하지 않았음을 알려준다.

이 문제를 더 검토하기 위해 무과방목에서 '적형제'를 기록한 급제자들을 조사했다. 적형제의 기록은 무과급제자 본인이 서얼이라는 의미이므로 이 조사는 무과방목의 형제 기록을 근거로 서얼을 찾아내는 작업이다. 조사 결과 102회분의 무과방목에서 58명을 찾아냈고, 그 내용을 정리한 것이 〈표8-4〉다.

조사 결과를 보면 무과급제자 본인이 서얼이라 하여 무과방목에 업무로만 올리지 않았다. 본인이 서얼이면서도 상호군·사과·부사직·부사과·통덕랑·어모장군·과의교위·수의부의·한량·업무·감관·별군관·무학·겸사복·내금위·별초·별효사·보인·장용위·지구관·충익위·친군위·친기위 등 다양한 전력을 사용했다. 서얼 58명 가운데 '업무'가 서얼의 역명으로 정착된 1696년 이전의 무과급제자가 16명이며 42명은 1696년 이후의 무과급제자다.

이 현상은 이미 17세기 후반부터 서얼의 사회 진출이 활발해지면서 서얼이라도 다른 직역명을 기재했음을 보여준다. 1672년(현종 13) 별

⟨표8-4⟩ 무과에 급제한 서얼이 사용한 전력

| 구분 | 성명 | 급제자 전력 | 급제 연도 | 적형제 기재 | 부 직역/생부 직역 |
|------|------|------|------|------|------|
| 서반 관직 | 류 정 | 상호군 | 1708 식 | 적형 기재 | 가선대부 전前 훈련원도정 |
| | 민중기 | 상호군 | 1725 증 | 적형 기재 | 절충장군 행行 자산진병마첨절제사 |
| | 이해빈 | 사과 | 1637 정 | 적형 기재 | 통훈대부 전 현령 |
| | 송극제 | 사과 | 1648 식 | 적형 기재 | 가선대부 전라도병마도도사 |
| | 강 번 | 사과 | 1717 식 | 적형 기재 | 가선대부 행 연변대도호부사 |
| | 민 곤 | 부사직 | 1678 증 | 적형 기재 | 가선대부 함경북도병마절도사 겸… |
| | 안극가 | 부사과 | 1673 식 | 적형 기재 | 통훈대부 종부시정 겸… |
| | 정홍신 | 부사과 | 1707 별 | 적형 기재 | 가의대부 행 동지중추부사 겸… |
| 동반 관계 | 유명룡 | 통덕랑 | 1662 증 | 적제 기재 | 가선대부 강화부유수 |
| | 백양좌 | 통덕랑 | 1695 별 | 적형 기재 | 성균 진사 |
| | 류혜장 | 통덕랑 | 1702 식 | 적제 기재 | - |
| | 윤취호 | 통덕랑 | 1708 식 | 적형 기재 | 증贈 가선대부 병조참판 겸… |
| | 홍이석 | 통덕랑 | 1717 식 | 적형 기재 | 가선대부 평안도병마절도사 |
| | 민진곤 | 통덕랑 | 1723 별 | 적형 기재 | 절충장군 행 전라우도수군절도사 |
| | 이의환 | 통덕랑 | 1723 별 | 적형 기재 | 가선대부 전라도병마절도사 |
| | 이사신 | 통덕랑 | 1723 별 | 적형 기재 | 자헌대부 공조판서 겸…한성군韓城君 |
| | 이집성 | 통덕랑 | 1723 별 | 적제 기재 | 통정대부 전 행 단천도호부사 |
| | 홍보인 | 통덕랑 | 1725 별 | 적형 기재 | 가선대부 행 경기수군절도사 겸… |
| | 홍이연 | 통덕랑 | 1723 별 | 적형 기재 | 가의대부 평안도병마절도사 |
| | 한설흠 | 통덕랑 | 1725 증 | 적형 기재 | 통정대부 전 행 경원도호부사… |
| | 홍선인 | 통덕랑 | 1730 정 | 적형 기재 | 증 가선대부 사헌부 대사헌… |
| | 구호익 | 승훈랑 | 1714 증 | 적형 기재 | 가선대부 동지중추부사 |
| | 이성도 | 종사랑 | 1800 정 | 적형 기재 | 통정대부 행 봉산군수 겸… |
| 서반 관계 | 임종석 | 어모 | 1660 식 | 적형 기재 | 학생 |
| | 류 방 | 과의교위 | 1672 별 | 적형 기재 | 정략장군 행 충무위 부사과 |
| | 이태관 | 수의부의 | 1706 정 | 적형 기재 | 전라우도수군절도사 |
| | 이태하 | 수의부의 | 1707 별 | 적형 기재 | 절충장군 전라우도수군절도사 |
| 한량 | 이지선 | 한량 | 1678 증 | 적형 기재 | 납속가선/선략장군 행 위원진 직동권관 |
| | 이웅한 | 한량 | 1681 식 | 적형 기재 | 승헌대부 밀성군密山君 겸… |
| | 안윤공 | 한량 | 1706 정 | 적형 기재 | 통덕랑/통덕랑 |
| | 진종대 | 한량 | 1713 증 | 적형 기재 | 유학 |
| | 허 보 | 한량 | 1723 별 | 적형 기재 | 통정대부 칠곡도호부사 겸… |
| | 홍서익 | 한량 | 1730 정 | 적형 기재 | 통덕랑 |
| | 이후랑 | 한량 | 1750 식 | 적형 기재 | 동창군東昌君 |
| | 김이만 | 한량 | 1809 증 | 적형 기재 | 통정대부 승정원 우부승지 지제교 겸… |
| | 이 용 | 한량 | 1809 증 | 적형 기재 | 통훈대부 행 김천군수… |
| 업무 | 이길남 | 업무 | 1644 정 | 적형 기재 | 통훈대부 행 사복시주부 |
| | 정지수 | 업무 | 1672 별 | 적형 기재 | 통훈대부 행 송화현감 |

| 구분 | 성명 | 급제자 전력 | 급제 연도 | 적형제 기재 | 부 직역/생부 직역 |
|---|---|---|---|---|---|
| | 허 순 | 업무 | 1672 별 | 적형 기재 | 통훈대부 포천현감 |
| | 구재도 | 업무 | 1835 증 | 적형 기재 | 절충장군 행 공청도수군절도사 |
| | 한구혁 | 업무 | 1844 증 | 적형 기재 | 가선대부 행 병조참판 겸… |
| | 김정근 | 업무 | 1844 증 | 적제 기재 | 가선대부 행 용양위 호군 |
| | 조행림 | 업무 | 1848 증 | 적형 기재 | 증 가선대부 이조참판… |
| 군사직 | 김시생 | 보인 | 1624 증 | 적형 기재 | 통정대부 파주목사 |
| | 김상해 | 충익위 | 1695 별 | 적형 기재 | 절충장군 첨지중추부사 |
| | 이동식 | 겸사복 | 1713 증 | 적제 기재 | 통훈대부 행 기장현감 |
| | 허 서 | 친기위 | 1714 증 | 적형 기재 | 통훈대부 전 행 곤양군수… |
| | 김우숙 | 친기위 | 1725 증 | 적형 기재 | 출신出身 |
| | 홍채인 | 별초 | 1740 증 | 적형 기재 | 가선대부 행 경기수군절도사 겸… |
| | 박만영 | 지구관 | 1795 식 | 적형 기재 | 영성부원군(박문수) |
| | 이한충 | 장용영감관 | 1800 정 | 적형 기재 | 숭정대부 행 지중추부사 |
| | 류후원 | 도감별군관 | 1800 정 | 적형 기재 | 숭록대부 행 용양위 상호군 |
| | 김이승 | 별효사 | 1809 증 | 적형 기재 | 통정대부 승정원 우부승지 지제교 겸… |
| | 조상진 | 친군위 | 1800 정 | 적형 기재 | 자헌대부 행 용양위 대호군 |
| | 박명하 | 내금위 | 1848 증 | 적형 기재 | 가선대부 호조참판 겸… |
| | 이희호 | 장용위 | 1848 증 | 적형 기재 | 가선대부 병조참판 겸… |
| | 류명근 | 장용위 | 1848 증 | 적형 기재 | 증 가선대부 병조참판… |
| 기타 | 민방익 | 무학 | 1660 식 | 적형 기재 | 가선대부 |

(근거: 무과방목 102회분)

시 무과에 급제한 부사과 한두명韓斗明은 우의정 한홍일韓興一의 서얼이면서도 방목에 '부사과'로 기록해 본인이 서얼이라는 흔적을 남기지 않았다.[356]

한두명은 당시 적제嫡弟 한기명이 생존해 있었으나 역시 무과방목에 올리지 않았다.[357] 하지만 한두명의 적제 한기명은 1679년에 생원시에 합격했는데, 사마방목에 '서형庶兄 한두명'을 올렸다.[358] 무과급제자 중에는 한두명처럼 서얼이면서도 업무가 아닌 다른 전력을 사용하고, 과거 응시를 위한 단자單子를 올릴 때에 적형제를 기록하지 않은 사람이 다수 있었을 것이다.

서얼은 아버지 지위가 높은 편이다. 무과급제자 중 통덕랑을 비롯

한 관품 소유자가 많은 것으로 보아 대가제代加制의 기회가 자주 주어
진 것 같다. 대가제의 상한선이 동반관계의 정5품인 통덕랑이라는
사실이 이러한 추정을 뒷받침한다. 그래서 서얼이라도 관품을 소유
했으면 관품을, 관직을 소유했으면 관직의 전력을 사용했다.

이런 배경에서 서얼의 사회적 활동이 왕성해지는 18세기 이후에는
업무보다도 다른 역명을 사용한 사람들이 다수 등장했다. 그리고 바
로 이런 상황 속에서 18세기 이후로 무과방목에서 업무가 급격히 감
소하는 현상이 발생했다고 본다. 이런 측면에서 18세기 이후로 무과
방목에서 업무의 감소 현상을 곧장 서얼의 무과 급제 감소로 등치할
수 없다.

## 교생

조선시대에 '교생校生'이라는 전력이 등장하는 과거는 무과와 생원
진사시뿐이다. 현전하는 조선 후기 무과방목에서 교생으로 급제한
사람은 372명이다.

앞서 〈표5-3〉의 '15~16세기 한량·보인 및 주요 기타직역의 무과
급제 현황'에서 1471~1594년까지 무과방목에 교생이 처음 나타난 시
기는 1570년(선조 3)이었다. 이해 식년 무과에 교생 2명이 급제했다.
이후 1580년에 5명, 1583년에 63명, 1584년에 34명, 1594년에 54명
등 교생의 무과 급제가 꾸준히 증가하는 추세였다.

교생의 급제 추이를 왕대별로 소개하면 효종 대에 12.7%(172명)으
로 최고조에 달했다가 숙종 대에 2.9%(75명)으로 격감했다. 그러다가

정조 대에 1명이 급제한 뒤로 전혀 나타나지 않는다.[359] 이처럼 교생으로서 무과에 급제하는 경향은 보인이나 업무처럼 16세기 후반 이후부터 17세기까지 활발하게 일어난 현상이었다.

생원진사시도 교생의 합격이 17~18세기에만 이뤄졌다. 조선시대 생원진사시 합격자 38,009명 가운데 교생이 차지한 비중은 17세기 전반에 0.07%(3명), 17세기 후반에 0.29%(15명)에서 18세기 후반에 0.04%(2명)이었다.[360] 전체적으로 0.1%에도 미치질 못할 정도로 매우 적은 인원이며, 그나마 17세기 후반에 가장 많은 합격자를 냈을 뿐이다. 생원진사시에서도 교생의 합격이 무과와 마찬가지로 18세기 이후로 더 저조하며 19세기에는 전혀 합격자가 없다는 공통점을 보이고 있다.

교생은 향교에서 수학하는 생도를 지칭한다. 조선 후기의 교생에 대해서도 이미 선학들의 연구 성과가 있으므로 간략하게 정리하면 다음과 같다.[361] 교생은 액내額內와 액외額外로 구분할 수 있다. 액내교생은 서재西齋에 출입하는 학생으로 동재東齋의 청금유생靑衿儒生인 동재유생東齋儒生과 구분하여 서재교생西齋校生이라 불리었다. 신분은 양인 내지 중인 정도였다고 보고 있다. 액외교생은 말 그대로 정원 이외의 교생으로 군역 회피를 위하여 불법으로 향교에 입속한 사람을 지칭하며 액내교생과 별개 존재였다.

본래 액내교생은 양반으로 이뤄졌다. 하지만 인조 대부터 교생을 대상으로 실시하는 고강考講이 강화되자 액내교생으로 입학하는 양반이 줄어들었다. 그 대신 성균관이나 사학四學의 유생의 예에 따라 청금록靑衿錄을 작성하고 '청금유생'이라 칭했다. 이렇게 되자 액내교생에 양반이 아닌 사람도 들어오게 되었고, 숙종 대 이전에 이미 대부분의 향교에서 유생과 교생의 분화가 이뤄졌다.

무과에 급제한 교생의 신분을 추적해보면 17세기 전반까지는 양반으로 보이는 사례를 다수 발견할 수 있다. 1636년(인조 14) 별시 무과에 장원으로 급제한 교생 홍익성洪翼聖은 아버지가 생원 홍지洪社다. 홍익성과 같은 무과에 급제한 교생 남해우南海宇는 이후 군수를 지냈으며 아버지는 공조 좌랑 남추南樞다.[362] 1644년 정시 무과에 급제한 교생 최원립崔元立은 무과방목에 아버지에 대한 기록은 없지만 이후 본인이 수군절도사에 오르므로 양반가로서 가세가 있는 집안으로 판단할 수 있다.[363]

요컨대, 17세기 전반까지 교생 중에서 양반으로 보이는 사례를 다수 발견할 수 있으나 1644년에 고강에서 탈락한 낙강생落講生을 무학武學으로 강등하면서 교생은 점차 비非 양반으로 채워졌다. 그 결과 숙종 대 이전에 신분에 따른 유생과 교생의 분화가 이뤄졌다고 할 수 있다.[364]

그런데 공교롭게도 향교에서 유생과 교생의 분화가 끝나가는 시점과 맞물려 무과방목에서 교생으로 급제한 사람을 목격하기 어렵게 되었다. 그렇다면 상호간에 상관관계가 있는 것일까? 현재 이 질문에 대해 완벽하게 답변하기란 쉽지 않다. 정황상으로는 밀접한 연관이 있어 보이지만 연결 고리를 알려주는 자료가 불충분한 편이어서 단정하기가 어렵다. 다만 이러한 제약을 고려하면서 두 가지 측면을 생각해볼 수 있다.

첫째, 17세기에 교생의 무과 급제는 교생 고강이 강화된 시기와 일치하고 있어 아마도 낙강으로 인해 무학이나 군역으로 떨어지지 않기 위한 진로 모색 속에서 나온 결과로 추정할 수 있다.

이 추정을 뒷받침하는 사례로 1659년(효종 10) 예조 판서 홍명하洪命夏의 언급이 주목된다. 홍명하는 교생 문제를 논의하면서 효종에게 "고강에 떨어진 사람을 무학으로 떨어뜨렸는데, 일찍이 김휘金徽가 올린 의견으로 인해 무과 응시는 허락하고 문과는 허락하지 않았습니다"[365]라고 보고했다. 이 언급으로 미뤄볼 때에 무학으로 강등된 교생들이 나갈 수 있는 진로가 무과였음을 알 수 있다.

둘째, 그렇다고 하여 18세기부터 교생의 무과 급제가 현격히 감소하는 현상을 전적으로 교생이 무과에 응시하지 않아서 나타난 현상으로 볼 수 없다. 한량·보인·업무와 마찬가지로 이 부분 역시 무과 방목에 올리는 전력을 달리 썼을 가능성을 고려하지 않고는 설득력이 떨어진다.

이와 관련하여 1835년(헌종 1) 증광 무과에 급제한 한량 안집安堞의 사례가 매우 유용한 논거를 제공한다. 안집은 무과 급제 당시 나이 35세이며 거주지는 전라도 보성이었다. 다행스럽게도 안집의 성명이 보성향교에 소장된 『양사재안養士齋案』(1864년)에 올라있다.[366] 최이수崔異秀가 1864년에 작성한 서문에 따르면 『양사재안』은 재정난을 타개하기 위해 본래 계안에 참여하지 못한 사람들을 추가로 받아들이면서 새롭게 작성한 명단이다. 그래서 『양사재안』은 원안原案(616명)과 추안追案(162명)으로 구성되었고, 원안은 1864년 이전에 작성한 명단이다. 안집은 바로 원안에 등재되어 있다.

안집이 원안에 오른 시기는 알 수 없으나 적어도 원안에 등재될 정도라면 보성이라는 향촌 사회에서 유학으로 처신했을 가능성이 높다. 곧 안집은 향교의 청금유생이었다고 여겨진다. 그래서 안집이 무과에 응시할 때에 '교생' 대신에 한량으로 등재한 이유도 향촌 사회에서 유학이라 칭한 사람들이 무과에 응시할 때 사용한 전력이 한량이기 때문이었다.

또 1843년에 작성한 전라도 구례향교의 『서재안西齋案』에 실린 서문을 보면 "무릇 교생은 곧 유생이다. 서재유생이라는 자들은······장적에 유학으로 쓰지만 실제 행세는 중인으로 처신한다"[367]라고 되어 있다. 여기서 서재교생 곧 액내교생이 호적대장에 본인을 유학으로 올린다는 대목이 눈에 들어온다.

안집의 사례처럼 향교에 적을 둔 청금유생은 물론 서재교생마저 호적대장에 유학이라 올라있다면 무과에 응시할 때에 녹명 단자에 본인을 교생이 아닌 한량으로 올렸을 개연성이 높다. 이 점은 18세기 이후에 무과방목에서 교생을 목격하기가 쉽지 않은 배경을 이해하는 데에 큰 시사점을 준다.

# 무학
|

조선 후기에 '무학武學'으로 무과에 급제한 사람은 448명이다. 무학은 임진왜란 중인 1595년(선조 28)에 서울의 훈련원訓鍊院처럼 지방에서도 실력 있는 무관을 양성할 목적으로 각도의 대도호부에 설립한 무예 교육 기관이다.

지방에 무학을 설치한 이후에 이곳에 소속된 사람을 '무학'이라 불렀다. 앞서 〈표5-3〉의 '15~16세기 한량·보인 및 주요 기타직역의 무과 급제 현황'에서 1471년(성종 2)부터 1594년까지 무학으로 무과에 급제한 사람이 전혀 없는 이유도 이때만하더라도 '무학'이 직역으로 성립하기 전이었다.

무학은 설립 당시에는 양반 자손이 소속되었다. 그 뒤 숙종 연간 전반에는 이미 항오에 속했으며 여기에 속한 사람들의 사회적 지위도 저하되기 시작했다.[368] 그러므로 무과방목에 등장하는 무학 역시 17세기말을 기점으로 나눠서 검토할 필요가 있다.

〈표8-3〉에서 무학이 조선 후기 무과급제자 16,643명 가운데 차지한 비중을 보면 17~19세기 전반까지 11.5%(17세기 전반) → 8.3%(17세기 후반) → 0.2%(18세기 전반) → 0.2%(18세기 후반) → 0.6%(19세기 전반)이었다. 17세기 전반에 11.5%까지 상승했다가 18세기 전반에 0.2%로 확 낮아지면서 19세기 전반까지 비슷한 추세를 나타냈다. 19세기 후반에는 아예 무학으로서 무과에 급제한 사람이 전혀 없다. 무학의 급제는 17세기에만 활발했던 셈이다.

〈표8-2〉에서 무학 급제자의 거주지는 황해(40.6%) → 경기(15.0%) → 경상(12.7%) → 전라(8.7%)의 순서로 나타나 황해도 거주자가 많다. 황해도 병영과 함경도 남병영에 속한 무학은 해마다 도시都試를 실시하여 1등으로 합격한 한량에게 직부전시를 내렸는데,[369] 아마도 이 영향으로 보인다.

함경도 무학의 도시는 1776년(정조 즉위)에 관북찰민은어사關北察民隱御史 이회수가 올린 별단別單에 무학에게 다시 도시를 볼 수 있게 허락하여 변방사람의 마음을 위로해야 한다는 내용이 있는 것으로 보아 중간에 폐지한 것으로 보인다.[370] 별단이란 임무를 마치고 온 암행어사가 국왕에게 올리는 정책보고서다.

무학 안충한安忠漢은 1636년(인조 14) 별시 무과에 37세의 나이로 급제했다. 본관이 광주廣州이며 거주지는 밀양이고 아버지는 훈련원

봉사였다. 『교남과방록』에는 아버지의 관직이 부정副正이며, 시직侍直 안숙량安叔良의 후손이라 되어있다. 그리고 안충한은 만호萬戶를 역임했다.

무학 신희백辛希伯은 1651년(효종 2) 별시 무과에 급제했다. 본관은 영산靈山이며 거주지가 언양이다. 『교남과방록』에 따르면, 신희백은 오산군鰲山君 신극례辛克禮의 후손으로 아버지는 사과司果 신훤, 조부는 판관 신광윤이다. 신희백 본인은 판관까지 지냈다.

이처럼 무학에는 17세기 전반까지 양반 후손이 포함되었다. 그러다가 18세기 이후에 무학이 유명무실화되고 처우나 위상도 저하하면서 무학이 무과에 급제하는 비중도 점차 하락하게 되었다고 보인다. 여기에 교생에서 지적한 대로 무과에 응시할 때에 녹명 단자에 무학이 아닌 한량으로 기재했을 가능성이 높다.


## 생원과 진사
|

기타직역 소지자 중에서 생원이나 진사로 무과에 급제한 사람은 5명이다. 5명 모두 17세기에 급제했으며, 1명만 강원도 원주 거주자며 4명은 서울 거주자였다.

먼저 서울 거주자를 살펴보면, 진사 김경金鏡은 1633년에 식년 무과에 급제했다. 나이 23세로 비교적 이른 나이에 급제했다. 그는 1627년인 17세에 유학으로 식년 진사시에 합격한 전력이 있다. 아버지 김덕민의 직함은 김경이 진사 합격 당시에는 전임 용궁 현감이었으며, 무과 급제 당시에는 활인서 별제別提였다. 참고로 아버지 김덕민

역시 1606년(선조 39)에 생원시에 합격했다. 할아버지 김가기는 이산尼山 현감을 지냈다.

생원 이태형李泰亨은 1651년(효종 2)에 별시 무과에 급제했다. 나이 35세였다. 이태형은 1646년 30세에 유학으로 생원시에 합격했다. 이태형의 아버지는 영선부수永善副守 이순인이며 생부는 회의군懷義君 이철남이다. 이태형은 무과에 급제한 지 5년 만인 1656년에 진도 군수로 재직 중이었다.[371]

진사 홍이징洪以徵은 32세인 1699년(숙종 25)에 식년 무과에 급제했다. 본관은 남양이며 1690년인 23세에 유학으로 진사시에 합격했다. 아버지 홍시주의 직함은 진사 급제 당시에는 부호군副護軍이었으며, 무과 급제 당시에는 평안도 병마절도사였다. 동생 홍이부도 생원이다.

진사 정석달鄭碩達은 본관이 영일이며 1651년에 별시 무과에 41세 나이로 급제했다.[372] 정석달은 1642년(인조 20)에 진사시에 합격했으며 합격 당시에 '유학'으로서 황해도 평산平山에 거주했다. 아버지 정담鄭湛은 1616년(광해 8) 문과에 급제했다. 문과방목에 따르면 정담은 사헌부 지평까지 지냈으며 인목대비의 죄를 몇 차례 논하다가 인조반정으로 정배된 인물이다.[373] 정석달은 사마방목이나 무과방목에 아버지의 직함을 '급제'로만 표기하여 아버지의 존재를 드러내지 않았다. 정석달은 1664년(현종 5)에 법성포 만호로서 조선압령관漕船押領官의 임무를 띠고 관서지방의 조운미漕運米를 손실 없이 운송한 공으로 법규에 따라 첨사僉使로 승진했다.[374]

끝으로 강원도 원주 거주자인 생원 이극량李克諒은 1644년에 별시 무과에 급제했다. 나이 39세였다. 무과방목에는 본인 전력과 거주지 원주 이외에 다른 사항이 기재되어 있지 않다. 사마방목에 따르면 본관은 원주이며, 34세에 유학으로 생원시에 합격했다. 아버지는 학생 이기준이다.

이상의 사례에서 보듯이 생원이나 진사로 무과에 급제한 사람은 명실공히 사족의 후손이었다. 이들은 생원진사시에 합격한 뒤에 최소 4년에서 최고 9년이라는 간격을 두고 무과에 다시 급제했다. 이들이 왜 다시 무과에 응시했는지는 자세하지 않다. 다만 생원으로서 무과에 급제하여 군영대장에 오른 이완식李完植의 사례처럼 권무勸武의 결과도 있었다.

1809년(순조 9) 증광 무과에 급제한 전임 선전관 이완식은 왕명으로 군영대장 집안의 후손이라는 이유로 진로를 무武로 바꾸었다.[375] 이를 '권무'라 한다. 이완식은 숙종 연간에 총융사와 어영대장을 지낸 이세선李世選의 5대손이며 영조 연간에 어영대장을 지낸 이의풍李義豊의 증손이다.

1805년에 생원시에 합격한 그는 1807년에 권무의 대상이 되어 남항천南行薦을 받았고, 그 뒤에 남항 선전관이 되었다가 1808년에 춘당대 별시사에서 직부전시를 받아 무과에 급제했다. 무과방목에 그의 전력은 생원이 아닌 무과를 치르기 직전에 지낸 '선전관'으로 되어 있다. 이완식은 1836년(헌종 2)에 금위대장을 지낸 뒤에 총융사와 병조 참판을 역임했다.

이완식은 전력을 생원이라 쓰지 않았지만 생원이었다가 진로를 문에서 무로 바꿔서 무과에 급제했다. 이와 마찬가지로 생원이나 진사로서 무과에 급제한 사람들 역시 관직 진출의 모색 등 여러 이유로 진로를 바꿔서 응시한 결과였다고 여겨진다.

## 9장

# 무과급제자 배출 지역

## 거주지 분포

조선시대에 지역 연고는 학문 성향이나 당파는 물론 출세에 큰 영향을 미쳤다. 대표적으로 평안도와 함경도 사람은 순조 연간까지 서반직의 꽃이자 고위 관료가 되려면 반드시 거쳐야 하는 선전관에 임용될 수 없었다. 그러므로 무과급제자의 거주지는 급제자의 출신 성분과 진로를 파악할 수 있는 중요한 기초 자료라 할 수 있다.

무과방목에 기재된 거주지는 두 가지의 의미를 띤다. 첫째, 무과급제자가 실제로 태어나고 자란 생활 터전이다. 둘째, 무과급제자가 무과급제 당시에 몸담은 조직이 자리한 지역을 의미한다. 후자의 경우 주로 군영이나 감영(관찰사영)·병영(병마절도사영)에 소속된 무과급제자의 거주지에서 나타난다.

이 장에서 분석 대상으로 삼은 무과급제자는 전체 16,643명 중 16,540명이다. 무과방목에 거주지가 기재되지 않았거나, 자료 훼손으로 거주지를 알 수 없는 99명을 제외한 인원이다. 또 덕적德積·정천定川·첨산尖山·토양土陽은 어딘지 몰라서 제외했다.

거주지 파악에서 문제가 된 사항은 지명의 이칭異稱과 동칭同稱이었다. 지명의 이칭은 두 가지 경우가 있다. 하나는 고지명이며, 다른 하나는 군현의 통폐합이나 분리에 따른 지명의 변화였다. 공산公山·금성錦城·능성綾城·서원西原·성산星山·송도松都·여흥驪興·원성原城·이산理山·이성利城·충원忠原·파평坡平·탐라耽羅·홍양洪陽·화성華城·황산黃山·은산恩山·이산尼山이 여기에 해당한다. 이 경우 모두 『속대전』·『대전통편』·『대전회통』에 나오는 군현 이름을 기준으로 하여 최종 지명으로 통일하여 적용했다.[376]

다음으로 지명의 동칭은 한 지명이 여러 지역을 지칭하는 경우로 안릉安陵·안북安北·일신一新이다. 안릉은 황해도 재령과 평안도 안주, 안북은 함경도 북청과 평안도 안주, 일신은 강원도 원주와 전라도 남원의 옛 이름이다. 이 경우는 한 방목에서 현 지명과 옛 지명을 동시에 쓰지 않는다고 판단했다. 그래서 안릉이 기재된 방목에 재령이 나오고 안주가 없으면 안주로, 그 반대의 경우는 재령으로 처리했다.[377]

먼저 무과급제자 16,540명의 거주지를 정리한 결과가 〈표9-1〉이다.

〈표9-1〉 조선 후기 무과급제자의 거주지

| 내역 | 지역별 무과급제자 인원(명) |
|---|---|
| 5천~400명 | 서울[경京] 5,745, 평양平壤 699, 수원水原 464. |
| 399~100명 | 황주黃州 358, 개성開城 338, 안악安岳 331, 광주廣州 305, 봉산鳳山 240<br>강화江華 236, 재령載寧 227, 해주海州 162, 의주義州 155, 함흥咸興 152<br>안주安州 149, 신천信川 140, 충주忠州 131, 원주原州 126, 중화中和 120<br>제주濟州 118, 양주楊州 113, 공주公州 106, 청주淸州 102. |
| 99~70명 | 북청北靑 92, 전주全州 91, 용강龍岡 87, 장단長湍 84, 경성鏡城 82, 남양南陽 81<br>풍덕豊德 80, 연안延安 74, 진주晉州 71. |
| 69~50명 | 선천宣川 69, 장흥長興 68, 철산鐵山 68, 문화文化 67, 파주坡州 66, 고양高陽 65<br>백천白川 65, 서흥瑞興 65, 영유永柔 65, 통진通津 64, 함종咸從 64, 평산平山 63<br>순천順天 56, 대구大邱 55, 용인龍仁 53, 강진康津 51, 부평富平 51, 수안遂安 51<br>영암靈巖 51, 춘천春川 51, 단천端川 50. |
| 49~20명 | 삼화三和 49, 여주驪州 49, 밀양密陽 48, 종성鍾城 48, 홍주洪州 48, 강동江東 47<br>강서江西 47, 강계江界 46, 상원祥原 44, 옹진甕津 44, 장연長淵 44, 장성長淵 44<br>흥양興陽 44, 보성寶城 43, 용천龍川 43, 죽산竹山 44, 나주羅州 42, 남원南原 41<br>선산善山 41, 숙천肅川 39, 곡산谷山 38, 동래東萊 37, 성주星州 36, 은율殷栗 36<br>정주定州 36, 철원鐵原 36, 길주吉州 35, 창성昌城 35, 경주慶州 34, 교동蕎桐 34<br>영흥永興 33, 김해金海 32, 송화松禾 32, 이천利川 32, 안성安城 31, 영변寧邊 31<br>자산慈山 31, 정평定平 30, 고성固城 28, 성천成川 28, 순안順安 27, 순천順川 27<br>진천鎭川 27, 회령會寧 27, 개천价川 26, 대흥大興 26, 삭주朔州 26, 상주尙州 26<br>안변安邊 26, 진위振威 26, 태안泰安 26, 포천抱川 26, 홍원洪原 26, 경원慶源 25<br>서산瑞山 25, 성진城津 25, 인동仁同 25, 증산甑山 25, 김제金堤 24, 단성丹城 24<br>횡성橫城 24, 박천博川 23, 교하交河 22, 울산蔚山 22, 곽산郭山 21, 김포金浦 21<br>부안扶安 21, 아산牙山 21, 김산金山 20, 함안咸安 20, 해남海南 20. |
| 19~10명 | 가산嘉山 19, 결성結城 19, 과천果川 19, 광주光州 19, 남포藍浦 19, 덕산德山 19<br>벽동碧潼 19, 사천泗川 19, 이원利原 19, 인천仁川 19, 풍천豊川 19, 해미海美 19<br>명천明川 18, 부령富寧 19, 고부古阜 17, 낙안樂安 18, 안산安山 18, 함평咸平 18<br>대정大靜 17, 면천沔川 17, 목천木川 17, 순창淳昌 17, 임피臨陂 17, 직산稷山 17<br>진도珍島 17, 괴산槐山 16, 덕원德源 16, 양근楊根 16, 언양彦陽 16, 영산靈山 16<br>의령宜寧 16, 창원昌原 16, 청안淸安 16, 칠원漆原 16, 태인泰仁 16, 강릉江陵 15<br>문의文義 15, 보령保寧 15, 부여扶餘 15, 운산雲山 15, 천안天安 15, 초산楚山 15<br>갑산甲山 14, 양성陽城 14, 위원渭原 14, 이천伊川 14, 전의全義 14, 황강黃岡 14<br>경흥慶興 13, 고원高原 13, 김화金化 13, 덕천德川 13, 영광靈光 13, 은산恩山 13<br>은산殷山 13, 정의旌義 13, 지평砥平 13, 무산茂山 12, 보은報恩 12, 삼등三登 12<br>적성積城 12, 온양溫陽 12, 음죽陰竹 12, 적성積城 12, 개령開寧 11, 금천矜川 11<br>삼수三水 11, 삼척三陟 11, 신계新溪 11, 신창新昌 11, 여산礪山 11, 영천永川 11<br>장성長城 11, 태천泰川 11, 광양光陽 10, 무산茂長 10, 안협安峽 10, 양지陽智 10<br>연천漣川 10, 예산禮山 10. |
| 9~5명 | 경산慶山 9, 능주綾州 9, 맹산孟山 9, 양천陽川 9, 연기燕岐 9, 옥구沃溝 9, 옥천沃川 9<br>용안龍安 9, 의흥義興 9, 임실任實 9, 초계草溪 9, 하양河陽 9, 담양潭陽 8, 무안務安 8<br>양덕陽德 8, 익산益山 8, 임천林川 8, 정산定山 8, 평강平康 8, 평택平澤 8, 한산韓山 8<br>홍산鴻山 8, 가평加平 7, 강령康翎 7, 곤양昆陽 7, 구성龜城 7, 금구金溝 7, 금천金川 7<br>음성陰城 7, 이산尼山 7, 창녕昌寧 7, 칠곡漆谷 7, 함양咸陽 7, 현풍玄風 7, 홍천洪川 7<br>희천熙川 7, 고령高靈 6, 안동安東 6, 연산連山 6, 영종永宗 6, 용궁龍宮 6, 하동河東 6<br>함열咸悅 6, 합천陜川 6, 회덕懷德 6, 거창居昌 5, 군위軍威 5, 금산錦山 5, 금성金城 5<br>당진唐津 5, 신녕新寧 5, 양산梁山 5, 영동永同 5, 영원寧遠 5, 청도靑道 5, 흥해興海 5. |
| 4~1명 | 남평南平 4, 만경萬頃 4, 문천文川 4, 영월寧越 4, 영평永平 4, 예천醴泉 4, 정읍井邑 4 |

| 내역 | 지역별 무과급제자 인원(명) |
|---|---|
| 4~1명 | 제천堤川 4, 진잠鎭岑 4, 청양靑陽 4, 고산高山 3, 남해南海 3, 동복同福 3, 비안比安 3 비인庇仁 3, 삼가三嘉 3, 석성石城 3, 시흥始興 3, 양양襄陽 3, 영해寧海 3, 옥과玉果 3 울진蔚珍 3, 웅천熊川 3, 정선旌善 3, 창평昌平 3, 함창咸昌 3, 회양淮陽 3, 간성杆城 2 고창高敞 2, 곡성谷城 2, 낭천狼川 2, 마전麻田 2, 무주茂朱 2, 삭녕朔寧 2, 산음山陰 2 사천舒川 2, 안음安陰 2, 연일延日 2, 영덕盈德 2, 우봉牛峯 2, 운봉雲峯 2, 은진恩津 2 장기長鬐 2, 진안鎭安 2, 청송靑松 2, 토산兎山 2, 통천通川 2, 평해平海 2, 흥덕興德 2 기장機張 1, 단양丹陽 1, 문경聞慶 1, 영일迎日 1, 영천榮川 1, 용담龍潭 1, 인제麟蹄 1 자인慈仁 1, 진산珍山 1, 진해鎭海 1, 풍기豊基 1, 풍산豊山 1, 홍양洪陽 1, 화순和順 1 황간黃澗 1, 회인懷仁 1. |

(근거: 무과방목 102회분)

조선 후기에 무과급제자가 배출된 지역은 총 327곳이다. 『대전회통』에 오른 군현수가 329곳이므로 전국 군현에서 무과급제자가 나왔다고 해도 과언이 아니다.

무과급제자의 거주지에서 눈에 띄는 사항은 서울 거주자가 압도적으로 다수를 차지한 점이다. 서울이 전체 급제자의 34.7%(5,745명)를 차지하여 전국에서 가장 많은 무과급제자가 나왔다. 다음으로 평양이 4.2%(699명), 수원이 2.8%(464명)였다. 그런데 2위와 3위를 한 평양과 수원을 서울과 비교하면 그 격차가 각각 8배, 12배나 차이가 나므로 서울의 집중도가 단연 높았다.

서울·평양·수원 다음으로 1백 명 이상을 배출한 곳은 황주 358명, 개성 338명, 안악 331명, 광주廣州 305명, 봉산 240명, 강화 236명, 재령 227명, 해주 162명, 의주 155명, 함흥 152명, 안주 149명, 신천 140명, 충주 131명, 원주 126명, 중화 120명, 제주 118명, 양주 113명, 공주 106명, 청주 102명 등 19곳이다. 이 19곳과 서울·평양·수원을 합친 총 22곳에서 10,517명(63.6%)의 무과급제자가 나왔다.

이와 반대로 11~20명 이하를 배출한 지역이 77곳, 10명 이하를 배출한 지역이 128곳이다. 20명 이하를 배출한 곳이 총 205곳으로 전체 327곳 중 62.7%나 차지했다. 그리고 이곳에서 총 1,787명(10.8%)의 급제자가 나왔다. 이 결과는 비록 급제자 수는 적지만 다양한 지역에서 무과 응시가 시도되었음을 알려준다. 이 점은 무과 급제의 지역 편중과 함께 다양한 지역 사람에게도 급제 기회가 주어졌다는 양면적인 성격을 보여준다.

## 서울과 경기의 편중

무과급제자의 거주지와 관련하여 관심을 기울일 문제가 시기별로 거주지의 분포 경향이다. 서울 및 경기를 비롯하여 평안도와 황해도에서 무과급제자가 집중되었으며, 시기별로 뚜렷한 특징을 나타내기 때문이다.

〈표9-2〉에서 조선 후기 무과급제자의 거주지를 도별로 보면 서울 34.7%(5,744명), 경기 14.9%(2,467명), 평안도 13.8%(2,279명), 황해도 13%(2,144명)라는 결과가 나왔다. 경기에는 개성부와 강화부도 포함했다. 개성부와 강화부는 경관직으로 양도(兩都)로 독립시켜야 한다. 다만, 개성 유수 2명 중 1명을 경기관찰사가 겸임했고, 강화부는 경기의 도호부였다가 『속대전』에서 독립했다. 그래서 통계표를 너무 복잡하게 만들지 않기 위해 경기에 포함했다.

이에 비해 전라도 6.1%(1,011명), 충청도 5.6%(928명), 경상도 5.1%(847명), 함경도 4.7%(776명)로서 삼남과 함경도는 5~6% 안팎에 그쳤다. 강원도는 2.1%(343명)로 가장 적은 급제자를 배출했다.

팔도를 제치고 단일 지역으로 가장 많은 급제자가 나온 서울은 시기별로 증감은 있지만 전반적으로 30% 이상을 유지하는 추세였다.
2위인 경기와 격차가 무려 20%나 발생하여 서울의 집중도가 매우
높았다. 특히 19세기 전반에는 43.1%에 육박하며, 19세기 후반에는
86%까지 도달했다. 19세기 후반은 방목 자료의 미비로 이 결과를
그대로 수용할 수 없지만, 서울 거주자의 가파른 증가 추이를 짐작하
는 데에 도움이 된다.

예컨대, 따로 표로 제시하지 않았지만 17세기 이후 증광시의 무과
급제자 가운데 서울 거주자 1,623명만 살펴봐도 흥미로운 결과를 얻
을 수 있다. 증광시의 무과급제자 중 서울 거주자의 비중은 17세기
전반에 4.4%(53명), 17세기 후반에 5.8%(191명), 18세기 전반에 9.1%
(471명), 18세기 후반에 8.4%(412명), 19세기 전반에 22.8%(422명), 19

〈표9-2〉 조선 후기 무과급제자의 시기별 지역 분포

| 지역 \ 시기 | 17세기 전반 | 17세기 후반 | 18세기 전반 | 18세기 후반 | 19세기 전반 | 19세기 후반 | 합계 |
|---|---|---|---|---|---|---|---|
| 서울 | 389 | 972 | 2011 | 1500 | 799 | 74 | 5,745 |
| (%) | (32.2) | (29.4) | (38.8) | (30.6) | (43.1) | (86.0) | (34.7) |
| 경기 | 165 | 570 | 746 | 731 | 249 | 6 | 2,467 |
| (%) | (13.6) | (17.3) | (14.4) | (14.9) | (13.4) | (7.0) | (14.9) |
| 충청 | 102 | 262 | 295 | 185 | 80 | 4 | 928 |
| (%) | (8.4) | (7.9) | (5.7) | (3.8) | (4.3) | (4.7) | (5.6) |
| 경상 | 135 | 260 | 181 | 208 | 63 | - | 847 |
| (%) | (11.2) | (7.9) | (3.5) | (4.2) | (3.4) | | (5.1) |
| 전라 | 158 | 399 | 195 | 212 | 45 | 2 | 1,011 |
| (%) | (13.1) | (12.1) | (3.8) | (4.3) | (2.4) | (2.3) | (6.1) |
| 황해 | 199 | 415 | 754 | 697 | 79 | - | 2,144 |
| (%) | (16.5) | (12.6) | (14.6) | (14.2) | (4.3) | | (13.0) |
| 강원 | 24 | 68 | 80 | 121 | 50 | - | 343 |
| (%) | (2.0) | (2.1) | (1.5) | (2.5) | (2.7) | | (2.1) |
| 함경 | 16 | 50 | 238 | 289 | 183 | - | 776 |
| (%) | (1.3) | (1.5) | (4.6) | (5.9) | (9.9) | | (4.7) |
| 평안 | 21 | 307 | 683 | 962 | 306 | - | 2,279 |
| (%) | (1.7) | (9.3) | (13.2) | (19.6) | (16.5) | | (13.8) |
| 합계 | 1,209 | 3,303 | 5,183 | 4,905 | 1,854 | 86 | 16,540 |
| (%) | (100.0) | (100.0) | (100.0) | (100.0) | (100.0) | (100.0) | (100.0) |

(근거: 무과방목 102회분, 단위: 명)

세기 후반에 86%(74명)를 차지했다. 증광시의 무과급제자 중 서울 거주자의 비중이 조금씩 증가하다가 19세기 후반에는 86%나 차지했다. 한마디로 서울의 집중도가 대단히 높아졌음을 단박에 알 수 있다.

서울 다음으로 무과급제자가 다수 나온 지역이 경기다. 경기 역시 서울과 마찬가지로 19세기 후반을 제외하고는 전 시기적으로 13~14% 안팎이며 17세기 후반에 17.3%까지 기록했다. 이 결과는 임진 왜란과 병자호란 이후로 국방 체제가 수도권 방어를 중심으로 정비, 강화되면서 경기가 수도권 방위를 위한 전초 기지로서 중요한 지역 이었음을 반영한다. 그 결과 경기 지역이 군사상 요충지가 되고 군병 수효와 각종 시재가 증가하면서 무과급제자의 배출에 크게 기여했다 고 할 수 있다.

## 꾸준히 급제자를 배출한 평안도와 황해도

서울과 경기를 제외한 지역에서 무과 급제 비중이 높은 지역은 단연 평안도와 황해도다. 평안도는 17세기 전반에는 미미한 수준이지만 이후 꾸준히 증가세를 보였다. 17세기 전반부터 19세기 전반까지 1.7%(17세기 전반) → 9.3%(17세기 후반) → 13.2%(18세기 전반) → 19.6% (18세기 후반) → 16.5%(19세기 전반)로 점점 증가 추이를 보여 주다가 19세기 전반에 조금 감소했다.

황해도는 100명 이상의 급제자를 배출한 군현의 수가 가장 많으며, 17세기 전반에도 서울 다음으로 높은 비중을 나타낸 곳이다. 17 세기 전반부터 18세기 후반까지 16.5%(17세기 전반) → 12.6%(17세기 후반) → 14.6%(18세기 전반) → 14.2%(18세기 후반)까지 늘어났다. 19세기 전반에는 4.3%로 대폭 감소했으나 전체적으로 무과급제자 배출 지역 4위다.

조선 후기에 무과 급제의 비중이 높은 평안도와 황해도는 식년 무과의 초시初試 정원이 각 10명으로 경상도(30명)나 충청도·전라도(각 25명)에 비해 적게 배정된 곳이다. 정시나 별시도 마찬가지였다. 예를 들면, 1665년(현종 6) 정시 무과의 초시에서 전라도는 200명, 경상도 240명, 평안도·황해도 각 100명을 뽑았다. 1727년(영조 3) 별시무과의 초시에서도 경상도·전라도 각 80명, 충청도 50명을 뽑고, 황해도·평안도 각 50명을 뽑았다.[378] 그럼에도 무과급제자가 평안도와 황해도 출신이 월등히 많았다.

이 결과는 이 지역이 숭무崇武 또는 군사 요충지여서 무武를 중시한 당연한 결과로 인식할 수 있다. 하지만 무과만이 아니라 문과에서도 많은 인원이 배출되었으므로,[379] 이 지역의 사회경제적 배경을 염두에 두어야 할 것 같다.

서북 지방은 상업 작물의 활성화와 대청 무역의 중심지로서 무역이 성행하여 부를 증대시키는데 유리한 조건을 갖고 있었다.[380] 정약용丁若鏞은 "서북 두 도는 땅은 넓으나 사람이 드물고 평탄한 전지가 아주 적다. 그러나 인삼·돈피·은·베 등과 어획의 이익 또한 많으니, 남도에 시행하는 법으로 셈할 수 없다"[381]라고 하여 서북지방의 경제 성장을 언급했다. 이 점은 순조 연간에 "관서 지방은 밭에서 두 번 거두는 것이 없어서 사람들이 상업을 좋아 행합니다. 곡식 생산은 남쪽보다 못하나 재화를 모으기는 어떤 지역보다 낫습니다"[382]라는 기사에서도 알 수 있다.

1756년(영조 32) 영조는 서북 지방의 재부는 늘리되 문교文教를 펼치는 것은 조정의 뜻이 아니므로 서당을 혁파하라고 지시했다.[383] 그럼에도 불구하고 황해도 봉산군에 사는 무과급제자 이종수李宗洙는 이색李穡의 후손으로서 서당을 건립하여 후진을 양성했다.[384] 이런 사례로 미뤄볼 때에 경제력에 힘입어 평안도와 황해도에서 흥기하는 교육 분위기를 읽을 수 있으며, 무과 급제가 북쪽 지역에서 차지한 위상도 다른 지방과는 다르지 않았을까 하는 추측을 하게 한다.

두 지역과 달리 충청도·경상도·전라도의 무과 점유율은 10% 이상을 나타내다가 18세기 이후 급격히 감소했다. 그리고 19세기 전반에는 2~4% 수준으로 떨어졌다. 경상도·전라도에서 무과에 급제한 사람은 주로 교생·무학 등 기타직역이었다. 이 직역을 띤 사람이 18세기 이후 모두 5% 이하로 점유율이 떨어졌다. 곧 교생이나 무학으로서 무과에 급제하는 사람이 적어지면서 삼남의 무과 급제 점유율도 함께 하락했다고 여겨진다. 또 군사직 소유자의 급제 비중도 17세기 전반에 두 지역 모두 10% 정도를 유지하다가 18세기 이후로 3% 이하로 뚝 떨어졌다.

이상의 내용을 종합하면, 서울과 경기, 평안도·황해도에서는 무과 급제가 꾸준히 유지되었다. 이에 비해 충청도·경상도·전라도는 점차 하락하는 추세를, 강원도는 지속적인 하향세를 나타냈다. 지역마다 시기적으로 무과급제자의 증감이 나타나는 것은 지역의 특성이 크게 한 몫을 했다고 본다. 이 문제는 다음 절에서 자세히 살펴보고자 한다.

# 무과 급제와 군사 요충지의 연관

|

조선 후기에 무과급제자가 나온 지역은 327곳이었다. 이 가운데 서울이 가장 많은 급제자가 나왔으며, 다음으로 평양·수원이었다. 도별로 보면 서울에 이어 경기 → 평안도 → 황해도 → 전라도 → 충청도 → 경상도 → 함경도 → 강원도의 순서로 나타났다.

이처럼 서울·경기를 비롯하여 평안도·황해도에서 무과급제자가 집중적으로 나온 현상은 주목할 만한 결과라 할 수 있다. 또 서울 거주자는 식년시에서, 평안도와 황해도는 별시에서 강세를 나타냈다. 그렇다면 이 지역들에서 무과급제자가 집중적으로 나온 배경은 무엇일까?

무과급제자가 특정 지역에서 양산된 현상은 그냥 간과해버리기에는 몇 가지 궁금증을 유발한다. 무과와 생원진사시 합격자 중 전체 상위 0.5%를 차지한 거주지를 조사해보면, 개성·공주·광주廣州·수원·원주·양주·전주·청주·충주·평양·함흥·해주는 공통으로 무과와 생원진사시 합격자가 다수 나온 지역이다.[385]

반면에 강화·봉산·북청·신천·안악·안주·용강·의주·장단·재령·제주·중화·함흥·황주는 무과급제자를 배출한 상위 0.5% 안에 든 지역이다. 하지만 이 지역에서 생원진사시 합격자는 1,010명으로 전체의 2.6%에 불과했다. 이와 달리 강릉·경주·광주光州·나주·남원·상주·선산·성주·안동·여주·영천榮川·진주·춘천·평산·홍주는 생원진사시 합격자 비율이 상위 0.5% 안에 든 지역이다. 하지만 이 지역에서 나온 무과급제자는 644명으로 전체 3.9%에 불과했다.

이 결과는 해당 지역에 사는 개인의 실력이 출중하여 합격자가 많

이 나왔다고 볼 수도 있지만, 그에 못지않게 합격자를 다수 배출할만
한 지역 특성이 무엇인지를 고려해야 함을 뜻한다. 그러므로 무과급
제자나 생원진사시 합격자를 다수 배출한 지역이 공통적으로 존재하
면서도 무과급제자를 더 배출하고 생원·진사의 배출은 미미한 지역
도 존재한 것이다.

이 문제를 알아보기 위해서 도별로 무과급제자를 다수 배출한 지
역을 다시 유의 깊게 살펴보았다. 경기는 수원(464명)·개성(337명)·
광주(305명)·강화(236명)·양주(113명)에서 무과급제자가 다수 나왔
다. 평안도는 평양(688명)·의주(155명)·안주(149명)·중화(120명)다.
황해도는 황주(357명)·안악(331명)·봉산(240명)·재령(227명)·해주
(162명)·신천(140명)이다.

충청도는 충주(131명)·청주(102명)·공주(106명)·홍주(48명)다. 전
라도는 제주(118명)·전주(91명)·장흥(68명)·순천(56명)·강진(51명)·
영암(51명)이다. 함경도는 함흥(152명)·북청(92명)·경성(82명)이다.
강원도는 원주(126명)에서 집중적으로 급제자가 나왔다. 경상도는 다
른 지역에 비해 100명 이상 배출한 곳은 없지만 대구(55명)·밀양(48
명)·선산(41명)·경주(34명)·김해(32명)가 돋보인다. 그렇다면 어떤
이유로 이 지역에서 무과급제자가 많이 나왔는지 궁금하다.

앞서 검토했듯이 무과급제자의 출신 성분으로 한량(34.1%)과 군사
직 소유자(33.3%)의 비중이 높았다. 이들은 모두 무武를 업으로 삼았
으므로 군사 요충지에서 무과 급제가 활발하게 이뤄졌을 가능성을
시사한다.

첫째, 무과급제자가 가장 많이 나온 서울은 국왕 호위와 도성 수비
를 책임진 훈련도감·어영청·금위영의 삼군문이 자리한 곳이다. 오

군영에 대해서는 이미 선행 연구가 있으므로,[386] 여기서는 무과급제자 거주지와 관련 있는 지역에 대해서만 간략하게 정리하고자 한다.

훈련도감군은 식년마다 각 지방에 군액을 할당하여 충원하는 승호제陞戶制, 서울 거주자를 대상으로 한 경모집京募集, 그리고 훈련도감군의 아들을 도감군으로 충원하는 대년군待年軍 제도로 충원했다. 승호제로 인해 서울과 평안도·함경도를 제외한 각 지방에 할당한 군액은 17세기에는 230명 정도였고, 19세기를 전후한 시점에는 191명이었다. 하지만 17세기 후반 이후로 훈련도감군은 서울의 인구가 증가하면서 경모집이 순조롭게 진행되어 지방민보다는 도성민으로 채워졌다.[387]

금위군과 어영군은 평안도·함경도를 제외한 경기·충청도·경상도·전라도·강원도·황해도에서 군사를 선발했다. 『만기요람』에 따르면 금위영의 정군正軍은 경기 1,787명, 충청도 3,185명, 전라도 3,185명, 경상도 3,822명, 황해도 2,548명, 강원도 1,398명이었다. 어영청은 경기 1,431명, 충청도 4,301명, 전라도 3,523명, 경상도 4,564명, 황해도 1,566명, 강원도가 915명이다. 이 중 상번군은 금위영이 637명, 어영청이 652명이었다.

둘째, 무과급제자가 다수 나온 경기는 오군영 중에서 수어청과 총융청이 자리한 곳이다. 수어청에 속한 지역은 1656년(효종 7) 무렵에는 광주廣州·여주·이천·양근·지평·죽산·양주, 강원도의 원주·철원, 충청도의 충주였다. 1663년(현종 4) 무렵에는 철원과 충주를 제외한 광주·양주·죽산·원주가 속했다가, 1704(숙종 30)에 다시 원주를 제외한 광주·양주·죽산으로 바뀌었다.

총융청은 편제 초기인 1624년(인조 2)에는 수원·광주廣州·남양·

장단·양주의 5영으로 구성되었다. 그 뒤 수어청의 독립으로 광주·
양주가 분리되면서 파주·통진이 새로 편입되어 1663년(현종 4) 무렵
에는 통진·파주·수원·남양·장단으로 이뤄졌다. 1750년(영조 26)
에 간행한 『속병장도설續兵將圖說』에는 통진·파주가 진무영鎭撫營으로
편입되면서 3영 체제로 바뀌어 수원·남양·장단만 남게 되었다. 그
뒤 수원에 장용외영壯勇外營을 설치하고 유수부로 승격시키면서 수원 대
신에 파주가 새롭게 들어와 파주·장단·남양으로 바뀌었다.

이 지역들에 대하여 영조 대에 활동한 무관 송규빈宋奎斌은 "수원·
광주·장단·양주의 네 진관이 한양에서 매우 가까운 동서남북의 지
역에 설치되어 각각 적침로를 담당하고 있다"[388]라고 하면서 수원·광
주·장단·양주가 경기의 요충지임을 밝혀놓았다. 또 강화·광주·수
원은 외방 별과를 실시하여 성적 우수자에게 직부전시의 상도 내린
곳이다.[389]

이를 입증이라도 하듯이 경기는 수원(464명), 개성(337명), 광주(305
명), 강화(236명), 양주(113명)에서 다수의 무과급제자가 나왔다. 수원
의 중요성은 바로 위에서 설명했다. 개성은 대흥산성을 축조하면서
숙종 대에 관리영管理營을 설치한 지역이다. 광주廣州는 남한산성 소재
지역으로 수어청이 있었고, 강화는 예로부터 해로 방어 지역으로 중
시되다가 숙종 대에 진무영鎭撫營을 설치했다. 양주는 북한산성 소재
지역으로 총융청의 외영이었다.

셋째, 무과급제자가 다수 나온 지역은 각도의 군사 거점인 감영·
병영·수영水營의 소재지 또는 영장營將 파견 지역과 연관을 맺고 있
다. 병마절도사와 수군절도사의 한 자리는 관찰사가 겸임하며, 군사
요충지에는 전임제專任制를 실시했다. 그러므로 감영·병영·수영은

군사 거점이자 요충지라 할 수 있다.

『속대전』·『대전통편』·『전율통보』를 토대로 조선 후기 감영(감)·병영(병)·수영(수)의 소재지를 정리하면, 경기 감영은 한성부에 있었으며,[390] 관찰사가 병마절도사를 겸했다. 경기 수영은 강화부 교동이다. 충청도는 공주(감)·청주(병)·보령(수)이다. 경상도는 대구(감)·울산(좌병영)·진주(우병영)·동래(좌수영)·고성(우수영)이다. 전라도는 전주(감)·강진(병)·순천(좌수영)·해남(우수영)이다. 황해도는 해주(감)·황주(병)·옹진(수)이다. 강원도의 감영은 원주이며, 관찰사가 병마절도사와 수군절도사를 겸했다. 함경도는 함흥(감)·북청(남병영)·경성(북병영)이며, 북병사가 수군절도사를 겸했다. 평안도는 평양(감)·안주(병)이며, 관찰사가 수군절도사를 겸했다.

영장은 임진왜란 때 지방에 창설한 속오군의 최고 책임자다. 지방의 군사력을 강화하기 위해 설치한 영장의 임무는 속오군의 훈련과 지휘였다. 효종 대 이후로 삼남을 제외한 지역에서는 수령이 겸임했다. 또 대외 관계가 안정된 현종 대 이후로는 토포사討捕使를 겸임하면서 치안도 관여했다.[391]

조선 후기 영장 파견 지역을 정리하면,[392] 경기는 광주·남양·양주·수원·장단·죽산이다. 충청도는 홍주(전담)·해미·청주(전담)·공주(전담)·충주(전담)다. 경상도는 안동(전담)·상주(전담)·대구(전담)·김해·진주(전담)·경주(전담)다. 전라도는 순천(전담)·운봉·전주(전담)·나주(전담)·여산이다. 황해도는 봉산·풍천·안악·곡산·평산이다. 강원도는 철원·원주·삼척(전담)이었다가 철원에서 춘천으로, 원주에서 횡성으로 바뀌었다. 함경도는 홍원·갑산·영흥·단천·삼수·덕원이며, 평안도는 숙천·용천·덕천·구성·중화 · 순천 · 가산 · 함종 · 영변이다. 전담은 전담 영장을 파견한 곳이며 나머지는 수령이 영장을 겸임한 곳이다. 영장 파견 지역은 평안도와 함경도를 제외하면 『경국대전』에 나타난 거진巨鎭과 일치하는 곳이 많아 군사 요지에 해당한다.

무과 급제와 각도의 감영 · 병영 · 수영 소재지 및 영장 파견 지역의 상관성을 알아보기 위해 무과급제자를 다수 배출한 지역과 이 지역들을 비교해보았다. 먼저 무과급제자 거주지와 병영 · 수영 소재지를 비교해보면 충청도는 공주 · 청주, 전라도는 강진 · 순천, 황해도는 황주, 함경도는 함흥 · 북청 · 경성, 평안도는 평양 · 안주, 강원도는 원주가 일치했다.

다음으로 무과급제자가 다수 거주한 지역과 영장 파견 지역을 비교해보면 충청도는 충주 · 청주 · 공주 · 홍주 모두 영장 파견 지역이다. 경기는 수원 · 광주 · 양주, 경상도는 대구 · 경주 · 김해, 전라도는 전주 · 순천, 강원도는 원주, 황해도는 안악 · 봉산, 평안도는 중화가 영장 파견 지역이었다. 함경도만 일치하는 지역이 없었다.

이처럼 무과급제자를 다수 배출한 지역은 군사 지역과 연관성이 높았다. 함경도 · 평안도는 병영 · 수영과 연관이 높았고, 나머지 도는 영장 파견 지역과 밀접한 관련을 맺었다. 이밖에 제주는 특별 지역으로 외방 별과나 관무재觀武才를 실시할 때 초시를 면제해주는 특혜가 있어서 급제자 배출이 많았다고 보인다.

# 특수부대의 특혜

|

무과급제자의 거주지와 관련하여 한 가지 더 상기할 점은 특수부대의 존재다. 특수부대가 해당 지역민의 무과 급제를 촉진했다고 여겨지는데, 대표적으로 경기·평안도·황해도·경상도·강원도의 별무사와 함경도의 친기위를 꼽을 수 있다.

이밖에 각도의 특수부대를 소개하면, 동래의 별기위別騎衛, 강화부의 장려壯旅·의려義旅·무려武旅, 파주의 별효기사別驍騎士·별효사別驍士, 수원의 별효기사·별효사열교別驍士列校 및 좌열·우열 친군위親軍衛, 남양·장단의 별효사別驍士가 있다.

특수부대에서는 해마다 1~4차례씩 도시都試나 시재를 실시해 전체 1등이나 몰기沒技한 한량에게 직부전시의 상을 내렸다. 몰기는 어느 한 과목에서 만점을 받은 것을 말한다. 이렇기 때문에 특수부대 소재 지역에서 무과 급제가 더 많이 나왔다고 생각한다.

하나의 사례로 특수부대 가운데 다른 도에서 모범을 삼을 정도로 위상이 높은 함경도의 친기위는 1684년(숙종 10) 북방 지역의 방어를 강화하기 위해 설치한 기병부대다. 600명의 정원으로 창설하여 북관北關·남관에 각 300명씩 배정했다. 북관은 북병사가 관장하며, 남관의 경우 북쪽의 북청·이성利城·단천·삼수·갑산·홍원의 6읍은 남병사가, 남쪽의 함흥·정평·영흥·고원·문천·안변·덕원의 7읍은 함경도 관찰사가 담당했다.[393]

무과급제자 16,643명 중 친기위는 483명이었다. 그런데 친기위로 무과에 급제한 사람의 거주지를 조사한 결과 흥미로운 점이 나타났다. 친기위가 해당 지역의 전체 무과급제자에서 차지하는 비중이 매우 높은 것이다. 곧 북청 급제자(92명)의 81.5%(75명), 단천 급제자(50명)의 80%(40명), 경원 급제자(25명)의 76%(19명), 홍원 급제자(26명)의 73.1%(19명), 덕원 급제자(16명)의 68.8%(11명), 종성 급제자(48명)의 66.7%(32명), 함흥 급제자(152명)의 66.4%(101명)가 친기위였다.

이 결과는 특수부대 소속자의 무과 급제가 해당 지역의 합격률을 크게 좌우했다는 사실을 뒷받침한다. 그리고 이와 반대로 특수부대가 제대로 없던 충청도·경상도·전라도·강원도는 무과 급제가 저조했다고 봐도 크게 틀리지 않을 것이다. 경상도의 별기위를 제외하고는 마병·권무군관·선무군관은 다른 지역에도 있으므로 충청도·경상도·전라도·강원도만의 특수부대라 하기 어렵다.

지금까지 검토한 대로 도별 또는 군현별로 무과급제자가 집중적으로 나온 지역은 군사 지역과 밀접한 연관을 맺고 있었다. 서울과 경기는 오군영 소재 지역이며, 평안도·황해도·함경도는 별무사·친기위같은 특수부대가 있는 곳으로 직부전시에 힘입어 무과 급제가 활발했다. 그러므로 조선 후기의 무과는 일반인보다 군영에 소속한 사람에게 더 유리한 방향으로 운용했다고 볼 수 있다.


## 식년시와 각종별시의 지역차

|

조선시대 무과는 식년시·증광시·도과道科 및 지방의 별시·정시를 제외한 각종별시를 서울에서만 실시했다. 그런데 2장에서 이미 확인했듯이 무과 800회에서 식년시가 159회, 증광시가 67회, 각종별시가 574회를 차지하여 각종별시의 비중이 71.8%나 되었다.

무과에서 비중이 높은 각종별시가 서울에서 시행되다보니 지방 거주자는 상대적으로 불리할 수밖에 없었다. 거리가 멀어 응시하기 어려운 것은 기본적인 애로 사항이며,[394] 시험 정보도 서울 거주자에 비해 턱없이 부족했다. 식년시는 시험 시기와 과목이 정해져 있어서 괜찮지만 각종별시는 그렇지 않았다.

　　예컨대, 지방 사람들 중에는 국상國喪으로 과거가 연기되었다는 뜬소문만 믿고 시험에 응시조차 못한 경우가 있었다.[395] 또 각종별시의 시험 과목이나 규정은 시험 날짜에 임박해서 정했으므로 지방 거주자는 규정을 모른 채 응시하는 경우도 있어 상대적으로 불리했다.[396]

　　그런데 무과방목에서 실제로 식년시와 각종별시 급제자의 거주지를 보면 조금 당황스럽다. 당연히 식년시에서 지방 거주자의 비중이 더 높으리라는 예상과 달리 서울 거주자의 비중이 높게 나왔기 때문이다. 식년시 급제자의 거주지는 서울 43.3%(1,062명), 경기 15.2%(372명), 평안도 8.2%(201명), 함경도 8%(195명), 황해도 7.1%(173명)이다. 반면 각종별시의 거주지를 보면 서울 33.2%(4,682명), 경기 14.9%(2,095명), 평안도 14.8%(2,078명), 황해도 14%(1,971명)이다. 충청도·경상도·전라도·강원도는 식년시와 각종 별시의 점유율이 큰 차이가 없었다.[397]

　　서울 일원인 서울·경기는 식년시에서 총 58.5%를 차지했지만 각종별시에서는 48.1%로 낮아졌다. 반면 평안도·황해도는 식년시에서 15.3%이지만 각종별시에서 28.8%로 높아졌다. 이 점은 같은 해에 실시한 식년시와 각종별시의 무과급제자 거주지를 비교해보면 더 분명하다. 〈표9-3〉에서 1702년(숙종 28)의 식년시와 별시, 1723년(경종 3)의 식년시와 별시 무과급제자의 거주지를 정리했다.

〈표9-3〉 1702년, 1723년 무과급제자 거주지

| 시기 | 지역 | 서울 | 경기 | 충청 | 경상 | 전라 | 황해 | 강원 | 함경 | 평안 | 미상 | 합계 |
|---|---|---|---|---|---|---|---|---|---|---|---|---|
| 1702년 | 식년 | 59 | 11 | 2 | 2 | - | 9 | 1 | - | 3 | 1 | 87 |
| | (%) | (67.0) | (12.5) | (2.3) | (2.3) | | (10.2) | (1.1) | | (3.4) | (1.1) | (99.9) |
| | 별시 | 48 | 16 | 2 | 8 | 4 | 8 | 1 | 2 | 1 | - | 90 |
| | (%) | (53.3) | (17.8) | (2.2) | (8.9) | (4.4) | (8.9) | (1.1) | (2.2) | (1.1) | | (99.9) |
| 1723년 | 식년 | 95 | 13 | 3 | 5 | 3 | 8 | 2 | 7 | 2 | - | 138 |
| | (%) | (68.8) | (9.4) | (2.2) | (3.6) | (2.2) | (5.8) | (1.5) | (5.1) | (1.5) | | (100.1) |
| | 별시 | 144 | 60 | 40 | 24 | 38 | 111 | 4 | 9 | 48 | - | 478 |
| | (%) | (30.1) | (12.6) | (8.4) | (5.0) | (8.0) | (23.2) | (0.8) | (1.9) | (10.0) | | (100.0) |

(근거: 무과방목 4회분, 단위: 명)

1702년(숙종 28)의 식년시와 별시의 무과에서 서울 거주자의 비중이 각각 67.0%와 53.3%를 기록했다. 서울·경기 일원까지 확대해보면 식년시는 79.5%, 별시는 71.1%로 나타나 간격을 좁히기는 했으나 여전히 서울 거주자의 비중이 식년시가 더 높다.

1723년(경종 3)의 식년시와 별시는 더 뚜렷한 경향성을 보여준다. 식년시의 서울 거주자 비중은 68.8%이지만, 별시는 그 절반 이하인 30.1%에 불과하다. 반면 황해도·평안도의 비중은 식년시가 5.8%(황)와 1.5%(평)에 불과하지만, 별시는 23.2%(황)와 10.0%(평)로 급증했다.

이처럼 시기에 따른 편차가 존재하지만 식년시에서는 서울 거주자가, 각종 별시는 평안도·황해도의 거주자가 탁월한 성적을 거두었다. 또 식년시에서는 급제자가 나오지 못한 도道도 있었지만 별시에서는 적은 인원이나마 저조하지만 전국에서 골고루 급제자가 나왔다.

이 결과는 문과급제자와 차이가 난다. 정조~철종 연간까지 문과급제자의 거주지를 분석한 결과에 따르면, 식년시는 평안(26.2%), 경상

(22.2%), 서울(18.9%), 충청(10.3%)의 순이며, 서울 일원(서울, 경기)의 점유율은 총 26.4%에 불과하다. 이에 비하여 별시는 서울(53.1%), 경기(12.9%), 경상(8.6%), 충청(8.0%)의 순으로 서울 일원이 총 66%를 차지하여 집중도가 높고, 평안도(5.9%)를 비롯한 서북지방은 10.2%의 비중을 차지했다.[398]

이 결과에 대해 식년시가 다양한 계층과 지방민을 포함하면서 체제 유지를 위한 민심 수습책의 기능을 했지만, 별시는 서울 거주의 지배층 위주로 실시하면서 중앙정치세력을 재생산하는 틀을 유지했기 때문이라고 해석했다. 그렇다면 문과와 달리 무과에서는 별시에서 지방 거주자가 더 많이 급제한 배경이 무엇이었을까? 그것은 크게 두 가지 측면에서 원인을 유추해볼 수 있다.

첫째, 식년시와 별시에서 치르는 시험 과목의 차이로 보인다. 식년 무과는 초시 · 복시 · 전시를 거치는 삼장제三場制로 운영했는데, 복시에서 강서講書 시험을 실시했다. 반면에 별시는 강서를 시행하면 무사를 등용할 수 없다하여 생략한 대신에 한두 가지 기예로 선발하는 경우가 빈번했다.[399]

더구나 강서 시험은 무예 실력은 없지만 지방민보다 글을 접할 기회가 잦은 서울의 양반 자제에게 유리했으므로[400] 강서를 시행하는 식년시에서 지방민이 급제하기가 더 어려웠다고 짐작된다. 그러므로 시험 규정이 식년시보다 소략한 별시에서 지방민의 급제가 더 나올 수 있었다고 보인다.[401] 실제로 평안도의 강계부사 권성權눱은 소를 올려서 "길은 멀고 글이 짧아 식년 무과는 응시할 생각도 못합니다"[402]라고 호소했듯이, 식년시의 과목 중 강서 시험은 응시자에게 부담을 갖게 했고 그 결과 지방 출신을 별시에 몰리게 한 이유가 되었다.

둘째, 이와 함께 식년 무과의 위상도 고려해야 할 것 같다. 정약용은 식년시와 별시의 차이점에 대해 "식년시·증광시의 규례는 무기武技 열 가지와 여러 기예를 널리 시험하므로 정시나 만과처럼 구차스럽게 한 가지 기예로 뽑은 것과 같지 않다. 그래서 예전에는 식년시·증광시 출신을 인사 부서에서 다른 과거 출신보다 먼저 수용했다"[403]라고 지적했다.

이어서 "집안이 한미한 자는 식년시로 출신해도 적은 녹도 받지 못하고 백수로 늙고, 세도가 흥성한 자는 만과로 출신했으나 큰 깃발을 일찍 세워서 젊은 나이에 대장이 되니 이 법이 어찌 연유한데가 있겠는가?"[404]라고 하여 집안의 위세에 밀려 식년시의 위상이 제대로 지켜지지 않는 현실을 통탄했다.

정약용의 이 발언은 조선 후기에 식년 무과가 별시 무과보다 더 정통성이 있었음을 의미한다. 따라서 무과의 정통성이 식년시에 있고 식년시에 서울 거주자가 많다는 점을 함께 고려하면 식년 무과는 서울 거주자, 문벌가문일수록 급제에 더 용이했다고 여겨진다.

# 10장

# 무과급제자의 성관과 아버지

## 성관과 아버지 직역에 담긴 의미

조선 후기에 무과급제자는 어떤 집안에서 나왔을까? 혈통과 혈연을 중시한 조선 사회에서는 상대방 이름만 듣고도 그 사람의 집안 내력을 단박에 알 수 있었다. 그만큼 개인은 혈통과 집안을 떠나서는 힘을 발휘할 수 없는 사회였다. 따라서 여기서는 무과급제자의 사회적 위상에 접근하기 위해 무과방목에 기재된 성관姓貫과 아버지 직역에 주목했다.

개인의 능력 이상으로 혈연의 영향을 크게 받은 조선시대에 성관은 선조의 혈통과 집안의 유래를 담고 있으므로 한 개인의 배경을 파악하는 중요한 잣대였다. 성씨姓氏는 출생의 계통을 표시하고, 본관本貫은 성씨가 형성된 지역으로 씨족 즉 집안을 의미한다.[405] 이 책에서 '성관'은 성씨와 본관을 합쳐서 부르는 용어로 사용했다.

우리나라에서 본관이 도입된 시기는 나말여초였다. 이 때 본관은 거주지와 일치했다. 하지만 고려 말에 왜구나 홍건적 등 외적의 침입이 잦아지면서 인구 이동이 빈번해졌다. 또 조선 초기에 조정의 잦은 이주 정책도 인구 이동을 부추기는 요인이었다.

그 결과 점차 본관과 거주지가 일치하지 않게 되었고, 본관은 '출자지出自地'라는 본래 의미를 상실하고 출신 집안을 드러내는 역할을 하게 되었다. 그러므로 같은 성씨라 해서 그 성씨에 속한 집단을 동질적으로 간주할 수 없으며, 본관에 따라 집안의 판세가 달랐다. 『택리지擇里志』의 저자 이중환(李重煥, 1690~?)도 본관이 같아야 동성同姓이며 본관이 같지 않으면 성씨가 같아도 동족이라 여기지 않고 혼인도 금지하지 않았다고 했다.[406]

조선시대 성씨와 본관의 규모는 시대에 따라 생성·소멸하거나, 조사 방법이 각기 달랐으므로 문헌마다 기록이 상이한 편이다. 성씨는 『세종실록』 지리지에는 265개, 『동국여지승람』에는 277개, 이의현(李宜顯, 1669~1745)이 편찬한 『도곡집陶谷集』에는 298개, 『증보문헌비고』에는 497개가 올라 있다.[407] 본관은 『용재총화慵齋叢話』에 거족巨族이라는 단서가 붙은 75개 성관이 올라있고, 『세종실록』 지리지에 59개, 『동국여지승람』에는 342개, 『증보문헌비고』에 9,232개가 실려 있다.

기록의 차이에도 불구하고 이 수치들이 보여주는 분명한 사실은

『세종실록』지리지와 『증보문헌비고』에서 보듯이 19세기에 성씨와 본관의 수가 대폭 늘어난 점이다. 성관의 확대 과정에서 자연스럽게 성씨와 본관의 옥석을 가리기 위해서 우위를 점하는 성씨와 성관이 존재했을 것이다. 이런 점에서 성관에 관한 연구는 한 씨족의 연원이나 계통을 살피는데 그치지 않고 지배층이나 향촌사회의 동향과 밀접하게 관련을 맺는다.

다음으로 성관 못지않게 누구의 후손이냐는 문제도 무과급제자의 사회적 위상을 파악할 때 중요 요소가 된다. 류수원(柳壽垣, 1694~1755)이 "모두가 똑같은 한 할아버지의 손자일지라도 아버지가 이름난 관직에 있었으면 아들도 좋은 벼슬을 하고, 아버지가 관직에 오르지 못했으면 청환淸宦의 길이 막힌다"[408]라고 지적했듯이 아버지의 관직 유무는 아들 대에 큰 영향을 미쳤다.

하나의 실례로서 1809년(순조 9) 증광시의 무과방목은 조선 후기에 집안의 고하를 대단히 중시했음을 상징적으로 보여준다.[409] 이 무과방목은 1810년 2월에 교서관에서 간행했다. 합격증을 교부하는 방방식이 12월 1일에 시행되었으므로 3개월 남짓 만에 방목을 간행한 셈이다. 〈부표 2〉와 〈표4-2〉에서 보듯이 이 무과방목은 총 400명의 급제자 중 391명만 수록했고 직부전시자가 372명이었다.

무과방목의 체재는 1에 무과급제자의 전력·성명·나이·본관·거주지 및 아버지의 관직과 이름을 기록했다. 그런데 무과급제자 중에 35명은 따로 성명 위에 동그라미(○) 표시를 하고, 2~6을 더 사용하여 아버지의 관직과 이름은 물론 부모 생존 여부와 형제를 추가로 적어 넣었다.

무과방목에서 특별대우를 받은 35명의 전력을 보면 통덕랑·선전관에서 한량에 이르기까지 다양해서 전력만으로는 왜 동그라미 표시를 했는지 의아하다. 하지만 아버지의 직역과 『선전관청천안』을 보면 동그라미 표시를 한 무과급제자의 집안이 출중했음을 한 눈에 알 수 있다. 예컨대, 36명 중 23명이 선천을 받았는데 선천을 받았다는 것은 집안이 뛰어나다는 증표다. 남항천이 11명이며, 출신천이 12명이다. 남항천을 받은 사람 중 7명이 전임 선전관으로 이 책의 7장에서 선전관의 특혜에서 언급한 사람들이다.[410] 이 가운데 이완식은 어영대장 이의풍李義豊의 증손으로 본인 역시 훗날 군영대장에 올랐다.

한량 이제도李濟道는 무과방목의 두주에 '무진춘충량과시사戊辰春忠良科試射'라고 되어있다. 거주지는 서울이며, 무진년인 1808년 봄에 충량과에서 직부전시를 받아 급제한 것이다. 충량과는 1764년(영조 40)부터 임진왜란·병자호란 순국자들의 충절을 기리기 위해 시행한 과거이며, 현절사顯節祠와 충렬사忠烈祠의 배향인 및 명나라 사람의 후손만 응시할 수 있었다.[411] 한량 이제도는 무과에 급제한 직후인 1809년 12월에 선천을 받은 뒤로 승진을 거듭하여 1859년(철종 10)에 좌포도대장左捕盜大將, 1862년에 우포도대장까지 올랐다.[412]

이처럼 교서관에서 방목을 간행할 때 동그라미를 표시하여 집안의 고하를 식별할 수 있게 한 점은 아버지 직역이 급제자의 사회적 위상이나 출신 성분을 이해하는 데에 반드시 필요한 부분임을 잘 보여준다.

## 무과급제자의 성관 종류

무과에 급제한 사람들은 어떤 성씨와 본관을 가졌을까? 이 책에서

**〈조선 후기 무과급제자 성씨〉**

간簡, 갈葛, 강姜, 강康, 경景, 경慶, 계桂, 고高, 공公, 공孔, 공貢

곽郭, 구丘, 구仇, 구具, 권權, 기奇, 길吉, 김金, 나羅, 남南, 낭浪

노盧, 노魯, 당唐, 도都, 도陶, 독獨, 돈頓, 동董, 류柳, 마馬, 매梅

맹孟, 명明, 모牟, 목睦, 문文, 민閔, 박朴, 반潘, 방房, 방邦, 방龐

방方, 배裴, 백白, 범范, 변卞, 변邊, 봉奉, 부夫, 비斐, 사史, 사舍

상尙, 서徐, 서西, 석昔, 석石, 선宣, 설薛, 성成, 소蘇, 소邵, 손孫

송宋, 승承, 신愼, 신申, 신辛, 심沈, 안安, 양楊, 양梁, 어魚, 엄嚴

여余, 여呂, 연延, 염廉, 예芮, 오吳, 옥玉, 온溫, 옹邕, 왕王, 용龍

유劉, 우于, 우禹, 운雲, 원元, 위魏, 유庾, 유兪, 육陸, 윤尹, 은殷

은恩, 음陰, 이李, 이異, 인印, 임任, 장張, 장莊, 장蔣, 전全, 전田

정程, 정鄭, 정丁, 제諸, 조曺, 조趙, 종鍾, 좌佐, 주周, 주朱, 지智

지池, 진晉, 진秦, 진陳, 차車, 채蔡, 천千, 최崔, 추秋, 탁卓, 태太

태泰, 팽彭, 편片, 평平, 포包, 표表, 풍馮, 피皮, 필弼, 하夏, 하河

한韓, 함咸, 허許, 현玄, 형邢, 호扈, 호胡, 홍洪, 황黃, 황보皇甫

분석 대상으로 삼은 무과급제자 16,643명 중에서 성씨와 본관을
모두 파악할 수 있는 사람은 16,377명이다. 이들의 성씨를 조사한
결과 총 153개로 나타났다. 참고로 기왕의 연구에서 조선시대 문과
급제자의 성씨는 119개, 생원진사시 입격자는 150개, 잡과 입격자는
85개로 조사되었다.[413]

조선 후기에 무과급제자를 배출한 153개의 성씨를 바탕으로 본관
을 조사한 결과 총 무과급제자의 성관은 1,737개로 나타났다. 이 규
모는 조선시대 전 시기의 문과급제자를 배출한 성관 941개 및 생원
진사시의 성관 1,442개, 그리고 잡과 입격자의 성관 471개에 비해
대단히 많은 수치다.[414] 무엇보다도 대거對擧로 함께 실시한 문과에

비해 1.9배나 많은 성관이어서 흥미롭다. 참고로 본관은 집안에 따라 이칭을 사용하는 경우가 있으므로 이칭을 그대로 살려서 집계했다. 대표적으로 전주와 완산, 능성綾城과 능주綾州, 성주星州와 성산星山, 양주楊州와 양천楊川, 여주驪州와 여흥驪興 등이다.

그러면 조선 후기에 어떤 성관에서 어느 정도 무과급제자가 배출되었는지 궁금하다. 〈표10-1〉에서 성관별로 무과급제자의 배출 현황을 정리했다. 그 결과 최고 923명의 급제자를 배출한 성관부터 1명의 급제자를 배출한 성관까지 그 모습이 다양했다.

이 점에 유의해서 표를 자세히 보면 두 가지 특징을 알 수 있다. 첫째, 성관이 1,737개로 다양하지만 일부 성관에서 무과급제자가 집중적으로 나왔다는 것을 알 수 있다. 100명 이상을 배출한 성관은 총 24개(1.4%)에 불과하지만, 여기서 성관을 알 수 있는 무과급제자 16,377명의 39.2%에 해당하는 6,413명이 나왔다. 둘째, 무과급제자 1명만 배출한 성관이 총 799개(46%)로 성관에서 차지하는 비중은 절반 가까이 되지만 인원은 전체의 4.9%(799명)에 불과했다.

그렇다면 이렇게 된 이유는 과연 무엇이며, 이 현상들은 어떤 현실을 반영한 것일까? 이 문제를 100명 이상을 배출한 성관을 중심으로 검토해보겠다. 조선 후기에 가장 많은 무과급제자를 낸 성관은 김해 김씨로 923명이며, 이어서 전주 이씨 918명, 밀양 박씨 731명이 그 뒤를 이었다.

이 세 성관들을 제외한 다른 성관에서 무과급제자의 배출은 400명 이하로 급격히 떨어진다. 경주 김씨 378명, 청주 한씨 274명, 진주 강씨 253명, 경주 이씨 233명, 남양 홍씨 223명, 파평 윤씨 220명, 평산 신씨 212명, 해주 오씨 197명, 전주 김씨 190명, 순흥 안씨 189명,

## ⟨표10-1⟩ 조선 후기 성관별 무과급제자 인원

| 급제 | 성관수 | 무과급제자 성관 |
|---|---|---|
| 1천~<br>100<br>명 | 24 | 김해김金海金 923, 전주이全州李 918, 밀양박密陽朴 731, 경주김慶州金 378, 청주한淸州韓 274<br>진주강晉州姜 253, 경주이慶州李 233, 남양홍南陽洪 223, 파평윤坡平尹 220, 평산신平山申 212<br>해주오海州吳 197, 전주김全州金 190, 순흥안順興安 189, 안동김安東金 161, 안동권安東權 152<br>전주최全州崔 149, 제주고濟州高 148, 광주이廣州李 140, 경주최慶州崔 128, 광주김光州金 122<br>전의이全義李 121, 문화류文化柳 120, 완산이完山李 117, 인동장仁同張 114. |
| 99<br>~50<br>명 | 36 | 여흥민驪興閔 93, 배천조白川趙 93, 해주최海州崔 93, 청송심靑松沈 91, 진주류晉州柳 88<br>남원양南原梁 85, 창녕조昌寧曺 84, 연일정延日鄭 84, 원주원原州元 83, 청풍김淸風金 82<br>수원백水原白 82, 한산이韓山李 79, 여산송礪山宋 78, 평양조平壤趙 78, 양천허陽川許 78<br>남평문南平文 77, 의령남宜寧南 76, 밀양손密陽孫 75, 하동정河東鄭 70, 서원한西原韓 70<br>동래정東萊鄭 67, 창원황昌原黃 67, 진주정晉州鄭 66, 경주慶州鄭 62, 한양조漢陽趙 58<br>능성구綾城具 56, 덕수이德水李 55, 수원심水原沈 55, 이천서利川徐 54, 연안이延安李 54<br>풍양조豊壤趙 54, 대구서大邱徐 53, 성주이星州李 53, 풍천임豊川任 52, 해주정海州鄭 52<br>나주나羅州羅 51. |
| 49<br>~30<br>명 | 40 | 나주김羅州金 49, 광산김光山金 49, 나주임羅州林 49, 평강채平康蔡 48, 충주지忠州池 48<br>함양박咸陽朴 48, 원주원原州邊 47, 청주김淸州金 47, 광주김廣州金 47, 강릉김江陵金 47<br>선산김善山金 45, 창녕성昌寧成 45, 단양우丹陽禹 44, 진주하晉州河 44, 원주이原州李 43<br>평창이平昌李 43, 정선전旌善全 43, 나주정羅州丁 41, 고성이固城李 41, 평택임平澤林 40<br>의성김義城金 40, 안산김安山金 40, 영월엄寧越嚴 39, 김해허金海許 39, 고령신高靈申 38<br>죽산안竹山安 38, 충주김忠州金 37, 수안이遂安李 37, 함평이咸平李 37, 온양방溫陽方 36<br>개성김開城金 35, 진주김晉州金 33, 죽산박竹山朴 33, 합천이陜川李 34, 연안차延安車 32<br>전주류全州柳 31, 기계유杞溪兪 31, 무안박務安朴 30, 여주이驪州李 30, 천안전天安全 30. |
| 29<br>~20<br>명 | 37 | 밀양김密陽金 29, 영광김靈光金 29, 나주박羅州朴 29, 결성장結城張 29, 초계정草溪鄭 29<br>함안조咸安趙 29, 현풍곽玄風郭 28, 연안김延安金 28, 영산신靈山辛 28, 양성이陽城李 28<br>강릉최江陵崔 27, 용궁김龍宮金 25, 해풍김海豊金 25, 교하노交河盧 25, 달성서達城徐 25<br>영천이永川李 25, 용인이龍仁李 25, 온양정溫陽鄭 25, 용성차龍城車 24, 삼척김三陟金 24<br>나주이羅州李 24, 진주이晉州李 24, 전주전全州全 24, 영일정迎日鄭 24, 해주김海州金 23<br>안동장安東張 23, 능주구綾州具 22, 청도김淸道金 22, 태안이泰安李 22, 공주이公州李 21<br>신평이新平李 21, 청주이靑州李 21, 장수황長水黃 21, 언양김彦陽金 20, 해평윤海平尹 20<br>예안이禮安李 20, 화순최和順崔 20. |
| 19<br>~16<br>명 | 29 | 강릉유江陵劉 19, 진천송鎭川宋 19, 애주이海州李 19, 홍주이洪州李 19, 교동이喬桐李 19<br>담양전潭陽田 19, 삭녕최朔寧崔 19, 고성김固城金 18, 순천김順天金 18, 반남박潘南朴 18<br>함양여咸陽呂 19, 안악이安岳李 18, 철원최鐵原崔 18, 양근함楊根咸 18, 진주강晉州康 17<br>황주김黃州金 17, 배천유白川劉 17, 함안윤咸安尹 17, 양주조楊州趙 17, 완산최完山崔 17<br>수원김水原金 16, 정선김旌善金 16, 부안임扶安林 16, 영암박靈巖朴 16, 밀양변密陽卞 16<br>성주김星州金 16, 순창조淳昌趙 16, 여양진驪陽陳 16, 탐진최耽津崔 16. |
| 15명 | 11 | 창원공昌原孔, 공주김公州金, 덕수김德水金, 상주박尙州朴, 울산박蔚山朴, 김해배金海裵<br>제주양濟州梁, 곡산연谷山延, 산동왕山東王, 개성이開城李, 안성이安城李. |
| 14명 | 17 | 교하김交河金, 상주김尙州金, 충주유忠州劉, 전주박全州朴, 장성서長城徐, 충주석忠州石<br>보성선寶城宣, 은진송恩津宋, 영월신寧越辛, 청주양淸州楊, 보성오寶城吳, 강진조康津趙<br>직산조稷山趙, 밀양최密陽崔, 충주최忠州崔, 강릉함江陵咸, 평해황平海黃. |
| 13명 | 12 | 달성기達城奇, 전주임全州林, 경주문慶州文, 단성문丹城文, 순천박順天朴, 연안송延安宋<br>고부이古阜李, 밀양이密陽李, 충주이忠州李, 울진장蔚珍張, 전주장全州張, 옥천전沃川全. |
| 12명 | 12 | 곡산강谷山姜, 원주김原州金, 여주민驪州閔, 회덕송懷德宋, 거창신居昌愼, 칠원윤漆原尹<br>단양이丹陽李, 아산이牙山李, 장흥임長興任, 김포정金浦鄭, 양주최楊州崔, 상주황尙州黃. |
| 11명 | 16 | 당악김唐岳金, 대구김大邱金, 영천김永川金, 경주박慶州朴, 고성박固城朴, 춘천박春川朴<br>성주배星州裵, 수원이水原李, 안산이安山李, 창평이昌平李, 청해이靑海李, 울진임蔚津林<br>단양장丹陽張, 예산정禮山丁, 강진최康津崔, 신창표新昌表. |
| 10명 | 23 | 선산길善山吉, 상산김商山金, 양주김楊州金, 풍산김豊山金, 풍천김豊川金, 진주박晉州朴<br>충주박忠州朴, 대구배大邱裵, 신평송新平宋, 함종어咸從魚, 두원오荳原吳, 장흥위長興魏 |

| 급제 | 성관수 | 무과급제자 성관 |
|---|---|---|
| 10명 | 23 | 남원윤南原尹, 경주임慶州林, 밀양장密陽張, 봉화정奉化鄭, 장기정長鬐鄭, 창녕정昌寧鄭, 수원차水原車, 강화최江華崔, 수성최隋城崔, 진주최晉州崔, 청주최靑州崔. |
| 9명 | 19 | 서원김西原金, 안성김安城金, 안악김安岳金, 광주노光州盧, 서산류瑞山柳, 고령박高靈朴, 군위박軍威朴, 목천상木川尙, 광주안廣州安, 동복오同福吳, 거창유居昌劉, 가평이加平李, 강화이江華李, 인천이仁川李, 정산이㫌善李, 임피임臨陂林, 광주정光州鄭, 밀양정密陽鄭, 충주조忠州趙. |
| 8명 | 33 | 가평간加平簡, 신청강信川康, 청주경靑州慶, 영주고瀛州高, 김화김金化金, 장단김長湍金, 창원김昌原金, 통진김通津金, 광주노廣州盧, 흥양류興陽柳, 신창맹新昌孟, 사천목泗川睦, 대구백大邱白, 초계변草溪卞, 경주손慶州孫, 청도오淸道吳, 경주유慶州劉, 진주유晉州劉, 청주유靑州劉, 공산이公山李, 성산이星山李, 우봉이牛峯李, 울산이蔚山李, 함안이咸安李, 안동임安東林, 회진김會津金, 덕수장德水張, 풍덕장豊德張, 전주조全州趙, 전주주全州朱, 인천채仁川蔡, 흥해최興海崔, 풍산홍豊山洪. |
| 7명 | 29 | 재령강載寧康, 해주경海州景, 남해김南海金, 설성김雪城金, 음죽김陰竹金, 진위김振威金, 진천김鎭川金, 밀양임密陽林, 보성임寶城林, 남양방南陽房, 청주방靑州方, 진주소晉州蘇, 파주염坡州廉, 진주오晉州吳, 창원유昌原兪, 파주윤坡州尹, 진위이振威李, 광주장廣州張, 진주장晉州張, 나주정羅州鄭, 상주주尙州周, 나주주羅州朱, 양산진梁山陳, 영암최靈巖崔, 영천최永川崔, 여주현驪州玄, 의창현義昌玄, 전주홍全州洪. |
| 6명 | 39 | 수안계遂安桂, 장택고長澤高, 강화김江華金, 결성김結城金, 김녕김金寧金, 배천김白川金, 사천김泗川金, 송도김松都金, 양근김楊根金, 완산김完山金, 진도김珍島金, 천안김天安金, 화순김和順金, 함열김咸悅金, 면천유沔川劉, 고흥류高興柳, 장흥마長興馬, 면천박沔川朴, 천안박天安朴, 경주배慶州裴, 충주배忠州裴, 부여서扶餘徐, 과천손果川孫, 죽산송竹山宋, 홍주송洪州宋, 삼척심三陟沈, 용담염龍潭廉, 남원이南原李, 대흥이大興李, 익산이益山李, 평산이平山李, 남원전南原田, 전주정全州鄭, 파평조坡平趙, 나주최羅州崔, 당진津唐津崔, 청송최靑松崔, 홍천피洪川皮, 연주현延州玄. |
| 5명 | 57 | 개성고開城高, 청주곽靑州郭, 고령김高靈金, 수안김遂安金, 아산김牙山金, 여주김驪州金, 옥천김沃川金, 조성김長城金, 청양김靑陽金, 파평김坡平金, 해남김海南金, 장연노長淵盧, 성주도星州都, 여주박驪州朴, 남양방南陽房, 곤양배昆陽裴, 남해배南海裴, 배천백白川白, 하음봉河陰奉, 여산송礪山宋, 영월송寧越宋, 전주송全州宋, 철원송鐵原宋, 풍덕송豊德宋, 배천안白川安, 안악양安岳楊, 강양이江陽李, 우계이羽溪李, 임실이任實李, 하빈이河濱李, 서원이西原李, 선산이善山李, 여흥이驪興李, 우제이羽溪李, 임실이任實李, 하빈이河濱李, 청주임靑州林, 용궁전龍宮全, 과천전果川田, 광평전廣平田, 연안전延安田, 청산정淸山鄭, 김제조金堤趙, 진주조晉州趙, 능성주綾城朱, 남원최南原崔, 상원최祥原崔, 장흥최長興崔, 직산최稷山崔, 진산최珍山崔, 황주최黃州崔, 가평탁加平卓, 면천한沔川韓, 광주함咸州咸, 창원현昌原玄, 장흥형長興邢, 진주황晉州黃. |
| 4명 | 82 | 횡성고橫城高, 진주곽晉州郭, 해평길海平吉, 남원김南原金, 부안김扶安金, 성주김星州金, 우봉김牛峯金, 인동김仁同金, 재령김載寧金, 정산김貞山金, 정주김定州金, 청산김淸山金, 평산김平山金, 홍주김洪州金, 화개김花開金, 영양남英陽南, 팔거도八莒都, 곡산노谷山盧, 교하노交河盧, 온양맹溫陽孟, 곤양문昆陽文, 문의박文義朴, 삼척박三陟朴, 순창박淳昌朴, 의성박義城朴, 청주박靑州朴, 홍주백洪州白, 경주서慶州徐, 전주서全州徐, 남양송南陽宋, 용성송龍城宋, 충주심忠州沈, 서원양西原楊, 중화양中和楊, 고창오高敞吳, 회순오和順吳, 의령옥宜寧玉, 개성왕開城王, 홍천육洪川陸, 전주유全州劉, 무송윤茂松尹, 해남윤海南尹, 현풍윤玄風尹, 옥천육沃川陸, 김제이金堤李, 덕산이德山李, 부평이富平李, 상주이尙州李, 신천이信川李, 적성이積城李, 함흥이咸興李, 순창임淳昌林, 옥구임沃溝林, 이안임利安林, 조양임兆陽林, 단산장丹山張, 단성장丹城張, 배천장白川張, 보령장保寧張, 창녕장昌寧張, 충주장忠州張, 흥덕장興德張, 청주정靑州鄭, 함평정咸平鄭, 경주조慶州趙, 횡성조橫城趙, 흥양조興陽趙, 남원진南原秦, 경주진慶州陳, 밀양천密陽千, 광주최廣州崔, 안성최安城崔, 여산최礪山崔, 초계최草溪崔, 통진최通津崔, 창녕표昌寧表, 양주허楊州許, 성주현星州玄, 개령홍開寧洪, 홍주홍洪州洪, 덕산황德山黃, 황주황보黃州皇甫. |
| 3명 | 158 | 승평강昇平康, 전주강全州康, 진주고晉州高, 계림김鷄林金, 광양김光陽金, 금산김錦山金, 금성김錦城金, 김제김金堤金, 남양김南陽金, 도강김道康金, 무송김茂松金, 무안김務安金 |

| 급제 | 성관수 | 무과급제자 성관 |
|---|---|---|
| 3명 | 158 | 무장김茂長金, 문화김文化金, 보령김保寧金, 승평김昇平金, 안음김安陰金, 연기김燕岐金<br>영동김永同金, 영산김永山金, 예안김禮安金, 용안김龍安金, 울산김蔚山金, 임피김臨陂金<br>장택김長澤金, 제주김濟州金, 죽산김竹山金, 진강김鎭江金, 춘천김春州金, 파주김坡州金<br>함평김咸平金, 해미김海美金, 홍산김鴻山金, 곡산노谷山盧, 만경노萬頃盧, 진주노晉州盧<br>풍천노豊川盧, 완산류完山柳, 복성문福城文, 장연문長淵文, 강릉박江陵朴, 설성박雪城朴<br>송도박松都朴, 우봉박牛峯朴, 운봉박雲峯朴, 청산박淸山朴, 태안박泰安朴, 평택박平澤朴<br>남원방南原方, 회덕방懷德方, 개성배開城裵, 흥해배興海裵, 부여배扶餘白, 태인백泰仁白<br>해남백海南白, 해안백海安白, 나주범羅州范, 경성서結城徐, 밀양서密陽徐, 연산서連山徐<br>경주설慶州薛, 구례손求禮孫, 영천손永川孫, 평해손平海孫, 안동송安東宋, 충주송忠州宋<br>연일승延日承, 전주신全州申, 풍산심豊山沈, 강진안康津安, 광주양光州梁<br>옥천유沃川劉, 청송유靑松劉, 탐진유耽津劉, 평산유平山劉, 면천유沔川兪, 평산유平山庾<br>성주윤星州尹, 용궁윤龍宮尹, 원주윤原州尹, 강음은江陰殷, 강릉이江陵李, 김해이金海李<br>남양이南陽李, 남포이藍浦李, 능성이綾城李, 문화이文化李, 서산이瑞山李, 안동이安東李<br>양주이楊州李, 영주이永州李, 예천이醴泉李, 용궁이龍宮李, 음죽이陰竹李, 이천이利川李<br>장기이長鬐李, 장수이長水李, 재령이載寧李, 제주이濟州李, 진안이鎭安李, 청송이靑松李<br>청안이淸安李, 평택이平澤李, 하음이河陰李, 한양이漢陽李, 행주이幸州李, 흥덕이興德李<br>흥양이興陽李, 금산임錦山林, 보안임保安林, 비인임庇仁林, 안악임安岳林, 예천임醴泉林<br>옥야임沃野林, 임천임林川林, 진천임鎭川林, 충주임忠州林, 강진장康津張, 당진장唐津張<br>목천장木川張, 장연장長淵張, 해주장海州張, 경주전慶州全, 나주전羅州全, 안동전安東全<br>해주전海州全, 황간전黃澗全, 경주전慶州田, 하음전河陰田, 개성조開城趙, 임천조林川趙<br>옥천조沃川趙, 해주조海州趙, 능주주綾州朱, 웅천주熊川朱, 단양지丹陽池, 개성최開城崔<br>공주최公州崔, 단성최丹城崔, 단양최丹陽崔, 대구최大邱崔, 마전최麻田崔, 무주최茂朱崔<br>안동최安東崔, 원주최原州崔, 재령최載寧崔, 주계최朱溪崔, 죽산최竹山崔, 영순태永順太<br>밀양편密陽片, 충추평忠州平, 당진한唐津韓, 양주한楊州韓, 전주한全州韓, 진주한晉州韓<br>면천현沔川玄, 부평황富平黃. |
| 2명 | 264 | 재령강載寧姜, 서원경西原慶, 강화고江華高, 연산고連山高, 용담고龍潭高, 임실고任實高<br>전주고全州高, 창원구昌原仇, 결성구結城具, 강동김江東金, 강음김江陰金, 경산김慶山金<br>고부김古阜金, 광원김光原金, 귀일김貴日金, 김포김金浦金, 남포김藍浦金, 덕산김德山金<br>동래김東萊金, 등주김登州金, 분성김盆城金, 상원김祥原金, 서흥김瑞興金, 순천김順川金<br>안릉김安陵金, 양산김梁山金, 여산김礪山金, 연풍김延豊金, 영춘김永春金, 예산김禮山金<br>용강김龍崗金, 의창김義昌金, 이천김伊川金, 이천김利川金, 자주김慈州金, 진안김鎭安金<br>철원김鐵原金, 평해김平海金, 풍기김豊基金, 풍주김豊州金, 하평김河平金, 안정나安定羅<br>경주노慶州盧, 충주노忠州盧, 강진노康津盧, 광주노廣州魯, 밀양노密陽魯, 수원노水原魯<br>남원독南原獨, 목천돈木川頓, 서령류瑞寧柳, 수원류水原柳, 인동류仁同柳, 목천마木川馬<br>진주마晉州馬, 개령문開寧文, 고성문固城文, 곤명문崑明文, 보령문保寧文, 광주박光州朴<br>광주박廣州朴, 김제박金堤朴, 남양박南陽朴, 남원박南原朴, 남포박藍浦朴, 보성박寶城朴<br>삭녕박朔寧朴, 안동박安東朴, 양산박梁山朴, 양주박楊州朴, 울주박蔚州朴, 음성박陰城朴<br>창원박昌原朴, 평산박平山朴, 결성방結城方, 광주배廣州裵, 대동배大東裵<br>성산배星山裵, 전주배全州裵, 염포백藍浦白, 선산백善山白, 장단백長湍白, 평산백平山白<br>황주백黃州白, 봉주변鳳州邊, 수원변水原邊, 장담변長潭邊, 제주변濟州夫, 전주사全州史<br>개성서開城徐, 나주서羅州徐, 진주서晉州徐, 충주서忠州徐, 청주석靑州石, 평산소平山邵<br>안동손安東孫, 청도손淸道孫, 나주송羅州宋, 서산송瑞山宋, 익산송益山宋, 인의송仁義宋<br>진주송晉州宋, 해주송海州宋, 흥양송興陽宋, 고흥신高興申, 나주신羅州申, 아주신鵝州申<br>영월신寧越申, 충주신忠州申, 의령심宜寧沈, 남해안南海安, 풍기안豊基安, 남양안南陽梁<br>경흥어慶興魚, 충주어忠州魚, 곡성염谷城廉, 김해오金海吳, 나주오羅州吳, 낙안오樂安吳<br>장기오長鬐吳, 통진오通津吳, 단성옥丹城玉, 서원온西原溫, 홍주용洪州龍, 검주유劍州劉<br>금성유金城劉, 양성유陽城劉, 용안유龍安劉, 인동유仁同劉, 한양유漢陽兪, 강진유康津兪<br>인동유仁同兪, 남해윤南海尹, 함창윤咸昌尹, 죽산윤竹山陰, 강서이江西李, 계양이桂陽李<br>김녕이金寧李, 김화이金化李, 농서이隴西李, 담양이潭陽李, 벽진이碧珍李, 부안이扶安李<br>순천이順天李, 영산이靈山李, 영월이寧越李, 영춘이永春李, 요산이遼山李, 월성이月城李<br>의령이宜寧李, 장성이長城李, 천안이天安李, 풍천이豊川李, 하동이河東李, 함양이咸陽李 |

| 급제 | 성관수 | 무과급제자 성관 |
|---|---|---|
| 2명 | 264 | 홍천이洪川李, 회덕이懷德李, 회양이淮陽李, 성산임星山任, 김해임金海林, 복성임福城林<br>선산임善山林, 수원임水原林, 안음임安陰林, 영천임永川林, 임천임林川林, 대원장大元張<br>부안장扶安張, 순천장順天張, 승평장昇平張, 아산장牙山張, 양주장楊州張, 영월장寧越張<br>예산장禮山張, 장수장長水張, 직산장稷山張, 진안장鎭安張, 진천장鎭川張, 청풍장淸風張<br>한양장漢陽張, 함평장咸平張, 해미장海美張, 경산전慶山全, 고부전古阜全, 담양전潭陽全<br>부여전扶餘全, 영암전靈巖全, 개성전開城田, 금구전金溝田, 남양전南陽田, 임천전林川田<br>정산전定山田, 진주전晉州田, 청주전靑州田, 태인전泰仁田, 해주전海州田, 영광정靈光丁<br>금릉정金陵鄭, 서산정瑞山鄭, 성주정星州鄭, 순흥정順興鄭, 영천정永川鄭, 충주정忠州鄭<br>풍기정豊基鄭, 남평조南平曹, 도강조道康趙, 밀양조密陽趙, 임천조林川趙, 청주조淸州趙<br>한산조韓山趙, 경주주慶州周, 초계주草溪周, 영월주寧越朱, 진주주晉州朱, 밀양지密陽智<br>봉산지鳳山智, 충원지忠原池, 충주진忠州秦, 태원진太原秦, 강릉진江陵陳, 흥덕진興德陳<br>용강차龍岡車, 전주차全州車, 충주차忠州車, 해남차海南車, 개령최開寧崔, 계림최鷄林崔<br>금천최衿川崔, 김해최金海崔, 남양최南陽崔, 부안최扶安崔, 안악최安岳崔, 양구최楊口崔<br>양천최陽川崔, 여주최驪州崔, 장단최長湍崔, 충원최忠原崔, 토산최兎山崔, 광주탁光州卓<br>용강팽龍岡彭, 죽산표竹山表, 대흥필大興弼, 밀양한密陽韓, 신평한新平韓, 안산한安山韓<br>평산한平山韓, 진주허晉州許, 순천현順天玄, 유성현杻城玄, 천녕현川寧玄, 하양현河陽玄<br>함덕현咸德玄, 회인현懷仁玄, 남원홍南原洪, 염주홍鹽州洪, 강화황江華黃, 경주황慶州黃<br>의성황義城黃, 태안황泰安黃, 항주항抗州黃, 해주황海州黃, 황주황黃州黃. |
| 1명 | 799 | 서원갈西原葛, 청주갈淸州葛, 곡산강谷山姜, 금천강衿川姜, 대완강大宛姜, 대원강大元姜<br>사천강泗川姜, 개성강開城康, 등주강登州康, 상산강象山康, 안릉강安陵康, 충주강忠州康<br>함양강咸陽康, 강령경康翎景, 태인경泰仁慶, 경주고慶州高, 고봉고高峯高, 광녕고廣寧高<br>교동고喬桐高, 나주고羅州高, 송도고松都高, 장흥고長興高, 해주고海州高, 황주고黃州高<br>김포공金浦公, 남해공南海孔, 인주공仁州貢, 인천공仁川貢, 선산곽善山郭, 흥덕곽興德郭<br>평해구平海丘, 진주구晉州仇, 경구京具, 능천구綾川具, 창원구昌原具, 안성권安城權<br>화산권花山權, 하음길河陰吉, 가산길嘉山吉, 강진김康津金, 개령김開寧金, 공산김公山金<br>구례김求禮金, 금구김金溝金, 금성김金城金, 금주김金州金, 금천김衿川金, 금하김金河金<br>기장김機張金, 금릉김金陵金, 낙안김樂安金, 남산김南山金, 남평김南平金, 남헌김南憲金<br>능성김綾城金, 단양김丹陽金, 담양김潭陽金, 당진김唐津金, 도강김都江金, 만경김萬頃金<br>배천김裵川金, 보은김報恩金, 부령김扶寧金, 부평김富平金, 산청김山淸金, 삼가김三嘉金<br>삼화김三和金, 상산김尙山金, 서산김瑞山金, 석성김石城金, 석주김碩州金, 송경김松京金<br>수성김隋城金, 순화김順和金, 순흥김順興金, 안변김安邊金, 안의김安義金, 애월김涯月金<br>양암김陽巖金, 연일김延日金, 염주김鹽州金, 영광김寧光金, 영덕김盈德金, 영순김永順金<br>영월김寧越金, 영해김寧海金, 예천김醴泉金, 옥구김沃溝金, 옥주김沃州金, 옹진김甕津金<br>운봉김雲峯金, 울진김蔚津金, 웅신김熊神金, 월성김月城金, 유주김儒州金, 은률김殷栗金<br>은진김恩津金, 은풍김殷豊金, 의성김宜城金, 의주김義州金, 의창김宜昌金, 의흥김義興金<br>인천김仁川金, 일동김一徒金, 장산김長山金, 장흥김長興金, 적성김積城金, 정평김定平金<br>죽주김竹州金, 증산김甑山金, 진산김珍山金, 진해김鎭海金, 창덕김昌德金, 태안김泰安金<br>평강김平康金, 평양김平壤金, 하동김河東金, 학성김鶴城金, 한양김漢陽金, 함양김咸陽金<br>함창김咸昌金, 화평김華平金, 회미김會尾金, 금성나錦城羅, 수성나守城羅, 고성남固城南<br>양주낭楊州浪, 강화노江華魯, 임피노臨陂魯, 창원노昌原魯, 함평노咸平魯, 함풍노咸豊魯<br>남평노南平盧, 동성노東城盧, 서흥노瑞興盧, 안강노安康盧, 장연노長淵盧, 해주노海州盧<br>밀양당密陽唐, 순천도順天陶, 영천동永川董, 충주동忠州東, 함양동咸陽東, 배천류白川柳<br>약목류若木柳, 의성마義城馬, 충주매忠州梅, 서촉명西蜀明, 진주모晉州牟, 함평모咸平牟<br>함흥모咸興牟, 강성문江城文, 경원문慶源文, 광주문廣州文, 남양문南陽文, 단천문端川文<br>밀양문密陽文, 성주문星州文, 신천문信川文, 옥천문沃川文, 인천문仁川文, 장단문長湍文<br>전주문全州文, 진주문晉州文, 창원문昌原文, 충원문忠原文, 칠원문漆原文, 합천문陜川文<br>경흥민慶興閔, 밀양민密陽閔, 고성박高城朴, 고창박高敞朴, 금성박錦城朴, 면주박丏州朴<br>산양박山陽朴, 서산박瑞山朴, 선산박善山朴, 순흥박順興朴, 아산박牙山朴, 안산박安山朴<br>안성박安城朴, 연산박連山朴, 연일박延日朴, 영광박靈光朴, 예산박禮山朴, 예천박醴泉朴<br>용담박龍潭朴, 유성박杻城朴, 이산박尼山朴, 이성박尼城朴, 인동박仁同朴, 임피박臨陂朴<br>죽주박竹州朴, 진도박珍島朴, 진원박珍原朴, 창평박昌平朴, 충원박忠原朴, 파주박坡州朴 |

| 급제 | 성관수 | 무과급제자 성관 |
|---|---|---|
| 1명 | 799 | 풍천박豊川朴, 하평박河平朴, 함안박咸安朴, 합천박陜川朴, 해남박海南朴, 해주박海州朴<br>거제반巨濟潘, 광주반光州潘, 양산방梁山房, 무안방務安邦, 개성방開城龐, 나주방羅州方<br>수원방水原方, 안산방安山方, 영덕방永德方, 태안방泰安方, 평산방平山方, 풍주방豊州方<br>하동방河東方, 홍주방洪州方, 광주배光州裵, 남양배南陽裵, 대동배大同裵, 대흥배大興裵<br>신계배新溪裵, 신천배信川裵, 안산배安山裵, 우봉배牛峯裵, 의령배宜寧裵, 진주배晉州裵<br>청주배靑州裵, 평주배平州裵, 협계배俠溪裵, 회순배和順裵, 경주백慶州白, 고산백高山白<br>곤명백崑明白, 광주백廣州白, 김산백金山白, 김해백金海白, 김화백金化白, 달성백達城白<br>면천백沔川白, 밀양백密陽白, 예산백禮山白, 용인백龍仁白, 임실백任實白, 임천백林川白<br>진안백鎭安白, 청도백淸道白, 태안백泰安白, 한산백韓山白, 광주범光州范, 강음范江陰邊<br>광주변廣州邊, 원성변原城邊, 인천변仁川邊, 황주변黃州邊, 통진변通津邊, 거창사居昌史<br>파주사坡州史, 파평사坡平史, 태안사泰安舍, 고양서高陽徐, 광양서光陽徐, 능성서綾城徐<br>부안서扶安徐, 서원서瑞原徐, 성주서星州徐, 양천서陽川徐, 예천서醴泉徐, 온양서溫陽徐<br>함평서咸平徐, 황주서黃州徐, 안음서安陰西, 충주석忠州昔, 충원석忠原石, 통진석通津石<br>홍주석洪州石, 순창설淳昌薛, 양근성楊根成, 밀양소密陽邵, 면천손沔川孫, 비안손比安孫<br>연일손延日孫, 일직손一直孫, 전주손全州孫, 청주손淸州孫, 평산손平山孫, 풍덕손豊德孫<br>행주손幸州孫, 강음송江陰宋, 광주송廣州宋, 김녕송金寧宋, 김해송金海宋, 동래송東萊宋<br>문경송聞慶宋, 배천송白川宋, 상주송尙州宋, 신계송新溪宋, 안변송安邊宋, 야로송冶爐宋<br>야성송冶城宋, 영광송靈光宋, 예안송禮安宋, 옥구송沃溝宋, 용인송龍仁宋, 운봉송雲峯宋<br>태안송泰安宋, 태인송泰仁宋, 통진송通津宋, 하음송河陰宋, 합천송陜川宋, 황주송黃州宋<br>회양송淮陽宋, 전주승全州承, 산음신山陰申, 여산신礪山申, 용담신龍潭申, 원주신原州申<br>청주신靑州申, 울산신蔚山辛, 배천심白川沈, 청성심淸城沈, 덕수안德水安, 수원안水原安<br>영동안永同安, 정의안旌義安, 죽주안竹州安, 충원안忠原安, 탐진안耽津安, 태원안太原安<br>밀양양密陽楊, 배천양白川楊, 용강양龍岡楊, 청풍양淸風楊, 횡성양橫城楊, 계림양鷄林梁<br>나주양羅州梁, 당악양唐岳梁, 밀양양密陽梁, 소태양蘇泰梁, 전주양全州梁, 충주양忠州梁<br>회진양會津梁, 충원어忠原魚, 당악양唐岳嚴, 평산엄平山嚴, 성주여星州呂, 의령여宜寧余<br>나주염羅州廉, 석성염石城廉, 영광염靈光廉, 전주염全州廉, 함열염咸悅廉, 정선예旌善芮<br>삼가오三嘉吳), 상주오尙州吳, 연일오延日吳, 영광오靈光吳, 울산오蔚山吳, 익산오益山吳<br>평해오平海吳, 함평오咸平吳, 밀양옥密陽玉, 보은옥報恩玉, 용궁옥龍宮玉, 전주옥全州玉<br>진주옥晉州玉, 충주옥忠州玉, 금구온金溝溫, 금기온金器溫, 순창옹淳昌邕, 목천우木川于<br>곡성우谷城禹, 예안우禮安禹, 전주우全州禹, 교하운交河雲, 경주유慶州兪, 기장유機張兪<br>대흥유大興兪, 용안유龍安兪, 청풍유淸風兪, 강화유江華劉, 개성유開城劉, 고부유古阜劉<br>공산유公山劉, 김천유衿川劉, 금릉유金陵劉, 김포유金浦劉, 남양유南陽劉, 무안유務安劉<br>문화유文化劉, 봉산유鳳山劉, 성주유星州劉, 양주유楊州劉, 양천유陽川劉, 장주유莊州劉<br>청풍유淸風劉, 해양유海陽劉, 황주유黃州劉, 덕수윤德水尹, 주천윤酒泉尹, 평원윤平原尹<br>대구은大邱殷, 행주은幸州殷, 고부은古阜殷, 괴산음槐山陰, 함열음咸悅陰, 개령이開寧李<br>개주이介州李, 거창이居昌李, 결성이結城李, 계림이鷄林李, 광산이光山李, 금구이金溝李<br>금기이金器李, 김산이金山李, 김포이金浦李, 능주이綾州李, 단계이丹溪李, 단성이丹城李<br>달성이達城李, 당성이唐城李, 당악이唐岳李, 대구이大邱李, 덕은이德恩李, 동평이東平李<br>연곡이連谷李, 요산이遼山李, 목천이木川李, 무안이務安李, 박성이博城李, 배천이白川李<br>보은이報恩李, 북청이北靑李, 사천이泗川李, 삭녕이朔寧李, 산음이山陰李, 삼척이三陟李<br>서흥이瑞興李, 설성이雪城李, 소태이蘇泰李, 아주이牙州李, 양산이梁山李, 연성이延城李<br>영암이靈巖李, 영양이英陽李, 영주이寧州李, 온양이溫陽李, 요성이遼城李, 용성이龍城李<br>용성이龍城李, 은률이殷栗李, 은천이殷川李, 의흥이義興李, 임피이臨陂李, 잠성이岑城李<br>장단이長湍李, 장흥이長興李, 정읍이井邑李, 죽산이竹山李, 중화이中和李, 지평이砥平李<br>진보이眞寶李, 창녕이昌寧李, 창원이昌原李, 철성이鐵城李, 철원이鐵原李, 청양이靑陽李<br>칠곡이漆谷李, 통진이通津李, 통천이通川李, 파평이坡平李, 평강이平康李, 풍기이豊基李<br>풍덕이豊德李, 한녕이漢寧李, 함창이咸昌李, 함풍이咸豊李, 화산이花山李, 밀양이密陽異<br>곡성임城城任, 비인임庇仁任, 서하임西河任, 성주임星州任, 임실임任實任, 진주임晉州任<br>풍산임豊山任, 해주임海州任, 곡성임谷城林, 광양임光陽林, 김산임金山林, 김포임金浦林, 대명임大明林, 부여임扶餘林, 신평임新平林, 아산임牙山林, 양주임楊州林<br>연산임連山林, 연안임延安林, 염주임鹽州林, 울산임蔚山林, 은률임殷栗林, 이천임利川林 |

| 급제 | 성관수 | 무과급제자 성관 |
|---|---|---|
| 1명 | 799 | 익산임益山林, 장단임長淵林, 장흥임長興林, 진도임珍島林, 포천임抱川林, 풍천임豊川林 합천임陜川林, 해주임海州林, 가함장嘉咸張, 강화장江華張, 거창장居昌張, 경주장慶州張 나주장羅州張, 담양장潭陽張, 무장장茂長張, 보은장報恩張, 서산장瑞山張, 선산장善山張 안락장安樂張, 안성장安城張, 옥구장沃溝張, 옥산장玉山張, 옥천장沃川張, 울산장蔚山張 웅천장熊川張, 은진장恩津張, 인천장仁川張, 죽주장竹州張, 지례장知禮張, 청송장靑松張 청주장淸州張, 태안장泰安張, 풍성장豊盛張, 해남장海南張, 금천장衿川莊, 아산장牙山蔣 곤양전昆陽全, 괴산전槐山全, 김해전金海全, 밀양전密陽全, 부안김扶安全, 수원전水原全 아산전牙山全, 안산전安山全, 옥과전玉果全, 옥구전沃溝全, 정선전旌善全, 중화전中和全 창산전彰山全, 충주전忠州全, 평강전平康全, 평양전平壤全, 함양전咸陽全, 홍주전洪州全 강음전江陰田, 강화전江華田, 단성전丹城田, 의령전宜寧田, 전주전全州田, 정주전定州田 제천전堤川田, 추성전秋城田, 평택전平澤田, 행주전幸州田, 황주전黃州田, 능성정綾城程 과천정果川丁, 금성정錦城丁, 장흥정長興丁, 거제정巨濟鄭, 거창정居昌鄭, 경성정鏡城鄭 고성정固城鄭, 공주정公州鄭, 광산정光山鄭, 광주정廣州鄭, 김산정金山鄭, 김해정金海鄭 남양정南陽鄭, 남해정南海鄭, 낭야정琅邪鄭, 백령정白翎鄭, 봉원정蓬源鄭, 안동정安東鄭 영덕정盈德鄭, 영월정寧越鄭, 영춘정永春鄭, 이성정利城鄭, 임강정臨江鄭, 제천정堤川鄭 태안정泰安鄭, 한천정漢川鄭, 함양정咸陽鄭, 함풍정咸豊鄭, 행주정幸州鄭, 칠원제漆原諸 강릉조江陵曹, 경주조慶州曺, 옥산조玉山曺, 장흥조長興曺, 창평조昌平曺, 함열조咸悅曺 강릉조江陵趙, 고부조古阜趙, 곡성조谷城趙, 금성조錦城趙, 김해조金海趙, 나주조羅州趙 남양조南陽趙, 남원조南原趙, 남평조南平趙, 당악조唐岳趙, 성주조星州趙, 신계조新溪趙 안변조安邊趙, 연안조延安趙, 영광조靈光趙, 영춘조永春趙, 옹진조甕津趙, 장단조長湍趙 진해조鎭海趙, 풍덕조豊德趙, 함원조咸原趙, 영암종靈巖鍾, 청주좌靑州佐, 안읍주安邑周 진주주晉州周, 함흥주咸興周, 거창주居昌朱, 경주주慶州朱, 능산주陵山朱, 밀양주密陽朱 순천주順川朱, 압해주鴨海朱, 청주주靑州朱, 단성지丹城池, 서원지西原池, 청송지靑松池 남원진南原晉, 대원진大元秦, 수원진水原秦, 영춘진永春秦, 풍기진豊基秦, 나주진羅州陳 남해진南海陳, 여양진驪陽陳, 언양진彦陽陳, 여흥진驪興陳, 임실진任實陳, 임피진臨陂陳 장단진長湍陳, 풍덕진豊德陳, 개성차開城車, 경주차慶州車, 공산차公山車, 나주차羅州車 마전차麻田車, 성주차星州車, 안산차安山車, 영주차靈州車, 장단차長湍車, 청주차淸州車 해주차海州車, 화성차華城蔡, 고성채固城蔡, 대구채大邱蔡, 경주천慶州千, 상주천尙州千 선산천善山千, 수원천水原千, 영양천潁陽千, 합천천陜川千, 해주천海州千, 간성최杆城崔 강음최江陰崔, 강진최江津崔, 고양최高陽崔, 공산최公山崔, 광주최光州崔, 직산최稷山崔, 김산최金山崔, 금성최金城崔, 담양최潭陽崔, 담진최潭津崔, 동성최童城崔 동주최東州崔, 내소최來蘇崔, 문경최聞慶崔, 보령최保寧崔, 보성최寶城崔, 부평최富平崔 상추최尙州崔, 선산최善山崔, 성주최星州崔, 수성최遂城崔, 수안최遂安崔, 수양최首陽崔 신천최信川崔, 안산최安山崔, 양산최楊山崔, 언양최彦陽崔, 연풍최延豊崔, 영월최寧越崔 온양최溫陽崔, 용인최龍仁崔, 용주최龍州崔, 월성최月城崔, 진도최珍島崔, 진천최鎭川崔 천녕최川寧崔, 청양최靑陽崔, 청풍최淸風崔, 태산최泰安崔, 통천최通川崔, 풍덕최豊德崔 하양최河陽崔, 해남최海南崔, 해풍최海豊崔, 홍주최洪州崔, 전주추全州秋, 성주탁星州卓 전주탁全州卓, 남원태南原太, 영춘태永春泰, 경주편慶州片, 풍덕포豊德包, 산동풍山東馮 단양피丹陽皮, 충주피忠州皮, 대구하大邱夏, 단계하丹溪河, 신안하新安河, 가은한加恩韓 강화한江華韓, 교하한交河韓, 나주한羅州韓, 남포한藍浦韓, 봉산한鳳山韓, 석성한石城韓 수원한水原韓, 진잠한鎭岑韓, 청성한淸成韓, 하양한河陽韓, 한산한韓山韓, 한양한漢陽韓 개령함開寧咸, 단성함丹城咸, 지평함砥平咸, 함창함昌咸, 김산허金山許, 남양허南陽許 하양허河陽許, 해주허海州許, 개성현開城玄, 공주현公州玄, 광녕현廣寧玄, 나주현羅州玄 아산현牙山玄, 익산현益山玄, 전주현全州玄, 충주현忠州玄, 함종현咸從玄, 봉산호鳳山扈 양근호楊根扈, 홍주호洪州扈, 아주호牙州胡, 고양홍高陽洪, 당성홍唐城洪, 봉주홍奉州洪 부계홍缶溪洪, 삼화홍三和洪, 송도홍松都洪, 연안홍延安洪, 익주홍益州洪, 충주홍忠州洪 강도황江都黃, 남원황南原黃, 남평황南平黃, 밀양황密陽黃, 수원황水原黃, 여주황驪州黃 연안황延安黃, 영광황靈光黃, 옥천황沃川黃, 요동황遼東黃, 의창황義昌黃, 의흥황義興黃 전주황全州黃, 제안황齊安黃, 청주황靑州黃, 충주황忠州黃, 풍덕황豊德黃, 해평황海平黃 회덕황懷德黃. |

(근거: 무과방목 102회분)

김씨 161명, 안동 권씨 152명, 전주 최씨 149명, 제주 고씨 148명, 광주 이씨廣州李氏 140명, 경주 최씨 128명, 광주 김씨光州金氏 122명, 전의 이씨 121명, 문화 류씨文化柳氏 120명, 완산 이씨 117명, 인동 장씨 114명이다.

이처럼 급제자의 성관이 특정 성관에 편중된 현상은 무과만이 아니었다. 문과·생원진사시(사마시)·잡과도 합격자의 성관이 편중된 편이었다. 그래서 무과와 문과·생원진사시·잡과 합격자 성관의 규모와 인원을 비교하면 흥미로운 사실을 알 수 있다. 비교 대상은 각 시험의 합격자 성관 중 상위 0.5%, 상위 1% 및 1명의 성관이다.[415] 이 기준으로 각 시험의 성관을 비교한 내용이 〈표10-2〉다.

참고로 무과는 이미 밝힌 대로 17세기 이후를 대상으로 한 것이며, 문과와 생원진사시는 조선시대 전체를, 잡과는 16세기 이후를 대상으로 한 통계 수치다. 현존하는 방목 자료의 상태가 각각 다르기 때문이다. 이 점을 감안하면서 〈표10-2〉를 보면 두 가지 특징을 추출할 수 있다.

첫째, 상위 0.5%의 성관이 무과가 1.9%(33개)이며, 급제자의 점유율도 44%(7,207명)로 절반에 미치지 못했다. 상위 1%의 급제자가 나온 성관의 점유율도 무과가 0.8%(14개)로 가장 적으며, 급제자도 전체 급제자의 31.2%(5,102명)에 불과하다. 이 결과는 무과급제자의 경우 17~19세기만을 대상으로 했기에 나온 수치로 해석할 수 있다.

그런데 잡과가 16세기 이후를 대상으로 했으면서도 상위 0.5%의 성관이 9.1%(43개)이고 전체 입격자 점유율도 67.9%(4,057명)나 된다. 상위 1%의 성관 점유율도 5.7%(27개)이고 전체 입격자에서 차지하는 비율이 50.4%(3,024명)이어서 꼭 그렇게만 간주할 수 없다. 따라서

<표10-2> 무과 · 문과 · 생원진사시 · 잡과 합격자의 성관 비교

| 성관<br>시험 | 상위 0.5% | | 상위 1% | | 1명 | |
|---|---|---|---|---|---|---|
| | 성관수 | 급제 인원 | 성관수 | 급제 인원 | 성관수 | 급제 인원 |
| 무과 | 33개<br>(1.9%) | 7,207명<br>(44%) | 14개<br>(0.8%) | 5,102명<br>(31.2%) | 799개<br>(46%) | 799명<br>(4.9%) |
| 문과 | 51개<br>(5.4%) | 8,223명<br>(60.3%) | 23개<br>(2.4%) | 5,525명<br>(40.5%) | 426개<br>(45.3%) | 426명<br>(3.1%) |
| 생원진사시 | 55개<br>(3.8%) | 23,764명<br>(61.7%) | 22개<br>(1.5%) | 14,883명<br>(38.6%) | 587개<br>(40.7%) | 587명<br>(1.5%) |
| 잡과 | 43개<br>(9.1%) | 4,057명<br>(67.6%) | 27개<br>(5.7%) | 3,024명<br>(50.4%) | 208개<br>(44.2%) | 208명<br>(3.5%) |

잡과의 결과로 미뤄볼 때 무과가 다른 과거에 비해 성관의 편중이 가장 낮았다고 판단된다. 또 잡과 → 문과 → 생원진사시 → 무과의 순서로 나타나는 성관의 점유율은 성관의 독점력을 짐작할 수 있는 지표이므로 무과가 성관의 독점력이 가장 낮았다고 추론할 수 있다. 잡과의 경우 직업의 세전성世傳性이 강하므로 성관의 집중도가 가장 높게 나왔다.

둘째, 급제자 1명만 나온 성관을 보면 무과 799개, 문과 426개, 생원진사시 587개, 잡과 208개이므로, 성관 수만 따져보면 무과급제자의 성관이 가장 다양했다. 더구나 무과는 17세기 이후의 수치인 점을 고려하면 급제자 1명만 나온 성관이 차지하는 비중이 다른 시험에 비해 월등히 높다. 또 급제자 1명만 나온 성관이 전체 급제자 인원에서 차지한 비중이 4.9%인 반면에 문과는 3.1%, 생원진사시는 1.5%, 잡과는 3.5%다.

이처럼 무과에서 급제자 1명만 나온 성관이 다른 시험에 비해 더 많은 것은 다양한 부류의 사람들이 급제했음을 의미한다. 이를 달리 표현하면 다양한 성관에서 무과에 급제할 수 있는 여건이 다른 과거에 비해 용이했음을 뜻한다. 또한 해당 성관에서 한 번 무과급제자가 나왔으나 연속으로 급제자를 배출하는 데에는 실패했다는 사실도 동시에 알려주고 있다.

무과급제자의 성관은 1,737개로서 다른 시험에 비하여 가장 많았다. 하지만 무과급제자의 성관을 문과 · 생원진사시 · 잡과와 비교한 결과 성관의 집중도가 가장 낮았다. 이 점은 무과가 다른 시험에 비해 다양한 성관을 수용하는 개방성이 있었다는 증거라 할 수 있다. 그래서 상위 1% 이상의 특정 성관의 집중도는 낮은 반면에 무과급제자 1명만 나온 성관의 비중은 더 높게 나타났다고 풀이할 수 있다.

## 무과급제자 성관의 시기별 분포

다음으로 〈표10-1〉에서 제시한 성관별 무과 급제 현황이 시기적으로 어떤 변화가 있었는지 궁금하다. 한 성관이 시기에 관계없이 줄곧 많은 급제자를 배출했을까, 아니면 시기에 따라 두각을 나타내는 성관이나 하락세를 보이는 성관도 있었을까?

이 궁금증을 해소하기 위해 시기별로 상위 20위까지의 성관을 뽑아서 〈표10-3〉으로 정리했다.[416] 그 결과 20대 성관이 전체 급제자에서 차지한 비중이 시기별로 점점 증가하는 추세였다. 17세기 전반에 30.96%에서 18세기 후반에는 39.77%까지 올라갔다. 이후 19세기 전반에는 44.25%에서 19세기 후반에는 69.02%까지 치솟았다. 19세기 후반은 서울 거주자의 비중이 86%에 달한 때다(〈표9-2〉 참조). 이런 상황에서 20대 성관의 비중이 69%까지 올라간 점은 무과급제자의

<표10-3> 시기별 무과 급제 점유율이 높은 20대 성관 (%)

| 순번 | 17세기 전반 | 17세기 후반 | 18세기 전반 | 18세기 후반 | 19세기 전반 | 19세기 후반 |
|---|---|---|---|---|---|---|
| 1 | 전주이 (4.81) | 김해김 (4.41) | 김해김 (5.59) | 김해김 (7.09) | 전주이 (8.99) | 전주이 (10.71) |
| 2 | 밀양박 (2.98) | 전주이 (4.32) | 전주이 (4.97) | 전주이 (5.93) | 김해김 (6.14) | 여흥민 (9.52) |
| 3 | 김해김 (2.21) | 밀양박 (4.17) | 밀양박 (4.64) | 밀양박 (4.99) | 밀양박 (4.04) | 대구서 (4.76) |
| 4 | 안동권 (1.63) | 경주김 (1.96) | 경주김 (2.56) | 경주김 (2.38) | 경주김 (2.64) | 평산신 (4.76) |
| 5 | 광주김 (1.63) | 청주한 (1.78) | 청주한 (2.29) | 진주강 (1.73) | 해주오 (1.93) | 능성구 (3.57) |
| 6 | 경주이 (1.63) | 남양홍 (1.48) | 진주강 (1.63) | 전주김 (1.67) | 평산신 (1.83) | 여산송 (3.57) |
| 7 | 청주한 (1.63) | 진주강 (1.42) | 경주이 (1.50) | 순흥안 (1.52) | 전의이 (1.83) | 전의이 (3.57) |
| 8 | 파평윤 (1.53) | 경주이 (1.17) | 파평윤 (1.44) | 평산신 (1.48) | 안동김 (1.77) | 풍양조 (3.57) |
| 9 | 남양홍 (1.53) | 광주김 (1.08) | 남양홍 (1.31) | 파평윤 (1.38) | 경주이 (1.61) | 남양홍 (3.57) |
| 10 | 경주김 (1.34) | 파평윤 (1.08) | 완산이 (1.23) | 경주이 (1.38) | 전주김 (1.56) | 안동권 (2.38) |
| 11 | 원주변 (1.15) | 안동권 (1.05) | 전주김 (1.21) | 해주오 (1.24) | 청주한 (1.50) | 김해김 (2.38) |
| 12 | 평산신 (1.15) | 제주고 (0.99) | 해주오 (1.13) | 남양홍 (1.24) | 남양홍 (1.40) | 의령남 (2.38) |
| 13 | 진주강 (1.05) | 순흥안 (0.99) | 평산신 (1.09) | 서원한 (1.20) | 진주강 (1.34) | 남원윤 (2.38) |
| 14 | 안동김 (1.05) | 해주오 (0.99) | 문화류 (1.06) | 제주고 (1.16) | 파평윤 (1.29) | 고성이 (2.38) |
| 15 | 문화류 (1.05) | 평산신 (0.96) | 순흥안 (1.04) | 청주한 (1.03) | 수원백 (1.13) | 덕수이 (2.38) |
| 16 | 성주이 (1.05) | 전주최 (0.90) | 안동김 (0.98) | 안동김 (0.97) | 청송심 (1.07) | 성주이 (2.38) |
| 17 | 전주최 (0.96) | 완산이 (0.75) | 전주최 (0.96) | 전주최 (0.93) | 광주이 (1.07) | 연일정 (2.38) |
| 18 | 진주류 (0.86) | 문화류 (0.72) | 경주최 (0.90) | 광주이 (0.83) | 인동장 (1.07) | 영일정 (2.38) |
| 19 | 광주이 (0.86) | 배천조 (0.72) | 광주이 (0.88) | 안동권 (0.81) | 진주류 (1.02) | |
| 20 | 제주고 (0.86) | 여산송 (0.69) 광주이 (0.69) 전의이 (0.69) | 안동권 (0.82) | 경주최 (0.81) | 여흥민 (1.02) 순흥안 (1.02) | |
| 합계 | 30.96% | 31.63% | 37.23% | 39.77% | 44.25% | 69.02% |

(근거: 무과방목 102회분)

성관과 지역성의 편중이 점점 심화되었음을 뜻한다. 또 여기서 구체적으로 입증하지 못했지만 세도정치의 영향도 있었다고 생각한다.

성관별로 보면 전주 이씨·밀양 박씨·김해 김씨는 17세기부터 19세기 전반까지 1위부터 3위를 차지하면서 고른 합격률을 보여주었다. 시기별로 세 성관의 총 점유율을 보면 10%(17세기 전반) → 12.9%(17세기 후반) → 15.2%(18세기 전반) → 18%(18세기 후반) → 19.2%(19세기 전반)로 높아지면서 19세기 전반에는 17세기보다 2배 가까이 상승했다. 그리고 세 성관 중 전주 이씨의 상승세가 매우 두드러진다. 세 성관의 상승세는 그만큼 이 성관들에서 독점적으로 무과 급제가 이뤄졌음을 의미한다.

다음으로 세 성관을 제외한 나머지 성관들은 시대에 따라 부침하는 경향이 뚜렷하다. 첫째, 17~19세기까지 20위에 든 성관은 남양 홍씨와 평산 신씨다. 또 17~19세기 전반까지 계속 이어진 성관은 경주 이씨·청주 한씨·파평 윤씨·경주 김씨·진주 강씨·광주 이씨廣州李氏의 6개 성관이다. 안동 권씨의 경우 19세기 전반만 부진하며 18세기까지 많은 급제자를 배출했다. 따라서 이 9개 성관이 17~19세기 전반까지 무과급제자를 고르게 배출한 성관이었다.

둘째, 초창기에는 미미했다가 점점 상승세를 보인 성관이 있다. 여기에 해당하는 성관은 전주 김씨와 해주 오씨가 대표적이다. 또 인동장씨는 18세기 전반까지 두각을 나타내지 못하다가 18세기 후반 이후로 상승세를 보였다. 안동 김씨는 17세기 후반에 뚝 떨어졌다가 이후 지속적인 상승세를 타고 있다. 평산 신씨와 청송 심씨는 증감을 반복하지만 18세기 후반 이후로 다시 상승세로 돌아섰다.

셋째, 점점 하락세를 보이는 성관이 가장 많은 편이다. 완만한 하락세를 보인 성관은 남양 홍씨·파평 윤씨·전주 최씨·순흥 안씨다. 급격한 하락세를 보인 성관은 진주 강씨·안동 권씨·광주 김씨光州金氏·문화 류씨·제주 고씨·배천 조씨·여흥 민씨·전의 이씨다. 이 중 여흥 민씨와 전의 이씨는 19세기 전반에 다시 상승세를 보였으며, 진주 강씨는 점점 상승하다가 19세기 전반에 하락했다.

요컨대, 무과급제자를 배출한 성관은 상위권의 몇몇 성관을 제외하고는 시기별로 증감이 있었다. 이는 각 성관의 세력이나 당시 사회적 여건 등이 작용하여 성관의 강세 또는 약세를 유발시켰을 것이다. 이 문제는 무과급제자 성관의 집중과 다양성이라는 측면에서 구체적인 분석이 요구되므로 아래에서 더 자세히 알아보고자 한다.

## 성관의 집중 양상

무과급제자의 성관 1,737개 중에는 다른 성관에 비하여 급제자를 상당수 배출한 성관이 있었다. 몇몇 성관에서 급제자가 편중된 현상은 문과·생원진사시·잡과에서도 나타나는 특징이다. 그러므로 무과급제자를 집중적으로 배출한 성관의 특징을 알아보기 위해서 다른 과거와 비교해보는 것이 매우 유용하다고 생각한다.

〈표10-4〉는 무과를 비롯하여 문과·생원진사시·잡과 합격자가 다수 나온 30대 성관을 정리한 내용이다.[417] 그 결과 두 가지 특징을 확인할 수 있다. 첫째, 무과와 문과·생원진사시의 성관 중 상호 56.7% ~ 66.6% 정도 중복된다는 점이다. 둘째, 30대 성관 중 무과급제만만 있고 문과나 생원진사시에는 없는 성관도 있어 무과에 주로 응시한 성관이 있었다.

먼저 첫 번째 특징을 살펴보면 네 시험의 공통 성관은 9개에 불과했다.[418] 그런데 무과·문과·생원진사시의 공통 성관은 17개이며,[419] 이 중에서 동시에 많은 합격자가 나온 성관은 전주 이씨·밀양 박씨·경주 김씨·청주 한씨·진주 강씨·남양 홍씨·파평 윤씨 등 8개다.[420] 또 무과·문과의 공통 성관은 17개(56.7%)[421], 무과·생원진사시의 공통 성관은 20개(66.6%)[422], 무과·잡과의 공통 성관은 10개(33.3%)[423]로 집계되었다.

이처럼 무과와 문과·생원진사시의 공통 성관이 각 56.7%와 66.6%

〈표10-4〉 무과 · 문과 · 생원진사시 · 잡과 합격자의 30대 성관 (점유비중, %)

| 순번 | 무과 | 문과 | 생원진사시 | 잡과 |
|---|---|---|---|---|
| 1 | 김해김씨 (5.64) | 전주이씨 (5.72) | 전주이씨 (7.06) | 전주이씨 (4.73) |
| 2 | 전주이씨 (5.61) | 파평윤씨 (2.65) | 파평윤씨 (2.42) | 청주한씨 (2.96) |
| 3 | 밀양박씨 (4.46) | 안동권씨 (2.53) | 안동권씨 (2.36) | 경주최씨 (2.81) |
| 4 | 경주김씨 (2.31) | 남양홍씨 (2.34) | 남양홍씨 (2.16) | 밀양변씨 (2.74) |
| 5 | 청주한씨 (1.67) | 안동김씨 (2.15) | 청주한씨 (2.00) | 남양홍씨 (2.73) |
| 6 | 진주강씨 (1.54) | 청주한씨 (1.96) | 밀양박씨 (1.96) | 밀양박씨 (2.69) |
| 7 | 경주이씨 (1.42) | 연안이씨 (1.74) | 안동김씨 (1.86) | 천녕현씨 (2.68) |
| 8 | 남양홍씨 (1.36) | 밀양박씨 (1.74) | 연안이씨 (1.59) | 경주김씨 (2.63) |
| 9 | 파평윤씨 (1.34) | 광산김씨 (1.69) | 청송심씨 (1.47) | 김해김씨 (2.43) |
| 10 | 평산신씨 (1.29) | 여흥민씨 (1.62) | 평산신씨 (1.45) | 순흥안씨 (1.68) |
| 11 | 해주오씨 (1.20) | 진주강씨 (1.50) | 경주김씨 (1.39) | 우봉김씨 (1.64) |
| 12 | 전주김씨 (1.16) | 경주김씨 (1.41) | 한산이씨 (1.35) | 경주이씨 (1.59) |
| 13 | 순흥안씨 (1.15) | 동래정씨 (1.38) | 경주이씨 (1.34) | 온양방씨 (1.53) |
| 14 | 안동김씨 (0.98) | 한산이씨 (1.37) | 진주강씨 (1.32) | 한양유씨 (1.53) |
| 15 | 안동권씨 (0.93) | 광주이씨 (1.34) | 동래정씨 (1.25) | 온양정씨 (1.41) |
| 16 | 전주최씨 (0.91) | 풍양조씨 (1.33) | 김해김씨 (1.22) | 완산이씨 (1.36) |
| 17 | 제주고씨 (0.90) | 반남박씨 (1.32) | 여흥민씨 (1.20) | 하동정씨 (1.34) |
| 18 | 광주이씨 (0.85) | 전의이씨 (1.22) | 전의이씨 (1.12) | 해주이씨 (1.33) |
| 19 | 경주최씨 (0.78) | 경주이씨 (1.21) | 광주김씨 (1.07) | 해주오씨 (1.29) |
| 20 | 광주김씨 (0.74) | 평산신씨 (1.17) | 대구서씨 (1.02) | 직산최씨 (1.26) |
| 21 | 전의이씨 (0.74) | 의령남씨 (1.02) | 풍양조씨 (1.01) | 태안이씨 (1.19) |
| 22 | 문화류씨 (0.73) | 연안김씨 (1.02) | 문화류씨 (1.00) | 고성김씨 (1.18) |
| 23 | 완산이씨 (0.71) | 풍천임씨 (1.01) | 의령남씨 (0.98) | 원주변씨 (1.16) |
| 24 | 인동장씨 (0.70) | 창녕조씨 (0.95) | 광주이씨 (0.98) | 강음이씨 (1.13) |
| 25 | 여흥민씨 (0.57) | 문화류씨 (0.91) | 성주이씨 (0.91) | 김산이씨 (1.09) |
| 26 | 배천조씨 (0.57) | 김해김씨 (0.86) | 전주최씨 (0.90) | 파평윤씨 (1.06) |
| 27 | 해주최씨 (0.57) | 순흥안씨 (0.82) | 순흥안씨 (0.84) | 경주정씨 (1.06) |
| 28 | 청송심씨 (0.56) | 진주류씨 (0.82) | 창녕성씨 (0.82) | 청양김씨 (0.99) |
| 29 | 진주류씨 (0.54) | 풍산홍씨 (0.82) | 풍천임씨 (0.79) | 삼척김씨 (0.98) |
| 30 | 남원양씨 (0.51) | 전주류씨 (0.80) | 해주오씨 (0.78) | 안산이씨 (0.96) |

나 되어서 절반 이상이 겹친다는 점은 세 시험의 모집단이 유사했다
는 결과로 해석할 수 있다. 참고로 문과 · 생원진사시의 공통 성관은
23개(76.7%)로 두 시험의 모집단이 무과에 비해 더 밀접한 추세를
보여준다. 그럼에도 무과와 문과 · 생원진사시의 성관이 절반 이상

겹친다는 사실은 무과가 특수 집단이 치른 시험이 아니라는 점을 분명히 알려준다.

한편, 무과와 잡과의 공통 성관 비율은 33.3%에 불과했다. 두 과거의 공통 성관이 문과나 생원진사시보다 훨씬 적은 현상은 잡과의 세전성이 다른 과거보다 강한 결과이자, 무과가 잡과와 유사하기보다는 오히려 문과·생원진사시의 모집단에 더 근접했음을 알려준다. 이 점은 무과를 잡과와 동일하게 취급하거나 중인이 주로 응시한 시험으로 인식하는 통념이 편견임을 뜻한다.[424]

두 번째 특징을 살펴보면 30대 성관 중에 무과급제자만 나타나고 문과나 생원진사시에 나타나지 않는 성관이 존재한다. 〈표10-4〉에서 네 시험 중에 오직 무과급제자만 보이는 성관은 6개로 전주 김씨·제주 고씨·인동 장씨·배천 조씨·해주 최씨·남원 양씨다. 무과급제자만 있고 문과·생원진사시에 없는 성관은 6개 성관에 경주 최씨를 합친 7개 성관이다. 따라서 이 7개 성관이 무과에서 유독 다수의 급제자가 나온 성관이라 할 수 있다.

요컨대, 무과는 문과·생원진사시를 다수 배출한 성관과 공통분모를 유지하면서도 무과에서 많은 급제자가 나온 성관이 뚜렷하게 존재했다. 이 점은 무과로만 출사하는 집안이 있었다는 증거로 활용할 수 있다.


## 다수의 무과급제자가 나온 성관

|

무과급제자를 다수 배출한 30대 성관은 사회적으로 어떤 위상을

가졌을까? 이 문제에 대해 무과급제자의 성관만으로는 정확한 답을 내릴 수 없다. 파派나 가세家勢에 따라 사회적 위상이 다양하게 나타나므로 일괄적으로 설명하기 쉽지 않다.

하지만 조선시대에 무과방목이나 호적대장 또는 각종 인명 관련 기록에 성관이 빠짐없이 기록되는 것을 볼 때 그 자체가 갖는 의미를 낮게 취급할 수 없다고 생각한다. 그래서 전체적인 경향을 파악한다는 입장에서 두 가지 기준을 갖고 접근해보았다. 곧 무과급제자를 다수 배출한 성관을 『증보문헌비고』「씨족고氏族考」에 등재된 성관 및 군영대장을 배출한 성관과 비교하는 작업이다.

먼저 『증보문헌비고』 제계고帝系考의 부록인 「씨족고」에는 각 성관별로 인물이 기재되어 있다. 여기에 등재된 인물은 『증보문헌비고』의 범례에 따르면 '우심저현인자尤甚著顯人者'로서 상신相臣 · 장신將臣 · 국구國舅 · 부마 · 문임인文任人 및 시호가 있는 사람이므로 비교적 지체 높은 집안으로 판단되며 문벌 집안으로 볼 수 있다.

그러므로 무과급제자의 성관과 이 성관을 비교해보면 조선 후기에 지체 높은 집안에서 무과에 급제하는 경향이 어떠했는지를 조금이나마 파악할 수 있다고 기대한다. 그래서 〈표10-5〉에서 『증보문헌비고』 「씨족고」에 나오는 성관 중에서 선조~고종연간까지 가장 많은 인물을 등재시킨 성관 30개만 추려보았다.[425]

〈표10-5〉와 〈표10-4〉에서 제시한 무과급제자 30대 성관을 비교하면 전주 이씨(완산이씨) · 경주 김씨 · 청주 한씨 · 경주 이씨 · 남양 홍씨 · 파평 윤씨 · 평산 신씨 · 안동 김씨 · 안동 권씨 · 광주 김씨光州金氏 · 전의 이씨 · 여흥 민씨 · 청송 심씨 · 진주 류씨 등 14개 성관(46.7%)이 일치하고, 무과급제자 배출 30대 성관 중 16개 성관(53.3%)은 포함되

〈표10-5〉 『증보문헌비고』 「씨족고」의 30대 성관

| 등재 인원 | 성관(명) | | | | |
|---|---|---|---|---|---|
| 100~51명 | 안동김씨(75), | 전주이씨(57), | 연안이씨(53) | | |
| 50~41명 | 평산신씨(45), | 남양홍씨(41) | | | |
| 40~31명 | 달성서씨(39), 풍양조씨(32), | 반남박씨(38), 덕수이씨(31), | 여흥민씨(37), 청송심씨(31) | 광주김씨(34), | 파평윤씨(32), 청풍김씨(31), |
| 30~21명 | 경주이씨(30), 안동권씨(24), | 동래정씨(29), 해평윤씨(24), | 전의이씨(29), 청주한씨(23), | 풍산홍씨(29), 양천허씨(22), | 한산이씨(29), 경주김씨(26), 은진송씨(21) |
| 20명 이하 | 양주조씨(20), | 풍천임씨(20), | 의령남씨(18), | 전주류씨(16), | 진주류씨(16) |

지 못했다.

반면에 「씨족고」의 30대 명가 성관을 〈표10-4〉의 문과급제자 30대 성관과 비교해보면 밀양 박씨 · 진주 강씨 · 연안 김씨 · 창녕 조씨 · 김해 김씨 · 순흥 안씨의 6개 성관(20%)만 포함되지 않았다. 생원진사시는 밀양 박씨 · 진주 강씨 · 김해 김씨 · 성주 이씨 · 전주 최씨 · 순흥 안씨 · 창녕 성씨 · 풍천 임씨의 7개 성관(23.3%)만 포함되지 않았다. 이에 비해 잡과는 30대 성관 중 전주 이씨(완산이씨) · 청주 한씨 · 남양 홍씨 · 경주 김씨 · 경주 이씨 · 해주 오씨 · 파평 윤씨 7개 성관(21.9%)만 포함되고 23개 성관(78.1%)이 포함되지 못했다.

무과급제자의 30대 성관이 문과나 생원진사시에 비하여 「씨족고」의 30대 성관에 포함된 비율이 30% 정도 낮았으나 잡과에 비해서는 약 25%나 더 높았다. 이 결과는 무과에서 높은 급제율을 나타낸 성관이 문과나 생원진사시의 합격자에 비해 전반적으로 사회적 위상은 떨어졌다는 지표로 해석할 수 있다.

한편, 「씨족고」에 오른 인물이 상신과 문관 위주의 선정이므로 다른 기준으로 더 살펴볼 필요가 있다. 그래서 조선 후기 무과급제자의 30대 성관을 군영대장을 지낸 성관과 비교해보았다. 군영대장은 조

<표10-6> 선조~고종 연간 군영대장의 성관

| 대장 배출<br>인원 | 군영대장 성관(인원) |
|---|---|
| 10명이상 | 전주이씨(28), 평산신씨(15), 안동김씨(13), 능성구씨(10) |
| 9~6명 | 전의이씨(9), 덕수이씨(9), 여흥민씨(8), 달성서씨(8), 청풍김씨(7), 풍양조씨(7) |
| 5~3명 | 경주김씨(5), 인동장씨(4), 진주류씨(4), 평양조씨(4), 연일정씨(4), 경주이씨(4), 함안윤씨(4),<br>광산김씨(4), 한산이씨(3), 연안이씨(3), 풍천임씨(3), 파평윤씨(3), 반남박씨(3) |
| 2명 | 수원백씨, 원주변씨, 원주원씨, 풍산홍씨, 청주한씨, 해풍김씨, 해주오씨,  함평이씨 |
| 1명 | 부여서씨, 상주황씨, 고령박씨, 해주최씨, 광주이씨, 남양홍씨, 남원양씨, 신평이씨,<br>함종어씨, 대구서씨, 함양박씨, 문화류씨, 밀양박씨, 풍천노씨, 창녕성씨, 안정나씨,<br>의령남씨, 순흥안씨, 온양정씨, 창원황씨, 양천허씨, 초계정씨, 청송심씨, 희천김씨, |

(근거: 『등단록선생안』)

선 후기 최고의 무관직이자 최고의 출세였다고 말할 수 있다.

〈표10-6〉은 군영대장을 배출한 성관을 정리한 내용이다. 군영대장에 오른 인물의 성관은 『등단록선생안登壇錄先生案』을 이용하여 선조~고종 연간까지 군영대장을 지낸 202명을 대상으로 조사했다.[426] 그 결과 55개의 성관에서 군영대장이 나왔다.

이 결과를 무과급제자의 30대 성관과 비교하면 13개 성관(43.3%)인 전주 이씨·평산 신씨·안동 김씨·전의 이씨·여흥 민씨·경주 김씨·인동 장씨·진주 류씨·경주 이씨·광산 김씨·파평 윤씨·청주 한씨·해주 오씨가 2명 이상의 군영대장을 배출한 성관과 일치했다.

또 무과급제자 30대 성관 중 8개 성관인 밀양 박씨·남양 홍씨·순흥 안씨·광주 이씨廣州李氏·문화 류씨·해주 최씨·청송 심씨·남원 양씨가 군영대장 1명을 배출한 성관과 일치했다. 따라서 무과급제자의 30대 성관 중 70%에 해당하는 21개 성관이 군영대장의 성관과 일치했다. 이 결과는 무과의 점유율과 서반 고위직 진출이 밀접한 관련이 있음을 알려준다.

이상으로 무과급제자의 30대 성관을 문과·생원진사시(사마시)·잡과의 30대 성관과 비교한 결과 문과나 생원진사시의 배출 성관에 근접해있었다. 그러면서도 무과를 주로 응시한 성관이 뚜렷하게 존재했다. 또 『증보문헌비고』 「씨족고」에 나온 성관 중 조선 후기의 30대 성관을 추려서 무과·문과·생원진사시·잡과의 30대 성관과 비교한 결과 무과에서 좋은 성적을 거둔 성관들이 문과급제자나 생원진사시 입격자보다 집안의 성세는 약했다. 하지만 무과급제자의 30대 성관을 군영대장 배출 성관과 비교한 결과 70%가 일치했다. 이 결과는 무과의 점유율이 세전성과 고위직 진출과 깊은 연관이 있음을 알려준다.

## 무과급제자 1명만 나온 성관

무과는 다른 과거에 비해 급제자 1명만 나온 성관이 가장 많았다. 이를 성관의 다양성이라 표현할 수 있다. 그렇다면 조선 후기에 무과급제자 1명만 배출한 다양한 성관은 어떤 의미를 지니고 있을까?

문과에서는 조선 전기 문과급제자의 다양한 성관 분포를 근거로 하여 한미한 성관도 벼슬에 접근하기 쉬었으며, 양인의 문과 응시가 일반화되었다고 주장한 연구가 있다.[427] 이와 반대로 문과급제자 1명만 배출한 성관을 한미한 집안이나 양인 집안으로 보기 어려우며, 새로운 성관이 부단히 문과에 급제한 사실을 보여준다는 의견도 제시되었다.[428] 그렇다면 무과에서 1명의 급제자만 나온 성관의 정체는 무엇일까?

조선 후기에 무과급제자 1명만 배출한 성관은 총 799개로 전체 성관 1,737개에서 46%나 차지했다. 무과급제자의 성관 중에서 거의 절반 정도가 급제자 1명만 배출한 것이다. 하지만 이들이 무과급제자 총 16,377명에서 차지한 비중은 4.9%(799명)에 불과했다. 이 점은 이들이 대성大姓이 주도한 무과의 판도를 바꾸는 역할은 하지 못했지만 무과의 '다양성'이라는 측면에서 충분히 주목할 만한 변화라 할 수 있다.

  무과급제자 1명만 나온 성관은 시기별로 보면 17세기 전반에는 103개(23.9%), 17세기 후반에 181개(22.8%), 18세기 전반에 216개(22.9%), 18세기 후반에 240개(27.3%), 19세기 전반에 60개(14.1%)다. 19세기 후반에는 새로 등장한 성관이 전혀 없다. 전반적으로 성관의 비중은 20% 대를 유지했으며, 무과급제자의 비중은 17세기 전반을 제외하고 4~5%대였다.

  무엇보다도 눈길을 끄는 것은 19세기 전반에 급제자 1명만 나온 성관과 급제자의 비중이 급격히 감소한 점이다. 19세기 후반은 아예 전무하다. 이 수치만으로 단정하기가 어렵지만 〈표10-3〉에서 보았듯이 19세기에 20대 성관의 비중이 높아지면서 여타 성관이나 미미한 성관들이 낄 자리가 줄어든 것이라고 여겨진다. 그만큼 무과의 개방성이 낮아진 상황이라고 해석할 수 있다.

  요컨대, 무과급제자 1명만 나온 성관이 전체 급제자에서 차지하는 비중은 17세기 전반에 9.9%(103명)를 차지한 뒤로 5% 이하로 저조한 상태였다. 즉 새로운 성관의 부단한 진입이 가져온 변화에도 불구하고 이들이 다수를 차지하기란 쉽지 않았다. 19세기에는 이 현상이 가속화되어서 무과가 기득권 세력의 재창출에 더 많은 할애를 했다고 보인다. 새로 유입된 성관과 급제자의 감소는 그만큼 기득권 성관의 세勢가 더 독점적으로 유지되었음을 뜻하기 때문이다. 이 점은 19세기가 더 폐쇄성을 띠었음을 알려주어서 주목할 수치라 생각한다.

## 무과급제자 아버지의 직역 유형

다음으로 성관에 이어서 아버지의 직역을 살펴볼 차례다. 혈연의 영향을 크게 받은 조선시대에 무과급제자의 사회적 위상과 아버지의 직역職役은 중요한 연결고리다. 무과방목에는 급제자의 아버지 직역이 기록되어 있으므로 급제자의 사회적 배경에 대해 접근할 수 있는 기초자료를 제공해준다.

이 책에서 분석 대상인 무과급제자 16,643명 가운데 아버지의 직역을 알 수 있는 사람은 16,528명이다. 무과방목에 아버지의 직역은 크게 7개의 유형으로 기재되었다. 관직·관품·군사직·기타직역만 각각 기재한 경우, 관품과 관직, 관품과 군사직, 관품과 기타직역을 함께 기재한 경우다.

앞서 6장에서 검토한 무과급제자의 전력前歷에서 관료군은 관직 또는 관품만 기록하고 관직과 관품을 함께 기록한 경우는 없었다. 이에 비해 아버지의 직역은 관품도 함께 기록해서 급제자의 전력보다 복잡한 양상을 띤다. 그래서 몇 가지 기준을 정할 필요가 있었다.

첫째, 무과급제자의 아버지 직역은 무과급제자와 연관했을 때에 의미를 가진다고 판단하여 급제자의 전력에 따라 아버지의 직역을 구분했다. 그래서 '한량의 아버지', '군사직의 아버지' 등으로 구분했으며, 아버지 직역을 알 수 있는 16,528명 중에서 무과급제자 전력과 아버지 직역을 동시에 파악할 수 있는 16,483명만을 분석 대상으로 했다.

둘째, 아버지 직역의 분류는 무과급제자의 전력 분석에서 사용한 기준을 적용하여 관직·관품·기타직역·군사직으로 나눴다. 다만, '관직 소유자'는 관직만 소유한 사람 이외에 관품+관직 소유자를 모두 포함했으며, 관품 소유자는 관품 소유자 이외에 관품+군직, 관품+기타직역을 모두 포괄했다. 관품이 관직보다 대체로 높아서 통계 수치가 높게 나올 우려가 있으며, 관품보다는 관직이, 군직이나 기타직역보다는 관품이 더 중요하다고 판단했기 때문이다.

셋째, 두 개 이상의 관직이 중첩되거나 겸직兼職을 기재했으면 앞쪽의 관직을 채택했다. 다만, '행 용양위 부호군 겸 전주 영장行龍驤衛副護軍兼全州營將'처럼 오위 체아직五衛遞兒職이 앞에 있으면 뒤쪽의 관직이 정직正職이므로 뒤의 관직을 채택했다. 또 전직前職과 현직現職을 모두 기재한 경우에는 현직을 채택했다.

넷째, 소속처 없이 주부主簿·판관判官·첨정僉正·습독관習讀官·도사都事·봉사奉事·지사知事·참군參軍 등으로만 기록한 직역은 이 관직들이 동반·서반에 모두 있으므로 동반·서반의 구별은 미상으로 처리했다. 또 중추부사中樞府事나 우후는 관품을 미상으로 처리했다. 중추부사는 영중추부사·판중추부사·지중추부사·동지중추부사·첨지중추부사가 있으며, 우후도 병마 우후와 수군 우후의 관품이 다르기 때문이다.

위에서 제시한 기준에 따라 무과급제자의 아버지 16,483명의 직역을 정리한 내용이 〈표10-7〉이다. 무과급제자 아버지의 직역은 기타

〈표10-7〉 조선 후기 무과급제자의 아버지 직역

| 급제자전력<br>아버지직역 | 한량 | 군사직 | 관료군 | | 기타직역 | 합계 |
| | | | 관직 | 관품 | | |
| --- | --- | --- | --- | --- | --- | --- |
| 관직 | 1,565 | 1,655 | 1422 | 1,003 | 544 | 6,189 |
| (%) | (27.8) | (30.2) | (63.5) | (58.0) | (39.1) | (37.5) |
| 관품 | 694 | 671 | 248 | 348 | 125 | 2,086 |
| (%) | (12.3) | (12.2) | (11.1) | (20.1) | (9.0) | (12.7) |
| 기타직역 | 3,120 | 2,332 | 441 | 305 | 627 | 6,825 |
| (%) | (55.4) | (42.5) | (19.7) | (17.7) | (45.0) | (41.4) |
| 군사직 | 257 | 830 | 127 | 72 | 97 | 1,383 |
| (%) | (4.6) | (15.1) | (5.7) | (4.2) | (7.0) | (8.4) |
| 합계 | 5,636 | 5,488 | 2,238 | 1,728 | 1,393 | 16,483 |
| | (100.1) | (100.0) | (100.0) | (100.0) | (100.1) | (100.0) |

(근거: 무과방목 102회분, 단위: 명)

직역 6,826명(41.4%), 관직 소유자 6,189명(37.5%), 관품 소유자 2,086명(12.7%), 군사직 소유자 1,383명(8.4%)의 순서로 분포를 보인다.[429]

아버지의 직역 중 기타직역이 가장 많고 군사직 소유자가 가장 적은 점은 무과급제자의 전력에서 군사직과 한량이 많고 기타직역이 가장 낮은 현상과는 대조적이다. 또 비율만 보면 기타직역과 관직 소유자가 총 78.9%를 차지하여 아버지 직역은 기타직역과 관직 소유자가 대부분이었다고 할 수 있다.

무과급제자의 아버지 16,483명의 직역 가운데 100명 이상이 나온 직역만 제시하면 다음과 같다. 유학 2,353명, 학생 2,225명, 부사과 1,320명, 부호군 851명, 통덕랑 800명, 급제 646명, 업무 604명, 겸사복 366명, 만호 302명, 첨절제사 260명, 전력부위 249명, 충의위 234명, 통정대부 220명, 봉사 226명, 첨지 206명, 가선대부 211명, 보인 206명, 부사 203명, 사과 201명, 절충장군 200명, 동지 192명, 노직 184명, 현감 179명, 군수 157명, 판관 142명, 납속 136명, 정병 113명, 무학 111명, 충익위 103명, 양인 102명, 참봉 101명이다.

이처럼 아버지 직역에서 유학과 학생이 총 4,578명(27.9%)로 가장 많으며, 다음으로 부사과 · 부호군 · 통덕랑이 총 2,971명(18.1%)이나 되었다 이 밖에 비중이 큰 편은 아니지만 우의정 · 판서 · 좌윤 · 좌참찬 · 참판 · 승지 · 장령 · 교리 · 정랑 · 지평 · 찬의 · 수찬 · 정언 · 좌랑 등 고위 문관직이나 청요직을 소유한 아버지도 있었다. 아버지의 관직이 높다고 하여 급제자가 반드시 서얼은 아니었다. 1603년(선조 36)의 식년시 무과급제자 류제柳俤는 우의정 류영경柳永慶의 적자嫡子다.

아버지 직역 중 양인良人도 주목할 필요가 있다. 양인 102명 중 71명(69.7%)이 군사직 급제자의 아버지이며, 25명(24.55)이 한량 급제자의 아버지, 4명이 기타직역 급제자의 아버지, 2명이 관료군 급제자의 아버지였다.[430] 아버지가 양인이면 본인도 양인이므로, 무과급제자 중에 양인이 있었다는 증거로 받아들여도 무리가 없다고 여겨진다.

양인 아버지를 둔 군사직은 장교가 13명, 군병이 58명이었다. 구체적인 내역을 보면 별무사別武士 19명, 겸사복兼司僕 10명, 마병 4명, 아병牙兵 · 호련대扈輦隊 각 3명, 기사騎士 · 겸내취兼內吹 · 금위군 · 선무군관 · 순령수巡令手 · 어영군 · 장용군壯勇軍 · 친기위親騎衛 · 표하군標下軍 각 2명, 군관 · 군막수軍幕手 · 뇌자牢子 · 등롱군燈籠軍 · 무사武士 · 무예별감武藝別監 · 별효사別驍士 · 별효위別驍衛 · 선기대善騎隊 · 수어군守禦軍 · 초군哨軍 · 취고수吹鼓手 · 포수砲手 · 호위군扈衛軍 각 1명이다. 군사직 소유 무과급제자들은 아버지도 군관과 군졸이 많아 하위직으로 갈수록 다양한 계층이 섞여있음을 확인할 수 있다.

또한 향역鄕役을 지는 아버지를 둔 무과급제자 36명의 전력을 보면 공생 19명, 향리 1명, 한량 · 정병正兵 각 3명, 부사과 · 별무사 · 친기위 각 2명, 선무군관 · 업무 · 전력부위 · 판관 각 1명이었다. 이들 중

공생과 향리만 20명(55.6%)으로 아버지와 마찬가지로 향역을 지고 있어 향역의 세습화를 엿볼 수 있다. 그리고 판관·부사직과 전력부위를 제외한 나머지 12명이 군사직이거나 무武와 연관이 있어서 향리 자제의 진로가 폭넓지 못했음을 볼 수 있다. 아래에서는 이런 점들을 상기하면서 아버지 직역을 무과급제자의 전력으로 나눠서 살펴보고자 한다.

## 한량의 아버지

이 책의 분석 대상인 무과급제자 16,643명 가운데 한량이 5,650명이다. 이 중에서 아버지의 직역을 알 수 있는 사람이 5,636명이다. 〈표10-8〉은 한량의 아버지 5,636명의 직역을 시기별로 제시한 내용이다.

한량의 아버지는 기타직역 소유자가 3,120명(55.4%), 관직 소유자가 1,565명(27.8%), 관품 소유자가 694명(12.3%), 군사직 소유자가 257명(4.6%)으로 나타났다. 기타직역 → 관직소유자 → 관품소유자 → 군사직소유자의 순서로 비중을 차지하여 한량의 아버지는 기타직역 소유자가 가장 많았다.

한량의 아버지 직역 중 비중이 높은 기타직역의 내역은 생원(17명), 진사(14명), 무과출신(292명), 교생(144명), 무학(15명), 업무(245명), 업유業儒(1명), 원생院生(1명), 유학(1,319명), 율학律學(1명), 학생(1,054명), 한량(15명), 공신(1명), 납속(33명), 노직老職(56명), 증직(6명), 가설加設(1명), 공생貢生(3명), 역리驛吏(2명), 녹사錄事(2명), 제원諸員(2명), 별감別監(1

<표10-8> 한량 무과급제자의 아버지 직역

| 시기＼아버지직역 | 관직 | 관품 | 기타직역 | 군사직 | 합계 |
|---|---|---|---|---|---|
| 17세기 전반 | 4 | 2 | 1 | . | 7 |
| (%) | (57.1) | (28.6) | (14.3) | | (100.0) |
| 17세기 후반 | 251 | 80 | 289 | 42 | 662 |
| (%) | (37.9) | (12.1) | (43.7) | (6.3) | (100.0) |
| 18세기 전반 | 743 | 289 | 1,273 | 83 | 2,388 |
| (%) | (31.1) | (12.1) | (53.3) | (3.5) | (100.0) |
| 18세기 후반 | 439 | 239 | 1,308 | 130 | 2,116 |
| (%) | (20.7) | (11.3) | (61.8) | (6.1) | (99.9) |
| 19세기 전반 | 104 | 77 | 226 | 2 | 409 |
| (%) | (25.4) | (18.8) | (55.3) | (0.5) | (100.0) |
| 19세기 후반 | 24 | 7 | 23 | . | 54 |
| (%) | (44.4) | (13.0) | (42.6) | | (100.0) |
| 합계 | 1,565 | 694 | 3,120 | 257 | 5,636 |
| (%) | (27.8) | (12.3) | (55.4) | (4.6) | (100.1) |

(근거: 무과방목 102회분, 단위: 명)

명), 양인(25명)이다.

한량 급제자의 아버지 직역을 시기별로 보면 관직 소유자가 17세기 전반에 57.1%(4명)에서 18세기 후반에 20.7%(439명)로 급격히 하락했다. 이에 비해 기타직역 소유자는 17세기 전반에 14.3%(1명)에서 18세기후반 61.8%(1,308명)로 급증했다. 19세기에는 관직 소유자가 다시 늘어나서 44.4%(24명)까지 올라가며, 기타직역의 비중은 조금 하락했으나 여전히 큰 비중을 차지하여 55.3%(226명) 및 42.6%(23명)나 되었다.

한량 급제자의 아버지로서 관품을 소유한 사람은 17세기 전반에 28.6%(2명)에서 18세기 후반에 11.3%(239명)로 하향세를 나타냈으며, 19세기에는 관직 소유자와 마찬가지로 다시 증가 추세였다.

한량 급제자의 아버지로서 군사직을 소유한 사람은 많지 않았다. 17세기 전반에는 아예 없으며 17세기 후반에 6.3%(42명)를 차지했다. 18세기 전반에는 3.5%(83명)로 더 감소하다가 18세기 후반에

6.1%가 되었다. 하지만 19세기에는 거의 없다고 할 수 있다.

이처럼 시기에 따라서 한량 급제자의 아버지 직역이 변화를 보이지만 전체적으로 관직 소유자의 하락과 기타직역 소유자의 상승세로 요약할 수 있다. 18세기 후반 이후로 기타직역의 점유율이 60%를 넘어서는 현상은 결국 유학과 학생의 증가로 발생한 결과였다. 이 추이는 한량으로서 무과에 급제하는 사람들의 사회적 위상과 관련이 있어 보인다. 곧 관직 소유자의 하락은 한량의 사회적 위상도 그만큼 저하되었음을 나타내주기 때문이다.

다음으로 서울과 지방에 따라서 무과급제자의 사회적 위상에 어떤 차이가 있는지 검토하기 위해 한량의 거주지를 서울과 지방으로 구분하여 아버지 직역을 살펴보았다. 아버지 직역을 알 수 있는 5,636명 중 거주지 미상 8명을 제외한 5,628명을 대상으로 했다.

조사 결과 한량 급제자의 거주지는 서울이 1,353명이며, 지방이 4,275명으로 나타났다. 한량 급제자의 24%가 서울 거주자며, 76%가 지방 거주자였다. 서울 지역 한량 급제자의 아버지 중에서 관직 소유자가 48%(649명)로 절반 가까이 되었다. 관품 소유자도 16.6%(225명)이어서 관직과 관품을 모두 합치면 64.6%(874명)나 되었다.

지방 거주 한량 급제자의 아버지 4,275명 가운데 관직 소유자는 20.6%(880명)이며, 관품 소유자는 10.9%(467명)였다. 관직과 관품을 합치면 31.5%(1,347명)였다. 곧 서울 거주 한량 급제자의 아버지가 지방 거주 한량 급제자의 아버지보다 2배 가량 관직과 관품 소유자의 비중이 높게 나타났다.

한편, 서울 거주 한량의 아버지는 기타직역을 소유한 비중이 30%(403명)인 반면에, 지방 거주 한량 급제자의 아버지는 63.5%(2,716명)

나 되었다. 이것은 지방 거주 한량 급제자의 아버지가 유학이나 학생이 비중이 높다는 의미다. 또한 군사직을 소유한 아버지는 서울 지역이 5.6%(76명), 지방이 4.2%(181명)로 큰 차이가 없다.

서울 거주 한량 급제자는 관직이나 관품을 소유한 아버지가 64.6%이며, 지방 거주 한량 급제자는 기타직역을 소유한 아버지가 63.4%를 차지했다. 곧 한량 급제자라 해도 서울이냐 지방이냐에 따라 아버지 직역이 현저하게 차이가 났으며, 서울 거주 한량 급제자의 아버지가 지방 거주 한량 급제자보다 더 지위가 높았다는 의미로 볼 수 있다.

## 군사직의 아버지

이 책의 분석 대상인 무과급제자 16,643명 가운데 군사직 소유자가 5,528명이다. 이 중에서 아버지 직역을 알 수 있는 사람이 5,488명이다. 〈표10-9〉에서 군사직 무과급제자의 아버지 5,488명의 직역을 시기별로 알아보았다.

군사직 무과급제자는 관직을 소유한 아버지가 1,655명(30.2%), 관품을 소유한 아버지가 671명(12.2%), 기타직역을 소유한 아버지가 2,332명(42.5%), 군사직을 소유한 아버지가 830명(15.1%)이다. 기타직역을 소유한 아버지의 비중이 가장 높으며 다음으로 관직을 소유한 아버지, 군사직을 소유한 아버지, 관품을 소유한 아버지 순이어서 관품을 소유한 아버지의 비율이 가장 낮았다.

시기별로 군사직 무과급제자의 아버지 직역을 검토해보면 관직을 소유한 아버지는 점유율이 17세기 전반에 56.8%(351명)에서 17세기

<표10-9> 군사직 소유 무과급제자의 아버지 직역

| 시기＼아버지직역 | 관직 | 관품 | 기타직역 | 군사직 | 합계 |
|---|---|---|---|---|---|
| 17세기 전반 | 351 | 89 | 128 | 50 | 618 |
| (%) | (56.8) | (14.4) | (20.7) | (8.1) | (100.0) |
| 17세기 후반 | 204 | 87 | 221 | 258 | 770 |
| (%) | (26.5) | (11.3) | (28.7) | (33.5) | (100.0) |
| 18세기 전반 | 210 | 90 | 319 | 141 | 760 |
| (%) | (27.6) | (11.8) | (42.0) | (18.6) | (100.0) |
| 18세기 후반 | 575 | 164 | 1,057 | 334 | 2,130 |
| (%) | (27.0) | (7.7) | (49.6) | (15.7) | (100.0) |
| 19세기 전반 | 314 | 241 | 606 | 47 | 1,208 |
| (%) | (26.0) | (20.0) | (50.2) | (3.9) | (100.1) |
| 19세기 후반 | 1 | · | 1 | · | 2 |
| (%) | (50.0) |  | (50.0) |  | (100.0) |
| 합계 | 1,655 | 671 | 2,332 | 830 | 5,488 |
| (%) | (30.2) | (12.2) | (42.5) | (15.1) | (100.0) |

(근거: 무과방목 102회분, 단위: 명)

후반에 26.5%(204명)로 급격히 떨어졌다. 이후 19세기 전반까지 26~27%를 유지하면서 큰 변화가 없었다. 19세기 후반은 2명으로 매우 적은 규모여서 분석에서 제외했다.

관품을 소유한 아버지는 변화가 큰 편이 아니었다. 17세기 전반에 14.4%(89명)에서 조금씩 하락하여 18세기 후반에 7.7%(164명)을 기록했으나 19세기 전반에 다시 20%(241명)로 상승했다.

기타직역을 소유한 아버지의 비중은 계속 상승세를 보여주었다. 17세기 전반에 20.7%(128명)이었다가 18세기 전반에는 42%(319명), 19세기 전반에는 50.2%(606명)까지 가파르게 상승했다. 그 결과 18세기 후반 이후로 가장 높은 점유율을 차지했다.

이에 비하여 군사직을 소유한 아버지는 시기에 따라 증감을 반복했다. 17세기 후반에 33.5%(258명)로 최고치를 기록한 뒤로 계속 하락하여 19세기 전반에는 3.9%(47명)에 불과했다. 따라서 군사직 무과급제자의 아버지도 한량 무과급제자의 아버지와 마찬가지로 관직이나 관품을 소유한 아버지의 감소와 기타직역을 소유한 아버지의 증가로 요약할 수 있다. 이와 함께 다른 전력의 무과급제자에 비해 군사직을 소유한 아버지가 가장 많은 점이 특징이다.

다음으로 서울과 지방에 따라서 무과급제자의 사회적 위상에 어떤 차이를 보이는지 검토하기 위해 군사직 무과급제자의 거주지를 서울과 지방으로 구분하여 아버지 직역을 살펴보았다. 군사직 5,488명 중에서 거주지 미상 16명을 제외한 5,472명을 대상으로 했다.

조사 결과 군사직 무과급제자의 거주지는 서울이 1,691명이며, 지방이 3,781명이다. 서울 거주 군사직 무과급제자의 아버지 1,691명 중 관직 소유자가 42.8%(723명)이며, 관품 소유자가 14.7%(249명)였다. 곧 관직이나 관품을 소유한 사람이 총 57.5%(972명)를 차지했다.

지방 거주 군사직 무과급제자의 아버지 3,781명의 직역을 보면 관직 소유자가 24.6%(931명)이며 관품 소유자가 11.1%(419명)였다. 총 35.7%(1,350명)만 관직이나 관품을 소유한 사람들이었다. 서울 거주 군사직 급제자의 아버지가 지방 거주 군사직 급제자의 아버지보다 1.6배 정도 비중이 높게 나타났다. 이 결과는 한량 급제자의 아버지와 유사한 현상이다.

또한 서울 거주 군사직 무과급제자의 아버지는 기타직역 소유자가 25.3%(427명)이나, 지방 거주 군사직 무과급제자의 아버지는 기타직역 소유자가 50.3%(1,898명)다. 서울 거주 군사직 무과급제자의 아버지가 지방 거주 군사직 급제자의 아버지에 비해 기타직역 소지자가 절반 이하밖에 되지 않는다. 군사직을 소유한 아버지 역시 서울이 17.3%(292명), 지방이 14.1%(533명)로 서울이 비교적 높게 나타났다.

이상의 결과를 토대로 볼 때에 서울 거주 군사직 급제자는 관품이

나 관직을 소유한 아버지가 57.5%를 차지하고, 지방 거주 군사직 급
제자는 기타직역을 가진 아버지가 50%였다. 이는 군사직 급제자라
해도 서울이냐 지방이냐 따라 아버지 직역이 현저하게 차이가 나며,
서울 급제자의 아버지가 지방보다 더 지위가 높았다는 의미로 볼 수
있다.

## 관료군의 아버지

|

이 책의 분석 대상인 무과급제자 16,643명 가운데 관직을 소유한
급제자는 2,255명이다. 이 중에서 아버지 직역을 알 수 있는 사람
2,238명이다. 〈표10-10〉에서 관료군 무과급제자의 아버지 2,238명의
직역을 시기별로 정리했다.

관직 소유 무과급제자의 아버지 직역은 기타직역 소유자가 19.7%
(441명), 관직 소유자가 63.5%(1422명), 관품 소유자가 11.1%(248명),
군사직 소유자가 5.7%(127명)로 나타났다. 따라서 관직을 띤 채 무과
에 급제한 사람의 아버지 역시 관직 소유자가 제일 많다는 특징을 나타
내고 있다.

시기별로 관직 급제자의 아버지 직역을 검토하면 관직 소유자는
시기적으로 17세기부터 19세기까지 큰 변화 없이 고른 분포를 유지
했다. 17세기 전반에 66%(134명)에서 18세기 후반에 59.9%(227명)로
하락하지만 큰 폭은 아니다. 이처럼 관직을 소유한 아버지의 비율이
17세기부터 계속 유지되는 상황은 관직 소유 무과급제자의 사회적
위상이 전반적으로 고른 편이었다고 해석할 수 있다. 또 이들은 서반

〈표10-10〉 관직 소유 무과급제자의 아버지 직역

| 시기＼아버지직역 | 관직 | 관품 | 기타직역 | 군사직 | 합계 |
|---|---|---|---|---|---|
| 17세기 전반 | 134 | 30 | 32 | 7 | 203 |
| (%) | (66.0) | (14.8) | (15.8) | (3.4) | (100.0) |
| 17세기 후반 | 370 | 47 | 113 | 57 | 587 |
| (%) | (63.0) | (8.0) | (19.3) | (9.7) | (100.0) |
| 18세기 전반 | 593 | 84 | 184 | 41 | 902 |
| (%) | (65.6) | (9.3) | (20.5) | (4.5) | (99.9) |
| 18세기 후반 | 227 | 52 | 80 | 20 | 379 |
| (%) | (59.9) | (13.7) | (21.1) | (5.3) | (100.0) |
| 19세기 전반 | 82 | 29 | 26 | 2 | 139 |
| (%) | (59.0) | (20.9) | (18.7) | (1.4) | (100.0) |
| 19세기 후반 | 16 | 6 | 6 | . | 28 |
| (%) | (57.1) | (21.4) | (21.4) | | (99.9) |
| 합계 | 1,422 | 248 | 441 | 127 | 2,238 |
| (%) | (63.5) | (11.1) | (19.7) | (5.7) | (100.0) |

(근거: 무과방목 102회분, 단위: 명)

체아직의 비중이 컸는데, 아버지 관직도 서반직이 많다. 따라서 아버지와 아들이 무관으로 진로를 선택하는 경향이 보이는 것이다.

관직 소유 무과급제자의 아버지 중 관품 소지자는 시기별로 증감을 반복하면서 증가세를 나타냈다. 관품 소지자는 17세기 전반에 14.8%(30명)에서 17세기 후반에 8%(47명)로 하락하지만 18세기 전반부터 증가하기 시작하여 18세기 후반에는 13.7%(52명), 19세기 전반에는 20.9%(29명)나 되었다.

관직 소유 무과급제자의 아버지 중 기타직역 소유자도 서서히 증가하는 양상이었다. 17세기 전반에 15.8%(32명)에서 17세기 후반에 19.3%(113명)으로 증가했으며 18세기 전반에 21.1%(80명)를 차지했다. 관직 소유 무과급제자의 아버지 중 군사직 소유자의 비중은 매우 낮은 편이다. 17세기 후반에 9.7%를 찍은 뒤로 계속 하락하여 19세기 전반에는 1.4%까지 내려갔다.

다음으로 이 책의 분석 대상인 무과급제자 16,643명 가운데 관품

<표10-11> 관품 소유 무과급제자의 아버지 직역

| 시기 \ 직역 | 관직 | 관품 | 기타직역 | 군사직 | 합계 |
|---|---|---|---|---|---|
| 17세기 전반 | 59 | 12 | 10 | . | 81 |
| (%) | (72.8) | (14.8) | (12.3) | | (99.9) |
| 17세기 후반 | 235 | 61 | 62 | 24 | 382 |
| (%) | (61.5) | (16.0) | (16.2) | (6.3) | (100.0) |
| 18세기 전반 | 494 | 217 | 200 | 45 | 956 |
| (%) | (51.7) | (22.7) | (20.9) | (4.7) | (100.0) |
| 18세기 후반 | 161 | 49 | 30 | 3 | 243 |
| (%) | (66.3) | (20.2) | (12.3) | (1.2) | (100.0) |
| 19세기 전반 | 54 | 9 | 3 | . | 66 |
| (%) | (81.8) | (13.6) | (4.5) | | (99.9) |
| 19세기 후반 | 1,003 | 348 | 305 | 72 | 1,728 |
| (%) | (58.0) | (20.1) | (17.7) | (4.2) | (100.0) |

(근거: 무과방목 102회분, 단위: 명)

소지자는 1,733명이다. 이 중에서 아버지의 직역을 알 수 있는 사람이 1,728명이다 〈표10-11〉에서 관품 급제자 1,728명의 아버지 직역을 정리했다. 무과급제자 1,728명의 아버지 중 기타직역 소유자가 17.7%(305명), 관직 소유자가 58.0%(1,003명), 관품 소유자가 20.1%(348명), 군사직 소유자가 4.2%(72명)이다. 곧 관품을 띤 채 무과에 급제한 사람의 아버지 역시 관직 및 관품 소유자의 비중이 높았다.

시기별로 관품 소유 무과급제자의 아버지 직역을 검토해보면 관직 소유자의 비율이 증감을 반복하면서도 대체로 높은 편이었다. 17세기 전반에 72.8%(59명)까지 올라갔다가 이후 하락세를 보이지만, 18세기 후반부터 다시 치솟아 19세기 전반에는 81.8%(54명)까지 이르렀다. 이 현상은 아마도 관품을 소유한 무과급제자가 대부분 대가제로 관품을 획득했다고 여겨지므로 아버지도 관직 소유 비율이 높은 것 같다.

관품 소유 무과급제자의 아버지 중 관품 소유자는 18세기 전반에 22.7%(217명)까지 상승했다가 18세기 후반에 하락하여 19세기 전반에는 13.6%(9명)까지 내려갔다. 기타직역 소지자 역시 18세기 전반에 20.9%(200명)까지 올라갔다가 19세기 전반에 4.5%까지 하락했다. 즉 관직 소지자의 비율이 낮아지는 18세기 전반에 품계나 기타직역 소지자의 비중이 상승하고 있었다. 군사직 소지자는 17세기 후반에 6.3%(24명)를 차지하다가 계속 낮아져서 18세기 후반에는 1.2%(3명)이며 19세기에는 등장하지 않는다.

한편, 관품을 띤 무과급제자 중에서 통덕랑(동반관계 정5품)과 전력부위(서반관계 종9품)가 동반관계와 서반관계에서 가장 비중이 컸다. 관품을 띤 무과급제자 중 45.2%(784명)가 통덕랑이며, 29.5%(512명)가 전력부위였다(〈표7-3〉 참조)). 따라서 이들의 아버지가 누구인지를 따로 검토해볼 필요가 있다.

통덕랑과 전력부위의 아버지 직역을 비교해보면 상당한 차이가 있다. 통덕랑 급제자의 아버지 직역을 보면 관직 소유자가 68.2%(535명), 관품 소유자가 20%(149명), 군사직 소유자가 0.5%(4명), 기타직역 소유자가 12.2%(96명)다. 관직 소유자가 월등히 많으며 관직도 정직 正職이 대다수이어서 무과급제자 중 통덕랑은 대가제로 획득했음을 짐작하게 한다. 또 관직이나 관품 소지자가 전체의 88.2%를 기록하고 있어 통덕랑의 아버지의 지위가 대체로 높았음을 알 수 있다.

전력부위 급제자의 아버지 직역을 해보면 관직 소지자가 35.7%(183명), 관품 소지자 25.6%(131명), 군사직 소지자가 10.9%(56명), 기타직역 소지자가 27.7%(142명)다. 관직이나 관품 소지자가 많지만 통덕랑 급제자의 아버지에 비하면 26.9%나 적은 편이다.

무엇보다도 통덕랑 급제자의 아버지는 동반직이 32.4%(254명)이며 동반 관계도 18.2%(143명)나 되었다. 이에 비하여 전력부위 급제자의 아버지는 동반직이 2.1%(11명)이며 동반관계도 4.1%(21명)에 불과하여 서로의 격차가 잘 드러나고 있다.

곧 관직 소유 무과급제자의 아버지는 관직 소유자가 우세한 편이고 관품과 기타직역 소유자도 증가하는 양상이었다. 관품 소유 무과급제자의 아버지 역시 관직 소유자가 많았으며 관품 소유자의 비중도 높은 편이었다. 이 결과는 관직 및 관품 소유 무과급제자의 사회적 위상이 다른 무과급제자에 비해 가장 높았다고 해석할 수 있으며, 양반 관료의 재생산에 유용한 기능을 했음을 잘 보여준다.

## 기타직역의 아버지

이 책의 분석 대상인 무과급제자 16,643명 가운데 기타직역을 소유한 급제자는 1,409명이다. 이 중에서 아버지 직역을 알 수 있는 사람이 1,393명이다. 〈표10-12〉에서 기타직역 급제자의 아버지 1,393명의 직역을 시기별로 정리했다.

기타직역 소유 무과급제자의 아버지 직역은 관직 소유자가 39.1%(544명), 품계 소유자가 9%(125명), 기타직역 소유자가 45%(627명), 군사직 소유자가 7%(97명)로 나타났다. 기타직역 급제자의 아버지 역시 기타직역 소유자가 높은 비율을 보였고 여기에 관직 소유자가 많은 편이었다.

시기별로 기타직역 급제자의 아버지 직역을 검토해보면 관직 소유자의 비중이 감소하는 추세였다. 17세기 전반에 56.8%(134명)까지 올랐다가 17세기 후반에 35.4%(321명)로 하락했으며 18세기 후반에는

<표10-12> 기타직역 소유 무과급제자의 아버지 직역

| 시기 \ 아버지직역 | 관직 | 관품 | 기타직역 | 군사직 | 합계 |
|---|---|---|---|---|---|
| 17세기 전반 | 134 | 21 | 70 | 11 | 236 |
| (%) | (56.8) | (8.9) | (29.7) | (4.7) | (100.1) |
| 17세기 후반 | 321 | 81 | 440 | 64 | 906 |
| (%) | (35.4) | (8.9) | (48.6) | (7.1) | (100.0) |
| 18세기 전반 | 68 | 13 | 86 | 14 | 181 |
| (%) | (37.6) | (7.2) | (47.5) | (7.7) | (100.0) |
| 18세기 후반 | 8 | 4 | 19 | 6 | 37 |
| (%) | (21.6) | (10.8) | (51.4) | (16.2) | (100.0) |
| 19세기 전반 | 13 | 6 | 12 | 2 | 33 |
| (%) | (39.4) | (18.2) | (36.4) | (6.1) | (100.0) |
| 19세기 후반 | 544 | 125 | 627 | 97 | 1,393 |
| (%) | (39.1) | (9.0) | (45.0) | (7.0) | (100.1) |

(근거: 무과방목 102회분, 단위: 명)

21.6%(8명)까지 내려갔다. 그러다가 19세기 전반에 다시 39.4%(13명)까지 상승했다. 반면 기타직역 급제자의 아버지 중 품계 소유자는 비중이 크지 않은 상태에서 상승하는 추세를 보였다. 17세기까지 8.9%(21명)에 머물다가 18세기 후반 이후로 10.8%(6명), 19세기 전반에 18.2%(6명)였다.

기타직역 소유 무과급제자의 아버지 중 기타직역 소유자는 17세기 전반에 29.7%(70명)에서 시작하여 17세기 후반에 48.6%(440명), 18세기 후반에 51.4%(19명)까지 상승했다. 그러다가 19세기 전반에 36.4%(12명)로 다시 하락하지만 전체적으로 상승하는 추세였다. 군사직 소유자 역시 17세기 전반에 4.7%(11명)에 불과하다가 18세기 후반에 16.2% (6명)까지 올라갔다. 19세기 전반에는 6.1%(2명)로 다시 내려갔다.

다음으로 서울과 지방에 따라서 무과급제자의 사회적 위상에 어떤 차이를 보이는지 검토하기 위해 기타직역 무과급제자의 거주지를 서울과 지방으로 구분하여 아버지 직역을 살펴보았다. 기타직역 무과급제자 1,393명 중 거주지 미상 10명을 제외한 1,383명을 대상으로 했다.

기타직역 소유 무과급제자의 거주지는 서울이 86명이며 지방이 1,297명이다. 서울 거주 기타직역 급제자의 아버지 86명 가운데 55.8%(48명)가 관직 소유자이며, 11.6%(10명)가 품계 소유자로서 관직을 소유한 아버지가 비교적 많다. 군사직 소유자는 8.1%(7명)로 낮은 반면에 기타직역 소유자는 23.3%(20명)의 비중을 보였다.

지방 거주 기타직역 급제자의 아버지 1,297명 중 37.8%(490명)가 관직 소유자이며, 8.9%(115명)가 품계 소유자로서 서울 소재 기타직역의 아버지에 비해 비중이 낮은 편이다. 또 군사직을 가진 아버지가 6.9%(90명)인 반면에 기타직역을 가진 아버지는 46.4%(602명)로서 서울 소재에 비해 매우 높게 나타났다.

요컨대, 기타직역 급제자의 아버지는 기타직역 소유자와 관직 소유자가 많았다. 시기적으로 관직 소유 아버지는 줄어들고 기타직역 소유 아버지는 늘어났다. 그리고 서울 거주 급제자의 경우 관직을 소유한 아버지의 비중이 높으며, 지방 거주 급제자는 기타 직역을 소유한 아버지의 비중이 높게 나타났다. 기타직역 급제자의 아버지도 서울은 관직 소유자, 지방은 기타 직역 소유자가 많았던 것이다.

이상으로 무과급제자의 아버지 직역을 알아보았다. 한량 급제자의 아버지는 기타직역 소유자가 55.4%, 관직 소유자가 27.8%, 품계 소유자가 12.3%, 군사직 소유자가 4.6%로 나타나 기타직역의 비중이 가장 높았다. 다른 전력의 아버지에 비해 기타직역의 비중이 가장 높고, 관직 소유자의 비중이 가장 낮은 점이 특징이다.

군사직 소유 무과급제자의 아버지는 기타직역 소유자가 42.5%, 관직 소유자가 30.2%, 품계 소유자가 12.2%, 군사직 소유자가 15.1%로 역시 기타직역의 비중이 높았다. 다른 전력의 아버지에 비해 군사직 소유자의 비율이 가장 높고, 한량의 아버지에 비해 관직 소유자의 비중도 더 높다.

관직 또는 관품 소유 무과급제자의 아버지는 관직 소유자가 많은 점이 특징이다. 각각 63.5%, 58%를 차지하여 다른 전력 소지 무과급제자의 아버지 중에서 가장 높은 수치를 기록했다. 기타직역 소유 무과급제자의 아버지는 기타직역자 45%, 관직소유자 39.1%로서 기타직역과 관직 소유자가 많았다.

이와 같이 무과급제자의 전력에 따라 아버지 직역이 달리 나타나는 것은 무과급제자를 하나의 집단으로 동일시할 수 없다는 사실을 뚜렷이 입증해주고 있다. 이 차이는 그저 차이에서 끝나지 않고 관직 진출과 직접 연결되어 집안 위세에 따른 출세의 차이를 가져왔다. 이 문제는 다음의 3부에서 자세히 알아볼 예정이다.

## 3부

# 무과급제자 진로

조선시대에 과거란 관직 등용문이었다. 그래서 급제자에게 일정한 관직을 주는 것이 원칙이었고, 무과급제자도 관료로 임명해야 했다. 그렇다면 조선 후기에 무과급제자는 과연 이 원칙대로 관직을 받았을까? 3부는 이 질문에 대한 답을 찾아나가면서 무과급제자 진로를 검토하고, 관직 진출 과정에서 나타난 특혜와 차별의 요소도 함께 탐색했다.

# 11장

# 장원 급제자의 진로

## 무과에 급제한다는 것

조선시대에 무과에 급제한다는 것은 어떤 의미를 지녔을까? 다른 사람의 부러움을 살만큼 위상이 높았을까? 조선시대에 과거란 관직 등용문이자 넓은 의미의 양반[반족班族] 곧 상층 신분이 되는 길이었다.

더구나 조선 후기에 관직 경쟁이 치열해지면서 양반 집안이 특권을 유지하려면 중앙 정치 세력과 지속적인 연결망이 필요했고, 그것은 집안 구성원이 관직에 활발히 진출하는 일이었다. 한양에서 멀리

떨어진 향촌일수록 과거 합격은 관직을 획득하는 중요 수단이었다.[431]

무과도 예외가 아니어서 무과에 급제한다는 것은 관직 진출의 길이 열렸다는 것을 의미했다. 그래서 무과급제자 전원을 관직에 임용하는 것이 원칙이었다. 하지만 현실적으로 급제자가 관직 자리보다 많아서 이 원칙이 제대로 지켜질 수 없었다. 더구나 무과급제자가 대량으로 양산되면서 이 원칙이 지켜질 리가 요원했다.

광해군 대에 사헌부에서 무과를 시행할 당초에 사람마다 높게는 장수나 수령을 얻을 수 있고 적어도 변장은 놓치지 않으리라고 여겼지만, 부방으로 가산만 탕진한 채 종신토록 9품직조차 받아보지 못한다는 지적은 결코 과장이 아니었다.[432]

그래서 현재까지 조선 후기의 무과에 대해서는 새로 성장하는 계층의 압력을 해소하는 창구 역할을 했다는 이해가 보편화되어 있다. 조선이 문치주의 사회였던 만큼 사회 중추인 문신을 등용하는 문과는 비교적 엄격한 규율을 적용하여 시험의 순수성을 유지한 것과 달리, 무과급제자의 양산은 다양한 계층의 욕구를 조절하고자 나온 방책으로 보고 있다.

실제로 각종 사료에도 조선 후기 무과의 위상에 대해 부정적인 측면을 전하는 내용이 더 눈에 띤다. 1634년(인조 12) 참찬관 최연은 임진왜란 이후로 무과의 선발 인원이 크게 늘어나 용잡한 무리가 많아지면서 세족 자제들이 무武에 종사하는 것을 수치로 여긴다고 말하고 있다.[433]

1641년에도 인조가 경상도에는 무사가 적으니 권장하는 방책이 있어야 한다고 지적하자, 전라도 관찰사 정세규가 영남 지방에서는 양반으로서 무과에 발을 들여놓으면 모임에서 배척을 받는다는 여론을 전했다.[434] 위의 사례들은 다소 격앙된 어조를 띠고 있으나 적어도 17세기 사족에게 무과가 그리 환영받지 못하던 상황을 보여준다.

이를 반영하듯이 조정에서는 양반에게 무과를 권장하기 위해 꾸준히 대책을 강구했다. 천인이 무과에 응시하지 못하게 금지한 인조는 양반으로서 뛰어난 무인은 호조 · 형조 · 공조의 낭관이나 3품의 실직을 제수하는 파격적인 대우를 강구했다. 또 양반 중에 무재가 있는 자에게 활과 말을 지급하기도 했다.[435]

그런데 양반이 무과를 회피하는 사례들을 당대 현실로 그대로 받아들이기에는 풀리지 않은 의문이 있다. 이러한 부정적인 측면에도 불구하고 여전히 양반이 무과에 응시했기 때문이다. 그렇다면 무과에 급제를 하면 어떤 혜택이 있기에 양반이 무과에 응시했던 것일까?

이와 관련하여 먼저 『묵재일기』에 나오는 내용이 눈길을 끈다. 묵재 이문건(李文楗, 1494~1567)은 1561년(명종 16)에 쓴 일기에서 류춘발柳春發의 무과 급제 소식을 편지로 전해 듣고서 "기쁜 일이다"라고 적었다.[436] 류춘발은 이 해 식년 무과에서 장원으로 급제했는데,[437] 이후 1563년에 광양光陽 수령으로 있으면서 이문건에게 음식물이나 물건을 보내주고 있다.[438]

두 사람의 관계는 자세히 알 수 없으나, 이문건이 류춘발의 무과급제 소식을 듣고 함께 기뻐한 일이나, 류춘발이 무과 급제 뒤에 광양 수령으로 부임한 상황은 16세기 무과의 위상이 결코 낮지 않았음을 입증하고 있다.

16세기에 경상도 오천에 거주한 김수金綏와 김부인金富仁 부자의 사례도 있다. 김수는 1525년(중종 20)에 생원이 된 뒤 문과에 응시하는 틈틈이 무과에도 몇 번 응시했다. 김수의 장남 김부인은 이현보의 사위로서 생원진사시에서 계속 낙방하자 1559년에 무과에 급제하여 병마절도사까지 올랐다. 김수·김부인 두 사람 모두 관직 진출을 위해 무과에 큰 관심을 가진 사례라고 볼 수 있다.[439]

17세기에도 이와 비슷한 분위기를 읽을 수 있다. 먼저 경상도 사족이 주사과舟師科에 급제한 현실을 눈여겨볼 필요가 있다. 주사과는 1602년(선조 35)에 삼도수군통제영에서 임진왜란 뒤에 포상을 위해 실시한 특별 무과였다. 총 1,600명을 선발한 이 시험에 함양 양반 10여 명이 응시해서 7명이 합격했다. 이 가운데 정경운鄭慶雲과 절친한 하자익河子益도 있었다.[440]

정경운은 정인홍鄭仁弘의 문인이자 의병 활동으로 『호남절의록』에도 실린 인물이다.[441] 정경운의 조부 정희보는 함양에서 정여창鄭汝昌 이후로 성리학을 계승한 대표적인 인물로 꼽히고 있다. 하자익에 대해서는 관련 자료를 더 찾을 수 없으나, 정경운이 함양에서 "양반만 10여 명이 시험에 응시했다"[442]라고 한 점으로 보아 어느 정도 지역 기반을 가진 양반으로 보인다. 이처럼 함양 양반이 주사과에 급제하는 현실은 무과가 양반의 입신양명을 위해 여전히 유용하다는 사실을 보여준다.

또 경상도 단성 읍지의 하나인 『운창지雲牕誌』는 1640년(인조 18)에 이시분李時馩이 편찬했다고 알려져 있다. 『운창지』는 일반 읍지와 달리 집안의 성쇠나 인물 소개에 많은 지면을 할애했다. 지역별로 집안과 인물을 자세히 소개하면서 관직 진출은 물론 과거 급제 상황을 꼼꼼히 기록했다. 예컨대, "무과에 급제해 입신양명했다"[443]라는 표현에서 엿볼 수 있듯이 무과 급제 또는 무관에 대한 차별 의식이 두드러지지 않아 주목된다.[444] 양반이 관직 진출에 상당한 노력을 기울이는 과정에서 무과도 주목한 결과라 할 수 있다.

## 1686년 무과방목에 적힌 「제수일기이력」

무과급제자의 진로는 무과 합격증의 권위를 현실에서 살필 수 있는 매우 중요한 문제다. 무과급제자가 급제 이후에 어떤 처지에 있었는지 그리고 그 처지를 다시 바꾸는 것이 가능했는지 확인하기 위해 무과급제자의 진로에 관심을 가질 필요가 있다고 생각한다.

이런 가운데 무과급제자가 어떤 관직에 진출했는지를 적어놓은 무과방목들이 있어 눈길을 끈다. 무과방목의 특성상 관직 진출 상황을 알 수 없지만 누군가 추가로 기록한 내용이다. 무과방목에 관직을 적어두었다는 것은 한 사람의 삶을 방목과 함께 기억하고 기념하려는 의도였다.

대표적으로 두주頭註 형식이 가장 많다. 예컨대 1612년(광해 4)의 식년시 무과방목에는 두주에 '종어終於○○○' 또는 '관지官止○○○'라는 형식으로 무과급제자 27명 가운데 4명의 최고 관직이 적혀있다.[445] 필사체로 적혀있어 방목 간행 이후에 소장자가 추가로 기록한 듯하다. 보인 김풍일金風日은 현령을, 통사랑 박성朴珹은 군수를, 충의위 정 박정鄭鋥은 현감을, 참봉 구숭具崇은 선전관에 올랐다고 기록했다.

특이한 사례로 1686년(숙종 12)의 별시 방목에 누군가의 관직 이력을 적어놓은 '제수일기이력除授日記履歷'이 눈길을 끈다.⁴⁴⁶ 11행으로 이뤄진 이 짧은 기록은 무과방목의 마지막 장의 여백에 흘림 글씨로 쓰여 있다. 이 정시 무과에 급제한 사람은 총 111명이다. 조사 결과 이 이력의 주인공은 병과丙科 39등으로 급제한 오두상吳斗相이다. 1660년(현종 1) 생인 그는 26세의 나이에 한량으로 무과에 급제했다. 본관은 낙안, 아버지는 과의교위(서반관계 정5품) 오겸吳謙이며, 거주지는 경기 인천이었다.

'제수일기이력'의 기록 방식은 관직에 진출한 연도와 해당 관직을 간단하게 기록했다. 예컨대, '기사년 정월 17일 수문장 제수己巳年正月十七日拜守門將'라는 방식이다. 기사년은 1689년이다. 이력의 내용을 소개하면 아래와 같다.

| | | | |
|---|---|---|---|
| 1689.1.17. | 수문장 | 1706.1.10. | 도총부 도사 |
| 1690.7.1. | 무신 겸 선전관 | 1706.8.10. | 훈련원 첨정 |
| 1694.7.5. | 훈련원 판관 | 1707.7.13. | 충청도 수군우후 |
| 1695.6.19. | 월곶 첨사 | 1711.4.26. | 금위영 초관 |
| 1700.3.7. | 금위영 초관 | 1713.윤5.11. | 금위영 파총 |
| 1705.7.19. | 훈련원 판관 | | |

오두상은 무과에 급제한 뒤 3년이 지난 1689년에 수문장에 임명되고 이듬해 무신 겸 선전관을 역임했다. 4년 만에 서반 청요직에 오른 것이다. 4년 뒤인 1694년에 훈련원 판관(종5품)에 제수되어 참상관이 되었으며, 다음해에 외관직으로 출사하여 경기 교동의 월곶진에서 첨절제사(종3품)를 맡았다. 무과에 급제한 지 9년만의 일이었다.

그 뒤 9개월 뒤에 다시 서울로 와서 금위영 초관(서반 종9품)에 임명되었다. 5년 뒤인 1705년(숙종 31) 훈련원 판관, 1706년에 오위도총부 도사(서반 종5품), 1706년에 훈련원 첨정(서반 종4품)을 역임하다가 1707년에 다시 외관직으로 출사하여 충청도 수군우후(서반 정4품)를 맡았다. 4년여 만에 다시 서울로 와서 금위영 초관을 지내고 2년 뒤에 파총(서반 종4품)으로 승진했다. 방목에는 여기까지 적혀있으나 『승정원일기』를 조사해보면 1707년에 오위도총부 경력(서반 종4품)을 거쳐 경상우도 병마우후(서반 종3품)로 나가고 있다.[447]

오두상은 1686년에 무과에 급제하여 경관직과 외관직을 거쳤다. 내직이 9번, 외직이 2번이며, 여기에 연대기자료의 기록까지 합치면 내직이 10번, 외직이 3번이다. 더 이상의 기록이 없어서 단정할 수 없지만 오두상은 무과급제자가 원하는 수령으로는 진출하지 못한 것 같다.

이처럼 방목에 적힌 짧은 이 기록을 통해 어느 무과급제자가 무과를 통해 무관으로 일생을 마치는 과정을 훑어보았다. 고위직은 아니지만 무과가 관직 진출의 통로였다는 사실을 확인할 수 있으며, 오두상의 이력이 반가班家의 무과급제자들이 걸어간 일반적인 관직 경로가 아니었을까 하는 판단이 든다.

## 무과급제자의 분관 규정

|

그렇다면 무과에 급제하면 기본적으로 어떤 대우를 받았을까? 가장 큰 혜택은 문과급제자와 마찬가지로 무과급제자에게 본인의 시험

등수인 갑과甲科·을과乙科·병과丙科 및 무과 급제 당시 갖고 있던 관품에 따라 거기에 상응하는 관직과 관품을 받았다.

갑과 1등인 장원은 종6품 관직에 임용하고, 갑과 2등·3등은 정7품직을 제수했다. 을과 급제자는 정8품의 품계를, 병과 급제자는 정9품의 품계를 주었다.[448] 곧 갑과 3명만 관직을 받은 것이다.

그런데 무과 급제 당시 원래 관품이 있으면 장원의 경우 본인 품계에 4단계의 품계를 더해주고, 갑과 2, 3등은 3단계의 품계를 올려주었다. 만약 정3품 당하관의 품계면 정3품 당상관의 품계로 올려주었다.

그런데 관품이 있는 갑과 급제자는 관품과 관직 중 선택하는 것이 아니라 동시에 받은 것 같다. 이 점은 뒤의 장원의 사례에서 확인할 수 있다. 을과는 2단계의 품계를 올려주고, 병과는 1단계의 품계를 올려주었다. 만약 을과나 병과 급제자가 정3품 당하관의 품계면 준직準職을 내리고, 이미 준직이면 정3품 당상관의 품계로 올려주었다. 준직이란 정3품 당하관에 상응하는 벼슬을 말한다. 곧 갑과와 달리 을과·병과 급제자는 준직을 거쳐 당상관의 품계로 올려주었다.

문제는 만약 장원의 관품이 수의부위(서반관계 종8품)이거나 효력부위(서반관계 정9품)·전력부위(서반관계 종9품)일 때였다. 수의부의가 4단계 품계를 올려 받으면 동절교위(서반관계 종6품 하)가 되어서 관품

**〈표11-1〉 무과급제자의 대우**

| 성적 | | 인원 | 관품 없는 급제자 | | 관품 있는 급제자 (경)(속) |
|---|---|---|---|---|---|
| | | | 경국대전 | 속대전 | |
| 갑과 | 장원 | 1 | 종6품 관직 | 동반 6품직 | 4단계 품계 승급 |
| | 2, 3등 | 2 | 정7품 관직 | 정7품 서반 체아직 | 3단계 품계 승급 |
| 을과 | | 5 | 정8품 품계 | | 2단계 품계 승급 |
| 병과 | | 20 | 정9품 품계 | | 1단계 품계 승급 |

(근거:『경국대전』, 『속대전』)

이 없는 상태에서 장원한 사람과 똑같아진다. 또 효력부위와 전력부위는 4단계 품계를 올려 받아도 각각 정7품, 종7품이 되어서 종6품에 미치지 못한다. 모두 관품이 있는 상태에서 급제를 하면 관품이 없는 사람에 비해 손해를 보는 구조였다. 그래서 장원을 포함하여 이런 경우가 생기면 모두 품계를 1단계씩 더 올려주었다.

이처럼 무과에 급제하면 관직에 임명되거나 품계를 올려 받는 혜택이 있었다. 여기에 더하여 품계만 받은 급제자에게는 한 가지 더 배려 사항이 있었다. 바로 분관分館이었다.

분관이란 새로 문과나 무과에 급제한 사람 중 실직實職에 임명한 자를 제외하고 품계만 받은 급제자를 관련 부서로 보내 임시직으로 임명하는 제도다. 이 임시직을 '권지權知'라 하며, 권지로 근무하다가 실직으로 발령받는 기회를 얻을 수 있었다. 그래서 조선 전기에 품계만 받은 무과급제자는 별시위別侍衛와 훈련원訓鍊院으로 나뉘어 권지가 되었다.[449]

조선 후기에도 무과급제자의 대우는 『경국대전』의 골격을 유지하면서 더 구체적으로 정해졌다. 무과 장원은 관품의 유무와 상관없이 동반 6품직을 제수하고 갑과의 2, 3등은 정7품 서반 체아직인 사정司正에 임명했다.[450] 장원은 동반직을 명시하고 종6품직에서 6품직으로 바뀌었으며, 갑과 2, 3등은 정직正職에서 체아직으로 바뀌었다.

관직을 받지 못한 을과와 병과의 급제자들은 조선 전기와 마찬가지로 품계를 받았다. 관품이 없으면 을과는 정8품을, 병과는 정9품을 받았다. 관품이 있으면 시험 등수에 따라 차등 있게 4단계의 품계에서 1단계의 품계를 받았다. 그리고 을과와 병과의 급제자들은 자원에 따라 3인의 보증서를 제출하고 권지청權知廳에 소속한 뒤에 근무 순서에 따라 권지 봉사奉事에 임용되었다.

이 규정은 조선 전기와 차이가 있다. 조선 전기에는 관품만 받은 무과급제자를 바로 별시위 및 훈련원의 권지로 나누어 소속시켰다. 하지만 조선 후기에는 본인 의사에 따라 정원이 없는 권지청에 소속시킨 뒤에 근무 순서에 따라 권지 봉사로 임용한 것이다. 요컨대, 조선 후기에는 분관이 선택 사항이며, 분관이 되더라도 일정 기간 근무한 뒤에 권지가 되었으므로 그만큼 혜택이 줄어들었다는 의미로 해석할 수 있다.

한편, 위의 규정에서 '권지청'이 어디인지 구체적으로 밝히지 않았지만 훈련원으로 여겨진다. 조선 전기 무과급제자의 분관처 중에 별시위는 오위 중 좌위左衛인 용양위龍驤衛에 속한 병종이나 오위가 폐지되면서 함께 폐지되었다. 따라서 조선 후기에는 훈련원만 남았으며, 서반에서 권지가 있는 곳도 훈련원뿐이었다.

훈련원 권지에 대한 대우가 규정으로 나타나는 시기는 『속대전』부터다. 『속대전』에 규정된 훈련원 권지는 총 46자리인데, 권지 참군權知參軍 8명, 권지 봉사權知奉事가 38명이었다. 『대전통편』에서도 같은 규모를 유지하다가 『대전회통』에서는 34자리로 줄었다. 권지 참군은 그대로 8자리를 유지했으나, 권지 봉사는 38자리 중 12자리를 훈련원의 참상관 자리로 만들면서 26자리로 축소시킨 결과였다.

훈련원 권지는 장번長番으로 근무했다. 장번이란 교대 없이 계속 근무하는 형태를 말한다. 이들은 매년 1월 · 4월 · 7월 · 10월에 근무 평정을 받았으며, 종7품 · 종8품 · 종9품의 체아직을 각각 받았다.[451] 훈련원 권지가 되면 표현만 '권지'일뿐 체아직을 받으므로 관직이나 다름없었다. 또 권지 봉사로 있다가 근무 일수에 따라 권지 참군으로

승진할 수 있었다.[452] 이후 다시 근무 일수 및 장기 근무에 따라 실직
實職 자리인 봉사(奉事, 종8품)로 옮겨가서 참군(정7품)을 거쳐 변장이
나 6품직으로 나갈 수도 있었다.[453]

　법제적으로 조선 후기 무과급제자는 급제 뒤에 시험 성적에 따라
관직 또는 관품을 받았다. 또 분관이라 하여 본인 의사에 따라 훈련
원에 들어가 권지를 거쳐 6품으로 올라갈 수 있는 기회를 잡을 수도
있었다. 이 방식은 승륙까지 오랜 시간이 걸릴 것으로 예상되며 출세
도 요원해 보이지만, 무과 급제 뒤에 관직 진출을 모색하는 하나의
길이었다.

## 장원에 대한 파격 대우

|

　조선 왕조에서 과거는 관료 선발 시험으로서 고급 관료가 되기 위
한 필수 요건이었다. 그래서 과거 급제자를 어느 정도 배출했느냐에
따라 집안의 성쇠가 결정되었다. 과거가 중요하다보니 장원으로 급
제하는 일은 개인의 기쁨을 넘어 집안의 영예이자 자랑거리였다.

　국가에서도 무과 장원에 대한 대우는 각별했다. 3일 동안 시가행
진을 할 수 있는 삼일유가三日遊街의 특전을 주었고, 이 때 국왕은 사복
시司僕寺의 말을 지급해 영예를 더해주는 은전을 보였다.[454] 또 격려의
의미로 쌀을 내리는 법규도 만들었다.[455] 조선 후기에는 직부전시가
남발되자 장원은 원방原榜에서 뽑으라는 규정을 만들 만큼 장원의 정
통성을 중시했다.[456] 원방이란 해당 시험의 초시나 복시를 순차적으
로 밟아서 급제한 사람을 말한다.

무과 장원과 관련하여 눈여겨볼 만한 우대 사항이 부방赴防의 면제다.[457] 이미 광해군 대부터 무과급제자는 의무적으로 서북 지방에서 일정 기간 근무를 서야 했다. 대체로 부방은 변방에서 1년 정도 생활해야 했으므로 대다수 급제자가 고역으로 여겼다. 그래서 쌀이나 물품을 바치는 등 여러 가지 방법을 동원하여 빠지려고 했으며, 그 결과 쌀을 낼 수 없는 사람만 부방한다는 말이 나올 정도였다. 이런 측면에서 장원에게 부방을 면제한 조치는 장원의 위상을 드높이는 대우였다.

무엇보다도 가장 큰 혜택은 6품직에 임용되는 것이었다. 무과급제자의 대우는 문과급제자에 준하여 실시했으므로, 무과 장원의 대우역시 문과 장원과 같았다. 조선 전기에 문과 장원은 벼슬이 없으면 종6품직에 제수하고, 관품이 있는 사람은 네 자급資級을 올려주었다.[458] 『경국대전』이 반포되기 전만 하더라도 무과의 장원은 문과 장원에 비해 차별 대우를 받았다.[459] 1441년(세종 23) 무과의 장원 권숭후權崇厚는 훈련원 참군에, 1450년(문종 즉위) 무과의 장원 류균柳均은 사복시 판관에 임명되었다.[460] 하지만 『경국대전』이 반포되면서 무과장원도 문과 장원처럼 종6품직에 임명되었다.

조선 전기에 무과의 장원에게 종6품직을 수여한 사례는 조선왕조실록에서 어렵지 않게 찾을 수 있다. 1489년(성종 20) 어유소魚有沼는 무과에 장원으로 급제하여 사복시 직장에 제수되었다. 1523년(중종 18) 알성 무과의 장원 김질金軼은 통례원 인의에 임명되었다. 1535년 별시 무과의 장원 조인趙蘭도 상의원 주부가 되었다.[461] 이 사례들에서 주목할 점은 『경국대전』에 명시하지 않았으나 무과의 장원에게 제수한 종6품직이 동반직임을 알 수 있다.

조선 후기에도 무과 장원에 대한 대우는『경국대전』의 규정보다 더 구체화되었다. 앞서 〈표11-1〉에서 정리한 대로 장원은 동반 6품직에 임명했다.[462]『경국대전』에서 무과 장원은 종6품직을 주게 했으나, 동반직으로 구체화되고 정품正品·종품從品도 구분하지 않았다.

무과의 장원에 대한 대우에서 주목할 사항은 장원의 경우 급제하자마자 6품직에 임명되어 참상관으로 올라설 수 있다는 점이다. 참상과 참하는 조회朝會의 참여 여부를 기준으로 구분하는 위계다. 참하관이 한 자급을 올리기 위해서는 근무일수 450일을 채워야 하므로 종9품에서 종6품으로 올라가기 위해서는 최소 7년 6개월을 근무해야 했다. 중간에 고과 성적이 나쁘거나 옮겨갈 관직이 없으면 구근久勤이 되어서 더 오랜 시간을 기다려야 했다.[463]

예컨대, 보인 정득룡鄭得龍은 1636년(인조 14) 별시 무과에 급제한 뒤에 1646년 중시重試 무과에 급제했다. 그런데 중시 무과에 급제했을 때의 전력이 '전前 주부'였다.[464] 즉 무과 급제 뒤에 중시에 급제하기까지 10여 년 동안 그가 거친 관직이 주부(종6품)였던 것이다.

한량 류억柳億은 1825년(순조 25) 알성 무과에 급제한 뒤 이 해 12월에 선천宣薦을 받았다. 선천은 집안 좋은 무과급제자 중 선전관이 될 만한 사람을 천거하는 제도다. 그 뒤 류억이 훈련원 주부에 제수된 해는 1830년 12월이었다. 급제한 지 5년 8개월만이었다.[465] 선천을 받았으나 참상관이 되기까지 적지 않은 시간이 소요되었다. 이에 비해 무과의 장원은 곧바로 6품의 동반 정직에 임명되었으니 파격적인 대우라 할 만하다.

한 가지 더 주목할 사항은 장원이 통훈대부(동반관계 정3품 당하)나 어모장군(서반관계 정3품 당하)의 관품을 가졌으면 동반 6품직 제수

이외에 정3품 당상관의 품계로 승급시켰다. 당상관은 인사권과 포폄권 등 국정 운영의 주요한 권한을 가진 고위 관료였다. 당상관은 당하관과 구별되는 특권을 누렸고, 당하관에서 당상관으로 올라가기 위해서는 특별한 공적 없이 가능하지 않을 정도로 승진을 제한했다.[466] 따라서 정3품 당하 품계를 가진 장원을 정3품 당상 품계로 승급해주는 것은 큰 혜택이 아닐 수 없다.

실례로 1665년(현종 6) 정시 무과의 장원 김효청金孝淸은 사섬시 주부로 임명되었다가 4일 만에 통정대부(동반관계 정3품 당상)로 승급했다.[467] 급제 전에 그의 품계는 정3품 당하 품계였는데, 장원으로서 동반 종6품직에 임명됨과 동시에 당상 품계로 승급한 것이다.

이런 승급의 혜택 때문에 장원 급제자가 관품을 속이는 일도 적지 않았다. 1635년 알성 무과의 장원 장응룡張應龍은 급제 당시 관품이 어모장군이었다. 병조에서 그가 소지한 문서들을 조사해보니 '이괄李适의 난' 때에 대부분 잃어버리고, '병절교위 부사과'와 '어모장군 상호군'의 문서만 있었다. 그런데 두 문서의 발급 날짜가 1624년 6월과 7월이어서 병절교위(서반관계 종6품)에서 어모장군까지 14자급을 2개월 만에 획득한 셈이었다. 이 일로 장응룡은 간교를 쓴 죄로 처벌받았다.[468] 1679년(숙종 5) 식년시의 무과 장원 박형朴亨도 관품이 전혀 없는 상태에서 어모장군이라고 꾸몄다가 처벌을 받았다.[469]


## 무과 장원을 문관직에 임용한 사례들

|

그렇다면 무과의 장원을 동반 6품직으로 임용하는 규정이 얼마나

지켜졌을지 궁금하다. 그래서 조선 후기 무과 장원에게 동반 6품직을 내린 사례를 조선왕조실록,『승정원일기』,『무보武譜』[470]에서 조사했다.

『무보』에는 무과 장원을 '장두형張斗衡, 치도致道, 경오庚午, 경자식장庚子式壯, 인의引儀'와 같이 '장壯'으로 표시했다. 곧 장두형이 경자년(1840) 식년시의 무과 장원으로 통례원 인의(종6품)가 되었음을 나타냈다. 치도는 자字이며, 경오년(1810년)은 출생한 해다.

『무보』의 기록에서 눈에 띄는 사항은 장원 급제자가 관직을 제수받은 연도를 나타내는 간지干支가 없다는 점이다.『무보』에서 관직 이력에 간지가 없는 곳은 장원 급제자뿐이다. 일반 급제자는 '임자선壬子宣'(임자년에 선전관 임명)처럼 관직 임명 연도를 간지로 기재했다. 따라서 간지가 없는 것은 미상이 아니라 무과에 급제한 해에 관직에 임명되었고, 그 관직이 초사직임을 의미한다.

조사 결과 광해군~고종 대까지 무과 장원 554명 중 60명을 찾을 수 있었다. 그 내용이 〈표11-2〉다. 전체 장원 중 10.8%에 불과하지만 시기가 고른 편이어서 경향성을 파악하는데 부족하지 않다. 참고로 장원의 전력은 무과방목과『무과총요』에서 조사했다.[471]

표를 보면 조선 후기의 무과 장원은 법규대로 주부(종6품), 별제(6품), 인의(종6품) 등 6품직에 임명되었다.[472] 모두 중앙의 동반직이며 외관직은 하나도 찾아볼 수 없어서 매우 인상적이다. 동반 부서도 다양했다. 군기시 · 군자감 · 내섬시 · 돈녕부 · 빙고 · 사섬시 · 사축서 · 사포서 · 상의원 · 선공감 · 예빈시 · 장악원 · 장원서 · 전설사 · 전옥서 · 제용감 · 조지서 · 통례원 · 활인서이며, 한성부의 남부南部 · 동부 · 서부 · 중부 등에 배치되었다.

## 〈표11-2〉 조선 후기 무과 장원의 동반 6품직 임용 사례

| 급제 연도/시험종류 | | 성명 | 전력 | 임용 관직 | 근거 |
|---|---|---|---|---|---|
| 17세기 | 1609(광해 1) 도과 | 박응변朴應邊 | 미상 | 통례원 인의 | 실/광해1.1.26 |
| | 1631(인조 9) 별시 | 강수황姜受璜 | 미상 | 남부　주부 | 승/인조9.9.4 |
| | 1632(인조10) 알성 | 정진익鄭振翼 | 미상 | 장악원 주부 | 실/인조10.4.27 |
| | 1639(인조17) 별시 | 김성택金聲澤 | 보인 | 군자감 주부 | 승/인조17.9.4 |
| | 1648(인조26) 정시 | 박　연朴　淵 | 무학 | 서부　주부 | 승/인조26.9.6 |
| | 1660(현종 1) 증광 | 최두제崔斗濟 | 한량 | 동부　주부 | 승/현종1.11.13 |
| | 1663(현종 4) 식년 | 박필성朴弼聖 | 한량 | 군기시 주부 | 승/현종4.4.11 |
| | 1665(현종 6) 정시 | 김효청金孝淸 | 호군 | 사섬시 주부 | 승/현종6.5.6 |
| | 1665(현종 6) 온정 | 최응일崔應逸 | 무학 | 사섬시 주부 | 승/현종6.5.6 |
| | 1666(현종 7) 식년 | 차정철車廷轍 | 업무 | 예빈시 주부 | 승/현종7.3.6 |
| | 1666(현종 7) 온별 | 맹사증孟師曾 | 무학 | 사축서 별제 | 승/현종7.4.20 |
| | 1669(현종10) 정시 | 안후길安後吉 | 부사과 | 활인서 별제 | 승/현종10.10.9 |
| | 1672(현종13) 별시 | 박정원朴廷元 | 한량 | 중부　주부 | 승/현종13.10.24 |
| | 1675(숙종 1) 증광 | 류이번柳以番 | 한량 | 예빈시 별제 | 승/숙종1.11.2 |
| | 1676(숙종 2) 정시 | 윤취상尹就商 | 미상 | 내섬시 주부 | 승/숙종2.3.4 |
| | 1679(숙종 5) 식년 | 박　형朴　亨 | 부호군 | 동부　주부 | 승/숙종5.12.10 |
| | 1680(숙종 6) 정시 | 박위달朴貴達 | 정병 | 조지서 별제 | 승/숙종6.9.12 |
| | 1680(숙종 6) 별시 | 이여웅李汝雄 | 한량 | 내섬시 주부 | 승/숙종6.9.20 |
| | 1684(숙종10) 식년 | 어경량魚景亮 | 충의위 | 남부　주부 | 승/숙종10.11.17 |
| | 1686(숙종12) 별시 | 홍우선洪禹善 | 한량 | 조지서 별제 | 승/숙종12.4.5 |
| | 1686(숙종12) 별시 | 김태웅金泰雄 | 부사과 | 조지서 별제 | 승/숙종12.8.14 |
| | 1686(숙종12) 함별 | 조원민曹元敏 | 충익위 | 상의원 별제 | 승/숙종12.10.11 |
| | 1686(숙종12) 정시 | 이　재李　材 | 한량 | 통례원 인의 | 승/숙종12.10.21 |
| | 1699(숙종25) 정시 | 박진걸朴進傑 | 부사과 | 상의원 별제 | 승/숙종25.4.19 |
| | 1699(숙종25) 증광 | 박항령朴鶴齡 | 한량 | 예빈시 별제 | 승/숙종25.10.23 |
| 18세기 | 1717(숙종43) 별시 | 박지흥朴枝興 | 미병 | 통례원 인의 | 승/숙종43.10.13 |
| | 1718(숙종44) 정시 | 송시징宋時徵 | 한량 | 빙고　별제 | 승/숙종44.10.20 |
| | 1719(숙종45) 증광 | 박단석朴端錫 | 한량 | 군기시 주부 | 승/숙종45.9.24 |
| | 1723(경종 3) 증광 | 이진룡李慶龍 | 사과 | 빙고　별제 | 실/경종3.3.5 |
| | 1723(경종 3) 정시 | 류덕징柳德徵 | 통덕랑 | 군자감 주부 | 실/경종3.4.2 |
| | 1723(경종 3) 식년 | 박수회朴受繪 | 한량 | 상의원 별제 | 실/경종3.11.5 |
| | 1726(영조 2) 알성 | 김윤구金潤九 | 부사과 | 빙고　별제 | 실/영조2.11.24 |
| | 1733(영조 9) 알성 | 이정선李廷善 | 겸사복 | 사포서 별제 | 실/영조9.9.25 |
| | 1747(영조23) 정시 | 정시좌丁時佐 | 부사용 | 사포서 별제 | 실/영조23.9.19 |
| | 1748(영조24) 정시 | 김윤장金潤章 | 사과 | 선공감 주부 | 실/영조24.3.25 |
| | 1771(영조47) 식년 | 이동식李東植 | 통덕랑 | 조지서 별제 | 실/영조47.3.12 |
| | 1783(정조 7) 증광 | 허　현許　炫 | 한량 | 장원서 별제 | 승/정조7.4.20 |
| | 1783(정조 7) 식년 | 박여증朴興曾 | 한량 | 내섬시 주부 | 승/정조7.10.23 |
| | 1784(정조 8) 정시 | 고정환高廷煥 | 한량 | 내섬시 주부 | 승/정조8.10.1 |

| 급제 연도 / 시험종류 | 성명 | 전력 | 임용 관직 | 근거 |
|---|---|---|---|---|
| 1822(순조22) 식년 | 류상건柳相鍵 | 미상 | 전옥서 주부 | 무보 |
| 1825(순조25) 식년 | 오치영吳致永 | 미상 | 장원서 별제 | 무보, 승/순조26.3.13 |
| 1828(순조28) 식년 | 원 계元 棨 | 미상 | 군기시 주부 | 무보 |
| 1830(순조30) 정시 | 이용상李容象 | 미상 | 군기시 주부 | 무보, 승/순조30.11.1 |
| 1837(헌종 3) 식년 | 박재인朴載仁 | 미상 | 내자시 주부 | 승/헌종3.4.13 |
| 1839(헌종 5) 정시 | 이지수李祉秀 | 미상 | 활인서 별제 | 무보 |
| 1840(헌종 6) 식년 | 장두형張斗衡 | 미상 | 통례원 인의 | 무보, 승/헌종6.4.5 |
| 1843(헌종 9) 식년 | 김낙문金樂文 | 미상 | 전설사 별제 | 승/헌종9.4.10 |
| 1846(헌종12) 식년 | 고제희高濟羲 | 미상 | 군기시 주부 | 무보, 승/헌종12.3.16 |
| 1848(헌종14) 증광 | 허 집許 鏶 | 한량 | 통례원 인의 | 무보, 승/헌종14.6.1 |
| 1849(헌종15) 식년 | 백성수白聖洙 | 미상 | 활인서 별제 | 무보, 승/헌종15.4.9 |
| 1857(철종 8) 정시 | 김몽구金夢求 | 미상 | 상의원 주부 | 무보, 승/철종8.4.11 |
| 1861(철종12) 식년 | 류해로柳海魯 | 미상 | 돈녕부 주부 | 무보, 승/철종12.4.26 |
| 1864(고종 1) 증광 | 홍운섭洪運燮 | 미상 | 군기시 주부 | 무보, 승/고종1.10.19 |
| 1865(고종 2) 정시 | 이덕순李德純 | 미상 | 예빈시 주부 | 무보, 승/고종2.4.29 |
| 1866(고종 3) 정시 | 정영택鄭永澤 | 미상 | 상의원 별제 | 무보, 승/고종3.3.27 |
| 1867(고종 4) 정시 | 신상태申相兌 | 미상 | 통례원 인의 | 무보, 승/고종4.9.19 |
| 1869(고종 6) 정시 | 원세욱元世煜 | 미상 | 조지서 별제 | 무보, 승/고종6.3.21 |
| 1871(고종 8) 정시 | 이규집李奎集 | 미상 | 제용감 주부 | 무보, 승/고종8.3.16 |
| 1873(고종10) 식년 | 김응섭金應燮 | 미상 | 상의원 주부 | 무보, 승/고종10.4.27 |
| 1873(고종10) 정시 | 김귀락金龜洛 | 미상 | 상의원 주부 | 무보 |

표의 좌측에 "19 세기"가 세로로 표기되어 있음.

(온별:온양 별시, 온정:온양 정시, 함별:함경도 별시, 실:실록, 승:승정원일기)

장악원은 궁중 음악, 빙고氷庫는 얼음 저장, 군자감은 군수 물자의 저장, 상의원은 국왕의 의복 및 궐내의 재화·금보 관리, 사포서는 왕실 소유의 밭과 채소 재배, 선공감은 토목 및 건물의 신축·수리, 조지서는 종이 제조, 군기시는 무기 제조의 일을 관장했다. 군기시와 군자감을 제외하고는 '무武'쪽의 업무와 직접 연결되는 부서는 없으며, 실무 부서에 다양하게 배치되었다.

더 자세히 살펴보면, 무과 장원은 동반 부서 중에서 상의원(7명), 군기시(6명), 한성부(6명)에 자주 배치된 편이며, 조지서(5명), 예빈시(4명), 활인서(3명), 내섬시(3명)에도 종종 배치되었다. 조선 후기에 문과의 장원이 주로 성균관의 전적典籍에 임명되었는데, 무과의 장원도 상의원이나 군기시처럼 자주 배치된 부서가 있었다고 여겨진다.

다만, 1632년(인조 10) 알성 무과의 장원 정진익鄭振翼은 장악원 주부에 임용되었으나, 사람됨이 음률을 연습하는 임무를 맡기기 어렵다는 사헌부의 이의 제기로 교체되었다.[473] 이로 미뤄볼 때 무과의 장원 급제자를 배속시킨 부서는 무관에 대한 편견 또는 능력의 이유로 특수한 전문성을 요구하는 부서에는 임용하지 않은 듯하다.

한편, 〈표11-2〉에서 제시한 무과 장원 중에서 동반 6품직의 임용 시기를 알 수 있는 17~18세기의 장원 39명을 조사한 결과, 대부분 전시를 치른 당일이나 2~3일 지나서 임용되었다. 한 달 이상 넘기는 예는 드물었다. 장원으로 급제하자마자 동반 6품직에 임용된 것이다. 하나의 사례로 1665년(현종 6) 온양 정시의 장원 최응일은 급제 뒤에 다른 무과 급제 178명과 함께 금군에 소속했다가 다음날 사섬시 주부에 임명되었다.[474]

한 가지 흥미로운 사실은 장원 급제자가 합격 당시에 체아직이나 관품이 있었음에도 불구하고 모두 동반 6품직을 제수했다는 점이다. 〈표11-2〉에서 무과방목과 『무과총요』를 통해 장원 급제자의 전력을 알 수 있는 사람이 33명이다. 이들 중 관품이나 관직 소유자는 통덕랑 2명, 호군 1명, 부호군 1명, 사과 2명, 부사과 3명, 부사정 1명, 부사용 1명으로 총 11명이다. 통덕랑은 정5품 동반 관품이며, 호군 이하 부사용은 정4품에서 종9품의 서반 체아직에 해당한다. 요컨대, 무과 장원은 벼슬의 유무나 품계의 고하에 관계없이 동반 6품직에 임용되었다.

이상과 같이 무과의 장원은 급제와 동시에 6품의 참상관으로 승진했으므로 다른 무과급제자에 비해 첫 관로가 순탄했다. 그러므로 장원 급제한 나이를 통해 참상관 생활을 시작하는 시기를 가름할 수 있다. 조선 후기 무과의 장원 급제자의 나이를 알아보기 위해 이 책에서 이용한 무과방목에서 장원 102명의 나이를 조사했다.

장원 급제자의 나이는 최연소자 21세부터 최고령자 49세까지 다양했다. 이 중 31세(11.8%)와 28세(9.8%)에 장원 급제한 사람이 비교적 많았다. 연령을 5년씩 구분해서 보면, 20~24세가 9명(8.8%), 25~29세가 33명(32.4%), 30~34세가 36명(35.3%), 35~39세가 20명(19.6%)이며, 40세 이상이 12명(11.8%)으로 나타났다. 25~35세에 장원 급제한 사람이 전체의 67.7%를 차지할 정도로 높은 비중을 점유했다.

또 20대 초반보다는 40대 이후에 장원 급제한 사람이 더 많아 아주 이른 나이에 장원 급제가 쉽지 않았음을 보여준다. 전체 평균 나이는 31.8세로서 조선 후기의 무과급제자 평균 나이인 33.2세보다 젊은 편이다. 따라서 무과의 장원은 20대 후반에서 30대 초반에 급제하여 참상관으로 관직을 시작했으므로, 첫 출발이 매우 순조로웠다고 할 만하다.

장원 급제자의 관직 진출 문제를 더 알아보기 위해 장원 102명의 전력도 무과방목을 이용하여 조사해보았다. 그 결과 관직 소유자 31명, 품계 소유자 6명, 군사직 소유자 27명, 한량 33명, 기타직역 소유자 5명으로, 한량 및 군사직 소유자의 장원 급제가 두드러졌다.[475] 한량 및 군사직 소유자는 장원 급제로 단번에 동반 참상관에 올랐으므로 대단한 출세가 아닐 수 없다. 또 관직 소유자 31명 중 28명도 서반 체아직에서 동반 참상관에 임용되었으므로 대단한 영전이었다.

지금까지 살펴본 대로 조선 후기 무과의 장원은 급제와 동시에 동반 6품직에 임명되는 특별한 혜택을 받았다. 관직이나 관품의 소유 여부와 관계없이 동반 6품직에 임명되었다. 소속처는 실무를 담당하는 다양한 곳에 배치되었는데 상의원이나 군기시 등 주로 배속되는 부서가 있었다.

또 현전하는 무과방목을 통해 장원 102명의 전력을 조사한 결과, 한량 및 군사직 소유자의 비중이 높았으며, 관직 소유자의 90%가 체아직이었다. 그러므로 장원 급제자의 상당수는 체아직 소유자거나 관직이나 관품이 없는 사람들이어서 동반 6품직의 임용은 참상관 진출을 열어준 결정적인 계기가 되었다.

## 장원의 승진과 한계

관직 진출에서 파격적인 대우를 받은 무과 장원은 이후에도 출세가 순탄했을까? 결론부터 말하면 반드시 그렇지 못했다. 장원 급제라는 영예가 다른 급제자보다 순조로운 출발을 약속했지만, 이후 지속적인 출세까지 좌지우지하지 못했다.

앞서 소개한 무과 장원 정진익은 장악원 주부가 되었으나 해당 관서의 임무를 맡기 어렵다는 사헌부의 건의로 다른 부서로 옮겨갔다. 1733년(영조 9) 알성 무과의 장원 박춘우朴春遇는 출중한 무재武才 덕분에 1740년에 충청도의 보은 수령이 되었다. 하지만 며칠 뒤 좌의정 김재로金在魯가 박춘우가 나이도 어린데다가 보은 같은 큰 읍을 감당할 수 없다고 건의하여 다른 지역으로 교체되었다.[476] 이 사례들처럼 무과의 장원은 무과 출신이라는 이유로 자질 시비를 겪기도 했다.

한량 송시징宋時徵은 1718년(숙종 44)에 42세의 늦은 나이로 정시 무과에 장원으로 급제했다. 평안도 용강 출신인 그는 함경도의 이성 현감으로 재직하다가 1723년(경종 3)에 서북 변방의 미천한 사람으로 서 뇌물을 받고 일처리를 했다는 사헌부의 탄핵으로 파직되었다.[477] 송시징의 사례는 무과 출신이어서 겪은 설움도 있지만 지역 차별의 결과이기도 했다.

이처럼 장원 급제라는 영예를 유명무실하게 만드는 차별은 여러 곳에 잠복해있었다. 따라서 장원 급제라는 영예가 출세에 미친 영향 력을 검토하려면 장원의 진로에 눈을 돌려야 한다. 그래서 연대기자 료 및 읍지,[478] 『등단록선생안登壇錄先生案』 등을 토대로 장원 급제자의 관직 진출을 조사했다.

자료 부족으로 모든 장원을 파악하지 못해서 아쉽지만 42명의 진 로를 찾아낼 수 있었다. 그 결과가 〈표11-3〉이다.[479] 이들 중 〈표 11-2〉의 '17~19세기 무과 장원의 동반 6품직 임용 사례'에 나온 장원 은 최두제 · 박필성 · 김효청 · 안후길 · 박학령 · 송시징 · 박단석으로 7명뿐이다. 장원의 전력과 거주지는 무과방목과 『무과총요』, 읍지를 참조했다.

42명의 사례는 조선 후기 무과 장원 중 일부이므로 장원들의 관직 진출 경향을 논의하기가 쉽지 않다. 또 주요 전거 자료가 조선왕조실 록이다 보니 장원에 대한 기록이 수령의 포폄 기사 중에 등장하는 경우가 많아 외직이 현저하게 눈에 띈다. 이런 제약에도 불구하고 표에서 의미 있는 특징을 찾을 수 있다.

첫째, 장원 8명의 관직이 주부나 별제 등 6품 관직에 머무른 사례 는 『중경지』, 『해서읍지』, 『봉산읍지』 등 북쪽지역 읍지에서 찾은 장

| 성명 | 급제년 | 전력 | 거주 | 장원 이후 주요 관직 | 근거 자료 |
|---|---|---|---|---|---|
| 이후여李厚輿 | 1612증광 | 미상 | 미상 | 내승 | 실/인조8.9.10 |
| 이경여李慶餘 | 1613증광 | 미상 | 미상 | 선전관, 수군절도사 | 실/인조5.12.21 승/인조7.8.9 |
| 장시헌張時憲 | 1616증광 | 미상 | 미상 | 군수 | 실/인조6.9.15 |
| 류효걸柳孝傑 | 1618증광 | 미상 | 미상 | 병마절도사, 목사 | 실/광해14.7.29, 광해15.2.22 |
| 오이룡吳二龍 | 1633증광 | 사과 | 봉산 | 주부 | 『봉산읍지』 |
| 홍익성洪翼聖 | 1636별시 | 교생 | 성주 | 훈련원 정, 병마절도사 | 『교남과방록』, 『성산지』 |
| 이익달李益達 | 1644별시 | 교생 | 전주 | 수군절도사, 당상선전관 | 실/효종7.8.27, 현종즉위.12.25 |
| 이지형李枝馨 | 1644별시 | 통덕랑 | 서울 | 부사, 삼도수군통제사 | 실/인조27.2.14, 현종7.10.19 |
| 이정완李挺完 | 1654식년 | 승의랑 | 미상 | 현감, 첨사 | 실/현종개수12.7.21, 현종개수13.1.18 |
| 임시헌林時憲 | 1656중시 | 상호군 | 미상 | 첨사 | 실/현종2.4.1 |
| 최두제崔斗濟 | 1660증광 | 한량 | 봉산 | 주부 | 『봉산읍지』 |
| 박필성朴弼聖 | 1663식년 | 한량 | 미상 | 초관, 첨사 | 승/현종6.10.14, 현종11.9.15 |
| 김효청金孝淸 | 1665정시 | 호군 | 미상 | 충장위장, 첨사 | 승/현종9.6.23; 실/현종9.7.25 |
| 안후길安厚吉 | 1669정시 | 부사과 | 서울 | 첨사 | 실/숙종11.10.22 |
| 박귀건朴貴建 | 1681정시 | 정병 | 개성 | 첨사 | 『중경지』 |
| 장경위張景緯 | 1693정시 | 부사과 | 개성 | 주부 | 『중경지』 |
| 박학령朴鶴齡 | 1699증광 | 한량 | 서울 | 첨사 | 승/숙종26.9.4 |
| 송시징宋時徵 | 1718정시 | 한량 | 용강 | 현감 | 『용강읍지』 |
| 박단석朴端錫 | 1719증광 | 한량 | 미상 | 현감 | 실/경종2.5.21 |
| 류 흡柳 潝 | 1725증광 | 한량 | 서울 | 현령 | 실/영조7.6.3 |
| 안수장安壽長 | 1728정시 | 한량 | 용천 | 오위장 | 실/영조37.7.1, 정봉수 외손 |
| 이상백李尙白 | 1735증광 | 한량 | 미상 | 현감 | 실/영조12.11.6 |
| 박춘우朴春遇 | 1736알성 | 한량 | 미상 | 인의, 수령 | 실/영조16.9.24, 정조19.11.25 |
| 김용서金龍瑞 | 1736정시 | 한량 | 개성 | 별제 | 『중경지』 |
| 홍언석洪彥奭 | 1739정시 | 통덕랑 | 미상 | 현감 | 실/영조23.8.2 |
| 전흥제田興霽 | 1740별시 | 한량 | 미상 | 별제 | 『중경지』 |
| 문천경文天擎 | 1741식년 | 한량 | 미상 | 현감 | 실/영조19.9.2 |
| 이동엽李東曄 | 1746중시 | 부사과 | 미상 | 부사, 수군절도사 | 실/정조1.7.16, 정조2.윤6.26 |
| 구서오具敍五 | 1753알성 | 통덕랑 | 미상 | 수군절도사 | 실/정조5.11.16 |
| 이한흥李漢興 | 1753식년 | 친기위 | 미상 | 병마절도사 | 실/영조37.4.17 |
| 박천주朴天柱 | 1759관무재 | 한량 | 미상 | 첨사 | 실/정조14.6.29 |
| 우하적禹夏績 | 1762식년 | 통덕랑 | 개성 | 우후 | 『중경지』 |
| 조 기趙 琦 | 1764외별 | 한량 | 강화 | 별제 | 『속수증보 강도지』 |
| 왕희국王熙國 | 1774정시 | 한량 | 개성 | 주부 | 『중경지』 |
| 장현오張鉉五 | 1775정시 | 한량 | 개성 | 감찰 | 『중경지』 |
| 원택진元宅鎭 | 1780식년 | 한량 | 미상 | 현감 | 실/정조13.4.1 |
| 이동선李東善 | 1782알성 | 선전관 | 서울 | 수군절도사, 병마절도사 | 실/순조1.7.30, 순조6.8.4, |
| 최진일崔鎭一 | 1782도과 | 한량 | 미상 | 오위장, 영장 | 실/순조12.6.9, 순조14.6.20 |
| 민종혁閔宗爀 | 1789정시 | 선전관 | 서울 | 현령, 수군절도사 | 실/순조2.6.17, 순조20.6.13 |
| 왕재혁玉載赫 | 1800정시 | 장용위 | 평양 | 영장 | 실/순조12.6.9 |
| 이동응李東膺 | 1801식년 | 사용 | 미상 | 병마절도사, 삼도통어사 | 실/순조32.1.2, 순조33.5.4 |
| 심낙신沈樂臣 | 1819식년 | 부사용 | 서울 | 어영대장, 참판 | 『등단록선생안』 |
| 최윤원崔崙源 | 1850식년 | 미상 | 해주 | 별제 | 『해서읍지』 |

(실:실록, 승:승정원일기)

원에게 주로 나타나므로, 장원 급제자의 지역 연고와 관직 진출 사이에 밀접한 연관성을 보여준다.

별제나 주부가 장원의 초사직인 점을 감안하면 읍지에 기재된 관직은 초사직일 가능성이 높다. 실제로 최윤원의 관직은 읍지에 초사직으로 되어 있다.[480] 최두제도 앞의 〈표11-2〉에서 초사직으로 동부주부를 받았는데, 이 직책이 그대로 『봉산읍지』에 올랐다.

이들의 거주지가 강화江華 1명만 제외하고 개성·해주·봉산이고, 초사직만 기록된 점으로 미뤄볼 때 승진이 순탄하지 못했다고 추정된다. 이렇게 추정하는 이유는 읍지에 오른 관직이 주로 최고 관직이므로 별제나 주부는 초사직이자 최고 관직일 가능성이 높다. 요컨대, 장원 급제로 받은 관직이 대표 관직이라면 북쪽 지역 장원 급제자의 출세가 쉽지 않았음을 의미한다.

둘째, 장원 급제자의 집안과 관직 진출 사이에도 밀접한 연관성을 찾을 수 있다. 군영대장을 비롯하여 병마절도사, 수군절도사 등 서반 최고위직을 거친 장원들의 집안은 윗대 선조들의 위상이 높았으며, 이것이 이들의 관직 진출에 큰 후광 효과를 낳았다. 대표적으로 류효걸柳孝傑·심낙신沈樂臣·민종혁閔宗爀의 사례를 소개하고자 한다.

류효걸(1594~1627)은 본관이 진주다. 아버지는 삼도수군통제사 류형柳珩이며, 아들이 현종 연간에 무장으로 명성을 떨친 류혁연柳爀然이다. 류효걸은 1618년(광해 10)에 무과에 장원 급제하고, 급제 4년만인 28세의 젊은 나이에 황해도 병마절도사로 취임하여 사관史官의 비난을 받았다.[481]

심낙신(1798~1860)은 본관이 청송이며, 조부 심위진沈緯鎭은 선전관, 5대조 심진沈榗은 병마절도사를 지냈다. 전통적인 무반 집안으로 그

역시 무과에 장원 급제한 뒤 수군절도사 · 병마절도사 · 통제사 등을 거쳐 1858년(철종 9)에 총융사가 되었다. 그 뒤 좌윤 · 형조 참판 · 병조 참판 등을 지냈다.[482]

민종혁은 본관이 여흥이며, 남항 선전관으로 무과에 장원 급제했다. 민종혁은 1784년(정조 8) 12월에 남항 선천南行宣薦을 받았는데,[483] 아마도 수군절도사를 역임한 조부 민혜수閔惠洙의 후광이 아닌가 싶다. 5대조 민광욱閔光煜은 문과에 급제해 감찰을 역임했다.[484] 민종혁이 남항 선천을 받았다는 사실 자체가 그 집안의 위상이 높았음을 말해준다.[485] 이후 그는 남항 선전관을 거쳐 1789년에 무과에 장원 급제했다.

이상으로 장원 급제가 초사직의 진출이라는 측면에서는 다른 급제자보다 순조로운 출발과 참상관 진출에 획기적인 계기가 되었다. 하지만 류효걸 · 심낙신 · 민종혁의 사례에서 상징적으로 드러났듯이 이후의 출세까지 좌지우지하는 요소로 작용하지 못했다. 고위직의 진출은 장원 급제보다는 집안의 위세가 더 비중 있는 요인으로 작용했다.

# 12장

# 선천, 양반 자제만을 위한 천거

## 선천이란 무엇인가?

선천宣薦은 아직까지 학계에서 낯선 용어다. 선천이란 '선전관천거' 또는 '선전관천'의 약칭이다. 조선 후기의 각종 사료에는 '선전관천거' 나 '선전관천'보다는 '선천'이라는 용어가 더 많이 나온다. 또 선천을 받은 사람을 '선천인宣薦人' 또는 그대로 '선천'이라 했다.

선천은 무과급제자와 한량을 대상으로 장차 선전관이 될 만한 사람을 미리 천거해두는 제도다. 간혹 선천을 선전관에 임명하기 위한 후보자 추천 곧 의망擬望으로 이해하기도 하는데, 이것은 오류다. 선천이 되었다고 해서 누구나 선전관이 되는 것은 아니며, 선전관의 모집단을 미리 발탁해 둔다는 의미였다.

선전관은 무신으로서 국왕을 보좌하는 직책이었다. 국왕의 무신 비서가 선전관이라면, 문신으로서 왕을 보좌하는 비서가 승지였다. 그래서 선전관을 '서반 승지'로 불렀으며, 한림이나 옥당에 비유할 만큼 서반직의 꽃이었다. 또 자손에게 문음의 혜택을 줄 수 있는 현관顯官의 지위도 누렸다.[486]

이 때문에 선전관은 서반 고위직으로 가기 위해서 반드시 거쳐야 하는 엘리트 코스로서 무신이라면 누구나 선망하는 자리였다. 그런 만큼 아무나 임명하는 자리가 아니었다. 국왕의 비서로서 늘 국왕 곁에 있어야 하므로 신원이 확실해야 했다. 곧 대대로 왕실에 헌신적인 노력을 보여준 신임 두터운 집안의 자제를 발탁하여 임명하는 자리였다.

선전관은 세조 대에 국왕 시위를 강화할 목적으로 정비된 이후 서반직의 중요 관직으로 자리 잡았다. 주요 임무는 국왕의 시위, 궁궐 입직, 군사 업무에 관한 왕명 출납, 부신符信과 군령軍令 관장 등 임금 옆에서 신변보호 및 군사와 관련한 일을 담당했다.

그런데 선전관은 서반 청요직답지 않게 조선 전기에는 정식 아문도 아닌 채 체아직으로 운영하다가 『속대전』에 와서야 정3품 아문으로서 선전관청을 창설했다. 조선 후기에 선전관청이 정식 아문으로 자리 잡은 배경에는 임진왜란·병자호란의 양란 이후에 왕궁이 있는 수도 방위에 역점을 두면서 국왕의 신변 보호와 궁궐 수비가 중요해졌기 때문으로 판단된다.

선천은 무과급제자를 대상으로 한 출신천出身薦과 한량을 대상으로
한 남항천南行薦을 따로 운영했다. 선천의 성립 시기는 광해군 대로
추정되며, 국왕 경호를 강화하는 과정에서 만들었다. 이어서 효종은
선천 제도를 정비하여 선천인은 반드시 금군禁軍을 거친 뒤에 선전관
에 임용하게 했다. 금군을 양반으로 채우려는 의도에서 선천과 금군
을 유기적인 관계로 만들어 선전관의 위상을 강화하는 동시에 금군
의 질적 향상을 기대한 것이었다.[487]

선천과 마찬가지로 부장천部將薦과 수문장천守門將薦도 있었다. 부장
천은 부장의 후보를, 수문장천은 수문장의 후보를 미리 추천하는 제
도이나 선천에 비해 상대적으로 위상이 낮았다. 부장천은 줄여서 부
천部薦 또는 부천副薦이라 하고, 수문장천은 줄여서 수천守薦 또는 말천
末薦이라 했으며, 두 천거를 합쳐 '말부천末副薦'이라고 했다. 부장은 관
직의 위상이 선전관의 아래이므로 부장천을 '부副'천이라 하며, 수문장
은 세 관직 중 가장 위상이 낮으므로 수문장천을 '말末'천이라 한 것이
다.

다산 정약용丁若鏞은 세 천거에 대해 "무과급제자의 초입사初入仕는
삼천三薦으로 나뉜다. 청족淸族은 선전관천에 들어가고, 그 다음은 부
장천에 들어가고 최하위는 수문장천에 들어간다.……더구나 처음부
터 천거에 들지 못한 자가 100명에 97~98명이나 된다"[488]라고 했다.
이 지적은 무과에 급제하더라도 집안의 우열에 따라 선천 → 부천
→ 수천으로 진로가 나뉘었음을 잘 보여준다.

한편, 선천은 "집안 좋은 자를 선발하여 후일의 청선淸選을 맡기고
자 한다"[489]라는 언급처럼 향후 진로를 결정한다는 의미에서 '시천始
薦'[490]이라고도 했다. 그래서 선천을 문과의 분관分館에 비유했다.[491] 문

과의 분관은 나이와 능력에 따라 실시하다가 조선 후기에는 점차 문벌과 당파에 따라 홍문관 → 승문원 → 성균관 → 교서관의 순서로 우열이 생겼다.[492] 무과급제자 역시 집안의 고하에 선천 → 부천 → 수천으로 나뉘므로 문과의 분관과 유사하다고 본 것이다.

하지만 선천은 세 가지 측면에서 분관과 뚜렷한 차이가 있다. 첫째, 무과급제자뿐만 아니라 남항천이라 하여 한량도 천거 대상이었다. 둘째, 분관은 과거 급제 뒤에 즉시 거행한 반면에, 선천은 6월과 12월로 천거 기간이 정해져 있었다. 셋째, 분관은 급제자라면 누구나 들어갈 수 있지만, 선천은 천거를 받지 못하면 들어갈 수 없었다. 그래서 이번 천거에서 떨어진 사람은 다음 천거로 미뤄지거나, 아예 천거에 들지 못하는 경우도 많았다.[493]

선천은 선전관 모집단을 미리 발탁해두는 천거 제도였다. 선천에 들었다고 하여 모두 선전관이 되는 것은 아니나 그 위상은 대단히 높았다. 곧 선천은 집안 좋은 신진 무과급제자 및 한량을 대상으로 한 '시천'이자 초임 발탁이라 할 수 있다.


## 까다로운 자격 기준

무과급제자나 한량이 선천을 받으려면 까다로운 자격을 충족해야 했다. 첫째, 명문가 후손이거나 선조 중에 명성이 있는 사람이 있어야 했다. 둘째, 평안도나 함경도 사람은 들어올 수 없었다. 셋째, 위의 두 조건을 통과하더라도 서얼이면 들어올 수 없었다.

먼저 선천의 자격 요건으로 가장 중요한 사항은 집안이었다. 선천이란 "새로 뽑힌 무과 출신 중에서 청선淸選을 나누어 가르는 일입니다"[494]라는 말처럼 무과급제자 중 청요직으로 나갈 후보자를 미리 선별해두는 작업이었다.

조선 후기의 여러 법전에서 선천의 자격 요건으로 빠짐없이 등장하는 조문이 바로 문벌이다. 『전주찬요銓注纂要』나 『양전편고兩銓便攷』에는 '선전관·부장·수문장 세 청廳의 천거는 문벌이 뛰어난 적합한 자로 뽑아서 천거한다'[495]라고 규정했다. 다만 여기에는 순서가 있었다.

『연조귀감』에서는 무과급제자에 대한 천거로 선천·부천·수천·권지천權知薦이 있는데, 처음에는 지벌과 관련이 없다가 요즈음에는 처지處地에 따라 국한된다고 했다.[496] 여기서 '권지천'은 분관을 말한다. 곧 새 무과급제자가 집안의 고하에 따라 선천·부천·수천에 들지만, 여기에 끼지 못한 사람이 분관을 선택한 것을 '권지천'을 받았다고 본 것이다.

1786년(정조 10) 어영대장 이주국은 부장천·수문장천[말부천末副薦]을 받은 사람 중 근무 일수가 오래된 사람을 벼슬 없는 상태로 두지 않게 하는 규정을 건의했다. 이 때 사관史官이 '말부천'에 대해 각주를 달아놓았다. 그 내용은 "처음 무과로 출신한 사람 가운데 문벌이 있는 자는 선천에 들고, 그 다음은 부장천에 들고, 하등은 수문장천에 든다"[497]라는 것으로, 앞서 정약용의 지적처럼 새 무과급제자가 문벌이 높은 순서대로 선천·부천·수천에 뽑히는 현실을 짚어주었다.

또한 정조~고종 연간까지 무신으로서 군영대장을 지낸 72명 가운데 86%인 60명이 선천을 받았다.[498] 60명의 집안을 『등단록선생안登壇錄先生案』에서 찾아보면 아버지는 물론 4대조까지의 직계 조상을 포함한 동고조同高祖 범위의 친·인척 가운데 문관 및 무관 고위직을 지낸 사람까지 기록했다. 그러므로 문벌이 뛰어나다는 것은 단순히 직계 조상만이 아닌 친인척 범주까지 포괄한 지체 높은 집안을 의미했다.

둘째, 함경도와 평안도 사람은 선천에 낄 수가 없었다. 서북인은 선천은 물론 승문원 분관에도 들지 못하여 문반이나 무반의 청요직으로 일컬어지는 관직의 후보자조차 될 수 없었다.[499]

법적으로 선천에 북쪽 사람을 참여시키지 말라는 규정은 어디에도 없다. 그럼에도 불구하고 북쪽 사람에 대한 차별은 순조 대까지 계속되었다. 순조 대에 서북인 차별을 철폐하고 승문원 분관이나 선천에 넣어 달라는 요구가 활발했으나 소용없었다.[500] 국왕의 명령에도 아랑곳하지 않았는데, 그 이유는 선전관은 선전관청의 자체 규례가 있어 강제로 참여시킬 수 없다는 것이었다.[501] 대신 부장천과 수문장천에는 들 수 있었다.

이후 북쪽 사람에게 선천을 개방한 시기는 헌종 대다. 그래서 무과급제자를 대상으로 한 출신천은 헌종 대 이후로 들어온 사람이 있다. 하지만 출신천보다 특별하고 귀하게 여긴 남항천은 좀처럼 참여 기회를 내주지 않았다. 또 참여가 이뤄졌어도 선발 인원을 1회마다 평안도·함경도 각 1명으로 제한하면서 여전히 차별했다.[502]

이러한 지역 차별에 대해 대간의 탄핵도 있었지만, 선전관청에서는 도마다 균등하게 나누어 천거하는 전례가 없다거나, 지방은 거리가 멀어 집안과 인물을 자세하게 파악할 수 없다는 이유를 들어 반대했다.[503]

셋째, 위 조건을 모두 만족하더라도 필수적으로 따진 사항이 적통의 자손이어서 서얼은 상당한 차별을 받았다. 서얼 역시 평안도·함경도 사람과 마찬가지로 부천·수천에는 올랐으나, 선천에는 오랫동

안 참여할 수 없었다.[504] 종실의 자손도 예외가 아니어서 선천에 누락시킬 정도였다.[505]

그러다가 1851년(철종 2)에야 서얼의 참여가 공식적으로 가능해졌으며, 그 뒤에 『대전회통』에 명문화되었다.[506] 하지만 1853년 무렵에도 서얼의 참여가 제대로 이뤄지지 않자, 영의정 김좌근의 건의로 부장천을 먼저 거친 뒤에 선천으로 올리는 규정을 만들기도 했다.[507]

이외에도 상피相避를 적용하여 선전관청에 근무하는 관리의 아들·사위·동생·조카는 천거 대상에서 제외했다.[508] 만약 이를 위반하면 해당인을 천거한 선전관을 비롯하여 선전관의 수장인 행수 선전관行首宣傳官과 실무 담당자인 장무는 파면을 면치 못했다. 실례로 1845년(헌종 11) 행수 선전관 윤명검尹明儉의 당질 윤희창尹喜昌이 남항천을 받았다가 이 사실이 알려지자 윤희창을 천거에서 삭제하고 윤명검을 파직했다.[509]

## 선배 선전관이 천거하다

선천은 진입 장벽이 높은 만큼 천거 방식도 까다로워서 '극선極選' 또는 '준선峻選'으로 불리었다. 선천은 한천翰薦 곧 예문관 검열의 인선 방식과 자주 비교되었고, 한천을 '문한文翰'으로 부르는 것에 대칭하여 선천을 '무선武宣'이라 할 정도였다.

선천의 천거 방식은 한천처럼 선전관청 내부의 동의와 자율성에 기반한다는 점이다. 다시 말하면 선배가 예비 후배를 천거하여 선발하는 방식이었다. 예컨대, "선전관은 문관의 한림翰林과 같아서 선전관청에서 천거해 올리지 않으면 될 수 없으니 억지로 하기 어렵다"[510] 라든지, "문과의 한천과 무과의 선천은 임금의 위엄으로도 가타부타 하지 못하는 이유가 공론대로 해야 하기 때문이다"[511]라고 하듯이 선 천은 선전관청에서 독자적으로 운영했다.

1778년(정조 2) 병조 판서 이휘지李徽之가 선전관청에서 선천을 4명 만 올리자 다시 돌려보낸 일이 있었다. 그러자 이휘지에게 천거에 간여했다는 비난이 쏟아졌고, 결국 이휘지는 스스로 잘못을 저질렀 다는 소를 올리고야 말았다.[512]

선천의 방식에 대해서는 1785년에 마련한 「선전관청절목」이 도움 이 된다.[513] 선천은 매년 6월과 12월에 두 차례씩 실시했으며, 출신천 과 남항천을 각각 실시했다. 실제로 『선전관청천안』을 검토해보면, 영조 대까지는 불규칙하다가 정조 대 이후로 한 해 평균 2번씩 실시 했다. 또 영조 대에는 남항천은 40회, 출신천은 93회를 실시하여 남 항천이 출신천의 절반에도 미치지 못했다. 하지만 정조 대 이후로는 출신천 48회, 남항천 47회로 비슷한 규모로 실시했다.[514]

선천은 우등 선천인이라 할 수 있는 수천인首薦人을 우선적으로 뽑 았다. 무과급제자와 한량 중에서 문벌이 두드러진 사람 각 1인씩을 먼저 뽑아 여러 선전관원에게 가부를 물었다. 의견이 모두 일치하면 권점을 하지 않고 곧바로 천거록薦擧錄의 첫머리에 기입했다.

다음으로 일반 선천인을 뽑았다. 천거 방식은 정원을 미리 정하지 않은 채 선전관들이 각각 5~6명 이하로 천거했다. 필요한 경우에는 행수 선전관이 10명 이하로 더 호명할 수 있었다. 행수 선전관이 천 기薦記를 갖고 방안으로 들어가면 선전관들 역시 낮은 품계부터 들어 가 천기에 열거된 사람 가운데 적합한 사람의 성명 아래에 동그라미

를 그렸다. 이 동그라미를 권점圈點이라 한다. 권점은 품계의 고하에
상관없이 선전관 모두 참여했다.

권점을 마치면 행수 선전관과 권점에 참여한 선전관들이 점수를
합산해 득점자를 선발했다. 이 때 행수 선전관은 특정인에게 권점을
더 줄 수도 있었다. 하지만 1802년(순조 2) 이후로 행수 선전관의 권
한을 축소시켜서 점수를 더 주는 일이 없게 했다.[515]

선발을 마치면 선천인의 성명 아래에 나이, 무과 급제 연도, 아버
지 이름, 거주지를 기록했다. 이어서 그 아래에 천주와 추천연월을
쓰며, 또 그 아래에 천거에 참여한 선전관의 성명을 적었다. 그리고
이 문서를 그날로 정서해서 승정원에 제출하여 국왕에게 보고하고,
병조에도 보냈다.[516] 남항천의 경우에는 한량을 대상으로 하는 천거
이므로 무과 급제 연도가 없다. 천거에 불참한 선전관은 9일, 행수
선전관보다 지각한 선전관은 3일을 입직시키는 벌칙도 시행했다. 그
리고 천거에서 떨어진 사람은 다음번에 다시 추천을 받을 수 있었
다.[517]

선천은 선전관청에서 독자적으로 시행하다보니 자주 공정성 시비
를 일으켰다. 자율권이 있다 보니 선전관이 본인의 당파나 이해에
얽혀 천거할 가능성이 높았던 것이다. 선전관은 정치권의 압력으로
천거를 고치거나 추천을 둘러싸고 대립했으며, 이 일로 파직 또는
변방으로 쫓겨나는 일도 비일비재했다.[518]

1781년(정조 5)에는 이여송李如松의 후손이 천거에 들지 못하여 즉시
임용되지 못한 일이 발생했다. 그러자 정조는 선천이 안면과 사사로
운 감정에 따라 좌지우지된다고 비난하면서, 마땅한 사람을 천거에
빠뜨릴 경우 행수와 부행수를 처벌하겠다는 하교까지 내릴 정도였

다.[519]

## 선발 규모와 높은 진입 장벽

|

선천은 한 회에 몇 명이나 선발했을까? 선발 인원은 1802년에 출신 천은 10인, 남항천은 2인을 넘지 못하게 규정했지만,[520] 『선전관청천 안』을 검토해보면 한 회당 적게는 1명에서 많게는 60여 명에 이르는 등 특별한 규제는 없었다고 보인다.

『선전관청천안』을 토대로 영조~철종 연간까지 선천의 선발 인원 을 조사한 결과, 출신천은 영조 대에 1,452명, 정조 대에 651명, 순조 대에 782명, 헌종 대에 560명, 철종 대에 1,010명으로 총 4,455명이었 다. 남항천은 영조 대에 811명, 정조 대에 472명, 순조 대에 796명, 헌종 대에 196명, 철종 대에 288명으로 총 2,563명으로 집계되었다.

2장의 〈표2-3〉을 토대로 영조~철종 연간까지 무과급제자의 총원 을 계산해보면 64,925명으로 추산된다. 그러므로 무과급제자의 약 7%(4,455명) 정도만 선천을 받은 셈이며, 이 결과만으로도 선천에 뽑 히는 것 자체가 대단한 혜택이었다고 단언할 수 있다. 처음부터 천거 에 들지 못한 자가 100명에 97~98명이라는 정약용의 지적은 결코 과장이 아니었다.

한편, 영조~철종 연간까지 무과급제자를 대상으로 한 출신천의 연 평균 선발 인원(선발인원÷재위년)을 계산한 결과, 27.9명(영조), 27.1명 (정조), 23명(순조), 40명(헌종), 72.1명(철종)으로 헌종 대 이후로 비약 적으로 증가하는 추세였다. 이 현상은 이 무렵에 선천의 장벽이 서서히 완화되는 사정을 방증하는 것으로 해석할 수 있다. 선발 인원의 증가는 선천에 들어올 수 있는 자격 조건의 완화를 의미하기 때문이다. 바로 이러한 맥락에서 헌종 대부터 북쪽 사람에게 선천의 문호를 허용한 사실을 상기할 필요가 있다.

이상으로 무과급제자의 시천이라 할 수 있는 선천에 대해 알아보았다. 조선 후기에 선천에 선발된다는 것은 크게 두 가지 의미를 가졌다. 첫째, 선천은 명문 집안이나 크고 힘있는 집안의 후손이 아니면 들어가기가 쉽지 않았다. 또 문벌이 뛰어나다 해도 평안도나 함경도 사람, 서얼은 참여할 수 없을 만큼 선발 요건이 까다로웠다. 그러므로 선천에 든다는 것은 명문가의 후손으로서 고위직을 맡겨도 아무런 하자가 없다는 의미를 띤다.

둘째, 조선 후기에는 관직에 첫 발을 내디딜 때에 초임初任 선발이 중요했다. 청요직으로 올라갈 수 있는 관직 경로가 형성되어 있어서 처음부터 여기서 탈락하면 청요직에 임용될 기회를 좀처럼 갖기 어려웠다. 그러다 보니 향후 출세에 결정적으로 영향을 미치는 첫 관직 자리를 문벌과 당파를 이용해 독점하려는 경향이 나타났다.

선천은 서반 고위직으로 올라가기 위한 첫 관문으로서 여기를 거치지 않으면 하위직에서 평생을 마감한다 해도 과언이 아니었다. 그러므로 선천에 오른다는 것은 성공적으로 관직에 진입할 수 있는 자격을 선점했다는 의미를 담고 있었다.

# 13장

# 군영 근무자

## 군영 소속 무과급제자

조선 후기 각종 읍지에서 성명만 기록된 채 이력이 없는 무과급제자를 찾기란 그리 어려운 일이 아니다. 하나의 사례로 개성에 거주한 선무군관選武軍官 최필주崔弼周가 있다.

최필주는 1790년(정조 14) 증광 무과에 급제했다. 그의 나이 37세였다. 아버지는 양인 최천만崔天萬이다. 최필주를 개성 읍지에서 찾아보면 선조나 관직 이력에 대한 기록이 전혀 없이 성명만 기록되어 있다.[521] 관직 기록이 없다는 것은 최필주가 관직 진출에 실패했음을 뜻한다. 그리고 아버지가 '양인'이라는 직역을 사용했다는 점에서 양인 출신의 무과급제자 앞에 가로 놓인 진입 장벽을 감지할 수 있다.

그러면 집안의 후광이나 세력이 없는 무과급제자는 최필주처럼 관직 진출이 마냥 요원했을까? 이 질문에 대해 한마디로 단정할 수 없지만 반드시 그렇지만은 않았다고 대답할 수 있다. 시간이 대단히 오래 걸리기는 하지만 하급직이나마 관직 진출의 기회를 가질 수 있었다.

이 문제와 관련하여 『속대전』의 조항 하나는 아주 중요한 사실을 알려주고 있다. 곧 "근무일수를 쌓은 무과 출신으로서 부방赴防 뒤에 다시 해당 군문軍門으로 들어간 자는 이전의 근무 일수를 통틀어 계산한다"[522]라는 법조항이 그것이다. 무과 출신이 부방을 마치고 이전에 근무한 군문으로 다시 왔을 때 근무일수를 어떻게 계산할 것인지를 법으로 정한 것은 무과급제자의 소속처 중 하나가 군문이었음을 알려준다. 부방이란 변경 요충지에서 일정 기간 근무하는 것을 말한다.

여기서 '군문'이란 서울에 위치한 '군영아문軍營衙門'의 준말이다. 군영아문이 처음 실린 『속대전』에는 훈련도감·금위영·어영청·수어청·총융청·경리청·호위청·금군청·포도청·관리영·진무영이 올라있다. 『대전통편』에는 금군청이 용호영으로 개칭되고, 『대전회통』에는 총리영이 신설되었다. 따라서 조선 후기의 군영은 『속대전』에 실린 11개 군영과 『대전회통』에 추가된 1개 군영을 포함하여 12개가 존재했다.

무과급제자가 군대에 소속된 것은 오랜 관례였다고 할 수 있다. 1622년(광해 14) 비변사에서 "근년에 무과에 급제한 사람들의 수는 많은데 관직에 임명되어 녹봉을 타먹는 사람은 열에 두서너 명도 못됩니다. 그래서 거의 모두가 병졸 속에서 분주히 움직이면서 뜻을 품은 채 죽어 가는데, 과거를 실시하면 할수록 그 수는 더 늘어만 갑니다"[523]라고 지적한 것도 같은 맥락에서 이해할 수 있다.

무과급제자가 군영을 포함한 각종 부대에 소속되었다는 사실은 여러 자료에서 확인할 수 있다. 1665년(현종 6) 온양에서 시행한 정시 무과의 급제자를 모두 금군에 배속시킨 조치나,[524] 1734년(영조 10) 장령 여광헌이 무사의 적체가 심하므로 무과급제자가 나올 때마다 전원을 오군영에 나누어 소속시킬 것을 건의하자, 영조가 "무과급제자를 군문에 등용하는 일은 앞서 이미 하교했다"[525]라는 대답에서 확인된다.

1728년에도 정언 조상명이 "무과 출신으로서 적체된 자는 각 군문의 장관과 감영·병영의 별장이나 감관 등에 임명하고 전례에 따라 천전遷轉시키소서"[526]라는 요청처럼 무과급제자의 적체를 해결하기 위해 건의한 등용처 역시 중앙 군영 및 지방의 군대였다.

무과급제자가 군대에 소속한 사실과 관련하여 1777년(정조 1) 함경도의 별친기위別親騎衛를 신설하자는 논의도 주목할 만하다.[527] 이 신설안은 북평사 심풍지沈豐之가 처음 제안했다. 그는 함경도의 무과급제자가 1천여 명이나 되는데도 급제한 뒤에 소속처가 없으므로 친기위의 규정에 따라 '별친기위'를 조직하여 변장 세 자리를 배정할 것을 건의했다.[528] 별친기위 신설안은 바로 정조의 허락을 받았으나 남병사와 북병사의 의견 차이로 1784년까지 결말을 보지 못했다.[529]

# 군영 소속 유형(1)-장관과 장교

조선 후기에 무과급제자가 군영에 소속된 형태를 알아보기 전에 먼저 군문의 인적 편제를 소개하고자 한다. 인적 편제란 일종의 계급 편제라고도 할 수 있다. 이 책의 6장에서 소개했듯이 여러 군영사례軍營事例를 조사한 결과 대체로 네 등급으로 나눠볼 수 있다. ① 관제官制 또는 관직, ② 장관將官, ③ 장교將校, ④ 군총軍摠이다.[530]

관제 또는 관직은 상급 지도부인 도제조, 제조, 대장大將 또는 사使가 해당하며, 종사관도 포함된다. 장관은 실제 군무를 담당하면서 관품이 있는 자리로서 중군中軍(종2품)·별장別將(정3품)·천총千摠(정3품) 이하부터 초관哨官(종9품)까지 해당한다. 장교는 군졸을 통솔하는 직책이나 관품은 없다. 대표적으로 지구관知彀官·교련관敎鍊官·기패관旗牌官 및 군관을 꼽을 수 있다. 장관과 장교의 차이는 관품의 유무다. 군총은 일반 군졸 즉 군액軍額을 말한다.

무과급제자가 군영에 소속한 형태는 매우 다양해서 위의 인적 편제 안에 다 속해 있었다. 이를 크게 두 유형으로 정리하면 하나는 장관과 장교이며, 다른 하나는 금군禁軍과 특수부대, 일반 군졸이다.

먼저 무과급제자는 군영에서 위상이 높은 장관이나 장교의 지위로 있었다. 장관은 초관, 장교는 지구관·교련관·기패관 등에 무과급제자의 자리를 따로 정해두었다. 이밖에 용호영의 서북별부료군관西北別付料軍官이나 어영청의 출신군관出身軍官 자리에도 무과급제자를 임명하는 자리를 따로 두었다.

첫째, 장관에 해당하는 초관에 무과급제자를 임용하는 규정이 올라 있는 법전은 『대전통편』이다. 금위영과 어영청의 초관은 각 41자리가 있었다. 이 중 각 1자리를 무과급제자로 구성된 경상도의 좌별무사左別武士에게 할당했다. 좌별무사가 도시都試에서 1등을 하면 상으로 초관에 임명하여 지방 무과 출신에게 승진의 길을 터준 것이다. 총융청 초관은 10자리인데, 이 중 5자리를 한산閑散과 무과급제자에게 배정했다.

또 평안도 사람을 우대하기 위해서 평안도 강변 7읍인 의주·강계·초산·창성·삭주·위원·벽동의 무과급제자 가운데 매년 초에 관찰사가 3명을 추천하면, 그 중 1등으로 추천받은 사람을 도목정사에서 선전관·부장·수문장의 실직에 임용했다. 2등과 3등은 금위영·어영청의 초관을 나누어 제수했다.[531]

둘째, 무과급제자에게 교련관과 기패관은 장관 자리에 비해 임용의 기회가 더 열려 있었다. 다만 후대로 갈수록 이 자리수가 줄어들었다. 금위영의 경우 『속대전』에서는 교련관과 기패관을 합쳐서 총 27자리 중 7자리를 배정했다. 하지만 『대전통편』에서는 이 자리마저 사라졌다. 어영청은 교련관과 기패관을 합쳐서 총 22자리 중 6자리를 무과급제자로 임명하다가, 『대전통편』에서는 23자리 중 5자리만 무과급제자로 임명했다.

수어청은 『속대전』에서 교련관 10자리 중 3자리를 무과급제자로 임명하다가, 『대전통편』에서는 7자리 중 4자리를 무과급제자와 전직 관료를 함께 임명하는 자리로 만들었다. 총융청은 『속대전』에서 교련관 12자리 중 4자리를 무과 출신에게 할당했으며, 『대전통편』에서는 이 자리가 사라졌다. 이밖에 『대전통편』에서는 어영청의 별무사 30자리 중 4자리를 어영군으로 있다가 무과에 급제한 자를 수용하는 자리로 만들었다.

다음으로 어영청에는 1638년(인조 16)에 창설한 출신군관出身軍官이 따로 있었다. '출신'이란 무과 출신을 말한다. 출신군관은 어영군 중 무과에 급제한 사람을 임명하는 자리다. 정원이 21명인데, 7자리는 한 사람이 고정적으로 급료를 타는 자리이며 나머지 14자리는 매달 돌아가면서 급료를 받는 자리였다.[532]

출신군관의 존재는 『어영청중순등록御營廳中旬謄錄』에서 찾을 수 있다.[533] 중순은 군영대장이 중군 이하의 장교나 군병을 대상으로 실시한 시험으로, 성적이 우수한 무과급제자에게 관품을 올려주는 가자加資의 상을 내렸다. 『어영청중순등록』은 1747년(영조 23)부터 1867년(고종 4)까지 어영청에서 실시한 중순에 대한 기록이다. 중순의 준비 및 결과, 합격자의 명단 및 성적, 상품과 수량을 연월일로 수록했다.

『어영청중순등록』에 나오는 출신군관을 대표적으로 제시하면, 1751년의 중순에는 출신군관 박인봉朴仁奉·박해징朴海澄·한시창韓時昌, 1755년의 중순에는 출신군관 임시번林時蕃·김억세金億世·박수찬朴壽贊·원도추元道樞·김순기金順起·이태욱李泰郁, 1795년(정조 19)의 중순에는 출신군관 안홍적安弘績·조완기趙完起, 1803년(순조 3)의 중순에는 출신군관 이천복李天福·정의진鄭義鎭이 합격했다.

끝으로 용호영龍虎營에는 북쪽지역의 무과급제자를 배려하는 서북별부료군관이 있었다. 서북지방의 별부료군관은 본래 숙종 대에 평안도·함경도의 무과급제자 중 전직 관료로서 별부료청別付料廳에 속한 사람을 말한다.[534] 특별 경비로 급료를 지급하므로 '별부료'라 했다. 주요 임무는 국왕과 궁궐의 시위를 담당하는 금군으로서 금군청에 속해 있다가, 1755년에 금군청이 용호영으로 개칭되면서 용호영으로 이속되었다.

원래는 평안도의 청천강 이북 및 함경도의 마천령 이북 군현만 대상으로 했다가 경종 대에 청천강 이남과 마천령 이남까지로 확대했다. 또 자격도 한량으로까지 확대하여 『대전통편』에서는 정원 80명 중 무과급제자와 한량이 각 40명씩이었다. 『대전회통』에서는 정원이 120명까지 늘어서 무과급제자와 한량이 각 60명씩이었다. 급료를 받는 자리는 『대전통편』에 10자리, 『대전회통』에 5자리로 규정되었는데, 매달 활쏘기 시험에서 맞힌 화살 수에 따라 급료를 받았다.[535]

한편, 이들은 매년 3월의 활쏘기 시험에서 수석을 차지하면 관품을 올려 받거나 변장으로 나갈 수 있는 기회를 얻었다. 또 군영에서 오래 근무하여 구근久勤의 자격을 갖추면 도목정사 때에 관북과 청북 각 1명, 남관과 청남을 합하여 1명이 변장으로 나갈 수 있었다. 또 운이 좋으면 국왕의 발탁으로 무신 겸 선전관이 되어 승륙陞六하는 일도 있었다.[536] 그리하여 서북의 별부료군관은 북쪽지역민이 관직으로 진출할 수 있는 통로 역할을 했다.


## 군영 소속 유형(2)-금군과 특수부대 그리고 군졸

|

무과급제자는 금군으로도 속해있었다. 금군의 취재 규정이 한량과 무과급제자로 나눠진 데에서도 짐작할 수 있듯이, 국왕의 신변 보호와 궁궐 수비의 막중한 임무를 담당한 금군에는 무과급제자의 자리가 따로 있었다.

대표적으로 용호영의 화포금군火砲禁軍 27명 중 10명은 해당 군영의 표하군標下軍으로 있다가 무과에 급제한 자로 임명했다.[537] 또 1807년

(순조 7)에 비변사의 무낭청武郎廳의 후보 단자에 '액외내금위출신額外內
禁衛出身 조이석趙彛錫'[538]이라 되어있듯이 액외내금위에도 무과급제자가
속해있었다. '출신'이란 무과급제자를, '액외'는 정원 이외를 말한다.

또 군영에는 무과급제자로만 구성한 특수부대가 있었다. 훈련도감
의 국출신局出身과 별기대別騎隊, 금위영의 별기위別騎衛가 대표적이다.
훈련도감 국출신은 하급 장교로서 정원은 150명이었다. 국출신에 대
해서는 다음 절에서 만과 출신의 진로와 관련하여 자세히 다룰 예정
이다.

별기대는 훈련도감의 마병부대로 정원은 101명이다. 1728년(영조
4) '이인좌李麟佐의 난' 때 마병과 보병에 자원한 사람들로 마병초馬兵哨
1초를 만들어 도순무사에 예속시켰다. 이들이 반란을 진압하고 개선
하자 그대로 무과에 급제시켜 좌전초左前哨에 소속시킨 뒤 특별히 별
기대라는 명칭을 붙여주었다.[539] 당시 무과에 급제한 사람은 350명이
었다.[540] 1778년(정조 2)부터 별기대는 대조회大朝會가 있으면 28명이
무기와 복장을 갖추고 궐문을 지켰다. 또 궁장 밖의 순라를 담당했으
며 남영南營에 입직하는 임무를 수행했다.[541]

별기위는 송패松牌의 거행을 담당하는 금위영의 하급 장교다. 별기
대와 마찬가지로 '이인좌의 난' 때 출정한 군병들의 노고를 위로하기
위해 무과 급제를 내렸다. 하지만 무과 급제 뒤에 요미料米를 잃고
소속처가 없어지자 1729년에 이들을 구제하기 위해 만든 군대였다.

별기위는 창설 당시 90여 명이었으며 급료를 받을 수 있는 33자리
를 만들어 2개월마다 번갈아가면서 급료를 주고 번番을 서게 했다.
1736년에 1자리가 줄어 32자리가 되었고, 별무사 30자리 중 5자리를
별기위가 승진하는 자리로 만들어 승진의 길을 터주었다. 그 뒤 이들

이 사망하자 그 빈자리를 금위군 가운데 무과급제자로 임명했고, 『대전통편』에서 32명 모두 금위영의 무과급제자로 임명한다는 규정을 두었다.[542]

한편, 지방에도 중앙 군영과 마찬가지로 무과급제자로만 이뤄진 부대가 있었다. 대표적으로 경상도의 좌별무사左別武士와 경기 수원 유수영留守營의 별군관別軍官이다. 경상도 별무사는 1718년(숙종 44)에 동래부에 창설한 부대인데,[543] 좌우별무사 중 좌별무사가 무과급제자로 이뤄졌으며 정원은 없었다. 매년 네 차례 도시都試를 거행하여 철전鐵箭·유엽전柳葉箭·편전片箭·기추騎芻·조총으로 시험을 치렀다. 그리고 네 차례 시험 성적을 통산하여 1등을 선발하여 금위영이나 어영청의 초관으로 번갈아 임명했다.[544]

수원 유수영의 별군관은 별효사別驍士를 고친 이름으로 정원은 100명이었다. 수원에 거주하는 무과급제자 중에서 선천宣薦이나 부천部薦·수천守薦을 받은 사람, 장용군壯勇軍으로서 무과에 급제한 사람들을 대상으로 취재한 뒤에 말[마馬]을 바치게 하고 소속시켰다. 6개월을 근무한 뒤에는 5월과 11월의 도시에서 1등을 차지하면 도목정사 때에 관직 진출의 기회를 얻을 수 있었다.[545]

한편, 무과급제자는 군졸로서 항오行伍에도 소속해 있었다. 대표적으로 어영청·금위영의 기사騎士 각 150명 중 1번 50명을 제외한 나머지 각 100명에 속해있었다. 관련 규정을 보면, "각 군문의 군졸이었다가 무과에 급제한 자, 한산인閑散人, 전직관료 및 당상관 이상의 관품을 가진 사람 등으로 충원한다"[546]라고 되어 있다.

무과급제자가 항오에 속한 사례 역시 『어영청중순등록』에서 찾을 수 있다. 1758년(영조 34)의 중순에 합격한 기사 출신騎士出身 기필조奇弼

弼朝와 기사 출신 김태황金兌晃이 있다. 기필조는 편전片箭에서 몰기(沒技: 한 과목 만점)를, 김태황은 기추騎芻에서 몰기를 받았다. 1779년(정조 3)에 는 별초무사別抄武士 출신 조윤장曹潤章과 기사 출신 김계명金啓明이 목면 을 상으로 받았다. 1795년에는 기사 출신 권춘영權春英, 1799년에는 기사 출신 김대득金大得, 1803년(순조 3)에는 기사 출신 노흥주盧興柱 등 이 모두 상으로 목면을 받았다.[547] 여기서도 '출신'은 무과 출신을 말 한다.

이들의 존재는 많은 사례는 아니지만 무과급제자가 기사나 별초무 사로서 군영에 속한 경우를 실제로 알 수 있다는 점에서 소중한 사례 다. 이들은 무과 급제 뒤에 이곳으로 왔다기보다는 기사나 별초무사 로서 무과에 급제한 뒤 다른 곳으로 진출하지 못하고 그대로 군영에 머물러 있는 경우였다.

## 관직 진출의 기회

표면적으로 군영이나 특수부대에 소속된 무과급제자는 관직에 진 출할 수 있는 길이 열려있었다. 하지만 그 가능성이 그다지 높아 보 이지 않는 것이 사실이다. 이미 군영이나 감영·병영에 속했다는 것 자체가 관직의 길에서 멀어졌음을 의미하는 것이다. 그럼에도 불구 하고 무과급제자들은 관직에 진출할 수 있다는 기대를 접지 않고 다 양한 진로를 모색했다.

조정에서는 무과급제자를 수용할 관직이 부족한 데다 이들을 정예 병으로 인식했으므로 군영에 배속시켜 군사력의 질을 높이고자 했다. 그리고 군영의 근무 일수나 각종 시재 등을 통해 관로를 열어주는 방식으로 관직 진출의 길을 틔어주었다. 바로 이 점 때문에 무과급제자들은 군영에서 근무하면서 관직 진출의 기회를 모색할 수 있었다.

무과급제자가 군문에 소속한 뒤 관직으로 나가거나 승진하는 길은 크게 세 가지가 있었다. 첫째, 가장 보편적인 방법이 근무 일수를 채우는 것이었다. 물론 근무 일수를 채우지 않고도 승진하는 경우가 있지만, 군문에 속한 대부분의 무과급제자에게 벼슬 획득의 기회는 근무일수에 의해 찾아왔다.

예컨대 초관이나 지구관 · 기패관은 20개월을 근무하면 승륙陞六할 수 있었다.[548] 그런데 근무 일수에서 중요한 요건은 바로 근무 일수를 초과한 장기 근무로 획득한 구근久勤이었다. 훈련도감 · 금위영 · 어영청의 지구관 · 교련관 · 기패관 · 별무사 · 별군관 · 도제조군관 등은 구근해야 천전遷轉할 수 있었다.[549] 총융청의 초관 · 교련관 · 군관도 구근해야 천전했다.[550]

군영에서 정한 구근이란 언제인지 알 수 없으나 시행 초기에는 30개월이었으며, 1710년(숙종 36)에는 60개월이었다. 이후 1723년(경종 3)에 45개월로 정한 뒤 그대로 법규로 만들어서 45개월을 근무해야 비로소 근사勤仕로 보고되었다.[551] 이와 함께 지구관 이하의 구근자는 45개월 안에 천전할 수 없다는 규정도 만들었다.[552]

이처럼 승진의 요건으로 구근을 중시한 이유는 적은 수의 관직으로 적체된 대기자를 수용할 수 있는 최선의 방책이었기 때문이다.[553] 대기 인원에 비해 관직수가 부족한 탓에 규정대로 인사 조치를 하는 것은 거의 불가능한 현실이었다. 무과급제자 입장에서도 구근이나마 출사出仕 또는 승진할 수 있다는 희망이 있어야 오랜 근무를 감내할 수 있었다.

그런데 구근도 쉽지 않았다. 구근자의 대우는 도목정사마다 훈련도감의 경우 지구관·기패관을 번갈아가며 2명씩, 금위영·어영청은 교련관·기패관을 통틀어서 1명만 천전시켰다. 수어청·총융청은 간도목間都目에 1인을 보고하여 천전시켰다. 간도목이란 도목정사 때 차례가 된 사람이 개월 수가 차지 않았으면 승진하여 옮길 수 없지만, 그다음 도목정사에서는 개월 수가 차지 않았더라도 관직에 제수하는 것을 말한다.[554] 이마저도 위상이 높은 훈련도감·어영청·금위영을 우선했으므로 수어청이나 총융청에서는 10년 넘게 천전하지 못한다는 지적도 있었다.[555]

둘째, 취재取才를 통해 장교급 이상의 자리로 진출하는 방법도 있었다. 취재란 간단한 임용시험을 말한다. 각 군영마다 장교급 이상의 자리에는 취재 규정을 두었고, 무과급제자도 응시할 수 있었다.

예컨대 교련관과 기패관의 취재 규정은 "무과출신·전직관료·한량·군졸을 막론하고 활쏘기·강서·진법의 세 기예를 모두 시험하여 선발한다"[556]라고 되어있다. 따라서 무과급제자가 교련관이나 기패관이 되려면 여러 경쟁자와 함께 취재에 응시하는 것도 한 가지 길이었다.

지방에서도 병조 판서가 평안도 및 경기·충청도·경상도·전라도·황해도·강원도 6도의 무과급제자에게 매년 6월과 12월에 유엽전으로 취재하여 평안도와 6도에서 각 1명씩 총 2명을 도목정사 때마다 초사직初仕職의 후보자로 올리는 규정이 있었다.[557]

셋째, 각종 시재試才에서 우수한 성적을 거두면 관직으로 나갈 수

〈표13-1〉 조선 후기 무예시험에서 무과급제자에게 지급한 상

| 시험 | 대상 | | 1년 횟수 | 기준 | 무과급제자 지급 상전 |
|---|---|---|---|---|---|
| 도시 | 금위영·어영청 기사騎士 | | 1 | 1등 | 가자加資(만) |
| | 금위영·어영청 향기사 | | 4 | 1등, 몰기 | 가자(통) |
| | | | | 2등 | 둔별장屯別將 윤회 임명<br>또는 변장 제수(통) |
| | 함경도 친기위 | | 4 | 1등, 몰기 | - 변장 제수(속)<br>- 변장 제수 또는 가자(만) |
| | 별무사 | 평안도 | 4 | 1등 | - 별장 윤회 임명(속/만)<br>- 우등 4인(4회 통산) 군영 임용(속) |
| | | | | 몰기 | 가자(속/만) |
| | | 황해도 | 4 | 1등, 2등 | - 둔별장 윤회 임명 또는 변장 제수(속)<br>- 변장 제수(만) |
| | 경상도 좌별무사 | | 4 | 1등(4회 통산) | 훈련도감·금위영·어영청 초관(통/만) |
| | | | | 몰기 | 가자(통/만) |
| | 황해도 추포무사 | | 4 | 1등, 2등 | 변장 제수(만) |
| | 훈련도감 마병 | | 1 | 1등, 몰기 | 가자(회) |
| | 수원 좌열左列 친기위 | | 2 | 1등, 몰기 | 가자(만) |
| 시재 | 통제영 장교·군졸 | | 1 | 1등 | 변장 제수(통) |
| | 강화 장려壯旅·의려義旅 | | 2 | 1등, 몰기 | 가자(회) |
| | 개경 선무군관 | | 2 | 1등, 몰기 | 변장 제수(속), 가자(회) |
| | 수원·파주 별효기사 | | 2 | 1등 | 가자(통) |
| | | | | 2등, 3등 | 둔감屯監 임명(통) |
| 내시사 | 금군 | | 2 | 1등 | 가자(만) |
| | 서북별부료군관 | | 3 | 1등 | 가자 또는 변장 제수(만) |
| 중일 | 내중일 입직 금군 | | 본문 설명 참조 | 몰기 | 가자(만) |
| | 기대장旗隊長 | | | 몰기 | 가자(속) |
| | 숙위 기사(황해도 향기사) | | | 몰기 | 가자(속) |
| | 포수 | | | 몰기 | 가자(속) |
| 중순 | 금군, 훈련도감 장관 이하 | | 비정기 | 몰기 | 가자(만) |
| | 금위영·어영청·총융청 장관 이하 | | 비정기 | 입격자 | 상품 수여 및 별단別單 보고(만) |
| 관무재 | 관료, 무과출신, 금군, 군졸 | | 비정기 | 유엽전 3중中 4분分 | 수령·변장 제수(속) |
| | | | | 1등 | 가자(속) |

(근거: 『속대전』(속), 『대전통편』(통), 『대전회통』(회), 『만기요람』(만))

있는 길이 있었다. 〈표13-1〉에서 법전과 『만기요람』에 의거하여 17~19세기 초까지 중앙 군영 및 각도의 감영·병영에 소속한 무과급 제자에게 지급한 상을 정리했다.

〈표13-1〉에서 무과급제자는 관무재觀武才를 비롯하여 도시 · 시재 · 내시사內試射 · 중일中日 · 중순中旬 등의 시험에서 1등이나 몰기를 받으면 여러 가지 상전이 주어졌다. 관무재는 무과의 일종으로 관료 · 무과출신 · 한량 · 금군 · 군졸 모두 응시할 수 있었다. 중일 · 중순 · 내시사는 중앙 군영 소속자를 위한 시험이며, 도시와 시재는 서울과 지방의 무사를 위한 시험이었다. 이 중 도시는 각도에서 가장 널리 시행한 정기 무예 시험이었다.[558]

시행 횟수를 보면 중일은 날짜 간지에 자子 · 묘卯 · 오午 · 유酉가 들어간 날에 입직한 금군이나 군졸을 대상으로 실시했으므로 가장 많이 치러졌다. 도시는 정기적으로 1년에 1~4번까지 시행했다. 이에 비해 중순과 관무재는 비정기적으로 실시했다. 중순은 시행 초기에는 1년에 4번 실시했으나 1703년(숙종 29) 이후로 1년이나 2년에 1번, 또는 5~6년에 한번 시행했다. 그래서 1788년(정조 12)부터는 몇 년을 넘기지 못하게 했다.[559] 관무재는 거행 시기가 일정하지 않았다.

무과급제자가 받은 상은 가자加資가 제일 많고, 다음으로 변장邊將 제수였다. 변장이란 북쪽과 남쪽의 변방에 파견한 무관을 통틀어 지칭하는 용어다. 변장으로 불린 직책은 우후虞候 · 첨사僉使 · 만호萬戶 · 권관權管 · 별장別將이었다. 이밖에도 드물게 초관哨官 제수나 수령 제수도 있었다.

이상에서 확인했듯이, 무과급제자는 군영에서 장관과 장교, 금군과 군졸 그리고 특수부대에 속해 있었다. 이들 중에는 군문에 소속한 상태에서 무과에 급제한 뒤 계속 해당 군문에 소속한 경우도 있었다. 이들은 근무 일수, 취재 및 각종 무예 시험을 통해 관직으로 나가거나 승진의 기회를 얻을 수 있었다.

다만 고려할 점은 그 기회가 연속되지 않고 일회성으로 끝나는 현실이었다. 1792년(정조 16)에 홍양호洪良浩가 평안도 무사를 시취한 결과를 살펴보면 합격자 177명 가운데 무과급제자가 55명이었다. 이 가운데 평양에 거주한 김석진金錫振은 철전 150보 이상을 쏜 우수한 성적으로 충장위장忠壯衛將에 임명되었다.[560] 김석진은 1790년에 한량으로 증광 무과에 급제했으며 아버지는 업무 김흥서金興西다. 급제 당시에 22세였다.

김석진은 평안도 무사 시취에서 두 번째로 높은 상을 받고 있어 무예 실력이 출중했던 것 같다.[561] 김석진은 무과 급제 뒤에 별다른 관직에 나가지 못하다가 평안도 무사 시취를 통해 충장위장이 된 것이다. 하지만 『평양지』에서 김석진을 찾아보면 '충장위장'[562]으로만 기록되었으므로 충장위장 이후로 더 이상 다른 관직으로 진출하지 못했다. 이 문제는 14장에서 더 다룰 예정이다.


## 1676년 '병진년 만과' 출신의 진로

무과급제자의 군영 소속과 관련하여 1676년(숙종 2)의 '병진년 만과丙辰年萬科'를 눈여겨 볼 필요가 있다. 이 무과에 주목하는 이유는 해당 무과급제자의 상당수가 부대에 소속해 있었기 때문이다.

'병진년 만과'는 급제자만 17,652명[563]으로 조선왕조 사상 최고로 많은 급제자를 뽑은 무과였다. 그런 만큼 이들의 처우를 둘러싼 논의와 잡음도 끊이지 않았다. 조정에서는 '병진년 만과' 출신을 위해서 무신겸 선전관이나 훈련원의 주부·판관 자리를 더 만들어 적체된 인원을 수용했다.[564] 또한 훈련도감군의 일부는 무과급제자로만 이뤄진 특수부대인 국출신局出身에 소속되었다. 하지만 1만 7천여 명이나 되는 무과급제자를 다 수용하기에는 역부족이었다.

이 만과는 북벌北伐을 추진할 군사를 확보하기 위해 실시했다. 윤휴尹鑴와 허적許積의 말에 따르면 단순히 무사를 위로하기 위한 무과가 아니라 군사를 확보하여 만약의 사태에 대비하기 위한 것이었다.[565] 현종 말에 청이 '오삼계吳三桂의 난'으로 혼란해지자 국내에서는 국치를 씻을 때라 판단하여 북벌론이 대두했다. 숙종이 즉위하자 출사한 윤휴는 북벌을 위한 구체적인 방책의 하나로 도체찰사부의 복설과 만과의 시행을 주장했으며 백해무익하다는 부정적인 여론에도 불구하고 만과를 시행했다.[566] 이 만과가 바로 '병진년 만과'였다. 그리고 전시殿試를 시행하기 전에 이미 허적과 윤휴의 주장으로 도체찰사부 배속을 결정했다. 이 결정에 따라 '병진년 만과' 출신은 '체부군관體府軍官'이란 이름으로 도체찰사부에 소속되었다.[567]

하지만 도체찰사부에 소속된 무과급제자들은 한 달도 되지 않아 불만을 제기했다. '병진년 만과'가 군사 확보에 목적을 둔 무과다 보니 명칭만 무과급제자일 뿐 여전히 대오로 편성되어 조련을 받는 현실 때문이었다. 만과 출신은 이전의 무과급제자나 다른 군영의 무과급제자는 아무 일도 없는데 여기만 대오를 만든 것은 부당하다는 의견을 개진했다. 또 "무과에 뽑힌 무사를 군졸처럼 보고 강등시켜 대오로 편성하여 군영에 배속하니 원망하는 마음을 일으킵니다"라는 지적이 계속되었다.[568]

1677년(숙종 3) 2월에 윤휴도 "만과에 뽑힌 무사들을 졸오에 넣으므로 분노하는 마음을 일으킵니다"[569]라고 지적했다. 같은 해 4월에 홍문관에서도 만과 출신을 덮어놓고 도체찰사부에 소속시켜서 대오를 만들고서 군장과 복색을 일시에 마련하라고 하니, 기쁘게 하려던 일이 도리어 원망을 초래했다고 논평했다.[570]

하지만 이마저도 오래가지 못했다. 1677년(숙종 3) 6월에 남인의 군권을 견제하려는 김석주金錫冑의 주도로 도체찰사부가 혁파되면서 만과 출신도 소속처를 잃고 말았다.[571] 이 과정에서 만과 출신은 병마절도사의 통솔을 받게 했다.[572] 그리고 이 결정을 그대로 시행하여 만과 출신을 그들이 거주하는 읍의 병영에 소속시켰다. 1677년 12월에 윤휴가 만과 출신이 병영에서 연습하는 법규를 혁파하도록 요청하자, 숙종이 1만 명이 넘는 무사가 대오도 짓지 않은 채 연습마저 하지 않는다면 쓸모가 없다면서 반대하고 있어서 이러한 사실을 확인할 수 있다.[573]

이처럼 만과 출신이 병영에 소속되자 불만이 속출했다. 1678년에 이조 판서 오시수吳始壽 등은 도체찰사부 혁파로 만과 출신의 원망이 많으므로 다시 설치할 것을 건의했다.[574] 오시수 등이 강조한 사항은 도체찰사부를 복설하여 만과 출신의 소속처를 만들어야 한다는 것이었다.

허적이 만과를 시행한 이듬해 초에 숙종에게 "이 만과를 저지하지 못한 것을 후회한들 무슨 소용이 있겠습니까?"[575]라고 고백하듯이 만과는 성공한 정책이 아니었다. 만과를 주관한 쪽과 만과 출신의 입장 차이를 줄이지 못한 상황에서 만과를 통한 군사력 확보가 요원했던 것이다.

만과 출신은 스스로 과거급제자로서의 자부심을 갖고서 예비 관료로 대우받기를 희망했다. 이들은 "병진년 만과 이후로 서울과 지방

무사들이 모두 관직에 들기를 희망합니다"라는 말처럼 관직 진출을 희망했다. 지방 무사의 경우 하위직이라도 얻기 위해서 서울로 와서 몇 년씩 머무르면서 돌아가지 않는 사람이 500~600명을 넘을 정도였다고 한다.[576]

이후에도 만과 출신의 적체는 지속적으로 언급되었다. 1679년 허적은 봄·가을로 병서나 무예로 시험을 치러서 한 도에서 1명 정도를 임용하자고 건의했다.[577] 또 무과급제자에게 진법陣法 연습만 강요하지 말고 전마와 군장을 갖춰서 병서와 무예를 익히게 하고, 그 중 우등자를 봄·가을로 등용하자고 요청했다.[578]

1683년에 좌의정 민정중閔鼎重은 "만과 실시 뒤에 서울과 지방의 무사들이 관직의 한정으로 모두 수용되지 못하자 각 군영의 수용만 바랍니다"[579]라는 만과 출신의 바람을 보고했다. 그 이전 시기라 해서 관직에 나가지 못한 무과급제자가 적다고 할 수 없지만 '병진년 만과' 이후 더 어려움을 겪었으므로 만과 출신은 군영 소속이라도 바란 것이었다. 만과를 시행한 지 10년이 지났음에도 관직을 얻지 못해 헛되이 늙는 사람이 많다고 할 만큼 쉽사리 적체가 풀릴 상황이 아니었기 때문이다.[580]

'병진년 만과'는 북벌을 위한 군사를 확보할 목적으로 전시를 실시하기도 전에 도체찰사부의 배속을 결정했다. 하지만 이 조치는 무과급제자의 불만을 샀고, 이 자리마저 1년도 채 되지 않아 도체찰사부의 혁파로 잃게 되었다. 더구나 '병진년 무과'는 1만 7천여 명이나 되는 급제자를 양산한 탓에 무과급제자의 적체라는 큰 벽에 부딪치고 말았다.

# 14장

# 특혜와 차별

## 1784년의 무과급제자 2,692명

1784년(정조 8)에는 한 해 두 차례의 정시庭試를 시행했다. 그 중 하나가 여기서 검토할 문효세자 책봉을 경축하는 '왕세자 책봉 정시'였다. 이 시험에서 문과급제자 18명, 무과급제자 2,692명[581]을 선발했다.

그래서 이 방목에는 '왕세자책봉경용호방冊封慶龍虎榜'이라는 특별한 이름이 붙었다.[582] 각종 자료에는 '책봉 경과'로 나온다. 이 정시 무과는 정조가 문효세자의 책봉을 경축하기 위해 폭넓게 선발했다고 언급한 시험이었다. 곧 '만과萬科'였다.

이 방목에 주목한 배경은 세 가지 이유였다. 첫째, 1천명 이상의 무과급제자를 뽑은 방목이 오늘날 3개가 전하는데, 이 방목이 그 중 하나다(〈표2-4〉 참조). 둘째, 이 책에서 분석 대상으로 삼은 무과급제자 16,643명 가운데 아버지가 양인良人인 사람이 총 102명이다. 이 가운데 70명이 바로 이 정시의 급제자였다. 이 점은 책봉 경과의 급제자 신분이 다양했음을 보여주는 좋은 증표라 할 수 있다. 셋째, 『선전관청천안』이나 『관서무사시취방關西武士試取榜』에서 책봉경과에 합격한 무과 출신을 찾을 수 있어서 무과급제자의 진로를 추적해볼 수 있기 때문이었다.

이 시험은 응시율도 대단히 높았다. 문과 초시는 과거장에 들어온 사람만 17,914명이며, 답안지 제출자가 11,437명이었다. 이 중에서 688명이 합격하여 전시殿試를 치렀다. 무과는 초시 응시자 21,012명 중 3,558명이 합격하여 전시를 치렀다.[583] 초시 경쟁률을 따져보면 무과가 7.8:1, 문과가 635:1이며, 전시 경쟁률은 무과가 1.5:1, 문과가 37.5:1이었다. 따라서 경쟁률만 보면 무과 급제가 훨씬 수월했다.

정조는 책봉 경과에 대해서 "무과 출신의 인원수가 비록 만과 때와 같지 않으나 최근에 비하면 이처럼 많은 적이 없었다"[584]라고 했다. 곧 이 과거가 만과에 미치지 못하지만 백성과 경사를 함께 하기 위해 예년에 비해 급제자를 많이 선발했음을 강조한 것이었다.

정조가 책봉경과에 대해 큰 의미를 부여한 사실은 "이번 과거는 어찌 일반 규례를 따르기만 할 것인가?"[585]라고 하면서 문과급제자 전원과 무과급제자 중 장원에게 알성시 규례에 따라 말을 하사한 것에서도 잘 나타난다. 또 방목을 간행하여 특별히 문과·무과 급제자

전원에게 나눠준 조치에서도 정조가 이 정시를 얼마나 중시했는지를 읽어낼 수 있다.[586]

그렇다면 이 정시에 어떤 사람들이 급제했는지 궁금하다. 그래서 2,692명의 전력을 크게 한량·관직·관품·군사직·기타직역으로 나눠서 조사해보았다. 그 결과 한량이 1,374명으로 51%를 차지하여 가장 높은 점유율을 나타냈다.

한량 다음으로는 군사직 소유자가 1,041명으로 38.7%를 차지했다. 이어 관직 소유자가 185명으로 6.9%, 관품 소유자가 71명으로 2.6%를 기록했다. 마지막으로 기타직역 소유자가 21명으로 0.8%의 비중을 보였다. 곧 한량 → 군사직 소유자 → 관직 소유자 → 관품 소유자 →기타직역 소유자의 순서였다.

무과급제자 전력은 총 85종으로 한량, 관직 19종, 관품 5종, 군사직 54종, 기타직역 6종이다. 이 85종에서 한량을 제외하고 무과급제자가 상당수 나온 전력은 별무사 346명(12.9%), 겸사복 202명(7.5%), 부사과 134명(5%), 기사 107명(4%), 통덕랑 53명(2%), 별대마병 48명(1.8%), 선전관 10명(0.4%)이다. 1위 한량과 2위 별무사의 점유율만 비교하면 각각 51%와 12.9%로서 격차가 상당하여 이 수치만으로도 한량의 비중이 대단히 높음을 알 수 있다.

이 조사 결과에서 주목할 점은 크게 두 가지다. 첫째, 무과급제자의 전력 가운데 한량(1,374명, 51%)과 군사직(1,041명, 38.7%)의 비율이 높다는 점이다. 약 90%가 무武를 주업으로 삼는 사람이며, 여기에 무관직 177명까지 합치면 총 2,592명으로 96.2%나 차지한다. 이 점은 조선 후기의 무과 급제에 무武에 종사하는 사람들이 유리했음을 뜻한다.

둘째, 관료군과 비관료군(한량·군사직·기타직역)의 비율이 9.5%:

90.5%로서 비관료군의 비중이 9.5배나 높아 이번 무과가 초직超職이나 가자加資보다는 초입사初入仕를 희망하여 응시한 사람이 많았음을 잘 보여준다. 이 점은 책봉경과에 합격한 무과급제자의 바람이 무과의 본래 기능인 출사에 있었음을 알려준다. 따라서 관직 진출의 측면에서 책봉 경과의 급제자들을 접근할 필요가 있다.

## 거주지 분포와 직부전시의 비중

1784년(정조 8) 책봉경과의 급제자 명부인 『왕세자책봉경용호방』은 여타의 무과방목에 비해 특이한 구성을 하고 있다. 급제자를 등수별로 배치하지 않고 갑과 1명, 을과 3명을 제외한 병과 2,672명의 경우 등수를 매기지 않은 채 도별 거주지 단위로 묶어서 수록했다. 그리고 직부전시자를 일일이 표시했다.

거주지의 도별 순서는 서울-경기-개성부-강화부-강원도-황해도-평안도-충청도-전라도-경상도-함경도였다. 그리고 개성부 · 강화부를 제외하고 다시 군현별로 구분해서 수록했다. 예컨대, 병과 717~951번째까지가 경기 거주자인데 광주 · 양주 · 여주 · 파주 · 수원 · 남양 · 장단 · 풍덕 · 인천 · 통진 · 부평 · 안성 · 가평 · 고양 · 교하 · 김포 · 양천 · 용인 · 영평 · 진위 · 이천 · 양근 · 과천 · 음죽 · 양지 · 포천 · 적성 · 지평 · 금천 · 영종의 순서로 수록했다.

이 방식은 정조가 무과방목에 누락되는 급제자가 나오지 않게 하기 위해 도와 군현별로 묶어서 방목을 작성하라고 지시한 데서 비롯되었다.[587] 그 결과 『왕세자책봉경용호방』으로는 병과급제자의 등수를

〈표14-1〉 1784년 왕세자책봉경과 무과급제자의 거주지와 직부전시 현황

| 지역 | 무과 급제 인원 | 직부전시 급제자 |
|---|---|---|
| 서 울 | 716명 (26.6%) | 312명 (79.4%) |
| 경 기 | 238명 ( 8.8%) | 15명 (3.8%) |
| 개성부 | 65명 ( 2.4%) | 2명 (0.5%) |
| 강회부 | 8명 ( 0.3%) | . |
| 강원도 | 78명 ( 2.9%) | 8명 (2.0%) |
| 황해도 | 562명 (20.9%) | 13명 (3.3%) |
| 평안도 | 658명 (24.4%) | 19명 (4.8%) |
| 충청도 | 96명 ( 3.6%) | 3명 (0.8%) |
| 전라도 | 84명 ( 3.1%) | 2명 (0.5%) |
| 경상도 | 95명 ( 3.5%) | 7명 (1.8%) |
| 함경도 | 92명 ( 3.4%) | 12명 (3.1%) |
| 합계 | 2,692명 (99.9%) | 393명(100.0%) |

(근거: 『왕세자책봉경용호방』)

알 수 없게 되었지만, 서울 일원을 앞쪽에 내세운 점은 무심코 지나칠 현상이 아니다. 그래서 방목의 부록인 〈경외입격수京外入格數〉에 의거하여 무과급제자의 도별 거주지 및 직부전시 현황을 〈표14-1〉로 정리했다.

〈표14-1〉에서 눈에 띄는 사항은 서울 및 평안도·황해도의 비중이 높다는 사실이다. 서울 거주자가 716명(26.6%)으로 가장 많으며, 평안도가 658명(24.4%), 황해도가 562명(20.9%)이다. 경기의 경우도 238명(8.8%)으로 비중이 높은 편이다. 이에 비해 강원도는 78명(2.9%), 충청도는 96명(3.6%), 전라도는 84명(3.1%), 경상도는 95명(3.5%), 함경도는 92명(3.4%)으로 비중이 높지 않은 편이다.

조선시대 문과급제자 총 14,682명 중 거주지를 확인할 수 있는 인원은 9,030명(62%)으로 17세기를 거쳐 18세기 이후로 거주지의 기록이 충실한 편이다.[588] 이처럼 거주지 기록이 충실해진 배경에는 거주지가 관직의 진입 여부, 나아가 권력의 집중과 밀접한 연관을 맺었기

때문이다.

거주지의 중요성은 서울 거주자 716명 가운데 312명이 직부전시로 합격했다는 사실에서 잘 드러난다. 〈표14-1〉에서 직부전시를 받은 무과급제자의 거주지를 살펴보면 흥미로운 수치가 나타난다. 직부전시 급제자의 거주지는 서울 312명(79.4%), 경기 15명(2.0%), 충청도 3명(0.8%), 경상도 7명(1.8%), 전라도 2명(0.5%), 황해도 13명(3.3%), 강원도 23명(1.1%), 함경도 157명(3.1%), 평안도 238명(4.8%)이다.

서울 거주자가 전체 직부전시 급제자 중 79.4%를 차지하여 매우 높은 점유율을 보였다. 더구나 서울 거주자 716명 중 312명이 직부전시로 급제했으니, 서울 거주자 2명 중 1명은 직부전시로 급제했다고 해도 과언이 아니다. 다음으로 평안(4.8%) → 경기(3.8%) → 황해 (3.3%) → 함경도(3.1%) 순이다. 2등을 차지한 평안도의 경우 4.8%에 불과하여 서울 거주자와 격차가 매우 크다.

이뿐만이 아니다. 책봉경과의 전시 과목도 흥미롭다. 이 방목에 따르면, 초시를 거쳐 전시까지 온 원방인原榜人의 시험과목은 관혁貫 革·기추騎芻·유엽전·조총·강서 중에서 두 과목을 치러야 했다. 이 에 비해 직부전시인은 철전鐵箭·기추·관혁·유엽전·조총·편추片 芻·강서 중 한 과목만 치른 점도 특기할 만하다. 직부전시인이 원방 인보다 더 유리한 조건에서 시험을 본 것이다.

요컨대, 책봉경과의 무과급제자 중 서울 거주자의 비중이 높은 것 은 이들의 실력이 뛰어난 측면도 고려할 수 있으나 직부전시라는 혜 택 없이는 나올 수 있는 결과가 아니었다. 이 점은 무과 급제 여부에 직부전시의 혜택이 매우 중요한 요소였다는 사실을 다시 일깨운다.

# 사족 출신의 우대

|

1784년(정조 8) 책봉경과의 무과급제자 진로에 대해서는 이미 책봉
경과의 실시 배경과 관련하여 개괄적인 연구가 이뤄졌다. 기왕의 연
구에서는 책봉경과의 실시 배경으로 1785년에 장용위를 설치하기 위
한 군사기반을 마련하기 위해서라고 파악했다. 그 결과 정조가 장용
위를 창설한 뒤 책봉경과 출신 중 181명을 단계적으로 흡수했다고
파악했다.[589]

하지만 이 지적은 두 가지 측면에서 다시 고려할 점이 있다. 첫째,
조선왕조실록이나 『승정원일기』 등 연대기자료는 물론 각종 자료에
서 책봉경과 급제자를 장용위로 흡수했다는 기록이나 정황을 찾을
수 없다는 점이다.[590]

둘째, 만과에 대한 인식 중 하나가 만과 출신을 군병으로 활용했다
는 것인데, 그 실상을 들여다보면 무과급제자를 대오로 편성하는 일
이 결코 쉽지 않았다는 점이다. 1676년(숙종 2)의 '병진년 만과' 때에
도 무과급제자 17,652명 중 서울 출신을 체부군관體府軍官이라 하여
도체찰사부에 소속시키고, 지방 출신은 병마절도사가 관할했다.

무과급제자를 군사 자원으로 활용하려는 이 조치에 대해 무과급제
자의 불만이 컸고, 홍문관에서도 만과 출신의 사후 처리로 합당하지
못하다고 지적할 정도였다.[591] 결국 1년도 채 못 되어 무과급제자의
반발과 정치적인 문제로 도체찰사부가 혁파되고, 이후 만과 급제자
의 적체 현상이 10년 이상 언급된 것으로 보아 정부에서 만과 출신을
군사자원으로 활용하려는 시도가 실패했음을 알 수 있다.

정조가 책봉경과의 합격증 수여식을 마친 직후에 1637년(인조 15)

'산성무과'와 1676년 '병진년 만과'의 급제자에 대한 처우를 거론하고 있어 누구보다도 이 전례를 잘 알고 있었다고 판단된다. 따라서 정조가 직면한 과제는 바로 2,692명이나 되는 무과급제자의 처우를 해결하는 문제였다.

정조가 책봉경과의 무과 출신에 대한 처우를 거론한 시점은 합격증 수여식을 마친 직후였다. 급제자에게 홍패를 나눠준 뒤에 정조는 "막중막대"하다고 여긴 책봉경과 출신의 처우를 위해 각별한 조치를 강구했다. 그것은 사족 및 지방의 무과급제자에게는 관직으로 나갈 수 있는 길을 터주고, 군문 소속의 무과급제자에게는 급료를 받을 수 있는 자리를 마련하는 조치로 나타났다.

이 중에서 정조가 가장 공을 들인 부분은 사족에게 관로를 터주는 일이었다. 정조는 책봉경과의 무과급제자에 대해 "이번 세자 책봉 경과에 급제한 무사들이 무려 2,676명이나 된다. 사부士夫와 한량 중에 문벌이 두드러진 자들도 매우 많다"[592]라고 하면서 책봉경과에 급제한 사람 중 문벌이 두드러진 사족과 한량에 주목했다.

국왕의 입장에서 사족은 믿을 수 있는 울타리를 구축할 수 있는 자원이자 연대 세력이므로 중요한 존재였다. 정조가 이들을 대우하기 위해 취한 조치는 이 책의 12장에서 검토한 선천宣薦의 인원을 대폭 늘린 것이었다. 선천이란 선전관이 될 만한 사람을 미리 천거해두는 제도였다. 선천은 다른 사람보다 관직 진출에서 유리한 고지를 차지할 뿐만 아니라 청요직으로 나가기위한 필수 코스였다.

그러면 책봉경과에 합격한 무과급제자 중 선천에 든 사람은 몇 명이나 될까? 『선전관청천안宣傳官廳薦案』에서 책봉경과 급제자를 조사한

<표14-2> 1784년 왕세자책봉경과 무과급제자 중 선천을 받은 인원

| 연도 | 6월 | 12월 | 연도 | 6월 | 12월 |
|---|---|---|---|---|---|
| 1784년 | · | 70 | 1790년 | · | 1 |
| 1785년 | 54 | 12 | 1791년 | 1 | 2 |
| 1786년 | 4 | 8 | 1792년 | · | 1 |
| 1787년 | 5 | 2 | 1793년 | 1 | · |
| 1788년 | 1 | 1 | 1797년 | 1 | 1 |
| 1789년 | 1 | · | 합계 | 68 | 98 |

(근거: 『선전관청천안』, 단위: 명)

결과 2,692명 중 166명(6.2%)이 선천에 들었다. 〈표14-2〉에서 보듯이 책봉경과 급제자를 대상으로 한 선천은 1784년(정조 8) 12월부터 시작하여 1797년 12월까지 무려 14년 동안 진행되었다.

〈표14-2〉에서 주목할 부분은 1784년 12월과 1785년 6월의 선발 인원이다. 영조와 정조 대에 선천의 한 회 평균 선발인원은 대략 10~15명 안팎이었다. 그런데 책봉경과 급제자를 대상으로 실시한 선천에서 1784년 12월에 70명, 1785년 6월에 50명을 뽑았다. 이 두 번의 선발은 정조의 의지가 반영된 인원으로 통상적인 선발인원의 5~7배를 훌쩍 넘어선 파격 조치였다.[593]

파격적인 조치는 여기서 그치지 않았다. 당시 선천을 받은 사람은 '선천내금위宣薦內禁衛'라는 제도에 따라 내금위에서 6개월간 근무해야만 첫 관직으로 나갈 수 있었다. 내금위는 금군 중 가장 위상이 높았다. 정조는 선천인을 대상으로 내금위를 선발하는 선천 금군 취재宣薦禁軍取才의 규정을 완화해 소포小布 1발을 맞힌 사람을 모두 합격시켰다. 당시 합격자들이 "우레와 같은 환성을 질렀다"[594]라고 말할 정도로 이 역시 흔치 않은 조치였다. 또 내금위 자리의 부족으로 급제자들을 수용할 수 없자 액외額外 금군으로 임용하여 적체의 폐단을 줄여

주었다.[595]

이처럼 정조는 책봉경과 급제자들 가운데 사족 출신의 진로를 열어주기 위해 선천을 크게 개방하는 조치를 취했다. 이들은 전체 무과 급제자의 6.2%(166명)에 불과하나 다른 무과에 비해 우대의 혜택을 보았다.

## 선전관의 쾌속 승진

|

사족에 대한 처우와 특권을 상징적으로 보여주는 사례가 선전관의 직함으로 책봉경과에 합격한 10명이다. 10명 중 선전관이 3명, 전임 선전관이 7명이다. 흥미로운 사실은 이광익李光益을 제외하고 모두 직부전시로 무과에 급제했다는 점이다.

선전관과 전임 선전관 10명 중 서울 거주자 7명이 진출한 관직을 보면 뒤에서 검토할 지방이나 군대 소속의 급제자와 큰 차이가 있다. 먼저 김양화金養和는 특이한 이력의 소유자다. 김양화는 생원시와 진사시에서 각각 모두 장원을 차지한 사람이다. 하지만 신체가 건장하여 무장의 자질이 있다는 이유로 정조의 특별 명령으로 권무군관勸武軍官이 되었다. 그리고 1781년 12월 남항 선전관南行宣傳官을 거쳐 45세에 직부전시로 무과에 급제했다.[596]

이 과정에서 김양화는 문과 초시에 응시해 합격하는 바람에 벌을 받는 소동을 겪기도 했으나 결국 무관으로 진로를 바꿨다. 무과 급제 이듬해인 1785년에 선전관, 훈련원 주부, 도총부 도사 및 경력, 훈련원 부정을 거쳐 1786년에 중화 부사가 되었다. 무과 급제 2년 만에 수령으로 나갔으므로 대단히 빠른 출세였다. 1813년(순조 13)에는 경상좌도 수군절도사에 올랐다.[597]

선전관 이광익은 본관이 전주이며, 훈련대장을 지낸 이경무李敬懋의 친조카다. 이런 집안 배경에 힘입어 일찌감치 무관으로 키워져 17세에 남항 선천南行宣薦에 들었고, 이듬해에 책봉경과에 급제한 것이다. 이후 이광익은 승지를 거쳐 순조 연간에 총융사와 금위대장 등 군영 대장까지 올랐다.

전임 선전관 오응상吳應常은 본관이 해주다. 20세에 직부전시로 무과에 급제했다. 그의 아버지는 전임 부사 오재휘다. 오응상은 무과 급제 뒤에 선전관, 도총부 도사, 훈련원 부정, 겸내승兼內乘을 거쳐 1786년(정조 10)에 희천 군수가 되었다. 무과에 급제한 지 2년만이며, 나이 22세에 불과했다. 하지만 서경署經과정에서 보수인保守人의 이름을 바꾼 잘못으로 부임하지 못했다. 이후 언양 현감, 서산 군수, 파주 목사, 통진 부사 등을 거쳐 경상좌도 수군절도사까지 올랐다.[598]

전임 선전관 신광로申光輅는 본관이 평산이다. 29세에 직부전시로 무과에 급제했다. 아버지 신철申㘙은 충청도 수군절도사, 병마절도사를 거쳐 남병사南兵使 등을 역임했다.[599] 신광로도 홍양 현감, 나주 영장, 우림위장, 장단 부사, 다대포 첨사 등을 역임했다.[600]

전임 선전관 심응진沈應鎭은 본관이 청송이다. 28세에 직부전시로 무과에 급제했다. 아버지 심성은 전임 부사이며, 생부는 학생 심주다. 족보에 따르면 아버지 심성은 전라도 병마절도사로, 심응진은 훈련원 주부로 기록되었다. 연대기자료에서 1792년 이후로 심응진을 찾을 수 없어서 요절했을 가능성도 있어 보인다. 심응진의 아들 심일영은 무과 급제 뒤에 가산 현감과 강화 중군 등을 지냈으며, 아들

심환영도 병마절도사까지 올랐다. 손자 심낙승沈樂承도 수군절도사를 지내고 있어서 대대로 무반 집안을 형성했다.[601]

전임 선전관 이종혁李宗爀은 본관이 전주이며, 아버지가 학생 이관수다. 32세에 직부전시로 무과에 급제했다. 이종혁은 1810년(순조 10)에 황해도 수군절도사를 거쳐 1811년에 서흥 부사에 임명되었다. 하지만 이듬해인 1812년에 임지에서 사망했다.[602]

전임 선전관 이언경李彦敬은 본관이 전주, 아버지가 수군절도사를 지낸 이문혁이며, 생부는 유학 이문기다. 이언경은 25세에 직부전시로 무과에 급제한 뒤에 도총부 도사를 거쳐 흥해 군수, 나주 영장, 갑산 부사, 남양 부사, 평산 부사 등을 지냈다.[603]

이상으로 서울에 거주한 선전관 및 전임 선전관의 관직을 보면 군영대장까지 오른 사람이 있는가 하면, 병마절도사 · 수군절도사를 비롯하여 수령 · 첨사 · 중군 등으로 진출했다. 이 점은 만과 출신이라 해도 급제자의 집안에 따라 관직 진출에 현저한 영향을 미쳤음을 보여준다. 양반 집안 또는 '문지현저門地顯著'한 집안의 자손은 만과와 상관없이 군영대장은 물론 서반 고위직까지 올랐던 것이다.


## 지방 출신을 대우하는 방식

정조는 1784년 10월 2일에 책봉경과의 합격증 수여식을 거행하고 그 이튿날인 10월 3일에 '외방무사外方武士'의 처우를 언급했다. 정조가 서울과 지방의 급제자에게 은택의 차이가 없게 하라고 지시한 것이다.[604] 지방의 무과급제자만 1,970명이니 이들을 도외시한다면 책봉경과의 의미도 없는 것이었다.

정조가 언급한 외방무사 중에 지방 사족이 포함되었음은 말할 나위가 없다. 그럼에도 정조가 '외방무사'를 특별히 거론한 것은 책봉경과 무과급제자를 서울과 지방으로 구분하여 인식했다고 볼 수 있다. 정조는 "외방무사가 거의 2천에 가까우니 그 중에 어찌 수용할 만한 근력과 풍채를 가진 사람이 없겠는가? 비록 이 두 가지가 없더라도 지처地處와 인품이나마 반드시 취할 만한 사람이 있을 것이다"[605]라고 하면서 지방의 무과 출신이 그냥 빈손으로 내려가지 않게 하라고 지시했다.

정조가 지시한 지방의 무과급제자에 대한 조치는 병조 판서와 군영대장에게 쓸 만한 인재를 추천하라는 것이었다. 곧 평안도·함경도·전라도의 무과 출신은 훈련대장이, 황해도·강원도의 무과 출신은 금위대장이, 경기·개성·강화부·충청도·경상도의 무과 출신은 병조 판서가 관장하여 인재를 뽑아 보고하게 했다.[606] 이는 정조의 입장에서 "멀리 있는 사람을 위로하고 건장한 무사를 찾으려는 뜻에서 나온 조치"[607]였다.

정조가 내린 이 명령은 꽤 신속하게 진행되었다. 10월 4일에 정조는 군영대장들이 보고한 지방의 무과급제자들을 만나본 뒤에 2명을 발탁했다. 울산의 이운춘은 선정신先正臣의 외손이자 참판 이헌묵의 종질이라면서 합당한 자리에 등용하게 했다. 개경의 오덕홍은 모래 20말을 들었고 풍채도 좋으니 수문장이나 부장 자리가 생기면 등용하라고 명했다.[608]

이 지시로 이운춘은 이틀 뒤에 구전口傳으로 사복시 내승이 되고, 오덕홍은 12월 도목정사에서 수문장이 되었다.[609] 그리고 사례는 다소 다르지만 책봉경과 이전에 별천別薦을 받은 충청도 단양의 조문언은 책봉경과에 급제하고 나서 충간공 조성복의 손자라는 후광을 입어 부사과로 승륙陞六한 다음에 무신 겸 선전관으로 발탁되었다.[610] 여기서 주목할 점은 지방의 무과급제자 중 관직 진출의 혜택을 받은 사람들은 모두 혁혁한 선조를 둔 공통점이 있다.

이밖에도 정조는 지방의 무과급제자가 충찬위忠贊衛에 소속되어 돈이나 포布를 내는 폐단을 염려하여 그 액수를 영원히 줄여주는 조치를 내렸다.[611] 충찬위는 원종공신 및 그 자손이 들어가는 특수 병종이나, 조선 후기에는 원종공신 자손의 지파나 서자도 들어갈 수 있었다. 이들은 번을 서지 않는 대가로 포 1필을 바쳤으나 다른 역도 부과되었고, 이들이 바치는 포의 품질을 엄격하게 가리는 바람에 폐단이 컸다.[612] 정조는 충찬위에 배속된 무과급제자의 부담을 줄여주어서 지방 출신을 우대하는 뜻을 보인 것이다.

이외에 연대기자료에서 지방의 무과급제자를 수용한 기록을 찾아볼 수 없어 이후 이들이 어떤 진로를 거쳤는지 알 길이 없다. 다만 앞서 분석한 『선전관청천안』을 다시 살펴보면 지방의 무과급제자에 대한 정조의 의지를 엿볼 수 있다.

앞의 〈표14-2〉에서 1784년(정조 8) 책봉경과 무과급제자 중 선천을 받은 166명의 거주지를 조사한 결과 서울은 716명 중 35명(4.9%)이 선천을 받았다. 경기는 311명 중 42명(13.5%)이 선천을 받았다. 강원도는 78명 중 3명(3.9%), 황해도는 562명 중 9명(1.6%), 충청도는 96명 중 38명(40%), 전라도는 84명 중 12명(14.3%), 경상도는 95명 중 27명(28.4%)이 선천을 받았다.

1784년 책봉경과 무과급제자 중에서 선천을 받은 사람의 거주지를 보면 경기·충청도·경상도의 비중이 높아서 눈길을 끈다. 서울은 무과급제자의 4.9%가 선천으로 뽑힌 데 비해, 충청도는 40%, 경상도는 28.4%, 전라도는 14.3%, 경기는 13.5%의 무과급제자가 선천으로 선발되었다. 서울과 비교했을 때에 상당히 비율이 높아서 지방의 무과급제자 중 사족을 배려했음을 충분히 짐작할 수 있다.

이에 비해 지역적으로 고려의 대상에서 아예 제외된 곳도 있다. 선천을 받은 사람이 아예 없는 곳이 평안도와 함경도였다. 선천에 평안도와 함경도 사람이 허통되는 시기가 철종 대라는 사실을 고려하면 평안도와 함경도의 제외는 책봉경과의 무과급제자만의 문제는 아니다. 하지만 평안도가 서울 다음으로 무과급제자를 많이 배출한 지역임을 상기해보면 선천에서 제외된 여파가 컸으리라고 여겨진다.

서북인의 과거 급제 현상에 대해서는 이미 에드워드 와그너(Edward w. wagner)가 주목했다. 와그너 교수에 따르면 1392~1599년 사이 문과급제자 중 북쪽 거주자 비중이 3~4%였다가, 17세기에 7.5%, 18세기에 14%가 되고 19세기에는 15.4%로 급증했다. 고종 대에는 그 비율이 전체 문과급제자의 약 4분의 1에 해당하는 22.8%까지 급등했다.[613]

와그너 교수는 이 현상에 대해 과거를 지속적으로 개방한 결과 조선 왕조가 장기적으로 지속할 수 있는 동력으로 작용했다고 해석했다. 와그너는 "서북지역민들에게 고위 관직을 수여하는 데 상당한 차별 대우가 있었던 것은 사실"이라면서 서북지역 주민에 대한 차별 대우를 재검토해야 한다고 언급했으나, 과거의 개방성에 더 큰 의미를 부여했다.

와그너 교수의 시각대로 본다면 무과는 문과에 비해 개방성이 높은 시험이다. 이 책의 7장에서 조선 후기 무과급제자 16,540명의 거주지 분포를 보면 서울(34.7%, 5744명), 경기(14.9%, 2,467명), 평안도 (13.8%, 2,279명), 황해도(13%, 2,144명)에 집중되었다. 이 중 평안도의 비중은 17세기에 11%에서 18세기에 32.5%까지 치솟았다. 하지만 이 결과에도 불구하고 무과 급제 이후 평안도 사람의 관직 진출 성적은 초라하기 그지없다.[614]

1792년(정조 16) 4월에 평안도 관찰사 홍양호가 평안도 무사를 대상으로 실시한 무예시험의 합격자 명단인『관서무사시취방關西武士試取榜』에 이런 상황이 고스란히 들어있다.[615]『관서무사시취방』에 실린 합격자 177명 가운데 무과 출신이 55명이며, 한량이 122명이었다. 이 무과 출신 55명 중 책봉경과의 급제자 11명의 인적사항을 정리한 것이 〈표14-3〉이다.

27세에 한량으로 무과에 급제한 유광추는『관서무사시취방』에 '안주 출신 유광추安州出身兪光秋'로 기록되었다. 김중린은『관서무사시취방』에 '태천 출신 김중린泰川出身金重麟', 이종렴은 '정주 출신 이종렴定州出身李宗濂', 표익점은 '순천 출신 표익점順川出身表益漸', 김응린은 '성천 출신 김응린成川出身金應獜', 황택주는 '강계 출신 황택주江界出身黃宅柱', 김대일은 '위원 출신 김대일渭原出身金大一', 김윤심은 '안주 출신 김윤심安州出身金潤心', 김익칠은 '숙천 출신 김익칠肅川出身金益七', 이양좌는 '용강 출신 이양좌龍岡出身李良佐'로 올라있다. 강취일만 '창성 전임 충장장 강취일昌城前忠壯将康就日'로 되어있다.

평안도 무사 시취에 합격한 책봉경과의 무과급제자 11명은 한량이나 별무사·부사과 등으로 무과에 급제한 사람들이다. 이들은 책봉경과 이후 8년이 지난 뒤에 응시한 관서 무사 시취에 합격하여 상으

| 구분 성명 | 『왕세자책봉경용호방』 | | | | | 「관서무사시취방」 |
|---|---|---|---|---|---|---|
| | 전력 | 나이 | 거주 | 아버지 | | 이력 |
| 유광추 | 한 량 | 27 | 안주 | 무학 | 대성 | 출신 |
| 김중린 | 한 량 | 26 | 태천 | 겸사복 | 호경 | 출신 |
| 이종렴 | 별무사 | 33 | 정주 | 학생 | 상필 | 출신 |
| 표익점 | 별무사 | 34 | 순천 | 업무 | 계만 | 출신 |
| 김응린 | 한 량 | 23 | 성천 | 유학 | 만휘 | 출신 |
| 황택주 | 한 량 | 30 | 강계 | 양인 | 운채 | 출신 |
| 김대일 | 별무사 | 37 | 위원 | 부호군 | 취범 | 출신 |
| 김윤심 | 별무사 | 23 | 안주 | 부호군 | 태형 | 출신 |
| 김익칠 | 부사과 | 44 | 숙천 | 급제 | 창조 | 출신 |
| 이양좌 | 한 량 | 42 | 용강 | 업무 | 경선 | 출신 |
| 강취일 | 별무사 | 28 | 창성 | 유학 | 인택 | 전임 충장위장 |

(근거: 『왕세자책봉경용호방』, 「관서무사시취방」)

로 숙마첩熟馬帖이나 마첩馬帖에 상당하는 포목布木을 받았다. 그런데 여기서 10명이 '출신'으로 기록된 점이 주목된다. '출신'이란 무과 출신을 지칭한다. 10명이 본인 이력을 '출신'으로만 표시했다는 것은 1784년(정조 8) 무과 급제 뒤에 관직 진출에 실패했음을 말해준다.

오로지 강취일만 전임 충장위장이라는 직함을 가졌을 뿐이다. 충장위는 광해군 초에 설립한 금군의 일종으로 군공·납속·전망자戰亡者의 아들, 납속 실직 4품 이하나 영직影職 5품 이하의 상직첩賞職帖을 받은 사람이 들어갔다. 사족은 제외시켰고, 1620년(광해 12) 이후로 이미 양반의 입속이 없었다고 보고 있다. 충장위장은 3품으로서 충장위를 영솔하여 입직하는 임무를 담당했다.[616]

이 11명이 평안도의 무과급제자 전체를 대표한다고 말할 수 없다. 그럼에도 이들이 무과 급제 뒤에 8년이 지나도록 관직이나 급료 자리 하나 얻지 못한 모습에서 평안도 무과급제자의 사회적 좌절을 읽어 내기에 부족하지 않다. 이 암울한 현실은 개인의 힘으로 극복하기 어려운 것으로 지방의 무과출신이라 해도 지역에 따라 진로에 현격하게 차이가 있었다는 사실을 알려준다. 따라서 과거의 개방성은 합격률뿐만 아니라 합격 이후의 진로도 반드시 고려할 필요가 있다.

## 군영 소속 출신의 소외

책봉경과의 무과급제자 2,692명 중 한량(1,374명, 51%)과 군사직(1,041명, 38.7%)이 차지한 비중이 총 89.7%였다. 10명 중 9명이 무武를 주업으로 삼고 있다고 해도 과언이 아니다. 그렇다면 정조가 이들에 대해 어떤 조치를 취했을지 궁금하다.

정조 역시 이들의 존재를 잊지 않고 있었다. 1784년 10월 6일 정조는 훈련도감·금위영·어영청의 군병 중 책봉경과에 급제한 자가 많다고 언급하면서 다음과 같이 고민을 토로했다.

> "과거에 합격한 것은 다행한 일이나 요식料食을 잃어버리게 되었으니 불쌍한 노릇이다. 이로 인해 또 허다한 정예군을 잃게 되었으니 앞으로 보나 뒤로 보나 반드시 별도로 고심하여 내리는 조치가 있어야 할 것이다."[617]

정조가 군영 소속의 무과급제자를 우대하기 위해 참고한 사례는 앞 시기에 실시한 두 차례의 만과였다. 곧 1637년(인조 15)의 '산성무과'와 1676년(숙종 2)의 '병진년 만과'였다. 산성무과는 5,526명을, 병진년 만과는 17,652명을 선발한 무과였다. 정조는 인조와 숙종 대에 만과 급제자를 수용하기 위해 국출신청局出身廳을 설치한 사실을 상기해냈다.

국출신은 훈련도감의 하급 장교로 정원은 150명이었다. 병자호란 당시 남한산성으로 인조를 호종한 훈련도감군의 대우를 위해 산성무과의 급제자 중 훈련도감군 1,384명을 7국局으로 편성한 것이 시초였다. 하지만 세월이 흐르면서 점차 사망자가 나오자 1663년(현종 3) 무렵에는 3국으로 축소되었다. 그 뒤 '병진년 만과'를 계기로 본래 설치 의도와 달리 훈련도감군 가운데 무과에 급제한 사람들의 소속처가 되었다.[618]

정조는 이 국출신청을 언급하면서 훈련대장을 비롯해 금위대장·어영대장에게 군영 소속의 무과급제자를 위한 방도를 강구하라고 명했다. 정조는 이 문제로 대신들과 장시간 토론을 펼쳤지만 관직 자리가 부족하다는 지적이 많아 돌파구를 마련하기 어려웠다. 그럼에도 급료 자리를 마련해야 한다는 당위성을 내세워 군영대장들에게 자리를 마련하라고 지시했다.

삼군문에서는 정조의 지시에 따라 조치를 마련했다.[619] 금위영에서는 유료군병有料軍兵인 별기위別騎衛 32자리 중 25자리를 책봉경과의 급제자 자리로 만들어 교대로 임용해 급료를 지급하고, 궁술이나 기마의 재주가 기사騎士에 적합한 급제자를 기사 자리가 나는 대로 임명하겠다고 보고했다. 어영청도 출신군관出身軍官 18자리에 책봉경과에 급제한 군병 38명을 먼저 교대로 임용하며, 역시 기사에 합당한 자가 있으면 자리가 나는 대로 임명하겠다고 보고했다. 이듬해에는 훈련도감에서도 군병 중 책봉경과에 급제한 사람을 국출신과 별기대別騎隊에 자리가 나는 대로 순서대로 급료에 붙이겠다고 보고했다.[620]

삼군문에 소속한 무과급제자들이 급료를 받을 수 있는 자리는 윤번으로 임명되어 급료를 받는 곳이었다. 무과 급제 뒤에 윤번이나마 급료를 받을 수 있는 자리에 우선 임용될 수 있어서 급제 이전보다 처지가 나아졌다고 할 수 있다. 하지만 무과 급제 이전에 받던 요식을 더 이상 받을 수가 없었으므로 반드시 처지가 향상되었다고 할 수 없다. 급료를 받지 못하는 동안에 요식조차 받지 못하므로 "불쌍한 노릇"이었던 것이다.

또 이들이 군영에서 더 높은 자리에 올라가기 위해서는 각종 시사나 도시都試에서 우수한 성적을 거두거나 45개월의 장기 근무를 마쳐야 출륙出六하거나 장교로 승진할 수 있었다. 따라서 군병으로 무과에 급제한 자들이 군문을 벗어나려면 지난한 과정이 필요했던 것이 현실이었다.

이상으로 무과급제자의 진로에 나타난 특혜와 차별의 문제를 검토하기 위해 1784년(정조 8) 책봉경과의 무과급제자의 진로를 알아보았다. 조선 후기에 무과에 급제했다고 하여 누구나 관직에 진출할 수 있는 것은 아니었다. 무과급제자가 관직에 진출하기 위해서는 양반 여부를 가르는 혈통 및 지연·학연·혈연·당파 등의 요소가 전제되어야 했다. 무과급제자로서 관직 진출의 어려움은 모든 무과급제자가 겪는 공통의 현실은 아니었다. 무과급제자 앞에는 개인의 진로에 영향을 끼친 유형 또는 무형의 사회구조, 다른 말로 표현하면 누구에게는 특혜가 되고 누구에게는 장벽이 되는 '운용 시스템'이 작동했던 것이다.

# 조선의 무관을 찾아가는 여정

## 1부 요약

|

이 책은 조선 후기 무관의 예비후보군을 형성한 무과급제자를 연구한 결과물이다. 연구 주제는 세 가지로 무과의 운영이 조선 전기에 비해 어떻게 달라졌는가, 누가 무과에 급제했는가, 무과 급제 뒤에는 관직에 진출했는가 하는 문제였다. 이 세 주제는 서로 분산된 것이 아니라 궁극적으로 누가 어떤 제도 속에서 무과에 급제하여 어떤 길을 걸어갔는가에 대한 탐구로 귀결시키고자 했다.

〈1부〉는 조선 후기 무과 운영의 특징을 만과 · 천인 · 직부전시라는 세 가지 주제어로 접근했다. 현재까지 발굴한 무과방목은 무과 800회 중 167회분(20.9%)이다. 무과방목은 위조나 변조가 불가능한 1차 사료로서 무과급제자의 인적사항과 함께 무과 운영의 큰 틀을 파악할 수 있는 자료이므로 앞으로 관심이 더 필요하다.

무과는 1402년(태종 2)부터 시작하여 1894년(고종 31) 과거제도를 폐지할 때까지 800회를 실시했다. 이 가운데 조선 후기(광해군~고종)에 554회를 실시했고, 선발 인원은 대략 120,053명으로 추산된다. 시험별 점유율은 정시(57%) → 별시(12.1%) → 식년시(10.9%) → 증광시(5.9%) → 외방별시(5.7%) → 알성시(4.7%) → 외방정시(1.5%) → 춘당대시(1.2%) → 중시(0.8%) → 도과(0.2%) → 기타(0.1%)의 순서다. 식년시 · 증광시보다 각종별시의 비중이 높은 점이 특징이며, 정시를 통해 무과급제자의 양산이 이뤄졌다.

조선 후기에 무과 운영에서 중요한 사안은 천인의 응시를 막는 일이었다. 1628년(인조 6)에 천인은 무과에 응시할 수 없다는 규정이 생기고『속대전』에서 명문화되었지만 소용없었다. 임진왜란을 거치면서 본격화된 천인의 무과 응시는 점점 합법화의 길을 걸었다. 1637년에 실시한 '산성무과'의 급제자 5,536명 중 '면천免賤' 564명의 존재가 이러한 사회 분위기를 잘 보여준다. 면천은 병자호란 당시 남한산성에서 군공의 대가로 면천첩을 받은 천인으로서 천인이 무과에 급제한 귀중한 사례를 보여준다.

한편, 18세기에 무과 한 회당 최고 94.9%의 급제자가 직부전시로 급제하는 놀라운 현상이 출현했다. 직부전시는 초시나 복시를 면제하고 바로 전시에 응시할 자격을 부여하는 제도였다. 전시는 최종 등수만 결정하는 단계여서 당락과 무관하므로 직부전시란 급제나 다름없는 대단한 특혜였다.

직부전시 인원을 알 수 있는 무과 127회 중 직부전시자가 50% 이상을 점유한 무과가 78회(61.4%)나 되었다. 이 결과는 10번의 무과 중 6번은 직부전시로 급제한 자가 최소 절반 이상을 웃돌았다는 의미가 된다. 더 흥미로운 사실은 직부전시 급제자 중 55.6%가 서울 거주자였다. 여기에 더해 금군에게 큰 혜택이 돌아가고 있어서 직부전시가 서울의 중앙군 및 친위군에 대한 특혜의 성격이 강했음을 알려준다.

## 2부 요약

|

〈2부〉는 조선 후기의 무과방목 102회분에 실린 무과급제자 16,643명을 분석해서 누가 무과에 급제했는지를 실증적으로 제시하고 그 수치를 '역사적'으로 해석했다.

무과급제자가 소지한 전력은 251종이며, 유형별로 분류하면 한량(34.1%), 군사직(33.4%), 관료군(24.1%), 기타직역(8.5%)의 순서여서 한량과 군사직이 강세를 나타냈다.

한량은 1696년(숙종 22)에 양반으로서 무武를 일삼는 사람을 지칭하는 직역으로 확정되었다. 17세기 중반 이후부터 무과에 활발하게 급제하여 18세기에는 무과급제자의 대명사로 불릴 만큼 높은 비중을 차지했다.

한량은 중앙 군영을 비롯한 특수부대가 자리한 서울·경기·평안도·황해도 거주자가 비교적 많았다. 한량은 군영과 병영에서 시행하는 각종 무예 시험에서 우수한 성적을 거두면 직부전시를 받아 무과에 급제할 수 있는 기회를 획득했다. 이 때문에 무과급제자 가운데 가장 높은 점유율을 보일 수 있었다.

군사직 소유 무과급제자는 군총 67.1%, 금군 14.1%, 장교 11.4%, 제위 7.4%로 나타나 군총이 무과에 급제하는 경향이 두드러졌다. 군총의 합격률이 높은 이유는 별무사·보인·친기위에서 급제자가 쏟아졌기 때문이다. 또 군사직 136종 가운데 별무사·보인·겸사복·친기위·충의위·기사·선무군관·마병·군관·권무군관·내금위의 11종에서 군사직의 69.5%가 나왔으므로 특정 군사직종에서 무과를 독점하다시피 했다. 군사직 소유 급제자의 소속처는 중앙이 42%이며 서울 거주자도 30.6%여서 중앙 군영 소속자나 서울 거주자가 급제에 더 유리했다.

관직이나 관품을 소유한 무과급제자는 양반 관료의 급제를 보여주는 사례로서 의미가 크다. 관직소유자(56.5%)가 관품소유자(43.5%)에 비해 더 왕성하게 급제했으며, 구체적으로 보면 서반직 소유자(53.6%)와 동반관계東班官階 소유자(24.7%)의 비중이 높다. 서반직은 체아직이 85.7%를 차지했으며, 동반관계는 통덕랑이 45.2%나 차지하여 대가제代加制의 영향으로 파악된다.

기타직역은 업무(34.2%)·무학(31.8%)·교생(26.4%)이 기타직역 급제자의 92.4%를 차지해서 특정 전력의 집중도가 높았다. 거주지는 서울이 6.1%에 불과하여 지방 출신이 압도적으로 많았다. 그런데 업무·무학·교생의 경우 18세기 후반이 되면 무과방목에서 더 이상 찾아보기가 어렵다. 이 문제와 관련하여 보인도 양반이 군역을 지지 않는 분위기가 무르익어가는 17세기 후반부터 목격하기가 힘들어진다. 유학도 조선 후기의 무과방목에 전혀 등장하지 않는다.

이런 현상이 나타난 요인으로 이들이 무과에 급제하지 않았다기보다는 무과방목에 올리는 전력을 달리 썼을 가능성이 높다고 보았다. 서얼의 경우 18세기 이후로 업무가 아닌 다른 직역을 사용했으며, 보인·무학·교생은 군역을 지지 않아도 되는 한유자로서 무를 일삼는 직역인 '한량'을 사용한 것으로 유추된다. 유학은 무과에 응시할 때에는 한량이라 적어야 했다. 따라서 이러한 직역 기재 방식 때문에 한량이 직역명으로 확정되는 숙종 대 이후로 한량으로 무과에 급제하는 사람이 비약적으로 증가했다고 할 수 있다.

무과급제자의 거주지는 총 329곳으로 전국 군현에 걸쳐있었다. 이 중 서울 거주자가 34.7%를 차지하고, 그 다음으로 평양(4.2%)과 수원(2.8%)이었다. 도별로 보면 경기 14.9%, 평안도 13.8%, 황해도 13%, 전라도 6.1%, 충청도 5.6%, 경상도 5.1%, 함경도 4.7%, 강원도 2.1%였다. 서울·경기를 비롯한 평안도와 황해도에서 무과급제자가 집중되었는데, 이 지역들은 군사 지역과 연관성이 높다. 서울과 경기는 오군영 소재 지역이며 평안도·함경도·황해도는 친기위·별무사 등 특수 부대가 활발히 운용되던 지역이다.

무과급제자의 성관은 1,737개로 조사되었다. 이 가운데 무과급제자를 다수 배출한 30대 성관을 문과·생원진사시의 30대 성관과 비교한 결과 공통분모를 유지하면서도 무과에서만 더 많은 급제자가 나온 성관이 뚜렷하게 존재했다. 무과급제자 1명만 배출한 성관은 799개로 성관의 46%를 차지하지만 급제자 인원은 전체의 4.9%에 불과했다. 1명 배출 성관은 무과의 판도를 바꾸지는 못했지만 무과의 개방성이라는 측면에서 주목할 변화라 할 수 있다.

끝으로 무과급제자의 아버지 직역을 무과급제자의 전력별로 검토하면 한량의 아버지는 기타직역(55.4%) 소유자가 가장 많았다. 군직군의 아버지도 기타직역(42.5%) 소유자의 비중이 가장 높다. 관직 또는 관품 소유자의 아버지는 관직소유자가 가장 많아서 각각 63.5%, 58%를 차지했다. 기타직역의 아버지는 기타직역(45%)과 관직(39.1%) 소유자가 많았다. 이처럼 무과급제자의 전력에 따라 아버지 직역이 다른 것은 무과급제자를 하나의 집단으로 묶을 수 없다는 사실을 입증해 준다. 그리고 이 차이는 그저 차이에서 끝나지 않고 관직 진출과 연결되어 출세의 차이를 가져왔다.

# 3부 요약

〈3부〉에서는 과거科擧를 둘러싼 오래된 논쟁인 개방성과 폐쇄성이라는 고전적인 주제를 놓고 무과 급제를 통해 관직 획득이 가능했는지를 검토했다.

조선 후기 무과 급제는 관품이나 관직을 획득할 수 있는 기회였다. 그래서 조선 후기 무과급제자는 급제 뒤에 시험 성적에 따라 관직 또는 관품을 받았다. 또 분관이라 하여 본인 의사에 따라 훈련원에 들어가 권지를 거쳐 승륙陞六의 기회를 잡을 수도 있었다.

장원 급제자는 동반의 6품 관직에 임용되는 파격적인 특전을 받았다. 그래서 다른 무과급제자보다 순조롭게 출발했으나 이후의 출세까지는 영향을 미치지 못했다. 이보다는 다른 요소 즉 집안의 위세나 혈통·혈연·지연과도 같은 요소가 더 큰 요인으로 작용했다.

양반을 위한 관직 진출의 특혜를 잘 보여주는 제도가 선천宣薦이다. 선천이란 선전관의 모집단을 미리 발탁해두는 천거였다. 무과급제자와 한량을 대상으로 '지벌地閥'·'청족淸族'·'문벌門閥' 등으로 표현되는 집안의 후손을 선발했다. 이 조건을 충족해도 평안도·함경도 사람과 서얼은 들어오지 못했다.

선천은 청요직으로 가기 위한 첫 관문이었다. 그래서 선천에 뽑혔다는 것은 다른 사람에 비해 관직 진출의 유리한 고지를 선점했다는 의미였다. 조사 결과 영조~철종 대의 무과급제자 6만 5천여 명 중 7%만 선천에 들었으므로 높은 진입장벽을 실감할 수 있다.

한편, 무과급제자는 군영이나 병영 등에 장관·장교, 금군이나 특수부대, 군졸로 소속해 있었다. 이들은 구근을 포함한 근무 일수를 채우거나, 취재取才 및 각종 무예 시험을 통해 장교로 올라가거나 변장邊將 진출 및 승륙의 기회를 얻을 수 있었다. 하위직이나마 관직 진출의 기회는 열려있었으나 이 기회를 잡기란 대단히 어려웠고 지난한 세월이 필요했다.

끝으로 필자가 주목한 사항은 1784년(정조 8)의 '책봉경과'에 급제한 2,692명의 진로였다. 이 시험은 문효세자 책봉을 경축하는 정시庭試 무과로 만과萬科 중 하나였다. 지금까지 만과 급제자 중에는 하층민이 많고 대부분 군문에 배치되었다고 했으나, 이들의 진로를 추적한 결과 실상이 달랐다.

2,692명의 무과급제자 중 군영 소속이나 외방 무사는 정조의 배려와 조치에도 불구하고 큰 수혜를 입었다고 볼 수 없다. 이에 비해 사족의 무과급제자는 관로로 나갈 수 있는 기회가 비교적 많았다.

대표적으로 사족 출신을 위한 특별 배려는 대규모로 실시한 선천을 꼽을 수 있다. 사족 급제자들은 선천을 발판으로 성공적으로 관직에 진출해 경력을 쌓아갔다.

무엇보다도 직부전시로 무과에 급제한 선전관 10명의 진로는 지금까지 드러나지 않은 무과 운영의 한 측면으로서 무과 급제 및 관직 임명에서 사족을 선호하고 우대한 정황을 분명하게 보여줬다. 말할 것도 없이 힘 있는 양반이 아니라면 결코 누릴 수 없는 혜택이었다.


## 무관과 양반 사회

|

이미 1960, 70년대 해외학자들을 중심으로 진행된 중국 왕조의 과거科擧 제도 연구에서 밝혀졌듯이, 과거란 공정과 개방을 표방한 관료 선발 시험이자 기득권의 재창출을 유지해주는 차별과 폐쇄성이 양립해있는 시험이다.

오늘날 무과에 대한 인식은 두 시각 중 개방성을 강조한 전자의 시각이 강한 편이라 할 수 있다. 이 시각은 1980년대에 일기 시작한 조선 후기 신분변동론의 연구에 힘입어 공감대를 형성했으며, 사회 변동의 계기를 입증하는 요소로 활용되었다. 그러다보니 최근까지도 무과에 대한 통념으로 자리하고 있다.

이 책은 무과에 대한 세 가지 문제의식에서 출발했다. 첫째, 무과의 개방성은 무과급제자의 규모나 신분으로 진단할 것이 아니라 과거 본래 기능인 관로仕路로서 기능했는지를 고려해야 한다는 점이다. 무과 급제와 관직 진출은 별개의 사안이며, 과거 합격증인 홍패가 현실에서 실제로 어떤 힘을 가졌는지를 검토해야 한다.

둘째, 위의 문제를 해결하기 위해서는 무과를 둘러싼 변칙의 현상에 집중하기 전에 '정과正科'의 위상에 먼저 관심을 가져야 한다는 점이다. 곧 무과의 원래 목적으로 되돌아가 관료 선발 기능을 재고할 필요가 있다. 이러한 접근이 무과에 대한 오래된 통념을 바로잡을 수 있는 길라잡이의 역할을 할 수 있다고 여겨진다.

셋째, 무과 급제나 무과 급제 뒤의 관직 진출이 개인의 역량으로만 좌우된 것이 아니라 이를 유리하게 하는 제도가 존재했다는 점이다. 무과가 겉으로는 개인의 능력과 자질을 평가하는 방식을 취했으나 그 내부를 들여다보면 직부전시나 선천처럼 양반을 위한 특별 장치가 존재했다. 이 점은 양반과 비非 양반 사이에 존재한 간극을 설명하는 데 유용하며 무과에서도 양반이 특별한 혜택을 누렸다는 사실을 잘 보여준다.

이 책에서 무과급제자의 진로에 접근한 방식은 모든 급제자의 진로를 하나하나 검토하는 방식은 아니었다. 이것은 자료의 부족으로 가능하지 않으며, 필사가 주목한 사항은 개인의 관로에 영향을 끼친 유형 또는 무형의 그 어떤 사회구조, 다른 말로 표현하면 누구에게는 특혜가 되고 누구에게는 장애가 되는 '제도'였다.

조선 후기에 무과의 진입 장벽은 크게 낮아졌다. 양인은 물론 천인도 급제할 만큼 개방성을 띠었고, 그 결과 무과급제자 양산이라는 사회 현상을 초래했다. 실제로 조선 후기(광해군~고종)의 무과급제자는 약 12만 명으로 추산된다. 반면에 조선왕조 전 기간에 걸쳐 선발한 문과급제자는 14,682명이다. 조선 후기의 무과 급제자가 조선왕조 전체 문과급제자보다 약 8배나 더 많은 셈이어서 이 수치만으로도 조선 후기에 양산된 무과급제자의 규모를 충분히 짐작할 수 있다.

그래서 조선 후기에 무과가 과거의 기능을 과연 얼마나 수행했을지 의문이 생기는 것이 사실이다. 하지만 이러한 의구심에도 불구하고 무과는 관직 등용문이라는 순기능을 수행했다. 이런 까닭으로 양인 이하의 사람도 무과에 급제한 뒤에는 서반의 말직에 들었다고 여겼으며, 스스로 사대부의 말석에 낀 것처럼 처신했다. 국가에서 무과를 민심 위무용으로 활용할 수 있던 원동력도 이 본질 때문이며, 무과에 급제하기 위해 수많은 사람이 몰린 이유도 여기에 있었다.

문제는 선발 인원이 많아지고 급제자의 신분이 하향화되면서 무과에 급제해도 누구나 관직에 진출한다는 보장을 받지 못한 현실이었다. 그 이유는 무과급제자의 인원에 비해 관직수가 턱없이 부족한 것이 가장 컸으며, 이 과정에서 무제급제자 중 양반과 비양반을 선별하는 작업을 진행했기 때문이다. 곧 국정의 책임자인 국왕과 그 아래의 정책가들이 무과 급제와 관직 진출에 대해 이원화 정책을 구사하면서 양반의 특권을 보장해준 것이다.

따라서 관직 진출의 어려움은 모든 무과급제자가 겪는 공통의 현실이 아니었다. 무과 출신 중에는 관직 적체와 무관하게 청요직을 거쳐 수령은 물론 절도사나 군영대장까지 오른 사람도 상당수 있었다. 이 주인공들은 '지벌', '청족', '문벌'의 후손으로 표현되기도 하며, 꼭 여기까지 이르지 않더라도 양반가의 후손이어야 했다. 또 당대에는 한미하지만 명문가나 충신의 후손이라는 후광으로 관직에 임명되는 사례도 빈번했다.

예컨대, 1784년(정조 8) 정시 무과에 급제한 사람 중에는 훈련대장의 친조카로서 이후 금위대장까지 오른 이광익李光益이 있는가 하면,

양인 아버지를 둔 평안도 출신의 황택주黄宅柱처럼 관직 진출에 실패한 사람도 있었다. 같은 해에 같은 무과에 급제했으나 진로에서 큰 차이가 있어서 무과급제자 앞에 가로놓인 차별의 장벽을 잘 보여준다. 이 차별의 요소에는 신분을 가르는 혈통과 지연·학연·혈연 등이 자리했다. 여기에 집권 당파와 이해를 함께 한다면 더 유리했음은 말할 나위도 없다. 그리고 바로 이러한 점이 양반 사회를 유지한 근간이자 시스템이라 할 수 있다.

서두에서도 언급했듯이 조선시대에 국가의 모든 일을 담당한 사람은 문관과 무관으로 구성된 양반이었다. 하지만 문치주의를 지향한 양반 관료 사회에서 우위를 차지한 존재는 유학儒學의 소양으로 무장한 문관이며, 무관은 문관의 하위 동료로 자리매김이 되었다.

역사학자 김석형(金錫亨, 1915~1996)은 문관을 숭상하고 무관을 천시하는 현상에 대해 "양반의 척도로써 양반을 구분하는 것"[621]이라 보았다. 이는 마치 기호지방 양반에 비해 영남·호남의 양반이 한층 떨어지며, 서북사람은 양반으로 치지도 않는 양반의 구분법과 다를 것이 없다고 지적했다.[622]

이런 측면에서 양반의 한 축인 무관의 입장에서 조선시대를 바라보는 작업은 비주류의 시선으로 역사를 이해하는 일이며 결과적으로 기존에 간과되어온 진실을 탐구하는 과정이라 볼 수 있다. 그리고 무관의 예비후보군을 형성한 무과급제자에 대한 연구는 그 첫걸음이라 할 수 있다.

# ■ 참고문헌

## 1. 자료

### 1) 연대기자료

조선왕조실록, 『승정원일기』, 『비변사등록』, 『일성록』

### 2) 법전

『經國大典』, 『續大典』, 『大典通編』, 『大典會通』, 『典錄通考』, 『典律通補』, 『受教
輯要』, 『兩銓便攷』, 『銀臺條例』, 『銀臺便攷』, 『六典條例』

『西銓政格受教筵奏輯錄』(한국학중앙연구원 장서각)

『銓注纂要』(栖碧外史海外蒐佚本 17, 아세아문화사영인본, 1984)

『東銓考』(민창문화사, 1981)

### 3) 전고 및 문집

『萬機要覽』, 『增補文獻備考』, 『國朝寶鑑』

『經世遺表』(丁若鏞), 『經濟野言』(禹禎圭), 『農圃問答』(鄭尙驥), 『大東野乘』, 『梅
泉野錄』(黃玹), 『牧民心書』(丁若鏞), 『星湖僿說』(李瀷), 『燃藜室記述』(李肯翊),
『迂書』(柳壽垣), 『林下筆記』(李裕元), 『芝峰類說』(李晬光), 『弘齋全書』(正祖)

『武科總要』(아세아문화사, 1974)

『科擧謄錄』(各司謄錄 83~86, 국사편찬위원회, 1996)

『謄錄類抄』(各司謄錄 64~66, 국사편찬위원회, 1993)

『定式抄錄』(各司謄錄 71, 국사편찬위원회, 1993)

『丙子錄』(羅萬甲) (국립중앙도서관)

『南漢日記』(石之珩) (국립중앙도서관)

『掾曹龜鑑』(서울시립종로도서관소장, 서강대학교인문과학연구소 영인본, 1982)

『梧潭先生文集』(權必稱) (한국학중앙연구원 장서각)

『風泉遺響』(宋奎斌) (국방부전사편찬위원회 번역본, 1990)

4) 방목 · 선생안 · 족보

　무과방목 102회(〈부표 2〉 참조)

　『國朝榜目』(국회도서관편, 서울대학교출판부, 1971)

　『國朝文科榜目』(태학사영인본, 1988)

　『司馬榜目』(국학자료원, 1990)

　『武譜』(한국학중앙연구원 장서각 K2-1741)

　『嶠南科榜錄』(虎榜) (서울대학교 규장각한국학연구원)

　『濟州道武科及第先生案』(국사편찬위원회)

　『海東榜目』(연세대학교)

　『龍門錄』(한국학중앙연구원 장서각)

　『宣傳官廳薦案』(全7冊, 서울대학교 규장각한국학연구원)

　『宣傳官廳先生案』(서울대학교 규장각한국학연구원)

　『宣傳新薦案』(서울대학교 규장각한국학연구원)

　『承傳受點案』(서울대학교 규장각한국학연구원)

　『統制營事蹟及右水營事蹟:統制使先生案』(『忠烈祠院誌』 수록)

　『登壇錄先生案』(한국학중앙연구원 장서각)

　『登壇錄』(서울대학교 규장각한국학연구원)

　『登壇年表』(서울대학교 규장각한국학연구원)

　『武陞資錄』(한국학중앙연구원 장서각)

　『淸選考』(서울대학교 규장각한국학연구원)

　『萬姓大同譜』(명문당, 1983)

　『萬家譜』(민창문화사, 1992)

　『國朝人物考』(서울대학교도서관 영인본, 1978)

5) 군영 자료

　『壯勇營故事』(한국학중앙연구원 장서각)

　『壯勇營大節目』(한국학중앙연구원 장서각)

　『禁衛營中旬膽錄』(한국학중앙연구원 장서각)

『訓局總要』(한국학중앙연구원 장서각)

『訓局事例撮要』(한국학중앙연구원 장서각 K2-3403)

『御營廳事例』(한국학중앙연구원 장서각 K2-3350)

『摠戎廳事例』(한국학중앙연구원 장서각 K2-3382)

『禁衛營事例』(한국학중앙연구원 장서각 K2-3293, K2-3294)

6) 기타

『慶尙道丹城縣戶籍大帳』(한국정신문화연구원, 1980)

『朝鮮時代私撰邑誌』(한국인문과학원刊, 1989)

『邑誌』(韓國地理志叢書, 아세아문화사刊, 1982)

『東國輿地備攷』(서울사료총서 1, 1956년)

『新增東國輿地勝覽』(민족문화추진회, 1969)

『雲窓誌』(『朝鮮後期の慶尙道丹城縣における社會變動の硏究(Ⅰ)』, 學習院大學, 1990)

『嶠南誌』(韓國地理風俗誌叢書, 경인문화사, 1986)

『錦城邑誌』(나주시문화원, 1989)

『擇里志』(李重煥) (盧道陽譯, 신명출판사, 1987)

『正祖丙午所懷謄錄』(奎章閣編, 1975년)

『推刷都監儀軌』(서울대학교 규장각한국학연구원)

『園幸乙卯整理儀軌』(서울대학교 규장각 영인본, 1994)

『宣傳官廳日記』(한국학중앙연구원 장서각)

『宣薦部守薦釐正節目』(서울대학교 규장각한국학연구원)

『古文書集成-居昌 草溪鄭氏篇』23(한국정신문화연구원, 1995)

『古文書集成-求禮 文化柳氏篇(1)』37(한국정신문화연구원, 1998)

『古文書集成-求禮 文化柳氏篇(2)』38(한국정신문화연구원, 1998)

『古文書集成-慶州伊助 慶州崔氏·龍山書院篇』50(한국정신문화연구원, 2000)

『古文書集成-晉州雲門晉陽河氏篇(1)』57(한국정신문화연구원, 2001)

## 2. 연구성과

### 1) 단행본

강석화, 『조선후기 함경도와 북방영토의식』, 경세원, 2000.

김석형, 『조선봉건시대 농민의 계급구성』(과학원출판사, 1957), 신서원, 1993.

김성우, 『조선중기 국가와 사족』, 역사비평사, 2000.

김영모, 『조선지배층연구』, 일조각, 1977.

김용만, 『조선시대 사노비연구』, 집문당, 1997.

김우철, 『조선후기 지방군제사』, 경인문화사, 2000.

김종수, 『조선후기 중앙군제연구-훈련도감의 설립과 사회변동』, 혜안, 2003.

김준형, 『조선후기 단성 사족층 연구-사회변화와 사족층의 대응양상을 중심으로』, 아세아문화사, 2000.

김창현, 『조선초기 문과급제자연구』, 일조각, 1999.

노영구, 『조선후기 병서와 전법의 연구』, 서울대학교 박사학위논문, 2002.

민현구, 『조선초기의 군사제도와 정치』, 한국연구원, 1983.

박용운, 『고려시대 음서제와 과거제연구』, 일지사, 1990.

박찬수, 『고려시대 교육제도연구』, 고려대학교 박사학위논문, 1991.

박현순, 『16~17세기 예안현 사족사회 연구』, 서울대학교 박사학위논문, 2006.

박홍갑, 『조선시대 문음제도 연구』, 탐구당, 1994.

배재홍, 『조선후기 서얼의 허통과 신분지위의 변화』, 경북대학교 박사학위논문, 1994.

백승종, 『한국사회사연구-15~19세기 전라도 태인현 고현내면을 중심으로-』, 일조각, 1996.

서태원, 『조선후기 지방군제연구-영장제를 중심으로-』, 혜안, 1999.

송준호, 『이조생원진사시의 연구』, 대한민국 국회도서관, 1970.

_____, 『조선사회사연구』, 일조각, 1987.

심승구, 『조선전기 무과연구』, 국민대학교 박사학위논문, 1994.

오수창, 『조선후기 평안도 사회발전 연구』, 일조각, 2002.

류재성, 『병자호란사』, 국방부 전사편찬위원회, 1986.

윤희면, 『조선후기향교연구』, 일조각, 1990.

원창애, 『조선시대 문과급제자 연구』, 한국정신문화연구원 한국학대학원 박사학
　　　위논문, 1997.

이남희, 『조선후기 잡과중인 연구-잡과 입격자와 그들의 가계분석』, 이회, 1999.

이병휴, 『조선전기 기호사림파연구』, 일조각, 1984.

이성무, 『조선초기 양반연구』, 일조각, 1980.

＿＿＿, 『한국의 과거제도』, 집문당, 1994.

＿＿＿, 『조선양반사회연구』, 일조각, 1995.

＿＿＿, 『조선왕조사』(1 · 2), 동방미디어, 1998.

이영춘, 『조선후기 왕위계승연구』, 집문당, 1998.

이원균, 『조선시대사연구』, 국학자료원, 2001.

이장희, 『임진왜란사연구』, 아세아문화사, 1999.

이재옥, 『조선시대 과거합격자의 디지털 아카이브와 인적 관계망』, 보고사, 2018.

이종일, 『조선시대서얼신분변동사연구』, 동국대학교 박사학위논문, 1987.

이준구, 『조선후기신분직역변동연구』, 일조각, 1993.

이태진, 『조선후기의 정치와 군영제 변천』, 한국연구원, 1985.

＿＿＿, 『한국사회발전사론』, 일조각, 1992.

이홍두, 『조선시대 신분변동연구-천인의 신분상승을 중심으로』, 혜안, 1999.

이훈상, 『조선후기의 향리』, 일조각, 1990.

임민혁, 『조선시대 음관연구』, 한성대학교 출판부, 2002.

장필기, 『조선후기 무반벌열가문 연구』, 집문당, 2004.

장학근, 『조선시대 해양방어사』, 창미사, 1988.

전형택, 『조선후기노비신분연구』, 일조각, 1989.

정구선, 『조선시대천거제도연구』, 초록배, 1995.

정석종, 『조선후기사회변동연구』, 일조각, 1983.

정해은, 『조선후기 무과급제자 연구』, 한국정신문화연구원, 한국학대학원 박사학
　　　위논문, 2002.

_____, 『한국 전통병서의 이해』, 국방부 군사편찬연구소, 2004.

_____, 『한국 전통병서의 이해(Ⅱ)』, 국방부 군사편찬연구소, 2008.

조성윤, 『조선후기 서울 주민의 신분 구조와 그 변화-근대 시민 형성의 역사적
    기원』, 연세대학교 박사학위논문, 1992.

조좌호, 『한국과거제도사연구』, 범우사, 1996.

지승종, 『조선전기노비신분연구』, 일조각, 1995.

차문섭, 『조선시대군제연구』, 단대출판부, 1973.

_____, 『조선시대 군사관계 연구』, 단국대학교출판부, 1996.

차미희, 『조선시대 문과제도연구』, 국학자료원, 1999.

차장섭, 『조선후기벌열연구』, 일조각, 1997.

천관우, 『근세조선사연구』, 일조각,1979.

최영희, 『임진왜란중의 사회동태』, 한국문화원, 1975.

최진옥, 『조선시대 생원진사연구』, 집문당, 1998.

최효식, 『조선후기군제사연구』, 신서원, 1995.

平木實, 『조선후기노비제연구』, 지식산업사, 1982.

한영우, 『조선시대신분사연구』, 집문당, 1997.

허흥식, 『고려과거제도사연구』, 일조각, 1981.


원창애 · 박현순 · 송만오 · 심승구 · 이남희 · 정해은 지음, 『조선시대 과거 제도
    사전』, 한국학중앙연구원출판부, 2014.

역사학회 편, 『과거』, 일조각, 1981.

연세대학교 국학연구원 편, 『한국 근대이행기 중인연구』, 신서원, 1999.

전라남도, 『전남의 향교』(조사단장 전형택), 1987.

한국역사연구회 편, 『조선정치사』(상, 하), 청년사, 1990.

이우성 · 임형택 譯編, 『이조한문단편집』, 일조각, 1978.

에드워드 와그너 지음, 이훈상 · 손숙경 옮김, 『조선왕조 사회의 성취와 귀속』,
    일조각, 2007.

유진Y.박 지음, 유현재 옮김, 『조선 무인의 역사, 1600~1894년』, 푸른역사, 2018.

이화여대사학과연구실 편역, 『조선신분사연구-신분과 그 이동-』, 法文社, 1987.

宮岐市定, 『科擧史』, 平凡社, 1987.
武田幸男 編, 『朝鮮後期の慶尙道丹城縣における社會動態の研究(Ⅰ)-學習院大學
　　　藏朝鮮戶籍大帳の基礎的研究(2)』, 學習院大學東洋文化研究所, 1990.
＿＿＿＿ 編, 『朝鮮後の期慶尙道丹城縣における社會動態の研究(Ⅱ)-學習院大學
　　　藏朝鮮戶籍 大帳の基礎的研究(3)』, 學習院大學東洋文化研究所, 1997.
조선총독부중추원, 『朝鮮の姓名氏族に關する研究調査』, 1935.


2) 논문
강명관, 「조선후기 서울 성안의 신분별 거주지」, 『역사비평』 33, 역사비평사,
　　　1996.
강석화, 「조선후기 함경도의 친기위」, 『한국학보』 89, 일지사, 1997.
＿＿＿, 「조선후기 평안도의 별무사」, 『한국사론』 41 · 42합, 서울대학교 국사학
　　　과, 1999.
강신엽, 「조선후기 친기위」, 『경주사학』 13, 경주사학회, 1994.
계훈모, 「司馬榜目總錄 附司馬試設科年次」, 『역사학보』 88, 역사학회, 1980.
계승범, 「양반사회 개념의 탄생과 확산, 그 사학사적 고찰」, 『한국사학사학보』
　　　41, 한국사학사학회, 2020.
고석규, 「18세기말 19세기초 평안도지역 鄕權의 추이」, 『한국문화』 11, 서울대학
　　　교 한국문화연구원, 1990.
김갑주, 「조선후기 보인 연구」, 『국사관논총』 17, 국사편찬위원회, 1990.
김경란, 「조선후기 호적대장의 여성호칭 규정과 성격」, 『역사와 현실』 48, 한국역
　　　사연구회, 2003.
김성우, 「조선후기 '한유자'층의 형성과 그 의의」, 『사총』 40 · 41, 고려대학교 역
　　　사연구소, 1992.
김안숙, 「조선후기 노비추쇄도감설치의 배경과 성격」, 『교남사학』 2, 영남대학교,

1986.

김현구, 「조선후기 통제사에 관한 연구-그 직임을 중심으로」, 『부대사학』 9, 부산
　　대학교, 1985.

남지대, 「중앙정치세력의 형성구조」, 『조선정치사』(상), 청년사, 1990.

_____, 「총론: 15세기 조선사회와 농민」, 『역사와 현실』 5, 한국역사연구회,
　　1991.

민선희, 「조선후기 東萊의 鄕班社會와 武廳-조선후기 향반사회의 지배구조와 사
　　회이동 문제에 대한 一試論」, 『역사학보』 139, 역사학회, 1993.

박연호, 「조선시대의 교육·과거에 관한 연구의 현황과 과제」, 『조선시대연구
　　사』, 한국정신문화연구원, 1999.

박영진(유진Y.박), 「조선초기 무과출신의 사회적 지위-태종~성종년간의 급제자
　　를 중심으로」, 『역사와 현실』 39, 한국역사연구회, 2001.

유진Y.박, 「조선후기 무과제도와 한국의 근대성」, 『한국문화』 51, 서울대학교 규
　　장각한국학연구원, 2010.

박현순, 「조선시대 科擧 榜目의 편찬과 간행」, 『한국문화』 84, 서울대학교 규장각
　　한국학연구원, 2018.

박홍갑, 「조선전기 선전관」, 『사학연구』 41, 한국사학회, 1990.

_____, 「조선전기 武班蔭職 연구」, 『한국사학논총』, 水邨朴永錫敎授華甲紀念論
　　叢刊行委員會, 1992.

_____, 「조선초기 문과급제자의 분관과 진출」, 『사학연구』 50, 한국사학회,
　　1995.

방상현, 「조선후기 수군통제사 연구-수군통제영 설치배경을 중심으로」, 『국사관
　　논총』 17, 국사편찬위원회, 1990.

배우성, 「정조연간 무반군영대장과 군영정책」, 『한국사론』 24, 서울대학교 국사
　　학과, 1991.

배재홍, 「조선후기의 서얼허통」, 『경북사학』 10, 경북대학교, 1987.

_____, 「조선후기 서얼 과거합격자의 성분과 관력」, 『조선사연구』 2, 복현조선사
　　연구회, 1993.

徐義必(John N.Sommervile), 「18世紀 蔚山地方 鄕班社會 硏究」, 『숭전어문학』
   3, 숭전대학교, 1974.

서태원, 「영장제와 토호통제-17세기를 중심으로」, 『경주사학』 12, 경주대학교,
   1993.

서한교, 「英·正祖代 납속제도의 실시와 납속부민층의 존재」, 『조선사연구』 1,
   복현조선사연구회, 1992.

송준호, 「조선시대의 과거와 양반 및 양인-문과와 생원진사시를 중심으로 하여」,
   『역사학보』 69, 역사학회, 1976.

_____, 「이조후기의 무과의 운영실태에 관하여:丁茶山의 五亂說을 중심으로 하
   여」, 『전북사학』 1, 전북대학교, 1977.

_____, 「조선후기의 과거제도」, 『국사관논총』 63, 국사편찬위원회, 1995.

송찬식, 「조선후기 校院生考」, 『論文集』 11, 국민대학교, 1977.

신대진, 「조선후기 실학자의 文武에 대한 인식과 무과제개선론」, 『경주사학』 14,
   경주대학교, 1995.

심승구, 「조선초기 무과제도」, 『북악사론』 창간호, 국민대학교, 1989.

_____, 「조선 선조대 무과급제자의 신분-1583~1584년의 大量試取榜目을 중심으
   로」, 『역사학보』 144, 역사학회, 1994.

_____, 「임진왜란중 무과급제자의 신분과 특성-1594년(선조27) 別試武科榜目을
   중심으로」, 『한국사연구』 92, 한국사연구회, 1996.

_____, 「조선 단종대 무과급제자의 신분과 그 정치적 성격-1453년(단종1)의 式
   年武科榜目을 중심으로」, 『진단학보』 88, 진단학회, 1999.

_____, 「조선후기 무과의 운영 실태와 기능-만과를 중심으로」, 『조선시대사학
   보』 23, 조선시대사학회, 2002.

안승준, 「求禮 雲鳥樓 文化柳氏家와 그들의 古文書」, 『古文書集成』 37, 정신문화
   연구원, 1998.

오수창, 「17, 18세기 평안도 유생·무사층 성장의 사회경제적 배경」, 『규장각』
   18, 서울대학교 규장각, 1995.

오종록, 「壬辰倭亂~丙子胡亂時期 軍事史 硏究의 現況과 課題」, 『軍史』 38, 국방

부 국방군사연구소, 1999.

우인수, 「赴北日記를 통해본 17세기 출신군관」, 『한국사연구』 96, 한국사연구회, 1997.

윤훈표, 「조선초기 무과제도연구」, 『학림』 9, 연세대학교, 1987.

윤희면, 「조선후기 서원의 額內院生」, 『성곡논총』 23, 성곡학술문화재단, 1992.

원창애, 「16~17세기 과거제도의 추이」, 『청계사학』 9, 한국정신문화연구원 청계사학회, 1992.

_____, 「조선시대 문과직부제 운영 실태와 그 의미」, 『조선시대사학보』 63, 조선시대사학회, 2012.

이기백, 「19세기 한국사학의 새 양상」, 『한우근박사정년기념사학논총』, 지식산업사, 1981.

이남희, 「조선시대 잡과 운영과 그 추이」, 『청계사학』 11, 한국정신문화연구원 청계사학회, 1994.

_____, 「조선시대 잡과방목의 자료적 성격」, 『고문서연구』 12, 한국고문서학회, 1997.

이선희, 「조선후기 한성부 내 경기감영의 입지 연구」, 『서울학연구』 45, 서울학연구소, 2011.

이성무, 「조선초기 문과의 응시자격」, 『논문집』 9, 국민대학교, 1975.

_____, 「조선시대 음서제와 과거제」, 『한국사학』 12, 한국정신문화연구원, 1991.

_____, 「조선시대사 서설」, 『역사학보』 170, 역사학회, 2001.

이원균, 「조선시대의 水使와 僉使의 교체실태: 경상좌수사와 다대포 첨사의 경우」, 『논문집』 33(인문·과학편), 부산수산대학, 1984.

_____, 「조선후기 지방무관직의 교체실태-《慶尙水營先生案》과 《多大浦先生案》의 분석」, 『부대사학』 9, 부산대학교, 1985.

이준구, 「조선후기 양반신분이동에 관한 연구」(상), 『역사학보』 96, 역사학회, 1982.

_____, 「조선후기 양반신분이동에 관한 연구」(하), 『역사학보』 97, 1983.

_____, 「조선후기의 업유·업무와 그 지위」, 『진단학보』 60, 진단학회, 1985.

_____, 「조선후기의 한량과 그 지위」, 『국사관논총』 5, 국사편찬위원회, 1989.

이재룡, 「조선전기 체아직에 대한 고찰-서반체아를 중심으로」, 『역사학보』 35 · 36합, 역사학회, 1967.

이태진, 「17세기 붕당정치와 중앙군영의 병권」, 『조선후기 당쟁의 종합적 검토』, 한국정신문화연구원, 1992.

이홍렬, 「만과설행의 정책사적 추이:조선중기를 중심으로」, 『사학연구』 18, 사학연구회, 1964.

이훈상, 「조선후기 吏胥集團과 武任集團의 조직운영과 그 특성」, 『한국학논집』 17, 계명대학교, 1990.

임민혁, 「조선초기 양인계층의 신분개념 시론」, 『한성사학』 11, 한성대학교, 1999.

장필기, 「조선후기 별군직의 조직과 그 활동」, 『사학연구』 40, 국사편찬위원회, 1989.

_____, 「조선후기 '무보'의 자료적 검토」, 『조선시대사학보』 7, 조선시대사학회, 1998.

_____, 「조선후기 선전관출신 가문의 무반벌족화 과정」, 『군사』 42, 국방부군사편찬연구소, 2001.

장학근, 「조선전기 수군만호고」, 『해사논문집』 26, 해군사관학교, 1987.

전경목, 「조선후기 교생의 신분에 관한 재검토」, 『송준호교수정년기념논총』, 1987.

전형택, 「補充軍 立役規例를 통해 본 조선초기의 신분구조」, 『역사교육』 30 · 31, 역사교육연구회, 1982.

_____, 「노비제도 및 그 변천에 관한 諸說의 정리; 조선시대의 노비 연구를 중심으로」, 『국사관논총』 68, 국사편찬위원회, 1996.

정만조, 「균역법의 선무군관-한유자 문제와 관련하여」, 『한국사연구』 18, 한국사연구회, 1977.

_____, 「숙종조 양역변통론의 전개와 양역대책」, 『국사관논총』 17, 국사편찬위원회, 1990.

정두희, 「조선후기 호적연구의 현황과 과제」, 『한국사연구』 101, 한국사연구회, 1998.

정옥자, 「조선후기의 기술직 중인」, 『진단학보』 61, 1986, 진단학회, 1986.

정해은, 「조선후기 무과입격자의 신분과 사회적 지위」, 『청계사학』 11, 한국정신문화연구원 청계사학회, 1994.

_____, 「조선후기 무과의 직부전시」, 『군사』 31, 국방부 국방군사연구소, 1995.

_____, 「무보를 통해서 본 19세기 무과 급제자의 관직 진출 양상」, 『조선시대의 사회와 사상』, 조선사회연구회, 1998.

_____, 「병자호란 시기 軍功 免賤人의 무과 급제와 신분 변화-丁丑庭試文武科榜目(1637년)을 중심으로」, 『조선시대사학보』 9, 조선시대사학회, 1999.

_____, 「조선후기 宣薦의 운영과 선천인의 서반직 진출 양상」, 『역사와 현실』 39, 한국역사연구회, 2001.

_____, 「조선시대 무과방목의 현황과 사료적 특성」, 『군사』 47, 2002.

_____, 「18세기 경상도 단성현의 한 양반 무과급제자의 仕宦과 處世」, 『조선시대사학보』 26, 2003.

_____, 「임진왜란 시기 경상도 사족의 전쟁 체험-함양 양반 정경운을 중심으로」, 『역사와 현실』 64, 2007.

_____, 「17세기 常賤 무과급제자에 대한 차별과 사족의 勸武」, 『조선시대사학보』 42, 2007.

_____, 「조선후기 무과급제자의 진로에 나타난 차별의 문제-1784년(정조 8) 책봉경과를 중심으로」, 『한국문화』 58, 서울대학교 규장각한국학연구원, 2012.

조좌호, 「학제와 과거제」, 『한국사』 10, 국사편찬위원회, 1974.

_____, 「이조식년문과고」(하), 『대동문화연구』 11, 성균관대학교 대동문화연구소, 1976.

차문섭, 「조선후기 중앙군제의 재편」, 『한국사론』 9, 국사편찬위원회, 1991.

_____, 「조선조 후기의 영장에 대하여」, 『사총』 12·13합, 고려대학교 역사연구소, 1968.

차미희, 「조선후기 과거제도 연구의 성과와 과제」, 『조선후기사 연구의 현황과 과제』, 창작과 비평사, 2000.

차장섭, 「조선후기의 문벌-『증보문헌비고』씨족고의 분석」, 『조선사연구』2, 복현조선사연구회, 1993.

천관우, 「여말선초의 한량」, 『이병도박사화갑기념논총』, 1956.

최승희, 「조선시대 양반의 代加制」, 『진단학보』60, 진단학회, 1985.

_____, 「조선후기「幼學」·「學生」의 신분사적 의미」, 『국사관논총』1, 국사편찬위원회, 1989.

_____, 「조선시대 代加 관련 고문서와 문과방목 급제자의 文·武散階 기재」, 『조선시대사학보』63, 조선시대사학회, 2012.

최영호, 「幼學·學生·校生考-17세기 신분구조의 변화에 대하여」, 『역사학보』101, 역사학회, 1984.

_____, 「조선왕조전기의 과거와 신분제도」, 『국사관논총』26, 국사편찬위원회, 1991.

최이돈, 「16세기 사림의 신분제 인식-양인 소생 보충대의 입속 논의를 중심으로」, 『진단학보』91, 진단학회, 2001.

최진옥, 「15세기 사마방목의 분석」, 『청계사학』5, 한국정신문화연구원 청계사학회, 1988.

_____, 「조선시대 방목연구의 현황과 과제」, 『한국사학』16, 한국정신문화연구원, 1986.

_____, 「조선후기 장원급제자 연구」, 『국사관논총』92, 국사편찬위원회, 2000.

_____, 「조선전기 장원급제자의 분석」, 『최숙경교수정년기념사학논총』, 2000.

한영우, 「여말선초 한량과 그 지위」, 『한국사연구』4, 한국사연구회, 1969.

_____, 「조선시대 중인의 신분·계급적 성격」, 『한국문화』9, 서울대학교 한국문화연구소, 1988.

한충희, 「조선초기 도시 연구」, 『한국학논집』13, 계명대학교 한국학연구원, 1986.

한희숙, 「조선초기의 日守-서반 외아전의 일단면」, 『진단학보』65, 진단학회,

1988.

宮崎市定,「宣朝朝の科擧恩榮宴について」,『朝鮮學報』29, 日本 朝鮮學會, 1963.

浜中昇,「麗末鮮初の閑良について」,『朝鮮學報』42, 日本 朝鮮學會, 1967.

三木榮,「司馬榜目に就いで-現在〈司馬榜目〉一覽表」,『朝鮮學報』11, 日本 朝鮮
學會, 1975.

有井智德,「朝鮮補充軍考」,『朝鮮學報』21 · 22, 日本 朝鮮學會, 1961.

川島藤也,「丹城鄕案에 대하여」,『淸溪史學』4, 한국정신문화연구원, 1987.

3. 인터넷 자료

조선왕조실록(http://sillok.history.go.kr)_국사편찬위원회

승정원일기(http://sjw.history.go.kr)_국사편찬위원회

한국고전종합DB(http://db.itkc.or.kr)_한국고전번역원

디지털 장서각(http://jsg.aks.ac.kr)_한국학중앙연구원

한국학자료포털(http://kostma.aks.ac.kr)_한국중앙연구원

한국역대인물종합정보시스템(http://people.aks.ac.kr)_한국학중앙연구원

규장각한국학연구원(http://kyu.snu.ac.kr)_서울대학교 규장각한국학연구원

한국사데이터베이스(http://db.history.go.kr)_국사편찬위원회

■ 부록

<부표1> 현전하는 무과방목 목록 (2020년 8월 현재)

| 번호 | 무과시행연도 | 방목명 | 주요 소장처 |
|---|---|---|---|
| 1 | 1453년(단종 1) | 景泰四年癸酉十一月初一日武科榜目 | 『고문서집성』23 |
| 2 | 1471년(성종 2) | 辛卯三月文科殿試榜 | 개인(보물 제1884호) |
| 3 | 1483년(성종 14) | 成化十九年癸卯四月八日文武科榜目 | 개인 |
| 4 | 1507년(중종 2) | 丁卯三月二十五日武科殿試目 | 미국 하버드대학교 |
| 5 | 1513년(중종 8) | 正德八年癸酉九月日榜目 | 미국 하버드대학교 |
| 6 | 1519년(중종 14) | 正德己卯四月薦擧別試文武科榜目 | 『雜同散異』4 |
| 7 | 1522년(중종 17) | 壬午式年文武科榜目 | 미상 |
| 8 | 1525년(중종 20) | 嘉靖四年乙酉三月二十六日文[武]科榜目 | 국립중앙도서관 |
| 9 | 1528년(중종 23) | 嘉靖七年戊子四月式年文武科榜目 | 개인 |
| 10 | | 嘉靖七年戊子九月日別試榜目 | 국립중앙도서관 |
| 11 | 1540년(중종 35) | 庚子式年文武科榜目 | 계명대학교 |
| 12 | 1543년(중종 38) | 癸卯式年文武科榜目 | 계명대학교 |
| 13 | 1546년(명종 1) | 嘉靖二十五年丙午十月初八日文[武]科式年榜 | 중앙대학교 |
| 14 | | 嘉靖二十五年丙午十月十一日文[武]科重試榜 | 중앙대학교 |
| 15 | 1549년(명종 4) | 己酉式年文武科榜目 | 山氣文庫(현 소재 미상) |
| 16 | 1560년(명종 15) | 嘉靖三十九[年庚申]文武科別試榜目 | 성암고서박물관 |
| 17 | 1564년(명종 19) | 嘉靖四十三年甲子九月初四日文[武]科榜目 | 충남대학교 |
| 18 | 1567년(선조 즉위) | 隆慶元年丁卯十一月初二日文[武]科覆試榜目 | 미국 하버드대학교 |
| 19 | 1570년(선조 3) | 隆慶四年庚午式年四月十六日文[武]科覆試榜目 | 고려대 |
| 20 | 1572년(선조 5) | 隆慶六年壬申十二月初二日文[武]科別試[榜目] | 미국 하버드대학교 |
| 21 | 1576년(선조 9) | [萬曆四年丙子式年]武科[榜目] | 고려대학교 |
| 22 | 1577년(선조 10) | 萬曆五年丁丑十月初六日文武科別試榜目 | 장서각 |
| 23 | 1580년(선조 13) | 庚辰別試文武科榜目 | 고려대학교 |
| 24 | 1583년(선조 16) | 萬曆十一年癸未四月四日文[武]科榜目 | 미국 하버드대학교 |
| 25 | | 萬曆十一年癸未九月初三日別試榜目 | 국립중앙도서관 |
| 26 | 1584년(선조 17) | 萬曆十二年甲申秋別試文武科榜目 | 계명대학교 |
| 27 | 1585년(선조 18) | 萬曆十三年乙酉秋式年文武科榜目 | 개인 |
| 28 | 1588년(선조 21) | 萬曆戊子文武科榜目 | 국사편찬위원회 |
| 29 | 1589년(선조 22) | 己丑四月日增廣龍虎榜目 | 국사편찬위원회 |
| 30 | 1591년(선조 24) | 辛卯別試文武科榜目 | 미국 하버드대학교 |
| 31 | 1594년(선조 27) | 萬曆二十二年甲午正月日別試武科榜目 | 연세대학교 (무과 단독) |
| 32 | 1599년(선조 32) | 己亥春庭試龍虎榜目 | 국사편찬위원회 |
| 33 | | 己亥秋別試榜目 | 개인 |
| 34 | 1601년(선조 34) | 萬曆二十八年庚子式年退行於辛丑夏[文武科榜目] | 하버드옌칭 |
| 35 | 1602년(선조 35) | 萬曆三十年十月二十二日文[武]科榜目 | 충남대학교 |
| 36 | 1603년(선조 36) | 癸卯春別試榜 | 해군사관학교박물관 |
| 37 | | 萬曆癸卯式年文武科榜目 | 성암고서박물관 |
| 38 | 1605년(선조 38) | 乙巳增廣別試文武科榜目 | 장서각 |
| 39 | 1606년(선조 39) | 萬曆三十四年丙午十二月初二日式年文武科榜目 | 성암고서박물관 |
| 40 | 1612년(광해 4) | 萬曆四十年壬子四月日式年文[武]科榜目 | 국립중앙도서관 |
| 41 | | 萬曆壬子增廣文科榜目 | 국사편찬위원회 |
| 42 | 1613년(광해 5) | 癸丑增廣別試殿試榜目 | 미국 하버드대학교 |

| 번호 | 무과시행연도 | 방목명 | 주요 소장처 |
|---|---|---|---|
| 43 | 1615년(광해 7) | 乙卯式年文武科榜目 | 고려대학교 |
| 44 | 1623년(인조 1) | 天啓三年癸亥五月初二日調聖榜目 | 규장각한국학연구원 |
| 45 | 1624년(인조 2) | 甲子增廣文武科榜目 | 미국 하버드대학교 |
| 46 | 1627년(인조 5) | 天啓七年丁卯七月二十九日庭試榜目 | 규장각한국학연구원 |
| 47 | 1629년(인조 7) | 崇禎二年己巳皇太子誕生別試[文武科榜目] | 성균관대학교 |
| 48 | 1630년(인조 8) | 庚午式年文武科榜目 | 국사편찬위원회 |
| 49 | 1633년(인조 11) | 癸酉增廣文武科榜目 | 개인 |
| 50 | | 崇禎六年癸酉十一月日式年文武科榜目 | 국립중앙도서관 |
| 51 | 1635년(인조 13) | 崇禎八年乙亥九月初四日調文科榜目 | 국사편찬위원회 |
| 52 | 1636년(인조 14) | 丙子別試文武科榜目 | 고려대학교 |
| 53 | | 丙子十二月十二日重試榜 | |
| 54 | 1637년(인조 15) | 崇禎十年丁丑八月十八日還都後庭試榜 | 규장각한국학연구원 |
| 55 | | 丁丑庭試文[武]科榜目 | 고려대학교 |
| 56 | 1639년(인조 17) | 己卯八月日別試龍虎榜目 | 국사편찬위원회 |
| 57 | 1644년(인조 22) | 甲申庭試榜目 | 국립중앙도서관 |
| 58 | | 甲申別試文武科榜目 | 성암고서박물관 |
| 59 | 1646년(인조 24) | 丙戌式文武科重試榜目 | 규장각한국학연구원 |
| 60 | 1648년(인조 26) | 戊子式年龍虎榜目 | 국립중앙도서관 |
| 61 | 1649년(인조 27) | 己丑四月十八日庭試文武榜目 | 국립중앙도서관 |
| 62 | 1651년(효종 2) | 辛卯三月二十八日文武庭試榜目 | 국립중앙도서관 |
| 63 | | 辛卯式年九月二十二日武科榜目 | 성균관대학교 |
| 64 | | 辛卯別試文[武]科榜目 | 하버드옌칭 |
| 65 | 1652년(효종 3) | 壬辰十月二十四日增廣別試及第榜目 | 국사편찬위원회 |
| 66 | 1654년(효종 5) | 甲午式年文武科榜目 | 국립민속박물관 |
| 67 | 1656년(효종 7) | 丙申別試文武科榜目 | 개인 |
| 68 | 1660년(현종 1) | 庚子式年殿試文武科榜目 | 성암고서박물관 |
| 69 | | 庚子增廣別試文[武]科榜目 | 고려대학교 |
| 70 | 1662년(현종 3) | 今上三年壬寅孝宗大王祔廟慈懿大王大妃殿崇孝肅王大妃殿崇王妃册禮元子誕生合五慶增廣別試文武科殿試榜目 | 규장각한국학연구원 |
| 71 | 1665년(현종 6) | 康熙四年十月二十五日別試文[武]科榜目 | 경상대학교 |
| 72 | 1666년(현종 7) | 丙午九月二十二日慈殿平復重試對擧合設別試目 | 계명대학교 |
| 73 | 1669년(현종 10) | 康熙八年己酉十月初七日庭試文武科目 | 규장각한국학연구원 |
| 74 | 1670년(현종 11) | 庚戌秋文武科別試榜目 | 국립중앙도서관 |
| 75 | 1672년(현종 13) | 壬子年別試文[武]科榜目 | 미국 하버드대학교 |
| 76 | 1673년(현종 14) | 壬子式年文武科榜目 | 미국 UC버클리대학교 |
| 77 | 1675년(숙종 1) | 乙卯式年文武科榜目 | 국립중앙도서관 |
| 78 | | 乙卯增廣別試榜目 | 규장각한국학연구원 |
| 79 | 1677년(숙종 3) | 丁巳謁聖別試文[武]科榜目 | 고려대학교 |
| 80 | 1678년(숙종 4) | 戊午增廣殿試榜目 | 규장각한국학연구원 |
| 81 | | 戊午庭試[文武科]榜目 | 미국 하버드대학교 |
| 82 | 1679년(숙종 5) | 己未庭試榜 | 중국 北京大學 |
| 83 | 1680년(숙종 6) | 庚申六月初八日春塘臺庭試榜目 | 규장각한국학연구원 |
| 84 | | 庚申九月初九日文武科庭試榜目 | 개인 |
| 85 | 1681년(숙종 7) | 辛酉式年文武科榜目 | 연세대학교 |
| 86 | 1683년(숙종 9) | 癸亥增廣別試文武科榜目 | 계명대학교 |
| 87 | 1684년(숙종 10) | 甲子庭試文武榜目 | 규장각한국학연구원 |

| 번호 | 무과시행연도 | 방목명 | 주요 소장처 |
|---|---|---|---|
| 88 | 1684년(숙종 10) | 甲子式年文武科榜目 | 경상대학교 |
| 89 | 1686년(숙종 12) | 丙寅別試文[武]科殿試榜目 | 규장각한국학연구원 |
| 90 | | 丙寅八月二十日文武科重試榜目 | 규장각한국학연구원 |
| 91 | 1687년(숙종 13) | 丁卯九月二十一日謁聖親試文武科榜目 | 규장각한국학연구원 |
| 92 | | 丁卯式年龍虎榜目 | 청주대학교 |
| 93 | 1689년(숙종 15) | 今上十五年己巳元子定號增廣別試文武殿試榜目 | 국립중앙도서관 |
| 94 | 1694년(숙종 20) | 甲戌謁聖別試文武科榜目 | 연세대학교 |
| 95 | | 甲戌別試龍虎榜目 | 국사편찬위원회 |
| 96 | 1695년(숙종 21) | 乙亥別試榜目 | 규장각한국학연구원 |
| 97 | 1696년(숙종 22) | 丙子文武科庭試別試榜目 | 개인 |
| 98 | 1697년(숙종 23) | 丁丑庭試文武科榜目 | 장서각 |
| 99 | | 丁丑重試文武科榜目 | 계명대학교 |
| 100 | 1699년(숙종 25) | 己卯式年文武科榜目 | 충남대학교 |
| 101 | 1702년(숙종 28) | 壬午謁聖文武科榜目 | 규장각한국학연구원 |
| 102 | | 壬午式年文[武]科殿試榜目 | 규장각한국학연구원 |
| 103 | 1702년(숙종 28) | 壬午別試榜 | 고려대학교 |
| 104 | 1704년(숙종 30) | 甲申春塘臺庭試別試文[武]科榜目 | 규장각한국학연구원 |
| 105 | 1705년(숙종 31) | 乙酉增廣別試文武科榜目 | 장서각 |
| 106 | 1706년(숙종 32) | 肅宗三十二年丙戌庭試別試文武科榜目 | 장서각 |
| 107 | 1707년(숙종 33) | 丁亥文武科別試榜目 | 국립중앙도서관 |
| 108 | | 丁亥重試文[武]科榜目 | 고려대학교 |
| 109 | 1708년(숙종 34) | 戊子式年文武科榜目 | 국립중앙도서관 |
| 110 | 1710년(숙종 36) | 庚寅上候平復王世子平復合二慶增廣文武科殿試榜目 | 국립중앙도서관 |
| 111 | | 庚寅春塘臺庭試文[武]科榜目 | 계명대학교 |
| 112 | 1711년(숙종 37) | 辛卯文科榜目 | 국사편찬위원회 |
| 113 | 1712년(숙종 38) | 壬辰庭試別試榜文武科榜目 | 국립중앙도서관 |
| 114 | 1713년(숙종 39) | 癸巳上之卽位四十年稱慶及上尊號合二慶大增廣別試文武科殿試榜目 | 국립중앙도서관 |
| 115 | 1714년(숙종 40) | 上之四十年甲午聖候平復稱慶增廣別試文武科殿試榜目 | 국립중앙도서관 |
| 116 | 1715년(숙종 41) | 上之四十年乙未式年文武科榜目 | 계명대학교 |
| 117 | 1717년(숙종 43) | 丁酉式年文武科殿試榜 | 국사편찬위원회 |
| 118 | 1718년(숙종 44) | 上之四十四年戊戌庭試別試文武科榜目 | 규장각한국학연구원 |
| 119 | 1723년(경종 3) | 上之三年癸卯討逆庭試別試文武科榜目 | 국립중앙도서관 |
| 120 | | 癸卯式年文武科榜目 | 연세대학교 |
| 121 | 1725년(영조 1) | 乙巳聖上卽位增廣別試文武科榜目 | 장서각 |
| 122 | | 乙巳王世子册禮及痘患平復合二慶庭試別試文武科榜目 | 국립중앙도서관 |
| 123 | 1726년(영조 2) | 丙午式年文武科榜目 | 국립중앙도서관 |
| 124 | | 丙午謁聖別試文武科榜目 | 계명대학교 |
| 125 | 1727년(영조 3) | 雍正五年丁未閏三月增廣別試文[武]科殿試榜 | 국립중앙도서관 |
| 126 | 1728년(영조 4) | 戊申別試文武科榜目 | 계명대학교 |
| 127 | 1730년(영조 6) | 庚戌庭試文武榜目 | 국립중앙도서관 |
| 128 | 1733년(영조 9) | 癸丑謁聖文武科榜目 | 국립중앙도서관 |
| 129 | 1735년(영조 11) | 乙卯式年文武科榜目 | 계명대학교 |
| 130 | 1736년(영조 12) | 丙辰文武科庭試別試榜目 | 연세대학교 |
| 131 | 1740년(영조 16) | 崇禎三庚申謁聖別試榜目 | 장서각 |
| 132 | | 庚申孝宗大王追上尊號大王大妃殿加上尊號大殿中宮殿上尊號合慶大增廣別試文武科榜目 | 국립중앙도서관 |

| 번호 | 무과시행연도 | 방목명 | 주요 소장처 |
|---|---|---|---|
| 133 | 1750년(영조 26) | 庚午式年文武科榜目 | 국립중앙도서관 |
| 134 | 1763년(영조 39) | 癸未大增廣別試文武科榜目 | 국립중앙도서관 |
| 135 | 1764년(영조 40) | 崇禎三甲申江都府別科榜目 | 성암고서박물관 |
| 136 | 1765년(영조 41) | 乙酉式年文武科榜目 | 국립중앙도서관 |
| 137 | 1767년(영조 43) | 崇禎三丁亥九月十八日以親幸太學謁聖及親耕後藏種親蠶後受繭慶親臨春塘臺庭試文[武]科榜目 | 국립중앙도서관 |
| 138 | 1771년(영조 47) | 崇禎三辛卯式年文武科榜目 | 국립중앙도서관 |
| 139 | 1773년(영조 49) | 癸巳合六慶大增廣文[武]科榜目 | 국립중앙도서관 |
| 140 | 1774년(영조 50) | 丙戌後三百九年甲午再登俊試榜 | 국립중앙도서관 |
| 141 | 1783년(정조 7) | 崇禎三癸卯增廣別試文武科殿試榜目 | 국립중앙도서관 |
| 142 | 1784년(정조 8) | 甲辰王世子册封慶龍虎榜 | 국립중앙도서관 |
| 143 | 1787년(정조 11) | 崇禎三丁未春合慶庭試文武榜目 | 전북대학교 |
| 144 | 1789년(정조 13) | 崇禎三己酉式年文武科殿試榜目 | 국립중앙도서관 |
| 145 | 1790년(정조 14) | 崇禎三庚戌增廣別試文武科殿試榜目 | 국립중앙도서관 |
| 146 | 1792년(정조 16) | 崇禎三壬子式文武科殿試榜目 | 국립중앙도서관 |
| 147 | 1794년(정조 18) | 崇禎三甲寅春謁聖文武科龍虎榜目 | 규장각한국학연구원 |
| 148 |  | 華城文武科別試榜 | 『園幸乙卯整理儀軌』 권5 |
| 149 | 1795년(정조 19) | 崇禎三乙卯式文武龍虎榜目 | 규장각한국학연구원 |
| 150 |  | 崇禎三乙卯秋合六慶科庭試文武科殿試榜目 | 일본 東洋文庫 |
| 151 | 1798년(정조 22) | 崇禎三戊午式年文武科殿試榜目 | 개인 |
| 152 | 1800년(정조 24) | 崇禎三庚申慶科庭試別試文武科殿試榜目 | 국립중앙도서관 |
| 153 | 1801년(순조 1) | 崇禎三辛酉夏以正宗大王躋享世室慶科庭試文武科殿試榜目 | 국립중앙도서관 |
| 154 |  | 崇禎三辛酉聖上卽位元年增廣別試文武科殿試榜目 | 규장각한국학연구원 |
| 155 | 1805년(순조 5) | 崇禎三乙丑多大殿痘候平復慶科別試增廣文武科殿試榜目 | 고려대학교 |
| 156 | 1809년(순조 9) | 崇禎三己巳多元子誕降慶科別試增廣文武科殿試榜目 | 국립중앙도서관 |
| 157 | 1813년(순조 13) | 崇禎百八十六年癸酉王大妃殿寶齡六旬上候平復王世子册禮王大妃殿寶齡周甲合四慶慶科增廣別試榜目 | 성균관대학교 |
| 158 | 1825년(순조 25) | 乙酉謁聖龍虎榜 | 『고문서집성』 38 |
| 159 | 1827년(순조 27) | 崇禎四丁亥增廣別試文武科榜目 | 국립중앙도서관 |
| 160 | 1829년(순조 29) | 崇禎四己丑科庭試文武科榜目 | 국립중앙도서관 |
| 161 | 1835년(헌종 1) | 崇禎紀元後四乙未增廣別試文武科殿試榜目 | 규장각한국학연구원 |
| 162 | 1844년(헌종 10) | 崇禎紀元後四甲辰增廣別試文武科殿試榜目 | 국립중앙도서관 |
| 163 | 1848년(헌종 14) | 崇禎紀元後四戊申慶科增廣文武科殿試榜目 | 국립중앙도서관 |
| 164 | 1859년(철종 10) | 崇禎紀元後四己未元子誕生慶科增廣別試文武科殿試榜目 | 고려대학교 |
| 165 | 1874년(고종 1) | 崇禎紀元後五甲戌慶科增廣文武科殿試榜目 | 국립중앙도서관 |
| 166 | 1880년(고종 17) | 崇禎後五庚辰慶科增廣文武科殿試榜目 | 국립중앙도서관 |
| 167 | 1882년(고종 19) | 崇禎後五壬午慶科增廣文武科殿試榜目 | 국립중앙도서관 |

1. 이 목록은 필자의 박사학위논문과 이재옥 박사가 제공한 자료를 토대로 작성했음.
2. 방목 소장처가 여러 곳이 있으면 국내 우선, 공공기관 우선으로 한 곳만 기재했음.
3. 성암고서박물관 소장본은 현재 하버드대학교 엔칭도서관에도 소장되어 있음.

<부표2> 이 책에서 분석한 무과방목 102회분의 급제자 인원 (단위:명)

| 순번 | 연도 | | 과명 | 갑과 | 을과 | 병과 | 총원 | 실제수록 인원 |
|---|---|---|---|---|---|---|---|---|
| 1 | 선조 33 | 1600 | 식년시 | 3 | 5 | 32 | 40 | 40 |
| 2 | 36 | 1603 | 식년시 | 3 | 5 | 26 | 34 | 34 |
| 3 | 38 | 1605 | 증광시 | 3 | 5 | 23 | 31 | 31 |
| 4 | 39 | 1606 | 식년시 | 3 | 5 | 29 | 37 | 37 |
| 5 | 광해 4 | 1612 | 식년시 | 3 | 5 | 21 | 29 | 27 |
| 6 | 5 | 1613 | 증광시 | 3 | 7 | 29 | 39 | 39 |
| 7 | 7 | 1615 | 식년시 | 3 | 5 | 25 | 33 | 33 |
| 8 | 인조 1 | 1623 | 알성시 | 1 | 1 | 1 | 3 | 3 |
| 9 | 2 | 1624 | 증광시 | 3 | 7 | 40 | 50 | 50 |
| 10 | 5 | 1627 | 정 시 | 1 | 1 | 9 | 11 | 9 |
| 11 | 8 | 1630 | 식년시 | 3 | 5 | 20 | 28 | 28 |
| 12 | 11 | 1633 | 증광시 | 3 | 7 | 26 | 36 | 36 |
| 13 | | | 식년시 | 3 | 7 | 19 | 29 | 29 |
| 14 | 14 | 1636 | 별 시 | 1 | 24 | 475 | 500 | 501 |
| 15 | 15 | 1637 | 정 시 | 1 | 2 | 7 | 10 | 10 |
| 16 | 22 | 1644 | 정 시 | 1 | 19 | 80 | 100 | 100 |
| 17 | | | 별 시 | 1 | 25 | 175 | 201 | 201 |
| 18 | 26 | 1648 | 식년시 | 3 | 7 | 18 | 28 | 28 |
| 19 | 27 | 1649 | 정 시 | 1 | 3 | 11 | 15 | 15 |
| 20 | 효종 2 | 1651 | 정 시 | 1 | 30 | 1,205 | 1,236 | 1,236 |
| 21 | | | 식년시 | 3 | 7 | 18 | 28 | 28 |
| 22 | 3 | 1652 | 증광시 | 3 | 7 | 22 | 32 | 32 |
| 23 | 7 | 1656 | 별 시 | 1 | 3 | 40 | 44 | 44 |
| 24 | 현종 1 | 1660 | 식년시 | 3 | 7 | 32 | 42 | 42 |
| 25 | | | 증광시 | 3 | 7 | 20 | 30 | 30 |
| 26 | 3 | 1662 | 증광시 | 3 | 7 | 61 | 71 | 71 |
| 27 | 7 | 1666 | 별 시 | 1 | 8 | 78 | 87 | 87 |
| 28 | 10 | 1669 | 정 시 | 1 | 17 | 123 | 141 | 92 |
| 29 | 13 | 1672 | 별 시 | 1 | 46 | 507 | 554 | 547 |
| 30 | | | 식년시 | 3 | 7 | 31 | 41 | 41 |
| 31 | 숙종 1 | 1675 | 증광시 | 3 | 7 | 37 | 47 | 47 |
| 32 | 3 | 1677 | 알성시 | 1 | 1 | 10 | 12 | 12 |
| 33 | 4 | 1678 | 증광시 | 3 | 7 | 295 | 305 | 305 |
| 34 | | | 정 시 | 1 | 5 | 50 | 56 | 56 |
| 35 | 6 | 1680 | 정 시 | 1 | 2 | 6 | 9 | 9 |
| 36 | 7 | 1681 | 식년시 | 3 | 7 | 55 | 65 | 65 |
| 37 | 9 | 1683 | 증광시 | 3 | 7 | 39 | 49 | 49 |
| 38 | 10 | 1684 | 정 시 | 1 | 7 | 101 | 109 | 109 |
| 39 | | | 식년시 | 3 | 7 | 34 | 44 | 44 |
| 40 | 12 | 1686 | 정 시 | 1 | 9 | 101 | 111 | 111 |
| 41 | 13 | 1687 | 알성시 | 1 | 3 | 13 | 17 | 17 |
| 42 | 15 | 1689 | 증광시 | 3 | 7 | 47 | 57 | 57 |
| 43 | 20 | 1694 | 알성시 | 1 | 3 | 6 | 10 | 10 |
| 44 | 21 | 1695 | 별 시 | 1 | 9 | 105 | 115 | 115 |
| 45 | 25 | 1699 | 식년시 | 3 | 5 | 68 | 76 | 76 |

| 순번 | 연도 | | 과명 | 갑과 | 을과 | 병과 | 총원 | 실제수록 인원 |
|---|---|---|---|---|---|---|---|---|
| 46 | 숙종 28 | 1702 | 알성시 | 1 | 3 | 10 | 14 | 14 |
| 47 | | | 식년시 | 3 | 5 | 80 | 88 | 88 |
| 48 | | | 별 시 | 1 | 9 | 80 | 90 | 90 |
| 49 | 30 | 1704 | 정 시 | 1 | 3 | 17 | 21 | 21 |
| 50 | 32 | 1706 | 정 시 | 1 | 7 | 190 | 198 | 198 |
| 51 | 33 | 1707 | 별 시 | 1 | 9 | 209 | 219 | 219 |
| 52 | 34 | 1708 | 식년시 | 3 | 5 | 108 | 116 | 116 |
| 53 | 36 | 1710 | 증광시 | 3 | 7 | 123 | 133 | 133 |
| 54 | 39 | 1713 | 증광시 | 3 | 7 | 158 | 168 | 168 |
| 55 | 40 | 1714 | 증광시 | 3 | 7 | 41 | 51 | 51 |
| 56 | 41 | 1715 | 식년시 | 3 | 5 | 34 | 42 | 42 |
| 57 | 43 | 1717 | 식년시 | 3 | 7 | 183 | 193 | 190 |
| 58 | 44 | 1718 | 정 시 | 1 | 9 | 203 | 213 | 213 |
| 59 | 경종 3 | 1723 | 별 시 | 1 | 28 | 449 | 478 | 478 |
| 60 | | | 식년시 | 3 | 7 | 128 | 138 | 138 |
| 61 | 영조 1 | 1725 | 증광시 | 3 | 9 | 297 | 309 | 309 |
| 62 | | | 정 시 | 1 | 9 | 422 | 432 | 431 |
| 63 | 2 | 1726 | 식년시 | 3 | 7 | 188 | 198 | 198 |
| 64 | | | 알성시 | 1 | 3 | 6 | 10 | 10 |
| 65 | 3 | 1727 | 증광시 | 3 | 7 | 102 | 112 | 112 |
| 66 | 4 | 1728 | 별 시 | 1 | 15 | 617 | 633 | 621 |
| 67 | 6 | 1730 | 정 시 | 1 | 9 | 355 | 365 | 365 |
| 68 | 9 | 1733 | 알성시 | 1 | 3 | 4 | 8 | 8 |
| 69 | 11 | 1735 | 식년시 | 3 | 7 | 45 | 55 | 55 |
| 70 | 12 | 1736 | 별 시 | 1 | 9 | 315 | 325 | 325 |
| 71 | 16 | 1740 | 알성시 | 1 | 3 | 16 | 20 | 20 |
| 72 | | | 증광시 | 3 | 7 | 148 | 158 | 158 |
| 73 | 26 | 1750 | 식년시 | 3 | 7 | 421 | 431 | 431 |
| 74 | 39 | 1763 | 증광시 | 3 | 9 | 306 | 318 | 318 |
| 75 | 40 | 1764 | 강화별시 | 1 | 3 | 71 | 75 | 75 |
| 76 | 41 | 1765 | 식년시 | 3 | 7 | 218 | 228 | 228 |
| 77 | 43 | 1767 | 정 시 | 1 | 25 | 275 | 301 | 301 |
| 78 | 47 | 1771 | 식년시 | 3 | 5 | 31 | 39 | 39 |
| 79 | 49 | 1773 | 증광시 | 3 | 7 | 214 | 224 | 224 |
| 80 | 정조 7 | 1783 | 증광시 | 3 | 7 | 136 | 146 | 146 |
| 81 | 8 | 1784 | 별 시 | 1 | 3 | 2,688 | 2,692 | 2,692 |
| 82 | 13 | 1789 | 식년시 | 1 | 2 | 25 | 28 | 28 |
| 83 | 14 | 1790 | 증광시 | 3 | 5 | 308 | 316 | 308 |
| 84 | 16 | 1792 | 식 년 | 3 | 5 | 366 | 374 | 374 |
| 85 | 18 | 1794 | 알성시 | 1 | 3 | 27 | 31 | 31 |
| 86 | 19 | 1795 | 식년시 | 3 | 5 | 194 | 202 | 15 |
| 87 | 22 | 1798 | 정 시 | 1 | 5 | 50 | 56 | 56 |
| 88 | 24 | 1800 | 정 시 | 1 | 3 | 924 | 928 | 80 |
| 89 | 순조 1 | 1801 | 정 시 | 1 | 3 | 123 | 127 | 118 |
| 90 | | | 증광시 | 3 | 5 | 22 | 30 | 30 |
| 91 | 5 | 1805 | 증광시 | 3 | 5 | 40 | 48 | 48 |

| 순번 | 연도 | | | 과명 | 갑과 | 을과 | 병과 | 총원 | 실제수록 인원 |
|---|---|---|---|---|---|---|---|---|---|
| 92 | 순조 | 9 | 1809 | 증광시 | 3 | 5 | 393 | 401 | 391 |
| 93 | | 13 | 1813 | 증광시 | 3 | 5 | 247 | 255 | 166 |
| 94 | | 27 | 1827 | 증광시 | 3 | 5 | 98 | 106 | 106 |
| 95 | | 29 | 1829 | 정 시 | 1 | 3 | 633 | 637 | 637 |
| 96 | 헌종 | 1 | 1835 | 증광시 | 3 | 5 | 39 | 47 | 47 |
| 97 | | 10 | 1844 | 증광시 | 3 | 5 | 292 | 300 | 53 |
| 98 | | 14 | 1848 | 증광시 | 3 | 5 | 84 | 92 | 90 |
| 99 | 철종 | 10 | 1859 | 증광시 | 3 | 5 | 162 | 170 | 170 |
| 100 | 고종 | 11 | 1874 | 증광시 | 3 | 5 | 20 | 28 | 28 |
| 101 | | 17 | 1880 | 증광시 | 1 | 2 | 25 | 28 | 28 |
| 102 | | 19 | 1882 | 증광시 | 3 | 5 | 20 | 28 | 31 |
| 합계 | | | | | | | | | 16,643 |

| 주석 |

※ 열람의 편의를 위해 인용한 문헌의 서명과 논문 제목을 일일이 밝힘.

1 이성무, 「조선시대사 서설」, 『역사학보』 170, 2001, 325~326쪽.

2 南智大는 "이는 정치권력을 장악한 중앙정치세력이 체제 유지를 위하여 새로 성장하는 계층의 압력을 주로 武科나 납속수직 등으로 해소하면서 문과의 틀을 거의 그대로 유지해 온 결과라 하겠다"라고 하면서 조선 후기 무과의 성격을 새로 성장하는 계층을 무마하는 수단으로 규정했다(南智大, 「중앙정치세력의 형성구조」, 『조선정치사』(상), 청년사, 1990, 140쪽). 백승종 역시 "武科는 합격자의 명부가 제대로 전하지 않고 있을 뿐만 아니라 양반들로부터 천시되었던 경향이 있었으므로 역시 고려의 대상에서 제외된다"(백승종, 『한국사회사연구』, 일조각, 1996, 89쪽)라고 언급했다. 이러한 인식은 무과에 대한 학계의 일반론이라 여겨진다.

3 윤훈표, 「조선초기 무과제도 연구」, 『학림』 9, 1987; 심승구, 「조선초기 무과제도」, 『북악사론』 1, 1989; 심승구, 『조선전기 무과연구』, 국민대학교 박사학위논문, 1994.

4 심승구, 「조선 선조대 무과급제자의 신분-1583~1584년의 大量試取榜目을 중심으로」, 『역사학보』 144, 역사학회, 1994; 심승구, 「임진왜란중 무과급제자의 신분과 특성-1594년(선조27) 別試武科榜目을 중심으로」, 『한국사연구』 92, 1996; 심승구, 「조선 단종대 무과급제자의 신분과 그 정치적 성격-1453년(단종1)의 식년무과방목을 중심으로-」, 『진단학보』 88, 1999; 박영진(Eugene Y. Park), 「조선초기 무과출신의 사회적 지위」, 『역사와 현실』 39, 2001. 박영진이 분석한 336명 중에는 1453년 무과방목에 실린 28명이 포함되어 있다.

5 이홍렬, 「萬科設行의 政策史的 推移: 조선중기를 중심으로」, 『사학연구』 18, 1964.

6 송준호, 「이조후기의 무과의 운영실태에 관하여:丁茶山의 五亂說을 중심으로」, 『전북사학』 15, 1977.

7 심승구, 「조선후기 무과의 운영실태와 기능-萬科를 중심으로」, 『조선시대사학보』 23, 2002.

8 유진Y.박 지음, 유현재 옮김, 『조선 무인의 역사, 1600~1894년』, 푸른역사, 2018. 이 책의 원저는 *between dreams and reality : the military examination in late Choson Korea*, 1600-1894. Cambridge, Massachusetts and London:Harvard University Press다.

9 김영모, 『조선지배층연구』, 일조각, 1977. 김영모 교수가 논문에서 이용한 12개의 무과방목 가운데 6개 방목에서 연도 환산 및 방목 이름의 오류가 있다. 해당 논문의

각주 4번에서 제시한 榜目名을 근거로 서력 연도를 환산하면 1803년 · 1810
년 · 1843년 · 1875년 · 1881년 · 1888년에 해당하는 방목이 없다. 이 6개 방목의 연
도는 1792년 · 1865년 · 1874년 · 1880년 · 1882년이다. 그리고 『崇禎後五壬午慶科
增廣文武科殿試榜目』(1882)의 경우에는 두 번이나 기재되어 있어서 다른 1개의 榜
目名과 연도는 알 수 없다.

10 정해은, 「조선후기 무과입격자의 신분과 사회적 지위」, 『청계사학』 11, 1994.

11 정해은, 「조선후기 무과의 직부전시」, 『군사』 31, 1995.

12 정해은, 「병자호란시기 軍功 免賤人의 무과 급제와 신분 변화-丁丑庭試文武科榜目
   (1637년)을 중심으로」, 『조선시대사학보』 9, 1999.

13 이재옥, 『조선시대 과거합격자의 디지털 아카이브와 인적 관계망』, 보고사, 2018.

14 장필기, 「조선후기 『무보』의 자료적 검토」, 『조선시대사학보』 7, 1998; 정해은, 「무
   보를 통해서 본 19세기 무과 급제자의 관직 진출 양상」, 『조선시대의 사회와 사상』,
   조선사회연구회, 1998.

15 우인수, 「赴北日記를 통해본 17세기 출신군관」, 『한국사연구』 96, 1997.

16 정해은, 「조선후기 宣薦의 운영과 선천인의 서반직 진출 양상」, 『역사와 현실』
   39, 2001; 오수창, 『조선후기 평안도 사회발전 연구』, 일조각, 2002.

17 차미희, 「조선후기 과거제도 연구의 성과와 과제」, 『조선후기사 연구의 현황과 과
   제』, 창작과 비평사, 2000, 66~68쪽; 김창현, 『조선초기 문과급제자 연구』, 일조각,
   1999, 5~6쪽.

18 박홍갑, 『조선시대 문음제도 연구』, 탐구당, 1995, 318쪽 각주88번.

19 『승정원일기』 인조 15년 9월 1일.

20 『丁丑庭試文武科榜目』(1637년); 『推刷都監儀軌』 1책, 丙申(1656년) 8월 23일, "都
   監啓目, 頃接星州居出身趙B男呈狀則 (중략) 矣身以丙子亂, 以御營軍, 扈從南漢山
   城, 旣受兼司僕帖, 仍爲正科出身是如爲白去乙."

21 『丁丑庭試文武科榜目』(1637년); 『승정원일기』 현종 10년 1월 5일.

22 『崇禎三乙丑冬大殿痘候平復慶科別試增廣司馬榜目』(1805년); 『崇禎三己巳冬元子誕
   降慶科別試增廣文武科殿試榜目』(1809년).

23 이 책에서는 무과 합격자를 지칭하는 용어로 '무과급제자'를 사용했다. 조선시대에
   는 문과나 무과에 합격한 사람은 '及第', 생원진사시(사마시) 합격자는 '入格'이라고
   표현했다. 조선 후기에는 무과의 선발 인원이 많아지면서 문과급제자와 구별하는
   의미에서 무과급제자에게 '出身'이라는 용어를 사용했다. 연대기자료나 법전에서
   '출신'은 대부분 무과 출신이다. 이 책에는 공식적으로 '무과급제자'라는 말을 사용
   했고, 문맥에 따라 '무과 출신'이라는 용어도 사용했다.

24 계승범은 조선의 '양반사회'론을 비판적으로 검토하는 과정에서 반상제를 '단절적 연속성'을 인정하는 입장으로, 양천제를 고려와 조선의 단절성만 강조하는 입장으로 파악했다. 또 양반의 성격에 대해 고려 귀족에 비해 귀족적인 성격은 약해졌지만, 여전히 피지배층에 대해 배타적 자세를 취한 혈연적 지배층으로 보았다(계승범, 「양반사회 개념의 탄생과 확산, 그 사학사적 고찰」, 『한국사학사학보』 41, 2020 참조).

25 원창애, 『조선시대 문과급제자 연구』, 한국학대학원 박사학위논문, 1997, 153~154쪽.

26 『승정원일기』 263책, 숙종 4년 1월 3일; 『영조실록』 권52, 영조 16년 8월 16일(갑인).

27 『王世子册封慶龍虎榜』(1784년). 형 정유관은 별무사이고, 아우 정필수는 통덕랑이다.

28 직역이란 국가에서 개인에게 부여한 身役이다. 곧 개개인에게 부여한 사회적 역할이라 볼 수 있다. 그래서 직역에는 국가와 개인의 관계가 표시되어 있다. 조선시대에는 개인의 사회적 역할을 개인 스스로 자유롭게 선택하지 못하고 개인의 태생적 지위 즉 혈통에 의해 결정되었다. 문제는 직역이 혈통을 매개로 하면서도 혈통에 의해 세습을 보장받지 못한다는 특징을 갖고 있다. 조선시대에 직역과 신분이 밀접한 연관이 있으면서도 반드시 일치하지 않는 이유가 여기에 있다고 생각한다.

29 고려시대 과거 제도와 방목에 대해서는 허흥식, 『고려과거제도사연구』, 일조각, 1981 참조.

30 조선시대 각종 방목에 관한 연구로는 三木榮, 「司馬榜目に就いて-現在〈司馬榜目〉一覽表」, 『朝鮮學報』 11, 1975; 계훈모, 「司馬榜目總錄 附司馬試設科年次」, 『역사학보』 88, 1980(『역사학보』 38(1968년)에 발표한 논문 증보판); 최진옥, 「조선시대 방목연구의 현황과 과제」, 『한국사학』 16, 1986; 이남희, 「조선시대 잡과방목의 자료적 성격」, 『고문서연구』 12, 1997; 정해은, 「조선시대 무과방목의 현황과 사료적 특성」, 『군사』 47, 2002가 있다.

31 『國朝榜目』(서울대학교 규장각한국학연구원 奎貴11655-v.1-12).

32 ①문과급제자 성관을 정리한 『國朝文科榜目姓譜』(2책, 계명대학교) ②1391~1544년까지 문과급제자만 모은 『龍榜會錄』(1책, 장서각) ③1880~1894년까지 문과급제자만 모은 『龍門錄』(1책, 장서각) ④昌寧曹氏의 후손이 선조들의 문과 급제를 기록으로 남기기 위해 문과방목 5개를 편집, 필사한 『先世文科榜目』(1책, 규장각한국학연구원) ⑤1649년(인조 27)부터 1759년(영조 35)까지 별시 19회의 문과급제자를 모은 『別試殿試榜』(1책, 규장각한국학연구원) ⑥1476년(성종 7) 별시부터 1801년(순조 1) 증광시까지 7회의 문과급제자를 모은 『別試榜』(1책, 규장각한국학연구원) 등이 있다. 이밖에 경성제국대학에서 펴낸 『榜目一覽』(1책, 규장각한국학연구원)도 있다.

33 『科擧事目』(『서지학보』 9, 1993, 影印 수록).

34 문과의 초시방목도 국립중앙도서관 3개, 고려대학교 1개가 있다. 생원진사시(사마시)의 초시방목도 국사편찬위원회에 3개, 국립중앙도서관에 1개가 전한다.

35 생원진사시(사마시)의 합격은 '入格', 잡과 합격은 '出身'으로 지칭했다(『경국대전』 권3, 예전, 紅牌式 · 白牌式 · 雜科白牌式).

36 『철종실록』 권7, 철종 6년 3월 19일(신사).

37 『일성록』 326책, 고종 25년 3월 28일.

38 필자는 박사학위논문(2002년)에서 현전하는 무과방목의 수를 138개로 제시했다. 당시 필자는 각종 고서목록을 참조해 무과방목을 발굴했다. 하버드대학교에 소장된 무과방목의 현황은 미국 University of California, Irvine의 유진Y.박 교수의 도움을 받았다. 이후 이재옥 박사가 무과방목을 추가로 발굴하여 167개가 되었다. 필자는 이재옥 박사의 도움으로 이 방목들을 열람했고, 현전하는 무과방목 목록도 보완할 수 있었다.

39 원창애, 『조선시대 문과급제자 연구』, 한국학대학원 박사학위논문, 1997, 41쪽; 최진옥, 『조선시대 생원진사 연구』, 집문당, 1998, 21~23쪽; 이남희, 「조선시대 잡과방목의 자료적 성격」, 『고문서연구』 12, 1997, 124~127쪽.

40 안정복, 『雜同散異』 권4, 正德己卯四月薦擧別試文武科榜目;『園行乙卯整理儀軌』 권5, 방목, 武科別試榜.

41 허흥식, 「『宣光丁巳進士榜』裏面 同年錄의 자료가치」, 『고문서연구』 6, 1994, 3쪽.

42 최진옥, 『조선시대 생원진사 연구』, 집문당, 1998, 23~24쪽.

43 『세조실록』 권39, 세조 12년 8월 4일(계묘), "傳于禮曹日, 自今文科榜目, 議政府禮曹成均館, 各藏一件."

44 『甲申別科榜目』(1764년) 序文, "且於放榜之初, 未及收單, 居然七載之間, 已有謝世者, 數三人, 則歷玆以往, 愈遠愈茫, 名雖同榜, 將無以詳記其年幾字某, 而親厚之情, 又從而益衰, 故頃余在禁直, 謄出西曹所在甲申武榜, 先知其生年及姓貫居住, 今於沁誌之入梓也, 得版材借餘手, 圖所以剞劂之, 酒屬近居同年鄭宅瑞尹任衡兩人, 一邊發文遍諭, 收捧單子, 兼聚若干物力, 一邊修正榜册, 躬自繕寫, 備載傳敎事目, 至於臺臣重臣啓辭及文武差備官試院酬唱之作, 亦皆附錄焉, 此則他榜目之所罕見也."

45 『擁正五年閏三月增廣別試文(武)科殿試榜』(1727년).

46 『선조실록』 권95, 선조 30년 12월 정유. 참고로 이 날은 날짜를 알 수 없다.

47 『광해군일기』 권168, 광해군 13년 8월 11일(경진).

48 『영조실록』 권105, 영조 41년 3월 6일(신사).

49 『乙酉式年文武科榜目』(1765년) 御製序文, "康熙四十四年, 噫, 予年十二歲, 侍昔年見

此科, 今七十二歲, 重逢此科, 噫, 三百六十一年之內, 乙酉凡六回, 而予則昔年今年料
表再覩, 心尤難抑, 況今亡八, 同符於國初者乎, 以踐位行禮之義, 親臨唱榜於勤政殿
舊基, 命芸館活印文武科榜目, 回崇政月臺親頒, 而生進榜目, 一體活印, 令太學分頒."

50 『정조실록』 권18, 8년 9월 29일(신사).

51 『승정원일기』 정조 8년 10월 1일.

52 『일성록』 정조 8년 9월 29일.

53 『大東野乘』 권13, 「한유잡록」, "守慶於明宗朝嘉靖丙午式年, 登科壯元, 文科三十三
人, 武科二十八人, 重試文科十八, 武科三十五人, 譯科十九人, 陰陽科八人, 律科八人,
摠一百四十七人, 合爲榜目一冊, 印出之各藏焉."

54 최근 18~19세기에 방목의 간행을 대행하는 전문 업자가 존재했다는 연구 결과가
있다(박현순, 「조선시대 과거 방목의 편찬과 간행」, 『한국문화』 84, 2018).

55 『丙戌庭試文武科榜目』(1726년) 序, "余以鞈輅冗才, 幸忝丙戌庭試之虎榜, 榜中諸公,
亦已歷剔華塗, 出入卿宰, 斯榜之榮顯, 實爲一世之所艶, 而榜目之作, 迄今闕然, 斯蓋
因循玩愒, 而適未之成也, 余與同榜人閔令思淵, 慨然有欠闕之歎, 約以得其可爲之勢,
而竝力而成之也, 不幸閔令以宣川倅, 遭艱罷歸, 余獨濫叨國恩, 蒞此海營, 顧其勢,
亦有以獨任而能成者矣, 玆乃命工始役, 不日月而功造訖焉."

56 成俔, 『慵齋叢話』 卷9. "文武科一時同榜者, 謂之同年."

57 『丁丑重試文武科榜目』(1697년), "今年秋, 余膺萊州之命, 同年朴來卿, 以余爲榜中色
掌, 而又其邑力, 足以印出榜目, 辭陛之日, 乃以草本見授, 蓋來卿同爲色掌故也."

58 『萬曆十一年癸未九月初三日別試榜目)』(1583년), "萬曆癸未, 乃先君子登第之秋也,
六十五載之間, 屢見兵燹, 榜目之存者無幾, 終恐泯滅, 與榜中子孫, 同謀入梓, 庶幾廣
布壽傳云."

59 『丁巳謁聖別試文(武)科榜目)』(1677년).

60 『승정원일기』 숙종 6년 윤8월 2일.

61 이밖에 간행처가 지방으로 된 사례로 "歲舍强園大淵獻黃鍾上浣礪城後學宋熙業識
板在楊州北面永寧菴"(1583년 알성시), "癸巳中秋開刊于慶尙右道兵營晉州"(1630년
식년시), "辛卯十月日刊于茂長縣"(1644년 별시), "刊于康津縣淨水寺"(1683년 증광
시), "歲在己卯東萊府開刊"(1695년 별시), "崇情甲申後甲申六月日河東縣刊"(1702년
알성시), "歲在壬子孟春以鑄字開刊于竹洞"(1726년 식년시)을 꼽을 수 있다.

62 여기에 해당하는 방목은 1765년 식년시, 1792년 식년시, 1783년 증광시, 1784년
정시, 1805년 증광시, 1813년 증광시, 1829년 정시다. 이 방목들의 공통점은 父母俱
存 여부나 형제에 관한 기록이 없다는 점이다.

63 『崇禎三癸卯增廣別試文武科殿試榜目』(1783년), "文直赴, 各以某年某科, 標諸書頭,

武直赴多, 不能盡標, 就原榜人, 名上加原字以標之."

64 『擁正五年丁未閏三月增廣別試文武科榜目』(1727년), "元榜三十三人, 直赴七十九人".
이밖에 여기에 해당하는 방목이 1790년 증광시, 1795년 식년시, 1844년 증광시다.

65 여기에 해당하는 방목이 1714년 별시, 1789년 식년시, 1795년 식년시, 1809년 증광
시다.

66 『崇禎三壬子式年文武科殿試榜目』(1792년), "以下九人, 身故人, 付榜末."

67 『六典條例』 권7, 兵典 兵曹 政色 武科.

68 『王世子册封慶龍虎榜』(1784년), "添錄〈以下十六人, 榜目修正時見漏, 故筵裏添錄〉."

69 여기에 해당하는 방목이 1637년 정시, 1678년 정시, 1699년 식년시, 1707년 별시,
1710년 증광시, 1714년 증광시, 1723년 식년시, 1725년 증광시다.

70 여기에 해당하는 방목이 1702년 알성시, 1707년 별시, 1723년 식년시, 1764년 강도
별시, 1784년 정시다.

71 『丁丑重試文武科榜目』(1697년) 발문, "今年秋, 余膺萊州之命, 同年朴來卿, 以余爲榜
中色掌, 而又其邑力, 足以印出榜目, 辭陞之日, 乃以草本見授, 蓋來卿同爲色掌故也."

72 사은일이나 알성일을 기록한 방목은 1648년 식년시, 1789년 식년시, 1792년 식년
시, 1794년 알성시, 1800년 정시, 1801년 정시, 1801년 증광시다.

73 여기에 해당하는 방목으로 1662년 증광시 이후 1678년 증광시, 1689년 증광시,
1702년 별시, 1707년 별시, 1713년 증광시, 1717년 식년시, 1725년 증광시, 1727년
증광시, 1733년 알성시, 1767년 알성시, 1771년 식년시, 1783년 증광시, 1795년
식년시, 1844년 증광시, 1848년 증광시, 1880년 증광시, 1882년 증광시가 있다.

74 여기에 해당하는 방목으로 1763년 증광시, 1784년 증광시가 있다.

75 최진옥, 『조선시대 생원진사 연구』, 집문당, 1998, 59~60쪽; 남지대, 「중앙정치세력
의 형성구조」, 『조선정치사』(상), 청년사, 1990, 144쪽.

76 『崇禎三甲申江都府別科榜目』(1764년) 序, "故人之於同年, 視猶兄弟, 見則愛之, 不見
則思之, 爲其子弟者, 出路而遭父兄之同年, 則□先下馬而敍敬焉者, 良以父兄之視猶
兄弟, 而所常愛所常思故也."

77 『丙戌庭試文武科榜目』(1726년) 序, "故旣是同榜之人, 則雖無葭孚之親半面之雅, 而
其相親相愛之意, 油然自發於立馬邂逅之際者, 乃人之情耳, 夫豈强而爲之者耶."

78 윤훈표, 「조선초기 무과제도연구」, 『학림』 9, 1987, 21쪽.

79 『태종실록』 권3, 태종 2년 1월 6일(기축); 『태종실록』 권3, 태종 2년 4월 4일(병진).

80 『태종실록』 권3, 태종 2년 4월 10일(임술), 5월 2일(갑신).

81 『태종실록』 권9, 태종 5년 5월 1일(을미).

82 『國朝文科榜目』 卷1, 太宗戊子〈8年〉榜, "武壯馬希聲, 武科始此."(태학사, 1988, 1책

114쪽).

83 『國朝榜目』卷1, 太宗朝戊子榜, "筆苑雜記云, 武科始於太宗, 而未知自何年施行, 武科壯元, 始自於此, 故自此必書武壯."(국회도서관 편, 서울대학교출판부, 1971, 10쪽).

84 李裕元, 『林下筆記』卷24, 文獻指掌編 武科. "古者無武科矣, 太宗朝, 始設文武科."

85 『중종실록』권88, 중종 33년 10월 5일(을사).

86 원창애, 『조선시대 문과급제자 연구』, 한국학대학원 박사학위논문, 1997, 5쪽 註7번.

87 국회도서관 편,『국조방목』, 서울대학교출판부, 1971. 이 자료를 똑같이 영인한 자료로『국조방목』(영남문화사, 1990)도 있는데, 필자는 국회도서관에서 펴낸『국조방목』을 이용했다. 한편, 『國朝文科榜目』(태학사, 1988)의 저본은 태조~영조까지『국조문과방목』(奎106)을, 정조~고종까지는『국조방목』(奎11655)을 이용했다. 그래서 이 책에서는 일관성을 갖춘『국조방목』을 중심으로 하고, 『국조문과방목』과『武科總要』를 참고 자료로 활용했다.

88 『승정원일기』숙종 8년 6월 13일.

89 『영조실록』권81, 영조 30년 2월 15일(을미).

90 원창애 · 박현순 · 송만오 · 심승구 · 이남희 · 정해은 지음,『조선시대 과거 제도 사전』, 한국학중앙연구원출판부, 2014, 297쪽.

91 『일성록』정조 2년 7월 27일, "敎曰, 謁聖文科, 取三人事, 傳于命官.";『일성록』정조 6년 3월 10일, "敎曰, 今番謁聖, 取四人."

92 오늘날 임진왜란 중인 1594년(선조 27)에 실시한 별시의 무과방목인『萬曆二十二年甲午別試武科榜目』이 연세대학교에 전하고 있다. 하지만 이 별시는『국조방목』이나『무과총요』에 나와 있지 않아서 시행 횟수에 넣지 않았다.

93 무과를 시행하기 이전에 이미 문과는 1393년 · 1396년 · 1399년에 식년시 각 1회, 1401년에 증광시 1회를 시행했다. 따라서 문과의 시행 횟수는 무과 시행 횟수에 이 수치를 합치면 식년시 162회(159+3=162), 증광시 68회(67+1=68)가 된다. 따라서 조선시대 문과의 시행 횟수는 원창애가 제시한 804회(식년시 162회/증광시 68회/각종별시 574회)가 필자와 일치한다.

94 원창애, 『조선시대 문과급제자 연구』, 한국학대학원 박사학위논문, 1997, 44쪽.

95 이성무, 『(개정증보) 한국의 과거제도』, 집문당, 1994, 118쪽.

96 『속대전』권4, 병전 試取 庭試. "庭試, 因邦慶設行."

97 『경국대전』권4, 병전, 시취, 武科式年.

98 윤훈표, 「조선초기 무과제도연구」, 『학림』9, 1987, 36쪽.

99 『태종실록』권3, 태종 2년 정월(기축).

100 심승구, 「조선초기 무과제도」, 『북악사론』1, 1989, 23~24쪽.

101 『속대전』권4, 병전 시취;『典律通補』卷4 兵典 諸科. "大增廣則初覆試, 皆倍取."

102 林仁黙, 『武科總要』권1, 兵典, 武科, 初試節目(아세아문화사, 1974, 48쪽).

103 『속대전』권4, 병전 시취.

104 李裕元, 『林下筆記』권10, 典謨編 科制(민족문화추진회, 1999, 199쪽).

105 『전율통보』권4, 병전 諸科. "初試〈[增] ○別試庭試謁聖重試[補]〉, 數不滿額, 只從入格數出榜.";『大典通編』卷4, 兵典 武科.

106 『무과총요』에 대해서는 유시부, 「무과총요해제」, 『무과총요』, 아세아문화사, 1974 및 나영일, 『『무과총요』 연구』, 서울대학교출판부, 2005 참조.

107 『무과총요』권3, 영조 49년 윤3월 12일, "顯宗大王世室加上謚號大殿加上尊號合慶大增廣, 慕華館命官, 殿試, 別武士金海西等二百二十四人, 直赴一百六十八人."

108 무과방목과 『무과총요』에 동시에 직부전시 기록이 있는 1763년 증광시, 1767년 정시, 1771년 식년시, 1783년 증광시, 1784년 정시, 1790년 증광시, 1795년 식년시를 비교한 결과, 1790년과 1795년만 무과방목/『무과총요』의 직부 인원이 280명/283명, 173명/175명으로 각 2, 3명의 차이를 보였다. 나머지는 모두 일치한다. 인원이 맞지 않는 방목은 방목에 직부전시의 표시가 없고 권말에 참고사항으로 직부전시 인원만 기재한 것이다.

109 『六典條例』卷6, 禮典 春秋館 時政記, "各年登科人, 書取某等幾人."

110 『현종실록』권5, 현종 3년 3월 15일(무자).

111 국회도서관 편, 『국조방목』, 서울대학교출판부, 1971, 396쪽, "武取李仁甲等八人."

112 『무과총요』권3, 純宗五年〈嘉慶十年〉十月初三日合慶庭試;『순조실록』권7, 순조 5년 10월 13일(임진).

113 『嶠南科榜錄』(서울대학교도서관 상백고351.306-B224m-v.4). 총 6책 중 제4책이 호방 곧 무과방목이다.

114 『무과총요』에서 계산이 맞지 않은 두 시험의 무과급제자 수를 수정했다. ① 1672년(현종 13) 별시의 무과급제자를 553명으로 밝혔으나, 細註에 갑과 1인, 을과 46인, 병과 507인으로 되어 있어서 총 554명이 된다. 해당 무과방목도 갑과 1인, 을과 46인, 병과 507인으로 되어 있다. 단, 무과방목에는 554명 중 547명만 실렸다. 이를 종합해 1672년 별시 무과급제자 수를 554명으로 수정했다. ② 1815년(순종 15) 정시의 무과급제자도 360명이라 했으나, 細註에 갑과 1명, 을과 3명, 병과 366명으로 되어 있어서 총 370명이 된다. 이를 확인할 자료는 없지만 사례①을 참조해 1815년 정시 무과급제자 수를 370명으로 수정했다.

115 심승구는 1599~1894년까지 조선 후기 무과급제자 총원을 122,717명으로 제시했다(심승구, 「조선후기 무과의 운영실태와 기능-만과를 중심으로」, 『조선시대사학

보』23, 2002, 156쪽).

116 李肯翊,『燃藜室記述』별집 권10, 官職典故 科制4 武擧, "十一年, 邊事日急, 分送承旨于諸道, 設科廣取武士〈以咸聚京城爲難〉, 合取萬餘人, 時稱萬科."

117 이명룡,『戒逸軒日記』1760년 10월 23일.

118 이홍렬 선생님은 만과의 기점을 을묘왜변이 일어난 1555년(명종 10) 직후로 잡았으며, '니탕개의 난' 이후로 무과가 문란해졌다고 보았다. 곧 '니탕개의 난' 이후로 만과가 본격화한 것으로 파악했다고 여겨진다(이홍렬, 「만과설행의 정책사적 추이:조선중기를 중심으로」, 『사학연구』 18, 1964, 220~221쪽).

119 정약용,『經世遺表』권15, 夏官修制 武科. "有取數百者, 謂之千科, 有取數千者, 謂之萬科."

120 『목민심서』권8, 兵典六條 勸武(『역주 목민심서』, 창작과 비평사, 1984, 4책 117쪽).

121 『광해군일기』권126, 광해 10년 4월 27일(병진).

122 『승정원일기』숙종 9년 3월 13일.

123 정약용,『經世遺表』卷15, 夏官修制 武科, "擊逐者何謂也, 式年增廣之規, 十技一講, 廣試諸藝與庭試萬科之苟取單技者, 不同, 故古者, 式年增廣出身者, 銓曹收用, 先於他科之出身."

124 원창애,『조선시대 문과급제자 연구』, 한국학대학원 박사학위논문, 1997, 59쪽.

125 이홍렬, 「萬科 設行의 정책사적 추이:조선중기를 중심으로」, 『사학연구』 18, 1964.

126 『광해군일기』권24, 광해 2년 1월 25일(임인);『광해군일기』권43, 광해 3년 7월 23일(경신);『광해군일기』권143, 광해 11년 8월 24일(갑술);『광해군일기』권157, 광해 12년 10월 1일(갑진).

127 『광해군일기』권12, 광해 1년 1월 20일(계묘).

128 숙종 초기의 북벌론에 대해서는 홍종필, 「삼번난을 전후한 현종·숙종연간의 북벌론」, 『사학연구』 27, 1977 참조.

129 심승구, 「조선후기 무과의 운영 실태와 기능-만과를 중심으로」, 『조선시대사학보』 23, 2002, 192쪽.

130 『속대전』권4 병전 무과, "諸賤人, 不許冒赴〈羅將漕卒日守公私賤冒赴, 竝水軍充定, 勿揀赦前. ○公私賤贖良者, 雖已定役, 無補充隊公文, 則勿以良人許赴.〉" '勿揀赦前'은 사면령이 있어도 죄를 용서하거나 경감시켜 주지 말라는 의미다.

131 『경국대전』권3, 예전 제과, "文科則通訓以下武科同, 生員進士則通德以下, 許赴." 향리는 武經七書를 粗이상 받아야 응시가 가능했다(『경국대전』권4, 병전 시취).

132 문과의 응시 자격에 대해서도 영원히 임용 대상에서 제외된 범죄자, 국가 재산을 횡령한 관리의 아들, 再嫁 또는 행실이 바르지 못한 부녀자의 아들과 손자, 서얼

자손은 응시할 수 없다는 조항 이외에 누가 응시할 수 있었는지가 불분명하다. 그래서 응시 자격에 대한 의견이 나뉜다. ①양인이면 누구나 문과에 응시할 수 있었다는 견해가 있다(송준호, 「조선시대의 과거와 양반 및 양인-문과와 생원진사시를 중심으로 하여」, 『역사학보』 69, 1976; 최영호, 「조선왕조 전기의 과거와 신분제도」, 『국사관논총』 26, 1987; Edward W. Wagner, 「사회완충제로서의 과거」, 『조선신분사연구』, 법문사, 1987). ②양인의 문과 응시를 제약하는 법규는 없지만 현실적으로 응시가 어려웠다는 견해가 있다. 태조~성종 대의 문과급제자 1,799명을 분석한 결과도 대다수가 양반 관인의 자제로 나와서 이 견해를 뒷받침하고 있다(이성무, 「조선초기 문과의 응시자격」, 『논문집』 9, 국민대학교, 1975; 김창현, 『조선초기 문과급제자연구』, 일조각, 1999, 57쪽).

133 이홍렬, 「萬科 設行의 정책사적 추이:조선중기를 중심으로」, 『사학연구』 18, 210쪽; 조좌호, 「學制와 과거제」, 『한국사』 10, 국사편찬위원회, 1974, 178쪽.

134 이성무, 『(개정증보) 한국의 과거제도』, 집문당, 1994, 204~205쪽; 윤훈표, 「조선초기 무과제도연구」, 『학림』 9, 1987, 25~32쪽; 심승구, 「조선초기 무과제도」, 『북악사론』 1, 1989, 50~61쪽; 남지대, 「총론 : 15세기 조선사회와 농민」, 『역사와 현실』 5, 1991, 18쪽.

135 박영진, 「조선초기 무과출신의 사회적 지위-태종~성종연간의 급제자를 중심으로」, 『역사와 현실』 39, 2001.

136 『受敎輯錄』 권4, 兵典 諸科 崇禎戊辰承傳.

137 상동.

138 『비변사등록』 4책, 인조 23년 9월 23일, 10월 5일; 『수교집록』, 권4, 병전 제과 康熙乙巳承傳.

139 『인조실록』 권19, 인조 6년 12월 5일(신묘).

140 『인조실록』 권23, 인조 8년 7월 25일(임인); 『수교집록』 권4, 병전 諸科, 康熙壬子承傳.

141 이수광, 『芝峰類說』 卷4, 官職部 科目.

142 『승정원일기』 인조 12년 10월 14일.

143 차문섭, 『조선시대군제연구』, 단대출판부, 1973, 190~214쪽.

144 전형택, 『조선후기노비신분연구』, 일조각, 1989, 176~178쪽.

145 상동.

146 『승정원일기』 숙종 15년 10월 4일.

147 『숙종실록』 권12, 숙종 7년 10월 17일(병오).

148 『증보문헌비고』 권119, 병고11, 州郡兵2.

149 『萬機要覽』 군정편 2, 兵曹各掌事例 一軍色 各道都試式.

150 『영조실록』 권22, 영조 5년 4월 28일(임인).

151 이성무, 『조선왕조사』 1, 동방미디어, 1998, 529~530쪽.

152 『광해군일기』 권143, 광해 11년 8월 23일(계유).

153 『광해군일기』 권143, 광해 11년 8월 24일(갑술).

154 『광해군일기』 권144, 광해 11년 9월 23일(임인).

155 정약용, 『經世遺表』 권15, 夏官修制 武科, "有取數百者, 謂之千科, 有取數千者, 謂之萬科."

156 이 무과는 초시를 1619년(광해 11) 12월 하순에 실시했고 전시를 이듬해인 1620년 7월에 실시했다. 이 때문에 자료에 따라 무과의 시행 연도를 1619년 또는 1620년으로 다르게 기록했다. 이 책에서는 일반적인 기준에 따라 전시를 실시한 해인 1620년으로 파악했다.

157 『嶠南科榜錄』 虎榜(서울대학교 상백고351.306-B224m-v.1-6).

158 이홍렬, 「萬科 設行의 정책사적 추이:조선중기를 중심으로」, 『사학연구』 18, 229쪽; 송준호, 「이조후기의 무과의 운영실태에 관하여:丁茶山의 五亂說을 중심으로 하여」, 『전북사학』 15, 1977, 42쪽.

159 상동.

160 李惟侃, 『愚谷日記』 1618년 9월 24일(국사편찬위원회, 2001, 466쪽).

161 이홍두, 『조선시대 신분변동연구 · 천인의 신분상승을 중심으로』, 혜안, 1999, 171~179쪽.

162 『광해군일기』 권153, 광해 12년 6월 8일(갑인).

163 『광해군일기』 권174, 광해 14년 2월 8일(갑술).

164 『승정원일기』 인조 4년 4월 8일.

165 『광해군일기』 권148, 광해 12년 1월 11일(경인).

166 이긍익, 『연려실기술』 별집 권10, 관직전고 科制4 武擧,

167 산성무과의 실시 배경에 대해서는 정해은, 「병자호란 시기 軍功 免賤人의 무과 급제와 신분 변화-丁丑庭試文武科榜目(1637년)을 중심으로」, 『조선시대사학보』 9, 1999에 자세하다.

168 산성무과의 급제자 수는 자료마다 다르다. 『국조방목』과 『무과총요』에는 5,536인으로 나와 있다. 이밖에 『인조실록』에는 6,500인, 『승정원일기』에는 5,463인, 『증보문헌비고』에는 5,500여 명으로 되어있다(『인조실록』 권35, 인조 15년 10월 20일(갑인); 『승정원일기』 인조 15년 10월 10일; 『증보문헌비고』 권191, 선거고 8, 과제 8, 무과). 필자는 『무과총요』의 기록이 제일 정확하다고 보므로 5,536명을 채택했다.

**169** 『승정원일기』 인조 15년 10월 20일.

**170** 무과급제자의 전력 구분 기준에 대해서는 이 책의 제5장 참조.

**171** 관품은 통훈대부(1명), 선략장군(1명), 어모장군(7명), 전력부위(1명)이다. 관직의 경우 동반직이 감찰(1명), 주부(1명), 직장(1명), 참봉(2명)이다. 서반직은 훈련원 정(1명), 전임 훈련원 정(5명), 선전관(2명), 대호군(1명), 상호군(3명), 부정(2명), 전임 부정(4명), 만호(1명), 전임 만호(2명), 훈련원 첨정(24명), 전임 첨정(2명), 부호군(1명), 사직(1명), 전임 판관(17), 훈련원 판관(78명), 사과(129명), 전임 사과(2명), 부사과(22명), 부장(135), 전임 부장(15명), 훈련원 주부(28명), 전임 훈련원 주부(5명), 봉사(3명), 권관(1명), 수문장(715명), 전임 수문장(8명)이다. 이밖에 제원(1명), 사약(1명)도 있다. 군사직은 겸사복(2,826명), 보인(296명), 정병(162명), 우림위(51명), 충익위(43명), 어영군(34명), 내금위(26명), 기병(22명), 충순위(19명), 정로위(17명), 수호군(14명), 충찬위(13명), 충장위(5명), 기패관(3명), 별무사(3명), 족친위(3), 아병(2명), 충의위(2명), 충무위(1명), 훈련도감 정병(1명), 별파진(1명), 무사(1명), 별포진(1명), 별대(1명), 정초군(1명), 속오군(1명), 鷹師(1명), 포수(1명), 餘丁(1명)이다. 기타직역은 면천(564명), 무학(61명), 한량(59명), 免鄕(17명), 양인(12명), 中禁(2명), 향리(2명), 교생(1명), 업무(1명), 허통(1명), 가리(1명), 서리(1명), 역리(1명)다.

**172** 이태진, 『조선후기의 정치와 군영제 변천』, 한국연구원, 1985, 117~121쪽.

**173** 최효식, 『조선후기군제사연구』, 신서원, 1995, 243쪽.

**174** 『연려실기술』 권25, 인조조고사본말, 丙子虜亂丁丑南漢出城, 12월 15일;『인조실록』 권34, 인조 15년 1월 26일(병인).

**175** 차문섭, 「조선후기 중앙군제의 재편」, 『한국사론』 9, 국사편찬위원회, 1991; 최효식, 『조선후기군제사연구』, 신서원, 1995.

**176** 이태진, 『조선후기의 정치와 군영제 변천』, 한국연구원, 1985, 99~100쪽.

**177** 『인조실록』 권28, 인조 11년 7월 6일(병신).

**178** 병자호란기 남한산성에 들어온 군사는 약 13,000명 정도였다(『승정원일기』 인조 14년 12월 26일). 훈련도감군은 1636년 당시 4,400여 명이므로 남한산성에 들어온 도감군도 4천 명을 넘지 않을 것이다. 또 어영대장 李曙가 수하의 군사 1,400여 명으로는 北城을 지킬 수 없다고 했으므로 어영군도 1,400여 명 안팎으로 추정할 수 있다(『南漢日記』(국립중앙도서관) 1636년 12월 17일). 이 사항들을 종합하면 남한산성 수성군은 총융군이 가장 많았다고 여겨진다.

**179** 『승정원일기』 인조 15년 10월 12일.

**180** 『丁丑庭試文武科榜目』(1637년), "免賤金連金, 丁未生, 楊州人, 居楊州, 父正兵具叱

金.”

181 『승정원일기』 인조 15년 10월 7일.

182 『인조실록』 권35, 인조 15년 9월 19일(갑신).

183 『남한일기』 1636년 12월 15일.

184 『남한일기』 1636년 12월 19일.

185 『승정원일기』 인조 14년 12월 19일.

186 『승정원일기』 인조 14년 12월 22일.

187 『승정원일기』 인조 14년 12월 24일.

188 『승정원일기』 인조 14년 12월 23일.

189 『승정원일기』 인조 15년 8월 3일.

190 『승정원일기』 인조 15년 3월 7일.

191 『慶尙南道輿地集成』, 1963, 慶尙南道刊(武田幸男編, 『朝鮮後期の慶尙道丹城縣に
おける社會變動の研究(Ⅱ)-學習院大學藏朝鮮戶籍大帳の基礎的研究(3)』, 1997).

192 『資治通鑑』에 “관작이 없어서 백민이 되었으며, 백정이라고도 한다(身無官爵, 爲之
白民, 猶言白丁).”(『中文大辭典』 6冊, 中國文化大學印行, 841쪽)라고 했으므로 백
민은 일반 백성을 말한다. 조선에서도 百姓은 양인으로서 無役者의 직역처럼 쓰였
다고 한다(임민혁, 「조선초기 양인계층의 신분개념 시론」, 『한성사학』 11, 1999,
10~11쪽).

193 『雲窓誌』, 右悟里八坊考證, “第七坊小靜太, 亦土著白民之居, 而鄭南英登武科.”(武
田幸男編, 『朝鮮後期の慶尙道丹城縣における社會變動の研究(Ⅰ)-學習院大學藏朝
鮮戶籍大帳の基礎的研究(2)』, 1990, 89쪽).

194 성명이 미상이다.

195 이름이 미상이다.

196 『慶尙道丹城縣戶籍大帳』 하, 851쪽.

197 『경상도단성현호적대장』 상, 100쪽上(生比良面 6里1統4戶).

198 『경상도단성현호적대장』 상, 243쪽上(生比良面 3里4統3戶).

199 『경상도단성현호적대장』 상, 95쪽上(生比良面 3리2통4호).

200 『경상도단성현호적대장』 상, 521쪽下(生比良, 3리1통1호);『경상도단성현호적대
장』 상, 772쪽하(東面生比良 3리1통3호).

201 『경상도단성현호적대장』 상, 773쪽下(東面生比良, 3리6통6호).

202 『숙종실록』 권40, 숙종 30년 8월 23일(경인).

203 원창애, 「조선시대 文科直赴制 운영 실태와 그 의미」, 『조선시대사학보』 63, 2012,
63쪽.

204 허흥식, 『고려과거제도사연구』, 일조각, 1981, 33~34쪽; 박찬수, 『고려시대교육제
　도연구』, 고려대학교 박사학위논문, 1991, 63~64쪽.

205 『세종실록』 권19, 세종 12년 7월 27일(을축).

206 『세종실록』 권55, 세종 14년 1월 15일(을해).

207 원창애, 「조선시대 文科直赴制 운영 실태와 그 의미」, 『조선시대사학보』 63, 2012,
　96~97쪽.

208 『세종실록』 권61, 세종 15년 8월 22일(임인), 9월 11일(경인).

209 『세종실록』 권103, 세종 26년 1월 25일(을해); 『세조실록』 권17, 세조 5년 7월
　9일(무자).

210 『경국대전』 권3, 예전, 獎勸.

211 『세조실록』 권23, 세조 7년 1월 27일(무진).

212 『중종실록』 권8, 중종 4년 4월 12일(계유).

213 『중종실록』 권8, 중종 4년 4월 15일(병자).

214 『중종실록』 권10, 중종 5년 2월 8일(갑오).

215 『중종실록』 권28, 중종 17년 5월 2일(정미).

216 『중종실록』 권50, 중종 19년 3월 일(경인).

217 『명종실록』 권7, 명종 3년 4월 12일(정사); 『명종실록』 권13, 명종 7년 9월 5일(갑신).

218 『숙종실록』 권27, 숙종 20년 9월 28일(계사).

219 『현종실록』 권12, 현종 7년 3월 4일(갑신).

220 『인조실록』 권7, 인조 2년 12월 27일(정미); 『인조실록』 권19, 인조 6년 10월 26일
　(계축); 『인조실록』 권36, 인조 16년 2월 29일(계해); 『효종실록』 권11, 효종 4년
　11월 19일(신해).

221 이성무, 『(개정증보)한국의 과거제도』, 집문당, 1994, 148쪽.

222 『증보문헌비고』 권191, 선거고 8, 科制, 武科. 강화도의 장려와 의려는 이 자료에
　서 1717년이라 했으나, 『전록통고』에 따라 1701년으로 파악했다(『典錄通考』 兵典
　內禁衛試取 康熙辛巳年 承傳).

223 『典錄通考』 兵典 內禁衛試取 康熙辛巳年 承傳; 『신보수교집록』 병전 都試, 〈康熙
　辛巳年承傳〉.

224 『숙종실록』 권54, 숙종 39년 10월 2일(병자); 『영조실록』 권77, 영조 28년 6월
　29일(무오).

225 『비변사등록』 163책, 정조 5년 12월 초7일, 〈諸道馬兵都試節目〉.

226 『정조실록』 권9, 정조 4년 6월 14일(신유); 『비변사등록』 161책, 정조 4년 6월
　15일.

227 『關西武士試取榜』(서울대학교 규장각한국학연구원 奎2296).

228 『영조실록』 권70, 영조 25년 12월 10일(갑신).

229 『비변사등록』 98책, 영조 11년 12월 12일;『영조실록』 권80, 영조 29년 11월 10일
   (신유).

230 『비변사등록』 153책, 영조 45년 4월 10일.

231 『정조실록』 권12, 정조 5년 12월 28일(병신);『正祖丙午所懷謄錄』, 守門將 權就一
   (서울대학교, 1975, 238쪽).

232 『정조실록』 권20, 정조 9년 6월 21일(무술).

233 『영조실록』 권1, 영조 즉위년 10월 15일(을유).

234 『숙종실록』 권37, 숙종 28년 8월 10일(기축).

235 『영조실록』 권40, 영조 11년 12월 7일(임신).『비변사등록』 98책, 영조 11년 12월
   12일.

236 『속대전』 권4, 병전 시취;『대전회통』 권4, 병전 시취;『전율통보』 권4, 병전 제과,
   시취.

237 『비변사등록』 153책, 영조 45년 4월 10일.

238 『정조실록』 권39, 정조 18년 3월 3일(경인).

239 『王世子册封慶龍虎榜』(1784년).

240 『숙종실록』 권26, 숙종 20년 윤5월 24일(경인);『영조실록』 권30, 영조 7년 7월
   일(갑신).

241 『정조실록』 권2, 정조 즉위년 9월 16일(갑신). 문과는 文理가 통하지 않은 답안지
   를 내면 다음 번 전시로 물러나 응시했다(조좌호, 「李朝式年文科考」(하),『대동문
   화연구』 11, 1976, 48쪽).

242 『대전통편』 권4, 병전 무과, "殿試直赴人, 無分者, 依文科例, 退付後殿試."

243 조좌호, 「學制와 科擧制」,『한국사』 10, 국사편찬위원회, 1977, 152쪽.

244 『丙寅別試文武科榜目』(1686년).

245 『정조실록』 권48, 정조 22년 3월 12일(병자).

246 『대전회통』 권4, 병전 무과, "殿試壯元, 以原榜中取."

247 국회도서관 편,『국조방목』, 1971, 170쪽, "取三十九人內, 四人直赴."

248 『숙종실록』 권51, 숙종 38년 2월 2일(을묘).

249 직부전시자 2,161명이 실린 무과방목은 직부전시 인원을 알 수 있는 26회분 중
   방목 본문에 직부전시를 일일이 표시한 17회분이다. 나머지 9회분은 元榜과 直
   赴를 구분하여 각 총원만 기재한 방목이다. 17회분의 무과방목은 1686년 정시,
   1689년 증광시, 1699년 식년시, 1707년 별시, 1708년 식년시, 1710년 증광시, 1713

년 증광시, 1714년 증광시, 1717년 식년시, 1725년 증광시, 1726년 식년시, 1730년 정시, 1740년 증광시, 1763년 증광시, 1767년 정시, 1771년 식년시, 1783년 증광시, 1784년 별시다.

250 『승정원일기』 숙종 13년 12월 13일.

251 관직은 판관(2명), 감찰·별제·사알·인의·직장·별감 각 1명, 주부(3명), 병마절도사(1명), 상호군(37명), 우림장(1명), 대호군(2명), 호군(1명), 만호(18명), 부호군(21명), 부사직(5명), 사과(25명), 부사과(200명), 좌부장(1명), 사정(1명), 부사정(23명), 부사맹(6명), 부사용(16명), 권관(3명), 선전관(21명) 등이다. 官品은 통덕랑(55명), 승의랑(1명), 종사랑(1명), 장사랑(4명), 어모장군(4명), 진위장군(1명), 선략장군(2명), 과의교위(3명), 진용교위(1명), 여절교위(1명), 병절교위(12명), 승의부위(1명), 수의부위(2명), 전력부위(184명)이다.

252 강석화, 「조선후기 平安道의 別武士」, 『한국사론』 41·42합집, 서울대학교 국사학과, 1999, 620~621쪽.

253 『숙종실록』 권27, 숙종 20년 9월 13일(무인).

254 『영조실록』 권22, 영조 5년 5월 15일(기미).

255 『비변사등록』 125책, 영조 29년 2월 25일, 3월 6일.

256 『비변사등록』 131책, 영조 32년 11월 20일.

257 『正祖丙午所懷謄錄』 守門將 權就一(서울대학교, 1975, 238쪽); 『비변사등록』 170책, 정조 11년 4월 12일; 『비변사등록』 172책, 정조 12년 6월 13일; 『전율통보』 권4, 병전 제과, "慶尙道別武士〈續增補. 出身屬左別武, 閑良屬右別武〉, 通計四巡劃數, 居首者, 左右各一人, 閑良直赴殿試, 出身三軍門哨官差, 其次論賞."

258 『정조실록』 권38, 정조 17년 12월 21일(경진); 『비변사등록』 182책, 정조 18년 8월 9일.

259 『비변사등록』 182책, 정조 18년 8월 9일.

260 『비변사등록』 214책, 순조 26년 8월 20일.

261 『순조실록』 권28, 순조 26년 9월 11일(기축).

262 『비변사등록』 215책, 순조 27년 3월 11일. 무과에서 편전은 1矢에 15分, 조총은 1中에 7分半을 주고 과녁에 적중하면 2배를 줬다. 기추는 1中하면 5分, 유엽전은 1矢에 1分을 주고 적중하면 2分을 줬다. 이렇게 과목마다 점수 지급이 다르므로 몰기 比較 때에 당초 몰기한 과목으로 시취하면 유엽전 몰기자가 가장 불리했고 편전 몰기자가 가장 유리했다.

263 『비변사등록』 215책, 순조 27년 윤5월 26일.

264 『비변사등록』 226책, 헌종 4년 5월 13일.

265 『비변사등록』 229책, 헌종 7년 8월 25일; 『비변사등록』 232책, 헌종 11년 9월 15일.

266 『비변사등록』 240책, 철종 4년 6월 28일; 『비변사등록』 241책, 철종 5년 8월 18일.

267 『비변사등록』 242책, 철종 6년 9월 5일, 11월 17일.

268 『비변사등록』 246책, 철종 10년 10월 29일.

269 17~19세기 무과방목 중 8개는 분석 대상에서 제외했다. ①1637년 정시 방목은 '山城武科'라는 특수 목적으로 실시한 시험이어서 제외했으며, 3장에서 따로 분석했다. ②『乙酉謁聖龍虎榜』(1825년)은 무과급제자 전력이 한 글자로 표기되어서 한량을 제외한 나머지 전력이 분명치 않아서 제외했다. ③등준시방목(1개)과 중시방목(5개)은 종친과 무과급제자를 대상으로 한 시험으로 성격이 달라서 제외했다.

270 ①1612년 방목은 병과 20등 이후부터 落張되었다. ②1669년 방목도 落張으로 49명의 급제자를 알 수 없다. ③1672년 별시 방목은 하버드대학교 옌칭도서관의 MF에 1장이 빠져서 병과 146~152등이 없다. 촬영시 빠트린 것인지 原本 자체가 없는지는 확인하지 못했다. ④1728년 방목도 중간에 1장이 없다. ⑤1800년 방목은 丙科 급제자 중 宣薦 76명만 기재했다. ⑥1801년 정시 방목은 본문 1장이 없어서 병과 76~84등까지 알 수 없다. ⑦1844년 방목은 조선왕조실록에 3백 명으로 나와 있으나 방목에는 53명만 기재했다. 또 병과 급제자의 총원도 기재하지 않았다. ⑧1848년 방목은 조선왕조실록에 480명으로 나와 있으나 90명만 기재했다.

271 이 점은 19세기 후반의 분석 대상이 87명이어서 다른 시기보다 급제자 수가 적기 때문일 수도 있다.

272 천관우, 「여말선초의 한량」, 『이병도박사화갑기념논총』, 1956; 浜中昇, 「麗末鮮初の閑良について」, 『朝鮮學報』 42, 日本 朝鮮學會, 1967; 한영우, 「여말선초 한량과 그 지위」, 『한국사연구』 4, 1969; 이준구, 「조선후기의 한량과 그 지위」, 『국사관논총』 5, 1989(『조선후기신분직역변동연구』, 일조각, 1993 수록).

273 한영우, 위의 논문, 75쪽.

274 이준구, 『조선후기신분직역변동연구』, 일조각, 1993, 100~111쪽.

275 17~19세기 무과급제자 16,575명 중 한량의 무과 급제 인원을 국왕별로 제시하면 선조 1명(0.7%, 총급제자 140명), 광해 1명(1%, 총급제자 99명), 인조 5명(0.5%, 총급제자 950명), 효종 278명(20.8%, 총급제자 1,338명), 현종 130명(14.3%, 총급제자 910명), 숙종 855명(32.6%, 총급제자 2,623명), 경종 335명(54.4%, 총급제자 616명), 영조 1,977명(46.8%, 총급제자 4,226명), 정조 1,603명(43%, 총급제자 3,730명), 순조 267명(17.8%, 총급제자 1,496명), 헌종 61명(32.1%, 총급제자 190명), 철종 81명(47.6%, 총급제자 170명), 고종 56명(64.4%, 총급제자 87명)이다. '총급제자'는 해당 국왕 대에 선발한 무과급제자 총원이며, 비중(%)은 '총급제자'

대비로 계산한 것이다.

276 『승정원일기』효종 8년 9월 5일.

277 권필칭의 사환과 처세에 대해서는 정해은,「18세기 경상도 단성현의 한 양반 무과 급제자의 仕宦과 處世」,『조선시대사학보』26, 2003 참조. .

278 단성에서는 1621년부터 1707년 사이에 13차례 鄕案이 만들어졌다. 향안에 오른 성관을 보면 진주 류씨가 33명(10.8%), 안동 김씨 10명(3.3%), 성산 이씨 33명 (10.8%), 안동 권씨 68명(22.4%)이다. 이를 근거로 보면 단성에서 안동 권씨는 대표적인 사족 집안이었다(川島藤也,「丹城鄕案에 대하여」,『청계사학』4, 1987).

279 『安東權氏守拙堂派家乘』卷下,「龍湫公〈權相稱〉家狀」, "庚午府君年二十, 晋營設馬 兵科, 知舊或勸曰, 公氣槪絶倫, 可以試武擧, 府君徐曰, 如此似好, 豈吾儒之所爲乎."

280 권필칭,『梧潭先生文集』부록, 권1 연보, "英祖二十二年丁卯〈先生二十七歲〉, 秋捷 生員鄕解〈先生累中鄕解, 見屈禮闈, 忽自奮曰, 人顧樹立之如何, 苟致身爲國家用, 奚間文武, 自是從事武藝, 先生, 長身豊下, 威儀峻整, 人或以制閫之材稱之, 經學詞 賦, 已有斯文重望, 故知者疑之, 惟權霜溪煒, 知先生最深, 以爲吾家爲班, 定遠事業 者, 其在斯人乎, 時母夫人在堂, 先生盖急於榮養, 故嘗曰, 求可得也, 吾有所不辭者 矣.〉"

281 『嶺南邑誌』「晉州鎭管丹城縣邑誌」(서울대학교 규장각한국학연구원), "英廟朝武 科, 折節讀書, 力行古道, 從遊宋明欽宋能相…武名儒行, 時人謂松堂後一人, 以水使 終於官, 有梧潭別業, 是平日讀書地也,"

282 권필칭,『梧潭先生文集』부록, 권1 연보. "是時, 一門叔姪兄弟, 前後以武仕進者, 殆數十人, 皆顯職淸塗, 不墜儒業."

283 『禁衛營謄錄』영조 6년(경술년) 6월 24일, "聖上卽祚以來, 激勵武士之道, □出尋 常, 故爭相聳動, 不獨梱帥家子弟, 如儒家子弟, 不能以文途進者, 皆事弧矢."

284 『丁亥文武科別試榜目』(1707년);『蔚山邑誌』武科(『朝鮮時代私撰邑誌』, 한국인문 과학원, 1989, 慶尙道(2) 134쪽), "朴敏信, 常祿軒敏孝弟, 肅宗朝登第, 歷海美縣監 營將樂安郡守南兵馬虞候."

285 『王世子册封慶龍虎榜』(1784년);『蔚山邑誌』武科(『朝鮮時代私撰邑誌』, 한국인문 과학원, 1989, 慶尙道(2), 136쪽), "徐達彦, 達城人, 判書涉八世孫, 正宗朝, 官龍驤 衛副護軍."

286 『王世子册封慶龍虎榜』;『靈光續修輿地勝覽』附武科(『朝鮮時代私撰邑誌』, 한국인 문과학원, 1989, 全羅道(1) 526쪽). "李得江, 全州人, 縣監重喆孫, 興海郡守."

287 『崇禎紀元後四戊申慶科增廣文武殿試榜目』(1848년).

288 『인조실록』권28, 인조 11년 7월 12일(임인).

289 남지대, 「중앙정치세력의 형성구조」, 『조선정치사』 상, 청년사, 1990, 165쪽.

290 『승정원일기』 효종 8년 9월 5일.

291 『수교집록』 병전 諸科; 『속대전』 권4, 병전 무과. 문과도 1665년 이후에는 호적에 성명이 있어야 응시할 수 있었다(『수교집록』 예전 과거; 『속대전』 권3, 예전 諸科).

292 『慶尙道丹城縣戶籍大帳』 上, 都山面 8里5統5戶(한국정신문화연구원, 1980, 229쪽 下); 『경상도단성현호적대장』 상, 北面新燈里 1里8統3戶(932쪽下); 『경상도단성현 호적대장』 下, 新等面 3里3統5戶(391쪽上).

293 심승구는 임진왜란 중에 실시한 무과에서 유학이 급제한 현상에 대해 전쟁 혼란에 따른 특수 사례로 추정했다(심승구, 「임진왜란 중 무과 급제자의 신분과 특성」, 『한국사연구』 92, 1996, 17쪽).

294 이남희, 『조선후기 잡과중인 연구』, 이회, 1999, 90쪽.

295 원창애, 『조선시대 문과급제자 연구』, 한국학대학원 박사학위논문, 1997, 105~107쪽.

296 최진옥, 『조선시대 생원진사연구』, 집문당, 1998, 81~82쪽.

297 『萬機要覽』, 『訓局總要』, 『御營廳事例』, 『禁衛營事例』, 『摠戎廳事例』 참조.

298 이밖에 이 책에서 적용한 군사직의 분류 기준이다. ①漢旅는 漢人牙兵을 고친 이름으로 『만기요람』에는 군총으로 분류했으나, 『訓局總要』에는 장교로 되어있다. 필자는 군총이 맞다고 판단해 군총으로 구분했다. ②扈軍(8명)은 扈衛軍, 吹手(1명)은 吹鼓手, 精抄(1명)는 精抄軍, 列校 1인은 거주지가 수원이어서 水原別驍士列校로 파악했다.

299 정만조, 「均役法의 選武軍官」, 『한국사연구』 18, 1977.

300 『만기요람』 군정편 2, 훈련도감 員額; 『만기요람』 군정편 3, 금위영 원액; 『만기요람』 군정편 3, 어영청 원액.

301 『속대전』 권4, 병전 경관직 군영아문 훈련도감, "哨官知彀官旗牌官, 仕滿六百, 陞六品〈他軍門同〉."

302 『만기요람』 군정편 2, 용호영 설치연혁.

303 『수교집록』 권5, 형전 姦犯, "古之內禁衛, 皆是士族, 正兵亦多兩班, 門地與今懸殊, 不當仍用, 議大臣, 以爲定式〈康熙丁巳承傳〉."

304 이준구, 『조선후기신분직역변동연구』, 일조각, 1993, 166~169쪽.

305 강석화, 「조선후기 平安道의 別武士」, 『한국사론』 41 · 42합집, 서울대학교 국사학화, 1999.

306 『비변사등록』 74책, 경종 3년 11월 19일, 「黃海兵營別武士節目」.

307 강석화, 『조선후기 함경도와 북방영토의식』, 경세원, 2000, 184~185쪽.

308 『속대전』 권4, 병전 시취 함경도친기위; 『만기요람』 군정편 2, 一軍色 各道都試.

309 『증보문헌비고』 권119, 병고 11, 州軍兵, 咸鏡道; 『증보문헌비고』 권110, 병고 2, 制置 2, 朝鮮.

310 『정조실록』 권37, 정조 17년 1월 12일(병오).

311 『숙종실록』 권36, 숙종 28년 4월 10일(신유).

312 『중종실록』 권102, 중종 39년 3월 1일(기해); 『광해군일기』 권13, 광해 1년 2월 28일(경진).

313 『만기요람』 군정편 2, 兵曹各掌事例, 一軍色 各道都試式.

314 18기는 장창·당파·낭선·등패·곤봉·쌍수도·죽장창·기창·예도·왜검·왜검교전·월도·협도·쌍검·제독검·본국검·권법·편곤을 말한다.

315 『訓局摠要』 官制(한국학중앙연구원 장서각).

316 『만기요람』 군정편 2, 훈련도감 군총.

317 『壯勇營大節目』 권1, 差除(한국학중앙연구원 장서각), "額外壯勇衛, 依禁軍額外三營勸武軍官例, 將家子枝與地閥表著者, 及如有身手膂力出類之人, 別將抄擇, 就義大將, 大將擇取粘啓, 除本仕隨行."

318 『대전통편』 권4, 병전 군영아문; 『전율통보』 권4, 병전 경관직, 외관직; 『만기요람』 군정편 2, 군정편 3. 이 책에서는 무과급제자 거주지에 근거해 중앙군과 지방군을 나누었으므로 이 분류가 절대 기준이 아님을 밝힌다. 예컨대 장교 47명의 거주지가 모두 평안도이므로 지방 소속 장교로 보았다. 하지만 장교는 중앙 군영에도 있어서 장교를 지방군이라고만 할 수 없다.

319 17~19세기 무과급제자 16,575명 중 보인의 무과 급제 인원을 국왕별로 제시하면 선조 19명(13.6%, 총급제자 140명), 광해 18명(18.1%, 총급제자 99명), 인조 337명(35.5%, 총급제자 950명), 효종 134명(10%, 총급제자 1,338명), 현종 53명(5.8%, 총급제자 910명), 숙종 48명(1.8%, 총급제자 2,623명), 영조 15명(0.4%, 총급제자 4,226명), 정조 7명(0.2%, 총급제자 3,730명)다. '총급제자'는 해당 국왕 대에 선발한 무과급제자 총원이며, 비중(%)은 '총급제자' 대비로 계산한 것이다.

320 김갑주, 「조선후기 보인 연구」, 『국사관논총』 17, 1990.

321 심승구, 「조선 선조대 무과급제자의 성분-1583~1584년의 대량시취방목을 중심으로」, 『역사학보』 144, 1994, 54~68쪽.

322 정만조, 「양역변통론과 균역법의 시행」, 『한국사』 32, 국사편찬위원회, 1997, 103~104쪽.

323 『광해군일기』 권125, 광해 10년 3월 1일(경신).

324 『승정원일기』 인조 4년 7월 20일.

325 『승정원일기』 효종 8년 9월 5일.

326 『승정원일기』 인조 27년 4월 16일.

327 무과급제자의 관직을 분석하기 위해 동반·서반 및 관품을 구분한 기준은 다음과 같다. ①주부는 무과방목에 나오는 관서를 기준으로 동반·서반을 나눴다. ②별장은 용호영의 종2품, 훈련도감·금위영·어영청·호위청·수어청의 정3품, 외방직의 종9품 무관직이 있었다. 무과방목에 별장 5명이 등장하는데, 당하관 이하만 무과 응시가 가능하므로 종9품 무관직으로 처리했다. ③낭청 2인 중 1인, 正 5인 중 4인은 소속 부서 기록이 없어서 미상으로 처리했다. ④서반직 중 선전관·수문장·내승은 관직만으로 품계를 확정할 수 없으므로 '기타'로 처리했다.

328 조선시대 문과급제자 14,682명 중 관직소유자는 2,511명이며, 이 가운데 전직 관료가 11.7%(295명)이다. 문과급제자도 전직 관료의 비율이 낮지만 무과보다는 높은 편이었다(원창애, 『조선시대 문과급제자 연구』, 한국학대학원 박사학위논문, 1997, 94쪽).

329 『속대전』 권4, 병전 경관직 정삼품아문 오위; 『典律通補』 권4, 병전 경관직 오위, "今。五衛兵制盡罷。獨存官名。將及部將。分直巡更。上護軍以下。屬軍衛遞兒。以待陞降來付者。"

330 이재룡, 『조선초기사회구조연구』, 일조각, 1993, 6~8쪽.

331 『속대전』 권4, 병전 경관직 정삼품아문 오위; 『대전통편』 권4, 병전 경관직 정삼품아문 오위; 『대전회통』 권4, 병전 경관직 정삼품아문 오위.

332 『上之四十年甲午聖候平復稱慶增廣別試文武科殿試榜目』(1714년).

333 『辛卯別試文武科榜目』(1591년); 『丙申別試文武科榜目』(1656년).

334 『속대전』 권4, 병전 경관직 선전관청; 『숙종실록』 권63, 숙종 45년 4월 3일(을사).

335 『崇禎三庚申慶科庭試別試文武科殿試榜目』(1800년); 『崇禎三己巳冬元子誕降慶科別試增廣文武科殿試榜目』(1809년).

336 『宣傳官廳薦案』은 현재 규장각한국학연구원에 총7책이 있으나, 내번 3책과 내번 4책이 선전관청 선생안이므로 宣薦案은 총 5책이 된다. 제1책(内番 1책)은 1724~1775년, 제2책(내번 7책) 1776~1849년, 제3책(내번 5책)은 1850~1875년, 제4책(내번 6책)은 1876~1885년, 제5책(내번 2책)은 1886~1894년까지의 명단을 수록했다. 이밖에 숙종 대의 선천안으로 『宣傳新薦案』도 있다.

337 『속대전』 권4, 병전, 경관직, 선전관청.

338 『전율통보』 권4, 병전 경관직 선전관청; 『비변사등록』 214책, 순조 26년 5월 26일.

339 『崇禎三庚申慶科庭試別試文武科殿試榜目』(1800년).

340 『순조실록』 권22, 순조 19년 2월 7일(기사); 『순조실록』 권32, 순조 31년 6월 2일(임오).

341 『崇禎三己酉式年文武科殿試榜目』(1789년).

342 『선조실록』권107, 선조 31년 12월 25일(병자);『선조실록』권211, 선조 40년 5월 25일(정해);『광해군일기』권52, 광해 4년 4월 1일(을축).

343 최승희,「조선시대 양반의 대가제」,『진단학보』60, 1985, 60쪽.

344 이성무,『조선초기양반연구』, 일조각, 1980, 67쪽.

345 『萬曆四十年壬子四月日式年文[武]科榜目』(1612년).

346 『승정원일기』현종 10년 1월 23일.

347 이준구,「조선후기의 '업유·업무'와 그 지위」,『진단학보』60, 1985, 37~41쪽.

348 『증보문헌비고』권187, 선거고 4, "肅宗二十二年, 始定業儒業武之式,至孫曾許稱幼學.";黃胤錫,『頤齋亂藁』1770년 6월 12일, "肅宗朝又命定, 赴文科者, 稱業儒, 至曾孫, 始稱幼學, 赴武科者, 稱業武, 至曾孫, 始稱閑良, 蓋幼學閑良, 士大夫無累者所稱, 而孽子之曾孫, 得許並稱, 則豈將並通淸要, 而節目未及致詳歟, 但今世自大家孽子以外, 多冒稱幼學云."

349 『속대전』권3, 예전, 제과, "庶孽, 許通納米赴擧之規, 永爲革罷〈儒稱業儒, 武稱業武, ○士夫妾子, 冒稱幼學者, 降定軍保.〉"

350 황윤석,『이재난고』1768년 10월 20일, "是日, 宗室全恩君墩之庶子業武者李書房, 與鄭宣傳, 習射同接, 因與安正言相熟, 余亦數面."

351 송준호,「조선시대의 과거와 양반 및 양인」,『역사학보』69, 1976, 110쪽.

352 『수교집록』예전, 과거, "庶孽許通後赴擧, 必以許通錄名〈順治庚子承傳〉."1660년 (현종 1)의 수교다.

353 선조~고종 연간까지 업무 482명의 급제 현황을 국왕별로 보면, 인조 대부터 처음 나타나 인조 27명(2.8%), 효종 58명(4.3%), 현종 110명(12.1%), 숙종 203명 (7.7%), 경종 10명(1.6%), 영조 52명(1.2%), 정조 9명(0.2%), 순조 5명(0.3%), 헌종 8명(4.2%)다. 철종 이후로는 급제자가 없다. 비중(%)은 〈표6-4〉에서 제시한 국왕별 무과급제자 총인원에 대비하여 산출한 것이다.

354 『崇禎紀元後四戊申慶科增廣文武科殿試榜目』(1848년).

355 김경란,「조선후기 호적대장의 여성호칭 규정과 성격」,『역사와 현실』48, 2003, 204쪽.

356 『壬子年別試文武科榜目』(1672년).

357 『萬家譜』, 民昌文化社, 1992.

358 『戊午式年司馬榜目』(1679년).

359 선조~고종 연간까지 교생 372명의 급제 현황을 국왕별로 보면, 선조 10명(7.1%), 광해 6명(6.1%), 인조 48명(5.1%), 효종 172명(12.7%), 현종 40명(4.4%), 숙종 75

명(2.9%), 경종 7명(1.1%), 영조 13명(0.3%), 정조 1명이다. 순조 이후로는 급제자가 없다. 비중(%)은 〈표6-4〉에서 제시한 국왕별 무과급제자 총인원에 대비하여 산출한 것이다.

360 최진옥, 『조선시대 생원진사 연구』, 집문당, 1998, 98쪽.

361 송찬식, 「조선후기 校院生考」, 『논문집』 11, 국민대학교, 1977(『조선후기시회경제사의 연구』, 일조각, 1997, 재수록); 최영호, 「유학·학생·교생고」, 『역사학보』 101, 1984; 전경목, 「조선후기 교생의 신분에 관한 재검토-〈頣校生所志〉를 중심으로」, 『송준호교수정년기념논총』, 1987; 윤희면, 『조선후기향교연구』, 일조각, 1990.

362 『丙子別試文武科榜目』(1636년); 『嶠南科榜錄』 虎榜.

363 『甲申別試文武科榜目』(1644년); 『錦城邑誌』 武科案 仁祖朝.

364 이에 대해서는 윤희면, 『조선후기향교연구』, 일조각, 1990, 참조.

365 『승정원일기』 효종 10년 2월 19일.

366 전라남도, 『전남의 향교』(조사단장 전형택), 1987, 466쪽.

367 전라남도, 『전남의 향교』(조선단장 전형택), 1987, 121쪽. "夫校生者, 乃儒生也, 稱西齋儒生…且於帳籍, 則以幼學書之, 行世則以實中人處之."

368 이준구, 『조선후기신분직역변동연구』, 일조각, 1993, 67~81쪽.

369 『萬機要覽』 군정편 2, 兵曹各掌事例, 一軍色, 各道都試式.

370 『정조실록』 권1, 정조즉위년 4월 9일(경술).

371 『효종실록』 권17, 효종 7년 8월 27일(임인).

372 정석달은 무과방목에는 경술생(1610년)으로, 사마방목에는 기유생(1609년)으로 기록되어 있다. 여기서는 무과방목을 따랐다.

373 『國朝文科榜目』 권9, 光海朝 丙辰別試榜(태학사, 1988, 663쪽), "鄭湛…持平, 通文八路, 數罪西宮, 癸亥置."

374 『현종실록』 권5, 현종5년 윤6월 13일(계유); 『현종개수실록』 권11, 현종5년 6월 13일(갑진).

375 『승정원일기』 순조 7년 6월 2일.

376 ①公山→公州, 錦城→羅州, 綾城(『경국대전』)→綾州, 西原→清州, 星山→星州, 松都→開城, 驪興→驪州, 原城→原州, 理山(『경국대전』)→楚山, 利城→利原(1796년), 忠原→忠州, 坡平→坡州, 耽羅→濟州, 洪陽(현종 대)→洪州, 華城→水原, 黃山→連山으로 처리했다. ②恩山은 인조 대에 魯城·連山·恩津을 합친 지명이나 1656년(효종 7)에 다시 분리했다. 따라서 恩山은 그대로 恩山으로 처리했다. ③尼山은 尼山→尼城(『대전통편』)→魯城(『대전회통』)으로 바뀌었는데 방목에서 魯城이 나오

지 않아 모두 尼城으로 통일했다.

377 ①安陵은 1728년·1730년 방목에 4번씩 총 8번이 나온다. 두 방목에 재령만 등장하고 안주가 나오지 않아서 8곳 모두 安州로 처리했다. ②安北은 1813년 방목에 4번 나온다. 해당 방목에 북청은 나오나 안주는 나오지 않아 모두 안주로 파악했다. ③一新은 1750년에 1번 나오는데 방목에 원주가 나오므로 南原으로 처리했다.

378 『현종실록』 권11, 현종 6년 2월 12일(기사); 『영조실록』 권14, 영조 3년 12월 10일 (신묘).

379 E.W.Wagner, 「사회 완충제로서의 과거」, 『조선신분사연구』, 법문사, 1987; 남지대, 「중앙정치세력의 형성구조」. 『조선정치사』(상), 청년사, 1990. 와그너 교수의 이 논문은 『조선왕조 신화의 성취와 귀속』에도 실려 있다.

380 고석규, 「18세기말 19세기 초 평안도지역 鄕權의 추이」, 『한국문화』 11, 1990, 353~355쪽.

381 정약용, 『경세유표』 권4, 天官修制 郡縣分等.

382 『일성록』 순조 8년 9월 7일, 「黃海道御使金魯應平安南道御使徐能輔進書啓別單」.

383 『영조실록』 권88, 영조 32년 10월 4일(무진).

384 『정조실록』 권32, 정조 15년 1월 9일(갑진).

385 최진옥 『조선시대 생원진사 연구』, 집문당, 1998, 164~166쪽 참조, 문과급제자는 군현별 거주지 분석 통계가 없어서 함께 분석하지 못했다.

386 차문섭, 『조선시대군제연구』, 단대출판부, 1973; 차문섭, 『조선시대 군사관계 연구』, 단국대학교출판부, 1996; 이태진, 『조선후기의 정치와 군영제 변천』, 한국연구원, 1985; 최효식, 『조선후기군제사연구』, 신서원, 1995.

387 김종수, 『조선후기 중앙군제연구-훈련도감의 설립과 사회변동』, 혜안, 2003, 102~114쪽.

388 宋奎斌, 『風泉遺響』, 「論守摠兩營」(성백효 역, 전사편찬위원회, 1990, 255쪽).

389 『전율통보』 권4, 병전 諸科 外方別科.

390 이선희, 「조선후기 한성부 내 경기감영의 입지 연구」, 『서울학연구』 45, 2011, 149 ~152쪽.

391 영장에 대해서는 서태원, 『朝鮮後期 地方軍制硏究-營將制를 중심으로-』, 혜안, 1999 참조.

392 영장 파견 지역은 서태원, 위의 책, 65쪽 주45를 참조했으며, 나중에 변경된 곳은 『전율통보』와 『대전통편』을 근거로 했다.

393 강석화, 「조선후기 함경도의 친기위」, 『한국학보』 89, 1997, 31쪽.

394 『현종개수실록』 권10, 현종 4년 11월 3일(정묘).

395 『인조실록』권5, 인조 4년 2월 23일(병신).

396 『승정원일기』숙종 10년 5월 5일.

397 4도의 식년 무과 비중은 충청도 4.5%(111명), 경상도 5.9%(145명), 전라도 6.1%(149명), 강원도 1.8%(43명)이다. 각종별시 무과의 비중은 충청도 5.8%(817명), 경상도 5%(702명), 전라도 6.1%(862명), 강원도 2.1%(299명)이다. 곧 충청도 · 경상도 · 전라도 · 강원도의 경우 식년 무과와 각종별시 무과의 점유율에 큰 차이가 없다.

398 남지대,「중앙정치세력의 형성구조」,『조선정치사』(상), 청년사, 1990, 147~150쪽.

399 『숙종실록』권27, 숙종 20년 9월 28일(계사).

400 『경종실록』권4, 경종 원년 9월 29일(정사).

401 『영조실록』권105, 영조 41년 3월 22일(정유).

402 『숙종실록』권45, 숙종 33년 8월 7일(병술).

403 정약용,『경세유표』권15, 하관수제 무과.

404 상동.

405 『附釋音春秋左傳注疏』권4, 惠公傳 8年 無駭卒條疏. "姓者生也…族者屬也…其旁支別屬, 則各自立氏…氏猶家也…氏族一也…別而稱之, 謂之氏, 合而言之, 則曰族."

406 이중환,『擇里志』「總論」(노도양 역, 신명출판사, 1987, 293쪽).

407 최진옥,『조선시대 생원진사 연구』, 1998, 집문당, 127~128쪽.

408 柳壽垣,『迂書』권2, 論門閥之弊.

409 『崇禎三己巳冬元子誕降慶科別試增廣文武科殿試榜目』(1809년).

410 『선전관천천안』제2책(내번 7책). 남항천을 받은 사람은 한량 이제원(1799년), 부사용 이양구(1799년), 부사용 한인식(1801년), 부사과 김용기(1806년), 前 선전관 이인회, 前 선전관 박승환, 前 선전관 이규남, 前 선전관 이항권, 前 선전관 이완식, 前 선전관 이익서, 前 선전관 이종영이다. 1809년 12월에 선천을 받은 사람은 통덕랑 이원규, 한량 남명섭, 통덕랑 조존정, 한량 이민회, 통덕랑 홍헌조, 한량 조승화, 통덕랑 김기종, 한량 구제원, 한량 이긍서, 한량 이제도, 한량 박긍연이다. 前 선전관 7명이 남항천을 받은 시기는 쪽의 ⑦~⑬번 참조.

411 『영조실록』권103, 영조 40년 1월 20일(임신).

412 『철종실록』권11, 철종 10년 2월 25일(병진);『철종실록』권14, 철종 13년 6월 1일(임자)

413 원창애,『조선시대 문과급제자 연구』, 한국학대학원 박사학위논문, 121쪽; 최진옥,『조선시대 생원진사 연구』, 집문당, 1998, 132쪽; 이남희,『조선후기 잡과중인 연구』, 이회, 1999, 162쪽.

414 원창애, 위의 박사학위논문, 1997, 121쪽; 최진옥, 위의 책, 132쪽; 이남희, 위의
책, 165쪽.

415 ①무과는 성관을 알 수 있는 급제자 16,377명(성관 1,750개) 중 상위 1% 는 161명
이상 급제자가 나온 성관이며, 상위 0.5%는 83명 이상의 급제자가 나온 성관이다.
②문과는 성관을 알 수 있는 13,631명(성관 941개) 중 상위 0.1%는 138명 이상,
상위 0.5%는 70명 이상이 나온 성관이다. ③생원진사시는 성관을 알 수 있는
38,539명(성관 1,442개) 중 상위 1%는 386명 이상, 상위 0.5%는 197명 이상이
나온 성관이다. ④잡과는 성관을 알 수 있는 6,003명(성관 471개) 중 상위 1%는
64명 이상, 상위 0.5%는 34명 이상이 나온 성관이다(원창애, 위의 박사학위논문,
1997, 121~123쪽; 최진옥, 위의 책, 137~140쪽 ; 이남희, 위의 책, 162~164쪽).

416 19세기 후반에 18번째까지의 성관만 제시한 이유는 19번째에 해당하는 성관이
25개나 되기 때문이다. 이 성관 모두 1명의 급제자만 나왔다.

417 원창애, 『조선시대 문과급제자 연구』, 한국학대학원 박사학위논문, 1997, 126쪽;
최진옥, 『조선시대 생원진사 연구』, 집문당, 1998, 144쪽; 이남희, 『조선후기 잡과
중인 연구』, 이회, 1999, 166쪽.

418 김해 김씨 · 전주 이씨 · 밀양 박씨 · 경주 김씨 · 청주 한씨 · 경주 이씨 · 남양 홍
씨 · 파평 윤씨 · 순흥 안씨.

419 김해 김씨 · 전주 이씨 · 밀양 박씨 · 경주 김씨 · 청주 한씨 · 진주 강씨 · 경주 이
씨 · 남양 홍씨 · 파평 윤씨 · 평산 신씨 · 순흥안씨 · 안동 김씨 · 안동 권씨 · 廣州
이씨 · 전의 이씨 · 문화 류씨 · 여흥 민씨.

420 이 중에서 전주 이씨와 밀양 박씨는 오늘날 한국에서 가장 높은 비중을 차지하는
성관이다. 그만큼 이 성관을 사용하는 인구가 많다는 증거다. 따라서 姓貫勢를
검토할 때 인구 문제도 고려해야 하나 여기서는 구체적으로 살피지 못했다.

421 김해 김씨 · 전주 이씨 · 밀양 박씨 · 경주 김씨 · 청주 한씨 · 진주 강씨 · 경주 이
씨 · 남양 홍씨 · 파평 윤씨 · 평산 신씨 · 순흥 안씨 · 안동 김씨 · 안동 권씨 · 전의
이씨 · 여흥 민씨 · 문화 류씨 · 진주 류씨.

422 김해 김씨 · 전주 이씨 · 밀양 박씨 · 경주 김씨 · 청주 한씨 · 진주 강씨 · 경주 이
씨 · 남양 홍씨 · 파평 윤씨 · 평산 신씨 · 해주 오씨 · 순흥 안씨 · 안동 김씨 · 안동
권씨 · 전주 최씨 · 廣州 이씨 · 전의 이씨 · 문화 류씨 · 여흥 민씨 · 청송 심씨.

423 김해 김씨 · 전주 이씨 · 밀양 박씨 · 경주 김씨 · 청주 한씨 · 경주 이씨 · 남양 홍
씨 · 파평 윤씨 · 순흥 안씨 · 완산 이씨.

424 무과 · 문과 · 생원진사시 · 잡과에서 동시에 많은 합격자가 나온 성관은 전주 이
씨 · 김해 김씨 · 밀양 박씨 · 경주 김씨 · 청주 한씨 · 경주 이씨 · 남양 홍씨 · 파평

윤씨·순흥 안씨 등 9개 성관이다. 이 성관 중 전주 이씨·김해 김씨·밀양 박씨
는 오늘날 한국에서 가장 높은 비중을 차지하는 3대 성관이다. 따라서 姓貫勢를
검토할 때 이 점을 고려해야 하지만 이 책에서는 이 점까지 구체적으로 언급하지
못했다.

425 차장섭, 「조선후기의 문벌 -『증보문헌비고』 씨족고의 분석」, 『조선사연구』 2,
1993, 236~238쪽. 이 논문의 〈표2〉에서 조선 후기에 해당하는 성관 중 10명 이상
을 등재한 성관을 정리했다. 차장섭은 한 세대(30년)에 1명 이상의 인물을 배출해
야 가세를 유지할 수 있다는 가정 하에 선조~고종연간까지 약 300년 동안 10명
이상 등재시킨 성관을 문벌의 연구 대상으로 삼았으며 필자도 이 의견을 따랐다.
한편, 차장섭은 派를 고려하여 성관을 정리했으나 이 책에서는 파까지 고려하지
못했다.

426 『登壇錄先生案』(장서각 K2-520).

427 최영호, 「조선전기 과거제도와 양인-1392~1600년대 조선 사회 구조의 한 측면」,
『조선신분사연구-신분과 그 이동-』, 법문사, 1987, 122쪽.

428 김창현, 『조선초기 문과급제자 연구』, 일조각, 1999, 62~65쪽.

429 아버지 직역 중 納粟·老職·贈職은 기타직역으로 분류했다.

430 관료군 중 양인 아버지를 둔 무과급제자는 부사과 1명, 전력부위 1명이다.

431 김준형, 『조선후기 단성 사족층연구-사회변화와 사족층의 대응양상을 중심으로』,
아세아문화사, 2000, 69쪽.

432 『광해군일기』 권8, 광해 즉위년 9월 27일(신해);『광해군일기』 권24, 광해 2년 1월
25일(임인).

433 『승정원일기』 인조 12년 10월 14일.

434 『승정원일기』 인조 19년 5월 10일.

435 『비변사등록』 인조 19년 5월 11일, 5월 13일.

436 李文楗, 『默齋日記』 1561년 9월 22일.

437 『명종실록』 권27, 명종 16년 10월 11일(정묘).

438 이문건, 『묵재일기』 1563년 1월 1일, 3월 16일.

439 박현순, 『16~17세기 예안현 사족사회 연구』, 서울대학교 박사학위논문, 2006,
41~42쪽.

440 김성우, 『조선중기 국가와 사족』, 역사비평사, 2001, 357~358쪽.

441 정해은, 「임진왜란 시기 경상도 사족의 전쟁 체험-함양 양반 정경운을 중심으로」,
『역사와 현실』 64, 2007, 67~68쪽.

442 鄭慶雲, 『孤臺日錄』 1602년 9월 10일.

443 『雲牕誌』右新等八坊考證 第2坊(『朝鮮後期の慶尙道丹城縣における社會動態の硏究(1)』, 學習院大學, 1990, 60쪽).

444 김준형, 『조선후기 단성 사족층연구-사회변화와 사족층의 대응양상을 중심으로』, 아세아문화사, 2000, 69~70쪽.

445 『萬曆四十年壬子四月日文武科式年榜目』(1612년).

446 『丙寅別試文武科榜目』(1686년).

447 『승정원일기』 숙종 43년 1월 17일;『승정원일기』 숙종 43년 8월 11일.

448 『경국대전』 권1, 이전 諸科;『경국대전』 권4, 병전 武科, "武科, 依文科例除授, 分差別侍衛及訓鍊院權知."

449 『경국대전』 권4, 병전 무과.

450 『典律通補』 권4, 兵典 京官格式. "武科, 依文科例, 除授(經 ○甲科第一人, 付東班六品職, 第二三人, 付七品軍職〈司正〉, 加陞法, 同文科[補]), 差訓練權知([經] ○凡出身, 從自願受三保, 入屬權知廳, 無定數, 從勤仕次第, 差權知奉事[補]).";『兩銓便攷』 권2, 西銓 武科. "甲科第一人, 送東授六品職, 第二第三人, 付司正."

451 『속대전』 권4, 병전 番次都目, "訓鍊院權知〈參軍八員, 奉事三十八員〉, 番次長番, 都目四〈正月·四月·七月·十月〉, 遞兒, 從七品四十, 從八品二, 從九品四."

452 『전율통보』 권4, 병전 경관직 훈련원, "權知奉事, 次次陞付權知參軍〈補〉."

453 『전율통보』 권4, 병전 경관직 훈련원, "權知參軍, 第八計仕, 至第五, 或陞第四, 或遷實奉事, 陞參軍, 或屬軍器寺, 由參奉副奉事奉事直長而陞六, 第四計仕, 至第一, 久勤遷轉, 又與實參軍輪回, 兩銓遷轉, 本曹每都目, 去官主簿, 卽差邊將, 吏曹間都目, 差六品職, 權知奉事亦久勤遷轉[續][增][補].";『대전통편』 권4, 병전 경관직 훈련원, "權知奉事四十六人, 計仕陞差, 每都目兩全, 各一人久勤遷轉."『대전통편』에서 '권지봉사 46명'이라 했는데, 番次都目에 권지참군 8인, 권지봉사 38인으로 되어있으므로 권지봉사 46명에는 권지참군까지 포함되었다.

454 『정조실록』 권14, 정조 6년 11월 신유.

455 『경국대전』 권3, 예전 奬勸.

456 『대전회통』 권4, 병전 무과, "殿試壯元, 以原榜中取."

457 『승정원일기』 효종 2년 12월 19일, 현종 14년 4월 3일, 숙종 38년 5월 20일. 1710년에는 무과의 갑과 2등, 3등도 부방을 면제했다(『승정원일기』 숙종 36년 8월 26일).

458 이성무, 『조선초기양반연구』, 일조각, 1980, 66~68쪽.

459 심승구, 『조선전기 무과연구』, 국민대학교 박사학위논문, 1994, 299~300쪽.

460 『세종실록』 권92, 세종 23년 5월 18일(계축);『문종실록』 권4, 문종 즉위년 10월 12일(임오).

461 『성종실록』 권233, 성종 20년 10월 4일(무자); 『중종실록』 권47, 중종 18년 3월 27일(무진); 『중종실록』 권80, 중종 30년 9월 16일(갑술).

462 『전율통보』 권4, 병전 경관격식, "武科, 依文科例除授(經, ○甲科第一人, 付東班六品職, 第二三人, 付七品軍職〈司正〉, 加階法, 同文科. 補.); 『양전편고』 권2, 서전 무과, "甲科第一人, 送東授六品職, 第二第三人, 付司正."

463 이성무, 『조선초기양반연구』, 일조각, 1980, 67쪽.

464 『丙戌文武科重試榜目』(하버드대학교 옌칭도서관).

465 『고문서집성』 37, 구례 文化柳氏篇(1), 한국정신문화연구원, 1998.

466 이성무, 『조선초기양반연구』, 일조각, 1980, 88~95쪽.

467 『승정원일기』 현종 6년 5월 6일.

468 『승정원일기』 인조 13년 9월 15일.

469 『승정원일기』 숙종 5년 12월 10일.

470 『무보』는 무과급제자를 성관으로 나누어 기록한 八世譜 형식의 종합보다. 대부분 19세기 후반 이후에 작성되었다. 기재 방식은 최상단에 무과급제자를 배치한 다음 그 아래로 8대의 직계 조상, 외조부, 장인을 기록했다. 현재 국내에는 다양한 『무보』가 전하는데, 이 책에서는 내용이 풍부한 한국학중앙연구원 장서각본(K2-1741)을 이용했다.

471 1733(영조 9) 알성 무과의 장원 이정선은 조선왕조실록에 '業武'로 되어 있다. 이정선이 서얼로서 겸사복으로 근무했음을 알 수 있다.

472 1867(고종 4) 무과 장원 申相兒는 『무보』에 '申相珪'로 기록되어 있어 이후 개명한 것 같다. 1873년의 무과 장원 金應燮은 『무보』에 '癸酉式狀'이라 하여 식년시 장원으로 기록되었으나 『국조방목』에는 정시로 되어있다.

473 『인조실록』 권25, 인조 10년 4월 27일(갑오).

474 『승정원일기』 현종 6년 5월 6일.

475 장원 급제자 중 관직 소유자는 대호군 1명, 부사과 8명, 부사맹 2명, 부사용 6명, 부사정 3명, 부사직 1명, 부호군 1명, 사과 4명, 사용 2명, 만호 1명, 수문장 1명, 주부 1명이다. 관품 소유자는 통덕랑 4명, 전력부위 2명이다. 군사직 소유자는 겸사복 3명, 내금위 1명, 충의위 5명, 충장위 1명, 친군위 1명, 별기사 1명, 별무사 3명, 보인7명, 어영군 1명, 장용위 3명, 친군위 1명, 친기위 1명이다. 기타직역 소지자는 교생 2명, 업무 2명, 무학 1명이다.

476 『영조실록』 권52, 영조 16년 9월 24일(임진); 『영조실록』 권52, 영조 16년 9월 27일(을미).

477 『경종실록』 권11, 경종 3년 1월 8일(무자).

478 조선시대 읍지는 내용이 풍부한『朝鮮時代私撰邑誌』(한국인문과학원, 1989)를 참조했다.

479 이후여의 四祖 및 장인은 "父成祿, 祖克綱, 曾廣原守耆壽, 外崔慶昌, 妻父朴璘, 全州人, 敏敍父."다(『국조문과방목』, 태학사, 1988). 홍익성의 인적 사항은 "字德章, 生宣祖甲辰, 官判官, 父生員祉, 判中樞彦修后, 貫南陽, 居星州."다(『嶠南科榜錄』虎榜 卷1, 〈仁祖〉丙子別試榜).

480 『해서읍지』무과(『조선시대사찬읍지』33(황해도3), 한국인문과학원, 1989, 222쪽), "崔崙源〈海州人, 庚戌增廣壯元, 初仕典設別提〉."

481 『광해군일기』권179, 광해 14년 7월 29일(계해).

482 『登壇錄先生案』(장서각 K2-520).

483 『선전관천천안』7책.

484 『만성대동보』상, 驪興 閔氏, 명문당, 1983.

485 정해은, 「조선후기 宣薦의 운영과 선천인의 서반직 진출 양상」, 『역사와 현실』 39, 2001, 151~155쪽.

486 박홍갑, 『조선시대 문음제도 연구』, 탐구당, 1994, 275쪽.

487 정해은, 「조선후기 宣薦의 운영과 선천인의 서반직 진출 양상」, 『역사와 현실』 39, 2001, 135~137쪽.

488 정약용, 『經世遺表』권2, 夏官兵曹 제4 政官之屬, 宣敎局.

489 『正祖丙午所懷謄錄』一內禁軍張東源(서울대학교, 1971, 142쪽).

490 『정조실록』권3, 정조 1년 3월 21일(정해).

491 『宣薦部守薦釐正節目』(서울대학교 규장각 5251), "文之分館, 武之錄薦, 其規一也.".

492 이성무, 『(개정증보)한국의 과거제도』, 집문당, 1994, 255~256쪽.

493 『正祖丙午所懷謄錄』內禁衛將 許伐(서울대학교, 1971, 195쪽).

494 『비변사등록』243책, 철종 7년 3월 5일.

495 『銓注纂要』권2, 천거(栖碧外史海外蒐佚本17, 아세아문화사, 1984, 210쪽), "宣部守三廳將鬼薦, 以門地表著可合者抄薦.";『西銓政格受敎筵奏輯錄』薦擧 康熙乙酉 (장서각 K2-3328);『양전편고』권2, 서전 천거.

496 『掾曹龜鑑』권1, 분관설(서강대학교인문과학연구소, 1982, 270쪽), "武科有四薦, 宣薦部薦守薦權知薦是已, 此亦當初也, 非關地閥, 而今日之隨處惟局, 仰想如文科之分館耳."

497 『정조실록』권21, 정조 10년 1월 22일(정묘), "武出身之初, 以其有地處者, 應宣薦, 其次應副薦, 其下爲末薦."

498 정해은, 「조선후기 宣薦의 운영과 선천인의 서반직 진출 양상」, 『역사와 현실』

39, 2001, 152쪽.

**499** 오수창은 서북인의 인사차별에 대해 그 근원이 명확하지 않은 채 조선 중·후기까지 관행적으로 지속되었다고 한다. 여기에 더하여 이 지역에 16세기 이후로 사족 세력이 확고히 성립하지 않았고, 성리학 중심의 사회 질서나 문화가 낙후된 점도 연관이 있다고 보았다(오수창, 『조선후기 평안도 사회발전 연구』, 일조각, 2002, 20~22쪽).

**500** 『순조실록』 권9, 순조 6년 9월 16일(경신); 『비변사등록』 201책, 순조 11년 12월 10일; 『비변사등록』 209책, 순조 20년 7월 22일.

**501** 『현종실록』 권18, 현종 11년 7월 8일(임술); 『비변사등록』 52책, 숙종 28년 3월 17일.

**502** 『비변사등록』 227책, 헌종 5년 6월 20일; 『헌종실록』 권7, 헌종 6년 6월 20일(무인); 『양전편고』 권2, 서전 천거. 예외적으로 1858년(철종 9) 12월에 출신천 4명, 1860년 6월에 출신천 3명을 파격적으로 선발했다.

**503** 『영조실록』 권23, 영조 5년 7월 24일(정묘); 『正祖丙午所懷謄錄』 一內禁軍張東源 (서울대학교, 1971, 142쪽).

**504** 이준구, 「19세기의 유학층 확대와 신분제 변동」, 『국사관논총』 68, 1996, 194~196쪽.

**505** 『숙종실록』 권5, 숙종 2년 11월 21일(기해); 『영조실록』 권42, 영조 12년 12월 17일(병자).

**506** 『대전회통』 권1, 이전 한품서용, "庶孼疏通更定節目〈…○哲宗辛亥, 隨其閥閱, 許槐院宣薦.〉"; 『國朝寶鑑』 권89, 철종조 3, 철종 8년 1월.

**507** 『비변사등록』 240책, 철종 4년 8월 26일.

**508** 『전주찬요』 권2, 천거(栖碧外史海外蒐佚本17, 아세아문화사, 1984, 210쪽).

**509** 『비변사등록』 232책, 헌종 11년 1월 11일; 『宣傳官廳薦案』 2책, 甲辰(1844년) 12월 14일 南行薦.

**510** 『숙종실록』 권39, 숙종 30년 7월 15일(계축).

**511** 『정조실록』 권5, 정조 2년 6월 20일(무신).

**512** 『승정원일기』 정조 2년 6월 23일.

**513** 『정조실록』 권20, 정조 9년 5월 11일(기미), 「宣傳官廳節目」; 『증보문헌비고』 권 199, 선거고 16, 薦用 2, 영조 17년.

**514** 영조·정조 대의 선천의 시행 횟수는 『선전관청천안』을 이용해 조사했다.

**515** 『순조실록』 권4, 순조 2년 6월 10일(기유).

**516** 『승정원일기』 정조 2년 6월 23일.

**517** 『正祖丙午所懷謄錄』 內禁衛將許伿(서울대학교, 1971, 195쪽).

518 『영조실록』 권47, 영조 14년 2월 23일(을사);『정조실록』 권5, 정조 2년 6월 20일 (무신);『정조실록』 권9, 정조 4년 6월 19일(병인).

519 『정조실록』 권12, 정조 5년 7월 13일(계축).

520 『순조실록』 권4, 순조 2년 6월 10일(기유).

521 『中京誌』 武科(『邑誌』 11, 경기도②, 아세아문화사, 1982, 414쪽).

522 『속대전』 권4, 병전 경관직 군영아문, "積仕人出身, 赴防後, 復入該軍門者, 通計前 仕." ;『대전통편』 권4, 병전 경관직 군영아문.

523 『광해군일기』 권173, 광해 14년 1월 22일(무오).

524 『현종실록』 권11, 현종 6년 5월 5일(경인).

525 『영조실록』 권38, 영조 10년 6월 9일(계축).

526 『영조실록』 권15, 영조 4년 2월 8일(기축).

527 강석화, 『조선후기 함경도와 북방영토의식』, 경세원, 2000, 202~203쪽.

528 『비변사등록』 158책, 정조 1년 4월 7일.

529 南關 지역은 경제 번영을 이루면서 文士로 인정받으려는 사람이 늘고 친기위도 2천 여 명이나 되므로 신설을 반대했다. 반면 北關에서는 남관에 비해 무사로 입신하기를 바라는 사람이 많으므로 별친기위 신설을 제안했다(강석화, 『조선후 기 함경도와 북방영토의식』, 경세원, 2000, 203쪽).

530 『訓局事例撮要』, 『御營廳事例』, 『禁衛營事例』의 官制條 참조.

531 『대전통편』 권4, 병전 경관직;『전율통보』 권4, 병전 京官格式.

532 『御營廳事例』(장서각 K2-3350) 官制, 出身軍官.

533 『御營廳中旬謄錄』(장서각 K2-3359).

534 『승정원일기』 영조 12년 10월 23일, "西北出身之前御者, 自朝家特置別付料廳收用, 而其外出身, 則皆無屬處, 故出身者, 或有二十年三十年, 而不得付料者矣."

535 『대전통편』 권4, 병전 용호영 별부료군관;『대전회통』 권4, 병전 용호영 별부료군관.

536 『영조실록』 권118, 영조 48년 1월 신유.

537 『전율통보』 권4, 軍營 龍虎營, "火砲禁軍二十七內, 十本營標下出身."

538 『비변사등록』 198책, 순조 7년 6월 23일.

539 『속대전』 권4, 병전 경관직 군영아문 훈련도감.

540 『증보문헌비고』 권191, 선거고 8, 무과, 조선(세종대왕기념사업회, 1994, 선거고 (2) 103~104쪽).

541 『만기요람』 군정편 2, 훈련도감 군총, 宮墻外巡邏, 各處入直.

542 차문섭, 『조선시대 군제연구』, 단대출판부, 1973, 366~367쪽.

543 『신보수교집록』 권4, 兵典 軍制, "慶尙道別武士, 東萊府三百名, 戊戌刱設."

544 『전율통보』 권4, 병전 경관직 군영 금위영·어영청.

545 上同.

546 『대전통편』 권4, 병전 시취 禁御兩營騎士.

547 『御營廳中旬謄錄』(장서각 K2-3359) 제1책, 戊寅四月十六日, 己亥四月二十八日, 乙卯閏二月二十九日, 己未九月十二日, 癸亥四月二十一日.

548 『속대전』 권4, 병전 경관직 군영아문 훈련도감, "哨官知彀官旗牌官, 仕滿六百, 陞六品〈他軍門同〉."

549 『전율통보』 권4, 병전 경관직 군영.

550 『전율통보』 권4, 병전 경관직 군영 총융청.

551 『숙종실록』 권49, 숙종 36년 9월 임인; 『비변사등록』 경종 3년 8월 10일; 『대전통편』 권4, 병전 경관직.

552 『속대전』 권4, 병전 경관직 군영아문, "知彀官以下久勤, 四十五朔內, 勿許遷轉."

553 『숙종실록』 권49, 숙종 36년 9월 임인.

554 이유원, 『林下筆記』 권19, 문헌지장편, 各軍門將士久勤.

555 『비변사등록』 133책, 영조 33년 9월 18일.

556 『속대전』 권4, 병전 경관직 군영아문, "敎鍊官旗牌官, 勿論出身前衛閑良行伍, 射講陣三技, 竝試選取."; 『대전통편』 권4, 병전 경관직 군영아문.

557 『대전회통』 권4, 병전 시취 西北六道出身〈取才〉.

558 『전율통보』 권4, 병전 諸科.

559 『만기요람』 군정편 2, 훈련도감 試藝 中旬; 『만기요람』 군정편 2, 금위영 시예 중순; 『만기요람』 군정편 2, 어영청 시예 중순.

560 『관서무사시취방』, "鐵箭一百五十步以上秩, 平壤出身金碩振〈身手好○力擧沙十五斗〉, 忠壯將作窠調用." 이 자료에 대해서는 주 615번 참조.

561 당시 시험 성적에 따라 무과 출신이 받은 상은 오위장 임명 1인, 충장위장 임명 1인, 加資 및 巡將 임명 1인, 순장 승진 2인, 순장 임명 1인, 가자 4인, 변장 임명 1인이다. 나머지 44인은 馬帖을 대신하여 목면을 받았다.

562 『平壤誌』 武職(『조선시대사찬읍지』, 한국인문과학원, 1989, 평안도(2) 545쪽). '석'자가 『관서무사시취방』에는 '碩'자로 되어있는데 『평양지』와 무과방목에도 '錫'자로 되어있어서 '金錫振'으로 통일하여 사용했다.

563 1676년(숙종 2)의 '丙辰年萬科'의 인원은 『승정원일기』에 14,207인으로 나온다(『승정원일기』 숙종 2년 3월 21일). 하지만 필자는 『무과총요』의 기록이 제일 정확하다고 보므로 이 자료의 인원을 채택했다.

564 『승정원일기』 숙종 13년 4월 23일.

565 『숙종실록』 권5, 숙종 2년 1월 11일(갑오); 『승정원일기』 숙종 3년 1월 23일.

566 심승구, 「조선후기 무과의 운영실태와 기능-만과를 중심으로-」, 『조선시대사학보』 23, 2002, 179쪽.

567 『비변사등록』 32책, 숙종 2년 3월 26일.

568 『숙종실록』 권5, 숙종 2년 4월 13일(을축), 6월 21일(임신).

569 『숙종실록』 권6, 숙종 3년 2월 15일(임술).

570 『숙종실록』 권6, 숙종 3년 4월 1일(정미).

571 이태진, 『조선후기의 정치와 군영제 변천』, 한국문화원, 1985, 189~198쪽.

572 『비변사등록』 33책, 숙종 3년 5월 28일.

573 『숙종실록』 권6, 숙종 3년 12월 11일(계축).

574 『승정원일기』 숙종 4년 12월 23일.

575 『숙종실록』 권6, 숙종 3년 1월 22일(기해).

576 『승정원일기』 숙종 4년 5월 5일; 『승정원일기』 숙종 9년 1월 19일.

577 『승정원일기』 숙종 5년 12월 5일.

578 『숙종실록』 권8, 숙종 5년 12월 5일(병인).

579 『숙종실록』 권14상, 숙종 9년 1월 10일(임자).

580 『승정원일기』 숙종 12년 윤4월 23일.

581 『승정원일기』과 『일성록』에는 이 정시의 무과급제자를 2,676명으로 기록했다. 그런데 『왕세자책봉경용호방』과 『武科總要』에는 2,692명으로 16명이 더 많다. 이 차이는 放榜日에 누락한 16명을 추가했기 때문이다. 무과방목에는 "이하 16인이 누락되어서 방목을 바로잡을 때에 임금께 아뢰어 추가로 기록한다"라고 했다. 盧尚樞도 방방일에 이름이 불리지 않아 꽃을 꽂지 못한 16명을 임금께 아뢰어 다시 꽃을 내렸다고 했다(『노상추일기』 1784년 10월 2일). 따라서 무과급제자 총원은 2,692명이 맞다.

582 『王世子册封慶龍虎榜』(1784년).

583 초시 및 전시 응시자 인원은 『왕세자책봉경용호방』의 앞쪽에 실려 있다.

584 『승정원일기』 정조 8년 10월 12일.

585 『일성록』 정조 8년 10월 1일.

586 『승정원일기』 정조 8년 9월 29일, 정조 8년 10월 1일.

587 『승정원일기』 정조 8년 10월 1일.

588 원창애, 『조선시대 문과급제자 연구』, 한국학대학원 박사학위논문, 1997, 140쪽.

589 이태진, 『조선후기의 정치와 군영제 변천』, 한국문화원, 1985, 271쪽; 심승구, 「조선후기 무과의 운영실태와 기능-만과를 중심으로-」, 『조선시대사학보』 23, 2002,

191쪽.

590 이태진 교수가 책봉경과 급제자를 장용위로 흡수한 근거로 제시한 『정조실록』 정조 17년 1월 12일(병오)의 '장용영 설치 연혁'은 해당 무과급제자를 단계적으로 수용한 내용과 무관하다.

591 『숙종실록』 권6, 숙종 3년 4월 1일(정미).

592 『정조실록』 권18, 정조8년 11월 18일(기사).

593 『승정원일기』 정조 8년 11월 17일(무진), 11월 20일(신미).

594 『승정원일기』 정조 9년 1월 16일(병인).

595 『승정원일기』 정조 9년 1월 22일(임신).

596 『정조실록』 권16, 정조 7년 9월 15일(계묘);『선전관청천안』 7책, 辛丑 12月日 南行薦.

597 『萬姓大同譜』 상, 安山金氏(명문당, 1983, 415쪽);『승정원일기』 정조 9년 6월 24일, 정조 9년 6월 25일, 정조 9년 8월 26일, 정조 9년 9월 21일, 정조 9년 12월 12일, 정조 10년 3월 8일;『순조실록』 권17, 순조 13년 3월 8일(을해).

598 『萬姓大同譜』 下, 海州吳氏(명문당, 1983, 214쪽);『승정원일기』정조 10년 12월 26일, 정조 11년 1월 4일, 정조 11년 2월 28일, 정조 15년 10월 1일, 순조 5년 12월 28일, 순조 6년 5월 28일.

599 『승정원일기』 정조 6년 5월 26일, 정조 8년 4월 26일, 정조 10년 8월 5일.

600 『만성대동보』 하, 平山申氏(명문당, 1983, 99쪽);『승정원일기』 정조 12년 12월 20일, 정조 14년 2월 6일, 정조 15년 12월 22일, 정조 17년 2월 13일, 정조 17년 11월 27일, 정조 18년 11월 17일, 순조 즉위년 12월 22일.

601 『만성대동보』 하, 青松沈氏(명문당, 1983, 244쪽);『승정원일기』 순조 16년 3월 14일, 순조 17년 12월 27일.

602 『순조실록』 권13, 순조 10년 4월 19일(임인);『순조실록』 권14, 순조 11년 12월 26일(경오);『승정원일기』 순조 12년 6월 7일.

603 『만성대동보』 상, 全州李氏(명문당, 1983, 83쪽);『승정원일기』 정조 16년 1월 4일, 정조 17년 12월 26일, 정조 21년 4월 13일.

604 『일성록』 정조 8년 10월 6일(무자).

605 『승정원일기』 정조 8년 10월 3일.

606 심승구, 「조선후기 무과의 운영실태와 기능-만과를 중심으로-」,『조선시대사학보』 23, 2002, 190쪽.

607 『승정원일기』 정조 8년 10월 3일.

608 『정조실록』 권18, 정조8년 10월 4일(병술).

609 『승정원일기』 정조 8년 10월 6일, 정조 8년 12월 25일.
610 『승정원일기』 정조 8년 11월 20일, 11월 30일, 정조 9년 10월 29일.
611 『승정원일기』 정조 8년 10월 6일.
612 이준구, 『조선후기신분직역변동연구』, 1992, 일조각, 197~204쪽.
613 에드워드 와그너, 「사회 완충제로서의 과거」, 『조선왕조 사회의 성취와 귀속』, 일조각, 2007, 56~57쪽.
614 조선후기 평안도 무인의 진로나 무과 급제의 의미에 대해서는 오수창, 『조선후기 평안도 사회발전 연구』, 일조각, 2002, 205~232쪽 참조.
615 『關西武士試取榜』(규장각한국학연구원)은 1792년 4월 평안도 감영에서 실시한 무예시험의 합격자 명단이다. 평양·의주·선천 등 31읍에서 합격한 177명의 전력·성명·거주지·점수를 11개 都會로 나눠 기록했다. 〈賞格〉에는 성적을 9등급으로 나누어 직부전시 하사, 五衛將 임명, 加資, 熟馬·馬·布·木 등을 지급한 내역이 적혀있다. 합격자 기재 사항은 거주지·직역·성명·점수를 적고, '地處'라 하여 누구의 후손인지를 밝혔다.
616 이준구, 『조선후기신분직역변동연구』, 일조각, 1993, 197~204쪽.
617 『승정원일기』 정조 8년 10월 6일.
618 김종수, 『조선후기 중앙군제연구-훈련도감의 설립과 사회변동』, 혜안, 2003, 93~95쪽.
619 『승정원일기』 정조 8년 10월 12일.
620 『승정원일기』 정조 9년 4월 3일.
621 김석형, 『조선봉건시대 농민의 계급구성』, 1957(신서원, 1995, 307쪽).
622 상동.

# ■ 찾아보기